WISSENSCHAFT UND PHILOSOPHIE
Interdisziplinäre Studien
Herausgeber: Venanz Schubert
Band 19: Fremde. Migration und Asyl

D1994620

WISSENSCHAFT UND PHILOSOPHIE
Interdisziplinäre Studien

Herausgegeben von Venanz Schubert

Band 19

Fremde.
Migration und Asyl

FREMDE.
Migration und Asyl

Rainer Münz
Irenäus Eibl-Eibesfeldt
Ulrich Beck
Heiner Keupp
Jens G. Reich
Manfred Görg
Friedrich Wilhelm
Günter Häntzschel
Ursula Koch
Dietrich Krusche
Johannes W. Raum
Valentin Doering
Peter Landau
Heinrich Scholler

Herausgegeben und eingeleitet von
Venanz Schubert

EOS VERLAG ERZABTEI ST. OTTILIEN

Zum Titelbild:
Umschlaggestaltung von Simone A. Frank und Markus Schmitt (Berlin).
Herausgeber und Verlag danken für die künstlerische Gestaltung und die freundliche Überlassung.

Die Deutsche Bibliothek — CIP-Einheitsaufnahme

Fremde. Migration und Asyl. / Rainer Münz...
Hrsg. und eingeleitet von Venanz Schubert. –
St. Ottilien: EOS-Verl., 1999
(Wissenschaft und Philosophie. Interdisziplinäre Studien ; Bd. 19)
ISBN 3-8306-6998-4
NE: Münz, Rainer; Schubert, Venanz [Hrsg.]; GT

© 1999 by EOS Verlag Erzabtei St. Ottilien

Gesamtherstellung: EOS Druckerei, D-86941 St. Ottilien
Schrift: 10/12 Punkt Palatino

Praktizierter Umweltschutz:
Gedruckt auf chlorfrei gebleichtem Papier

INHALT

Venanz Schubert

DAS FREMDE IN UND UM UNS.
EINFÜHRUNG

»SUNT LACRIMAE RERUM ET MENTEM MORTALIA TANGUNT«
»Die Geschicke der Menschen haben ihre Tränen und die Vergänglichkeit berührt schmerzlich das Herz«
(Vergil: Aeneis 1,462)

Wir scheinen uns und unserer Sache so sicher zu sein – normalerweise wenigstens. Und in der Tat: Das Funktionieren des alltäglichen Lebens hängt von dieser Sicherheit ab. Der Zwang zum Handeln verbietet ständiges und langes Nachdenken, Nachprüfen und Abwägen *vor* jedem Tun. Die Philosophie ist es, die den Kreislauf des bloßen Funktionierens durchbricht, zum Nachdenken und Begründen einlädt und Prinzipien für das Handeln zu gewinnen sucht. Es sind aber auch Not-, Kriegs- und Umbruchzeiten, die zum Innehalten und Nachdenken zwingen. In einer solchen Zeit des Umbruchs und wachsender Unsicherheit befinden wir uns nach dem Urteil vieler Zeitgenossen. Ausgelöst durch die gewaltigen politischen Veränderungen in Europa, durch den Zusammenbruch des Sowjetreiches und des Kommunismus, durch die Wiedervereinigung, durch die Auflösung Jugoslawiens und den darauf folgenden Bürger- und Vertreibungskrieg, der die westlichen Staaten zum Eingreifen zwang, durch kriegerische Konflikte und Wirtschaftskrisen im Nahen Osten, in Rußland, Afrika und Asien.

Durch die Anwerbung von Fremd- und Gastarbeitern in einer rasch wachsenden Wirtschaft nach dem Krieg und im Gefolge der eben erwähnten kriegerischen Auseinandersetzungen und Wirtschaftskrisen sind in Europa Flüchtlingsströme aufgetreten, wie sie seit dem zweiten Weltkrieg nicht mehr bekannt waren. Aus Arbeitsmigranten wurden im Laufe der Zeit Einwanderer, aus einzelnen 'Schaffenden' wurden Mitglieder von Familienverbänden.

Politische Flüchtlinge seit dem zweiten Weltkrieg und der Zeit des Kalten Krieges kamen hinzu, gefolgt von einem Heer von Wirtschaftsmigranten, Asylanten und Aussiedlern. Ein Ende der Wanderungsströme ist nicht abzusehen.

Die damit verbundenen Schwierigkeiten vielschichtiger Art bedeuteten und bedeuten nicht nur für die Politik, die Staaten, Städte und Verwaltungen eine große Herausforderung, sondern für uns *alle*. Mit einem Schlag nämlich ist das Thema 'Fremde' in aller Munde und bleibt es bis über den Tag hinaus. Und jeder von uns muß sich fragen und fragen lassen, wie er sich zu dem Thema ins Verhältnis setzt. Nach einigem Nachdenken über das Thema 'Fremde' stellt sich statt der gewohnten Sicherheit Unsicherheit ein. Die Begriffe scheinen zu verschwimmen und nichts mehr an seinem Ort zu verbleiben. Eigenes und Fremdes können, je nach Situation und Konstellation, die Plätze vertauschen, so daß wir am Ende uns selber fremd werden und fragen: Spiegeln wir das Fremde in uns als Angst und Ablehnung ins Fremde außerhalb von uns? Ist bei genauerem Zusehen gar nicht mehr auszumachen, wo das Fremde 'beheimatet' ist? Beim anderen oder bei mir selbst? Aurelius Augustinus sagt in einer großen Krise seines Lebens von sich, er sei sich selbst zur großen Frage (quaestio)[1] geworden, was nichts anderes heißt, als daß er sich selbst und die Welt ihm fremd geworden sind und er sich selbst nicht mehr versteht.

Häufig ist es in der Wissenschaft wie im Leben hilfreich, Distanz zu den bedrängenden aktuellen Problemen zu gewinnen. Aus der Distanz hat man nicht nur einen besseren Überblick – oft fällt es auch leichter, andere Perspektiven zu gewinnen und neue, vielleicht sogar

1 Factus eram ipse mihi magna quaestio ... (Aurelius Augustinus: Confessiones IV 4,9) Tod des Freundes.

bislang ungeahnte Lösungsmöglichkeiten zu sehen. Diese Erfahrung macht sich der vorliegende Band zunutze. Zum Thema 'Fremde' und Fremdenproblematik gibt es eine kaum mehr überschaubare Vielzahl von veröffentlichen Meinungen, auch viele kurzsichtige und haarsträubende darunter. Die hier vorgelegten Untersuchungen drücken sich keineswegs vor den aktuellen Problemen, im Gegenteil: Der ganze erste Teil des Buches richtet seine Aufmerksamkeit darauf. Doch Herausgeber und Autoren möchten auch über die Tagesproblematik hinausgelangen.

Zum einen geht es darum, gängige Denkformen auf den Prüfstand zu stellen, genauer: Denkformen des Verstehens der Art, daß Fremdes „nur dann verstanden ist, wenn es zum Moment der eigenen Identität umgewandelt werden kann", andernfalls „eine Gefahr für die eigene Identität bedeutet und daher in irgendeiner Weise ferngehalten werden muß"[2]. Beim Akt des Verstehens sind zwei Polaritäten gegenwärtig: die von Innen und Außen und die von Eigenem und Fremdem. In der Polarität von Innen und Außen kann es zur Selbstentfremdung kommen, von der Augustinus in seinen 'Confessiones' spricht, und wenn die Polarität von Eigenem und Fremdem nicht anerkannt und akzeptiert wird, treten die Phänomene auf, die im Gefolge der neuen Migrationsbewegungen in Europa allenthalben zu beobachten sind. Eine Frucht des Studiums der in diesem Band vereinigten Analysen wird die Einsicht sein, daß die genannten Polaritäten für unsere geistige Existenz unverzichtbar sind.

In philosophisch-psychologischer Reflexion, so sahen wir schon, beginnnt das Eigene und Fremde seine gewohnten klaren Konturen zu verlieren. Und die Übergänge vom Einen zum Anderen (ἓν καὶ ἕτερον) und umgekehrt vom Anderen zum Einen, geben – obwohl immer wieder und aufs neue bedacht – ihre letzten Geheimnisse nicht preis.

---

2 Oswald Schwemmer: Über das Verstehen des Fremden. In: Information Philosophie 4, 1995, S. 6.

Es ist also gut, sich die Relativität, die Bezüglichkeit und damit auch die Angewiesenheit beider aufeinander immer vor Augen zu halten. Das Eine kann nicht ohne das Andere sein, das Eigene nicht ohne das Fremde. Solange wir demnach im philosophisch-psychologischen Frage- und Denkhorizont verbleiben, ist die Betrachtung des Eigenen und Fremden gerade aus der Wahrnehmung ihrer Relativität befreiend, befruchtend und eine Quelle von immer neuen Einsichten.

Es ist aber sehr die Frage, ob diese Sichtweise unbedenklich auf die Gebiete des Sozialen und Politischen sowie auf Massenphänomene übertragen werden kann. Um diese Frage tobt zu Recht ein öffentlicher und wissenschaftlicher Streit, auch in diesem Band (vgl. die Beiträge von Ulrich Beck und Ireanäus Eibl-Eibesfeldt). Es bedarf offensichtlich noch vieler Differenzierungen, Klärungen und Forschungen, um in der Sache weiterzukommen. Zu allererst aber müssen die Sprach- und Verständigungsschwierigkeiten ausgeräumt werden. Dazu möchte dieses Buch einen Beitrag leisten. Sagen und Meinen müssen zusammengeführt und deutlich gemacht, die angewandten Methoden verglichen und die Voraussetzungen aufgedeckt werden.

Gegensätzliche, ja vielleicht sogar einander widersprechende Betrachtungsweisen wird der Leser also allenthalben in den folgenden Untersuchungen finden. Vielleicht wird er dem Herausgeber sogar zürnen, daß er es wagt, so Gegensätzliches nebeneinander zu stellen und zu publizieren. Doch es lohnt sich, etwas genauer hinzusehen, um herauszufinden, woher der Anschein der Gegensätzlichkeit, ja des Widerspruchs kommt. Um 'Anschein' handelt es sich in der Tat. Nicht daß ich behaupten wollte, die Autorinnen und Autoren wären immer einer Meinung – was übrigens ein langweiliges Buch ergeben würde. Doch der Punkt, auf den es hier ankommt, ist ein ganz anderer: Die Autorinnen und Autoren bringen eine je höchst verschiedene Lebensgeschichte mit, sind unterschiedlich sozialisiert und geprägt, haben je eigene schulische und wissenschaftliche Ausbildungen durchlaufen, nähern sich so dem Thema 'Fremde' mit seinen vielen Facetten auf ihre je bestimmte Weise und Hinsicht. Dies bedeutet: ihre Wahrnehmung schon ist bedingt von den Voraussetzungen, die sie – bewußt oder unbewußt – mitbringen, ihre Perspektive, unter der sie an das Thema herangehen, ist bestimmt von persönlichen und wissenschaftlichen Interessen, und häufig ist es ein Teilbereich des Gesamtphänomens, den sie sich herausnehmen. Bedenkt man dies alles, dann verlieren die 'Gegensätze' und 'Widersprüche' viel von ihrer Schärfe. Damit kommt aber auch zum Ausdruck – in aller Ehrlichkeit sei es ausgesprochen –, daß *die* Wahrheit über das Thema 'Fremde' in der schillernden Buntheit aller seiner Bedeutungen uns nicht ohne weiteres zugänglich ist. Wir nähern uns ihr auf unterschiedlichen Wegen. Wäre die Wahrheit darüber – wenn auch mit einiger Anstrengung – und die damit verbundenen Lösungen philosophischer, wissenschaftlicher, politischer und praktischer Probleme so leicht zu finden, schon längst wären sie formuliert und mit vielen ehrenvollen Preisen bedacht. So aber bleibt nur der mühevolle Weg, Schneisen durch das Dickicht der Meinungen, Ansichten und Hinsichten zu schlagen, um die Sache selbst in den Blick zu nehmen.

Der Leser möge sich selbst die Schneise aussuchen, die er zuerst 'betreten' will: Da sind einmal die Darstellung und Schilderung der aktuellen Situation mit vielen Daten und Fakten, aber auch Beurteilungen und Auseinandersetzungen der Wissenschaften untereinander (siehe die Beiträge von Rainer Münz, Irenäus Eibl-Eibesfeldt, Ulrich Beck, Heiner Keupp und Jens Reich).

Eine andere Schneise eröffnet den Blick in die Tiefe der Vergangenheit und die Weite anderer Kulturen (siehe die Beiträge von Manfred Görg, Friedrich Wilhelm, Günter Häntzschel, Ursula Koch, Dietrich Krusche und Johannes W. Raum).

In der dritten Schneise schließlich betritt der Leser – um im Bild zu bleiben – die Gebiete juristischer und ethisch-theologischer Denk- und Betrachtungsweisen (siehe die Beiträge von Valentin Doering, Peter Landau und Heinrich Scholler).

In eindringlichen Untersuchungen wird den Quellen, Grundlagen und Auswirkungen des Asyls nachgegangen. Die Einrichtung des Asyls verdankt sich mythisch-religiösem Denken, das aber in der Geschichte häufig mit staatlichen Interessen in Konflikt gerät. Die Institution des Asyl*rechts* wird gespeist aus den Quellen des Gastrechts, aus dem natürlichen Gefühl der Abwehr gegen Auslieferung und aus Grundsätzen der *humanitas*, weiterentwickelt im Völkerrecht zu einem Recht des einzelnen, nicht nur der souveränen Staaten.

Allen Autoren sei auch an dieser Stelle nochmals für die Mitwirkung herzlich gedankt, besonders auch für die nicht geringe Mühe, ihre Vorträge mit Fußnoten und Literaturangaben zu versehen und für den Druck aufzubereiten.

Zu danken ist wiederum dem Verleger der INTERDISZIPLINÄREN STUDIEN, P. Walter Sedlmeier und seinen Mitarbeiterinnen und Mitarbeitern im EOS Verlag St. Ottilien für die Ausstattung des Bandes und für die 'studentenfreundliche' Preisgestaltung.

Besonderer Dank aber gebührt Herrn Manuel Schulte M.Litt., meinem Mitarbeiter bei der Forschungszeitschrift EINSICHTEN und bei den Interdisziplinären Studien. Er hat nicht nur bei der Formatierung der Texte und für den Satz große Verdienste erworben, sondern vor allem bei den umfangreichen und oft unübersichtlichen Korrekturen der Fahnen schier unendliche Geduld, Umsicht und großes Engagement unter Beweis gestellt.

Erster Teil

Die aktuelle Situation

Rainer Münz

MIGRATION NACH UND IN EUROPA

Das Ende des Kolonialzeitalters und der Beginn der europäischen Arbeitskräftewanderung

Seit Mitte der 1950er Jahre bestimmten ganz unterschiedliche Typen und Phasen von Wanderungen die Migration in Europa. Zuerst kehrten im Zuge der Entkolonialisierung 'weiße' Kolonisten, Beamte und Soldaten nach Großbritannien, Frankreich, Belgien, in die Niederlande und später nach Portugal zurück. Ihnen folgten Einheimische aus den ehemaligen Überseegebieten. Die meisten von ihnen kamen als Arbeitskräfte, etliche aber auch als ethnische und politische Flüchtlinge. Erleichtert wurde diese Wanderung anfangs dadurch, daß die 'Mutterländer' den Bewohnern ihrer ehemaligen Überseegebiete entweder die Staatsbürgerschaft zuerkannten oder sie zumindest als bevorzugte Ausländer behandelten.

Einen zweiten wichtigen Migrationsstrom bildete die 'Gastarbeiter'-Wanderung. Nach der Integration von Vertriebenen und Kolonial-Heimkehrern begannen die stärker industrialisierten Länder Westeuropas, ihren zusätzlichen Bedarf an Arbeitskräften durch Anwerbung von Migranten im Mittelmeerraum zu decken. Gedacht wurde dabei, mit unterschiedlicher Ausprägung von Land zu Land, an Fluktuation im Zeitvertrag ('Rotationsmodell'). In der Regel erfolgte die Anwerbung im Rahmen bilateraler Verträge: zuerst in Italien, Spanien, Portugal und Griechenland, später auch in der Türkei, in Jugoslawien und in den nordafrikanischen Maghreb-Staaten. In Deutschland setzte die Anwerbung von 'Gastarbeitern' erst nach dem Bau der Mauer voll ein. Bis 1961 hatte der Zustrom von Deutschen aus der DDR für zusätzliche Arbeitskräfte gesorgt.

Vom 'Gastarbeiter' zum Einwanderer

In der ersten Hälfte der 1970er Jahre veränderten das Nachrücken geburtenstarker Jahrgänge auf den Arbeitsmarkt und eine deutlich schlechtere Konjunktur die Lage. Auf die Krise nach dem ersten 'Erdöl-Preisschock' von 1973 reagierten die westeuropäischen Staaten mit einem 'Anwerbestopp' und mit restriktiveren Zuzugsbestimmungen für die Bewohner ehemaliger Überseegebiete.

Der Anwerbestopp hatte eine unerwartete, aber höchst folgenreiche Nebenwirkung: Er wurde von vielen Arbeitsmigranten als Signal zum Dableiben verstanden. Die Rückkehr ins jeweilige Herkunftsland wurde hinausgeschoben, weil die Arbeitsmigranten zu Recht befürchten mußten, daß die hochindustrialisierten Aufnahmeländer sie kein zweites Mal hereinlassen würden. Damit war das 'Rotationsmodell' endgültig gescheitert.

Aus Arbeitswanderern, auf die der Begriff 'Gastarbeiter' ursprünglich paßte, wurden schrittweise Einwanderer, d.h. die Arbeitswanderer richteten sich immer stärker auf einen langen, vielleicht lebenslangen Aufenthalt ein. Da dies von den Zielländern nicht geplant war, fehlte jede klare Integrationsperspektive.

Durch den geänderten Zeithorizont gewann ein dritter Typ von Migration erheblich an Bedeutung: der Familiennachzug. Das 'Schlupfloch' der Familienzusammenführung bewirkte, daß sich in vielen westeuropäischen Staaten zwar die Zahl der legal beschäftigten ausländischen Arbeitskräfte durch Anwerbestopp und Rückkehrprämien verringerte, nicht aber die Zahl der Ausländer. Deutschland ist dafür ein typisches Beispiel. Hier gab es 1998 zwar 25 Prozent weniger ausländische Arbeitskräfte als 1973, aber die Zahl der Ausländer hat sich in den letzten 20 Jahren mehr als verdoppelt. Durch den Nachzug von Ehefrauen und Kindern veränderten sich nicht nur die Erwerbsquoten, sondern auch Sozialstruktur und Lebensformen der zugewanderten Ausländer und Minderheiten. Heute lebt die große Mehrzahl in Familien.

Mobile Eliten, mobile Alte

Ein vierter Typ von Massenmigration bleibt in der Regel unbeachtet. Es handelt sich um die Wanderungen von Managern international operierender Konzerne, Wissenschaftlern, Diplomaten, Künstlern, Beamten internationaler Organisationen. Auch sie konkurrieren in vielen Fällen mit Einheimischen um begehrte Wohnlagen und Arbeitsplätze. Dennoch wurden sie bemerkenswerterweise kaum je zur Zielscheibe von Fremdenfeindlichkeit und Gewaltakten. Die Elitenwanderung hat inzwischen Massencharakter angenommen. Dennoch gilt sie als unproblematisch, obwohl die betroffenen Manager, Wissenschaftler und Beamten meist noch viel weniger Assimilationsbereitschaft zeigen als die nicht privilegierten Arbeitsmigranten.

Weniger unbemerkt blieb die internationale Wanderung wohlhabender Rentner - vorwiegend aus Großbritannien und Deutschland. Sie haben sich in großer Zahl in Südportugal, an der spanischen und französischen Mittelmeerküste und am Südrand der Alpen niedergelassen. Im Gegensatz zu den Business-Eliten lösten diese Alterswanderer in etlichen Orten erhebliche Angst vor 'Überfremdung' und Widerstände gegen den 'Ausverkauf der Heimat' aus.

Politische Flüchtlinge, Wirtschaftsmigranten, Gewaltopfer

Der fünfte Typ von Massenmigration begann in den 1950er Jahren als Flüchtlingsstrom aus Osteuropa und der 'Dritten Welt'. Anfänglich spielten politische Gründe als Fluchtmotiv eine zentrale Rolle. Heute sind wir in viel größerem Umfang mit Armut, Krieg und ethnischen Konflikten als Wanderungsursachen konfrontiert.

Solange der Eiserne Vorhang noch existierte, wurden Flüchtlingswellen nur durch gravierende politische Krisen ausgelöst: 1956/57 verließen rund 190 000 Ungarn ihr Heimatland, bevor das Kádár-Regime im Schutz sowjetischer Truppen den Eisernen Vorhang zwischen Österreich und Ungarn wieder dichtmachte. Niemand fragte nach der individuellen Motivation. Schon aus der Logik des Kalten Krieges galt jeder, der damals aus dem Osten kam, im Westen als 'echter' Flüchtling. 1968/69 kehrten rund 200 000 Tschechen und Slowaken vor und während der Niederschlagung des Prager Frühlings ihrer Heimat den Rücken. Auch sie stießen im Westen auf große Sympathie. TV-Bilder und Fotos von der sowjetischen Militärintervention hatten die Öffentlichkeit sensibilisiert. 1980/81 flohen rund 250 000 Polen vor Kriegsrecht und politischer Unterdrükkung. Sie wurden von der öffentlichen Meinung im Westen schon nicht mehr uneingeschränkt als politische Flüchtlinge eingestuft. Die Aufnahmebereitschaft hielt sich in Grenzen. Daher konnte z.B. Österreichs Innenminister Ende 1981 für Polen die Visum-Pflicht wieder einführen, um den Zustrom zu stoppen. 1968/69 hätten Einreisebeschränkungen gegenüber Tschechen und Slowaken in Westeuropas Medien wahrscheinlich größere Entrüstung ausgelöst.

1989/90 machten sich fast 400 000 Bulgaren türkischer Abstammung auf den Weg. Sie flohen vor alltäglicher Repression, Zwangsbulgarisierung und ökonomischer Misere. Die meisten von ihnen wanderten in die Türkei aus, ehe die dortige Regierung die Grenzen zu Bulgarien schloß. Die Türkei versteht sich zwar als Schutzmacht der 1 bis 1,2 Millionen türkisch-stämmigen und slawischen Moslems in Bulgarien, war und ist aber nicht gewillt, sie alle aufzunehmen. 120 000 dieser Flüchtlinge kehrten in der Folge wieder nach Bulgarien zurück.

Mindestens ebenso dramatisch war die Flucht von etlichen zehntausend DDR-Bürgern in die westdeutschen Botschaften in Prag und Budapest sowie über die 'grüne Grenze' aus Ungarn nach Österreich. Insgesamt überschritten nach dem Abbau des Eisernen Vorhangs rund 45 000 DDR-Bürger zwischen Juli und Oktober 1989 die ungarisch-burgenländische Grenze; zuerst illegal, später mit dem Segen der Budapester Behörden. Weitere 340 000 DDR-Bürger gelangten 1989 auf anderen Wegen in die (alte) Bundesrepublik Deutschland. Im selben Jahr kamen 377 000 deutschstämmige Aussiedler und 121 000 Asylbewerber in die BRD (1989 unter Einschluß von Familiennachzug insgesamt 1,1 Millionen Zuwanderer). 1992 betrug die Zahl der Zuwanderer in das vereinigte Deutschland ca. 860 000, unter ihnen ca. 438 000 Asylbewerber und ca. 220 000 Aussiedler. Seither sind diese Zahlen beträchtlich zurückgegangen. 1997 wurden in Deutschland nur 106 000 Asylanträge gestellt. Und nur 134 000 Personen wurden als Aussiedler aufgenommen. Für beide Gruppen bestehen seit 1992/93 deutlich restriktivere Aufnahmebedingungen.

Seit dem Fall des Eisernen Vorhangs stieg die jährliche Zahl der Zuwanderer nach Westeuropa von 1 Million (1986) vorübergehend auf etwa 3 Millionen (1992). Seit Mitte der 90er Jahre liegen die Zahlen wieder niedriger. Mit der Chance, zeitweilig oder auf Dauer in den Westen zu gehen, wuchs die Abwanderung aus der östlichen Hälfte Europas. Aus der Sowjetunion z.B. kamen 1987 erst 39 000 Migranten in den Westen, nach ihrem Ende, 1990, waren es bereits 420 000 und 1996 rund 270 000. Fast alle Migranten aus der östlichen Hälfte Europas waren Angehörige ethnischer oder religiöser Minderheiten. Ein Exodus der Mehrheitsvölker - also der Russen, Ukrainer, Weißrussen oder Kasachen - kam hingegen bis heute nicht in Gang. Ähnliches gilt für Rumänien und Bulgarien. Auch von dort kamen während der letzten Jahre überwiegend Angehörige von Minderheiten - Roma, Moslems, 'Volksdeutsche', ethnische Ungarn - in angrenzende Länder und in den Westen.

Fluchtursache: Krieg und 'ethnische' Säuberungen

Die derzeit größte Flüchtlingswanderung auf europäischem Boden begann 1991 mit dem Zerfall Jugoslawiens und den Kriegen in Kroatien und in Bosnien-Herzegowina. Rund 4,5 Millionen Menschen flüchteten in der Folge aus dieser Region oder wurden vertrieben. Von ihnen gelangten 1992/93 nicht einmal 700 000 nach Westeuropa, darunter 355 000 nach Deutschland, 80 000 in die Schweiz, 74 000 nach Schweden und 73 000 nach Österreich; also vor allem in jene Länder, in denen bereits Arbeitsmigranten aus dem ehemaligen Jugoslawien lebten. Diese Zahlen stiegen noch Mitte 1993 kaum an, weil in der Zwischenzeit fast alle europäischen Staaten ihre Grenzen für Flüchtlinge aus Kroatien, Bosnien und dem Kosovo schlossen.

Seit dem Friedensschluß von Dayton konnten 1997 und 1998 nur rund 450 000 Bosnier in ihre Heimatgemeinden zurückkehren. Zugleich wurden 1998 rund 100 000 ethnische Albaner im oder aus dem Kosovo vertrieben. 4 Millionen Kriegsflüchtlinge und Opfer ethnischer Säuberungen befinden sich deshalb noch auf dem Boden Ex-Jugoslawiens: 150 000 in Kroatien, 560 000 in Serbien, 65 000 in Montenegro, 70 000 im Kosovo, 32 000 in Mazedonien und über 800 000 in Bosnien-Herzegowina, dessen Bevölkerung in jeder Hinsicht die Hauptlast von Krieg und Vertreibung zu tragen hatte.

In Westeuropa hatte sich die Zahl der registrierten Asylanträge binnen weniger Jahre vervierfacht. Sie stieg von 160 000 (1985) auf 680 000 (1992). Zwei Drittel dieser Anträge wurden in Deutschland gestellt. Seit der Asylrechtsänderung vom Juli 1993 verschoben sich diese Anträge stärker auf Deutschlands westliche und östliche Nachbarländer. Wie erwähnt, ist die Zahl der Kriegsflüchtlinge und Opfer 'ethnischer Säuberungen' in Bosnien, Serbien und Kroatien allerdings um ein Vielfaches größer. Zugleich ging die Zahl der in Westeuropa gestellten Asylanträge insgesamt zurück.

Woher, wohin?

Nur auf den ersten Blick bietet die 'Geographie' der europäischen Wanderungen ein verwirrend vielfältiges Bild. Tatsächlich lassen sich jedoch klare Muster erkennen. Zwischen vielen Herkunfts- und Zielländern bestehen 'privilegierte' Beziehungen. Frankreich hat solche Migrationsbeziehungen zu Portugal und dem Maghreb. Erstes Ziel ist es nicht bloß für Einwanderer aus seinen noch vorhandenen Überseegebieten. Auch fast alle nach Europa ausgewanderten Algerier, Tunesier, drei von vier Portugiesen und drei von fünf Auslands-Marokkanern leben in Frankreich. In Großbritannien gilt das für einen Großteil der Auslands-Iren und fast alle in Europa lebenden Inder, Pakistanis, Bangladeschis und Auswanderer aus dem anglophonen Westindien.

Ähnliches gilt für Deutschland, das längst zum wichtigsten Einwanderungsland Europas geworden ist. Hier leben fast alle deutschstämmigen Aussiedler aus Osteuropa und Zentralasien, sieben von acht Auslands-Türken, sechs von sieben Auslands-Griechen, drei Viertel aller emigrierten Ex-Jugoslawen, Polen und Österreicher mit Wohnsitz in Europa.

Während der 1950er Jahre waren die DDR und Italien in Europa die quantitativ bedeutendsten Herkunftsländer von Migranten. Die Arbeit in Westdeutschland, der Schweiz oder Frankreich bot vielen Italienern eine Alternative zur Auswanderung nach Übersee. DDR-Bürger wurden in der Bundesrepublik als Einheimische behandelt und hatten damit automatisch Zugang zum westdeutschen Arbeitsmarkt.

Nach dem Bau der Mauer und der wirtschaftlichen Integration Italiens in die EWG wurden Spanien und Portugal zu den wichtigsten Auswanderungsländern Europas, gefolgt von Griechenland und Jugoslawien, das ab 1966 als einziges kommunistisch regiertes Land dem Westen die Anwerbung von Arbeitsmigranten gestattete. Auch aus diesen Ländern waren davor Migranten in beträchtlicher Zahl nach Übersee ausgewandert. Als außereuropäische Herkunftsländer und -regionen dominierten während der 1960er Jahre Algerien, Indien, Pakistan und die Karibik. Erst während der 1970er Jahre traten die Türkei und Marokko als Hauptauswanderungsländer in den Vordergrund.

Bis 1950 dominierten in Europa die Ost-West-Wanderungen. Danach reduzierte der Kalte Krieg diese Mobilität auf dem (nur bis 1961 bedeutenden) Übersiedlerstrom aus der DDR in die Bundesrepublik Deutschland. Insgesamt standen zwischen den 1950er und frühen 1980er Jahren in Europa die Süd-Nord-Wanderungen im Vordergrund. Das galt für die innereuropäischen Wanderungen aus Italien, Spanien, Portugal, Griechenland und Jugoslawien nach Nord- und Westeuropa ebenso wie für Wanderungen aus einigen Ländern der 'Dritten Welt' nach Europa. Nach einer Phase geringer internationaler Mobilität in den frühen 80er Jahren änderten sich die Migrationsströme ab den späten 1980er Jahren: Es verstärkte sich vor allem die Ost-West-Wanderung. Denn mit Beginn der Perestroika wurden die Sowjetunion, ihre Nachfolgestaaten und Teile des Balkans zu einer Hauptauswanderungsregion. Das Ende der Spaltung Europas begünstigte diese Migrationsrichtung zusätzlich.

Zugleich wurden Rußland und die Ukraine völlig unerwartet zu Einwanderungsländern. Sie sind heute das Ziel jener slawischsprachigen Bewohner des Kaukasus, des Baltikums und Zentralasiens, die sich in ethnischen Nachfolgestaaten als Minderheiten diskriminiert fühlen. 25 Millionen ethnische Russen außerhalb Rußlands werden für ein Anhalten dieses Migrationsstroms sorgen.

Privilegierte unter den Ost-West-Migranten waren (und bleiben) Angehörige jener ethnischen Minderheiten, für die sich ein westliches Land (Deutschland, Israel, Griechenland, Türkei) stark machte. Sie konnten nicht bloß legal übersiedeln, sondern im Aufnahmeland auch mit staatlicher Integrationshilfe rechnen. Der Fall des Eisernen Vorhangs, steigende Arbeitslosigkeit und die sich verschärfenden ethnischen Konflikte verstärkten in der Folge auch die Migration von Angehörigen anderer Minderheiten ohne starke Lobby im Westen: Kurden, Roma, Albaner aus dem Kosovo, bulgarische Moslems; schließlich Kriegsflüchtlinge und Vertriebene aus Kroatien und Bosnien-Herzegowina. Ihnen blieb im Regelfall nur die Wahl, einen Asylantrag zu stellen oder illegal einzureisen. Gerne gesehen sind sie im Westen nicht.

Die Süd-Nord-Wanderung wird derzeit zwar weniger thematisiert, spielt aber gerade für die südeuropäischen Länder weiterhin eine zentrale Rolle. Das gilt besonders für Länder wie Italien und Spanien, in die es bis in die 1980er Jahre kaum Einwanderung gab. Aber auch nach Frankreich kommen, wenn überhaupt, eher Zuwanderer aus dem Maghreb als aus der östlichen Hälfte Europas.

Ausländer in Europa

In den frühen 1950er Jahren war die Zahl der Ausländer in den meisten Staaten Europas relativ klein. Nur 1,3 Prozent der Einwohner

Westeuropas hatten damals einen fremden Paß: insgesamt 5,1 Millionen Personen, stationierte ausländische Soldaten nicht eingerechnet.

Zu Beginn der 1970er Jahre erreichten sowohl die Beschäftigung ausländischer Arbeitnehmer als auch die Ausländeranteile in Westeuropa Rekordhöhen. Insgesamt betrug die Zahl der Ausländer in Westeuropa 1970/71 fast 11 Millionen. Gemessen an der jeweiligen Gesamtbevölkerung, gab es 1970 die höchsten Ausländeranteile in den 'Zwergstaaten' Liechtenstein (36 Prozent) und Luxemburg (18 Prozent). Der 'Flächenstaat' mit dem höchsten Ausländeranteil war die Schweiz (18 Prozent). Im Vergleich der absoluten Ausländerzahlen lag die Bundesrepublik Deutschland 1970 schon mit 3 Millionen Ausländern an der Spitze, gefolgt von Frankreich (2,6 Millionen bzw. 5,3 Prozent der Wohnbevölkerung), der Schweiz (1,1 Millionen bzw. 17 Prozent) und Belgien (0,7 Millionen bzw. 7 Prozent).

In den darauf folgenden 20 Jahren änderte sich an dieser Reihenfolge nur wenig. Die höchsten Ausländeranteile gibt es nach wie vor in Liechtenstein (1991/92: 39 Prozent), Luxemburg (30 Prozent) und der Schweiz (19 Prozent, mit Saisonwanderern 20 Prozent). Neu ist allerdings der wachsende Ausländeranteil in den südeuropäischen Auswanderungsländern der Zeit des 'Wirtschaftswunders': Italien, Spanien, Portugal und Griechenland wurden inzwischen selbst Ziel von Einwanderern.

Bei der Absolutzahl der Ausländer liegt Deutschland mit derzeit 7,5 Millionen weiterhin vorne. Dahinter kommen Frankreich (3,8 Millionen), Großbritannien (2,0 Millionen), die Schweiz (1,2 Millionen) und Belgien (0,9 Millionen). Insgesamt lebten 1997 rund 20 Millionen Ausländer legal in einem der Staaten Westeuropas. Das waren mehr als 5 Prozent aller Einwohner dieser Weltregion. Viele von ihnen sind bereits im Einwanderungsland zur Welt gekommen, besitzen aber nicht dessen Staatsbürgerschaft.

Blick in die Zukunft

In naher Zukunft steht der Bevölkerung Europas ein Alterungsschub bevor. Die Zahl der über 65jährigen wird sich in den kommenden vier Jahrzehnten fast verdoppeln. Außerdem wird die geringe Kinderzahl in etlichen Ländern ein Schrumpfen der inländischen Wohnbevölkerung zur Folge haben. Noch sorgen sowohl die hohe Arbeitslosigkeit als auch das wenig ausländerfreundliche Meinungsklima dafür, daß sich trotz dieser Entwicklung in Westeuropa kaum jemand für Zuwanderung einsetzt. Aber es ist durchaus vorstellbar, daß es im ersten Viertel des 21. Jahrhunderts wieder zur aktiven Anwerbung von Arbeitskräften kommen wird. Schon heute zeichnet sich eine Konkurrenz um bestimmte Personengruppen mit spezieller Qualifikation ab - von der Krankenschwester bis zum Atomphysiker. Der von manchen befürchtete 'Brain drain' aus Osteuropa, Nordafrika und dem Vorderen Orient hat längst begonnen. Und die Qualifikationen, die diese Migranten mitbringen, entscheiden mit über die Attraktivität westeuropäischer Staaten als Industrie- und Dienstleistungsstandorte.

Massenmigration nach und in Europa wird es in den kommenden Jahren aber auch ohne aktive Anwerbung geben. Die Gründe dafür liegen auf der Hand: Bei derzeit 20 Millionen Ausländern im EU- und EWR-Raum sorgen schon Familiennachzug und Rückwanderung für ein gewisses Maß an Migration. Noch entscheidender ist, daß sich an den zentralen Wanderungsursachen der letzten Jahre auf absehbare Zeit kaum etwas ändern wird. Ein Ende der ethnischen Konflikte und 'Säuberungen', der Kriege um Land und Ressourcen und der politischen Gewalt gegen Andersdenkende in unserer unmittelbaren Nachbarschaft ist nicht absehbar. An der südlichen und östlichen Peripherie Europas ist das Bevölkerungswachstum ungebrochen. Die wirtschaftliche Entwicklung dieser Regionen kann mit der demographischen nicht Schritt halten. In der östlichen Hälfte Europas gibt es zwar keine Überbevölkerung. Aber dort wächst die Zahl der wirtschaftlich und sozial marginalisierten Bürger und die

Zahl der Ambitionierten mit höherer Qualifikation, die in ihrem Land für sich und ihre Kinder derzeit keine Zukunft sehen.

Die ökonomische Kluft zwischen Westeuropa und seiner unmittelbaren Nachbarschaft wird also ein gewisses Maß an Migration in Gang halten, obwohl die reichen Industriestaaten derzeit alle auf Abschottung setzen. Die Wohlstandsgrenze quer durch Europa und entlang des Mittelmeeres wird sich nie mit derselben Perfektion kontrollieren lassen wie die innerdeutsche Grenze bis 1989. Das Beispiel der Grenze zwischen den USA und Mexiko sollte uns dies klar machen. Bewaffnete Grenztruppen, Zäune und eine rigide Asylpraxis sind weder die einzige noch die beste Antwort auf den Migrationsdruck in Richtung Westeuropa. Denn bloße Abschottung ist kein Ersatz für Migrationspolitik. Und sie beseitigt keine der Ursachen, die Menschen heute zum Verlassen ihrer Heimat zwingen.

Diese Diagnose macht auch klar, daß die Nationen Europas in ihrer Wanderungspolitik aufeinander angewiesen sind. Deshalb bedarf sowohl der politische Umgang mit grenzüberschreitenden Wanderungen und ihren Folgen als auch die Beseitigung von Fluchtursachen der internationalen Koordination. Ein Land allein wäre damit überfordert; selbst ein so großes und wirtschaftlich potentes wie Deutschland. Das darf allerdings nicht als Ausrede dienen, wenn Deutschland in der Migrationspolitik seinen nationalen Handlungsspielraum zu wenig ausschöpft. Und da gibt es noch viel zu tun: Das Handlungsfeld reicht von der Bekämpfung der Flucht- und Wanderungsursachen über den Beschluß eines modernen Einwanderungsgesetzes bis zur erfolgreichen Integration derer, die heute als Ausländer oder als Aussiedler in Deutschland leben.

LITERATUR

Angenendt, Steffen (Hrsg.): Migration und Flucht. Aufgaben und Strategien für Deutschland, Europa und die internationale Gemeinschaft. Bonn 1997, Bundeszentrale für politische Bildung.

Bade, Klaus (Hrsg.): Das Manifest der 60. Deutschland und die Einwanderung. München: Beck Verlag 1994.

Fassmann, Heinz u. Münz, Rainer (Hrsg.): Migration in Europa. Historische Entwicklung, aktuelle Trends, politische Reaktionen. Frankfurt/New York: Campus Verlag 1997.

Münz, Rainer, Seifert, Wolfgang u. Ulrich, Ralf: Zuwanderung nach Deutschland. Strukturen, Wirkungen, Perspektiven. Frankfurt/New York: Campus Verlag 1997.

Münz, Rainer u. Weiner, Myron (Hrsg.): Migrants, Refugees, and Foreign Policy. U.S. and German Polities toward Countries of Origin. Providence/RI-Oxford: Berghahn Books 1997.

Pries, Ludger (Hrsg.): Soziale Welt. Transnationale Migration. Baden-Baden: Nomos Verlag 1997.

Segal, Aaron: An Atlas of International Migration. London/Melbourne/München/New Jersey: Bookcraft Ltd. 1993.

Irenäus Eibl-Eibesfeldt

NATIONALSTAAT UND MULTIKULTURELLE IMMIGRATIONSGESELLSCHAFT: VIELFALT ALS CHANCE UND PROBLEM

1. Gruppenterritorialität

Vor unserem Haustor spielt sich wieder einmal das leider allzu bekannte Drama einer Volksvertreibung ab, für das wir die so hygienisch anmutende Bezeichnung "ethnische Säuberung" verwenden. Wir sind zu Recht empört und reagieren dementsprechend emotionell, aber mit der eine solche Empörung begleitenden emotionellen Denkblockade, die zu polarisierendem Denken und Wahrnehmen führt, das nur noch gut und böse zuläßt. Sie hindert uns daran, den verschiedenen Ursachenketten, die zu Konflikten dieser Art führen, nachzuspüren. Es genügt, den vermeintlichen Bösewicht erkannt zu haben. Das mag manchem Simpel genügen, wird aber der Wirklichkeit nicht gerecht, und trägt damit nicht zur Lösung des Poblems bei. Erst das Aufdecken der vielfältigen Ursachen solchen Geschehens versetzt uns in die Lage, zwischenethnischen Konflikten, die im Extremfall zu Entwicklungen wie heute in Serbien oder Burundi führen könnten, vorzubeugen. Während wir nämlich mit den Folgen eines zwischenethnischen Konflikts in Bosnien und dem Kosovo kämpfen, sind wir – so fürchte ich – dabei, in den traditionellen Nationalstaaten Europas genau die Bedingungen herbeizuführen, die uns über kurz oder lang mit ähnlichen Problemen belasten werden.

Da es sich bei den zur Diskussion stehenden Konflikten um zwischenethnische Auseinandersetzungen handelt, lohnt es sich zunächst, das Phänomen "Ethnizität" zu hinterfragen. Wieso kommt es eigentlich dazu, daß sich in aller Welt Menschen gruppenweise über Sprache und Brauchtum voneinander abgrenzen und sich im Laufe der Geschichte immer weiter auseinanderentwickeln, so daß sich die verschiedenen Populationen zuletzt auch in ihrem physischen Erscheinungsbild und damit, wie *Luigi Cavalli-Sforza* (1991) an vielen Beispielen belegt, genetisch voneinander unterscheiden? Und wozu besetzen sie Territorien und verteidigen sie diese?

Die Bedeutung der Gruppenterritorialität ist unschwer zu erkennen. Die verschiedenen Gemeinschaften sichern sich auf diese Weise die ihrer Wirtschaftsform entsprechende Subsistenzbasis. Jede experimentiert mit unterschiedlichen Sozialtechniken der Führung, Ideologien und Subsistenzstrategien, und geht damit eigene Wege. Aus Dialekten werden Sprachen, Lokalgruppen vereinigen sich zu Tälergemeinschaften oder wachsen zu Stämmen und Völkern heran. Kultur wird schließlich so zum Schrittmacher der weiteren Evolution. Es entsteht Vielfalt, über die sich das Leben auch über die Artenfülle im Tier- und Pflanzenreich absichert. *Erik Erikson* (1966) verglich diesen Prozeß der kulturellen Evolution mit der Speziation und sprach sehr treffend von kultureller Pseudospeziation. Wie alles Leben streben auch die menschlichen Gemeinschaften nach Wachstum; sind sie erfolgreich, dann breiten sie sich aus, und steht kein unbesiedeltes Land zur Verfügung, dann kommt es gewöhnlich zu Konflikten mit anderen, die ihre Ressourcen verteidigen, sowohl gegen kriegerisch vorgetragene Angriffe als auch bei Infiltration, hier allerdings oft mit Verzögerung und vor allem dann, wenn die ethnischen Unterschiede groß und die von Autochthonen und Einwanderern benötigten Ressourcen knapp sind. Die Dramen der Geschichte sind genügsam bekannt.

Angesichts der vielen zwischenethnischen Konflikte, die bis zum heutigen Tage die Menschen plagen, entwickelte man verschiedene Vorstellungen darüber, wie man eine Pazifizierung der Menschheit erreichen könne. Ein immer wiederkehrender Gedanke spielt mit der Vorstellung einer weltumspannenden, die Menschheit einigenden Ideologie. Die lästigen Unterschiede zwischen den Völkern sollten darüber hinaus durch eine gründliche Durchmischung eingeebnet werden. Diese Idee stellt nicht das Differenzierungsbedürfnis in Rechnung und war deshalb bisher stets zum Scheitern verurteilt. So sollte der Vielvölkerstaat der Sowjetunion über einen kommunistischen Verfassungspatriotismus geeinigt werden, nationale Bestrebungen wurden unterdrückt. Im kommunistischen China meinte Mao mit der gleichen Intention, man müsse die Eier der Nationen zerschlagen und zu einer Omelette verrühren.

Mittlerweile hat man eingesehen, daß das so nicht geht. Nur ein extrem repressives System könnte vorübergehend eine solche Homogenisierung erzwingen. Es würde aber nicht lange dauern bis die ersten Häretiker und Rebellen auftauchten.

Als der eiserne Vorhang fiel und die bis dahin unterdrückten Nationen ihr Haupt erhoben, schrieb *Günther Nenning*: "Die wiedererwachten europäischen Nationen sind ebensoviele kleinteilige Widerstandsnester gegen die Verwandlung des Erdteils in einen großökonomischen Einheitsbrei, der Natur und Seelen mordet... Wer dieses neue Europa der wimmelnden Nationen und Natiönchen nicht mag, soll gefälligst ehrlich dazu seufzen: Unterm Stalin hätt´s das alles nicht gegeben." (K. G. Nenning 1990)

Das Leben ist ein dynamischer Prozess, wie die Artenvielfalt im Tier- und Pflanzenreich belegt. Über sie entwickelte es die verschiedensten Anpassungstypen, die sich vom Hochgebirge bis in die Tiefsee und vom tropischen Regenwald bis in die unwirtlichsten Wüsten im Kleinen wie im Großen einnischten. Nur so hat das Leben bisher selbst kosmische Katastrophen überlebt.

Kulturen sind solchen Experimenten der Einnischung vergleichbar. Sie sind Ausdruck der neue Wege suchenden Lebensdynamik, die der Absicherung auf der Seinsstufe des Menschen dienlich ist. Alle Lebewesen und so auch der Mensch sind in diesem Sinne Sucher nach einer besseren Welt und vielleicht auch nach einem höheren Sein. *Konrad Lorenz* meinte einmal, der heutige *Homo sapiens* wäre wohl erst das "missing link" auf dem Wege zum wahren Menschen.

Bemerkenswert ist, daß wir ethnische Vielfalt und Differenziertheit durchaus positiv bewerten, wahrscheinlich auf Grund eines uns inhärenten ästhetischen Werturteils (I. Eibl-Eibesfeldt 1998a). Wir sind daher an fremden Völkern durchaus auch freundschaftlich interessiert und bemühen uns heute daher grundsätzlich um ein gutes

Auskommen auf Gegenseitigkeit. Und auch wenn uns das nicht immer glückt, es bleibt das Leitmotiv unserer Bemühungen. Darüber hinaus gilt die kulturelle Vielfalt nach den Statuten der Vereinten Nationen als schützenswert. Sie sprechen sich daher auch klar für das Selbstbestimmungsrecht der Völker aus. Müssen wir wegen dieser Hochschätzung der Vielfalt aber den sich aus dem Abgrenzungs- und Selbsterhaltungsbedürfnis ergebenden gelegentlichen Unfrieden in Kauf nehmen? Gewiß nicht! Man muß nur mit einer gewissen Konfliktbereitschaft rechnen und wissen, welche Situationen sie fördern. Und die gilt es dann zu meiden.

Unsere Fähigkeit, in Gruppen zu leben, einander beizustehen, uns in andere einzufühlen und eine persönliche Beziehung aufzubauen, ist stammesgeschichtlich familialen Ursprungs (Eibl-Eibesfeldt 1970). Das erste "Wir und die Anderen" manifestiert sich in der durch die individualisierte Bindung ausgezeichneten Mutter-Kind-Beziehung. Ein Urvertrauen charakterisiert die Bindung des Kindes an die Mutter. Dem steht das Urmißtrauen zur Seite, mit dem das Kind zunächst Menschen begegnet, die es nicht kennt. Es reift zwischen dem 6. und 8. Lebensmonat und manifestiert sich als die kindliche Fremdenscheu, und zwar in aller Welt. Es handelt sich um eine Universalie. Fremde lösen jedoch nicht nur ängstliche Meidung aus. Wir beobachten vielmehr, daß der Säugling in der Fremdensituation auch Signale freundlicher Kontaktbereitschaft sendet. Im typischen Fall lächelt er dem Fremden zu, um sich dann scheu an der Mutter zu bergen. Es stehen also zwei gleichzeitig aktivierte Verhaltenssysteme miteinander im Widerstreit - ein prosoziales der Zuwendung und ein agonales der Ablehnung. Ist die fremde Person in ihren Kontaktbemühungen zu schnell, und will er oder sie das Baby gar zu sich nehmen und herzen, dann gerät das Kind leicht in Panik und wehrt sich. Bei langsamer und rücksichtsvoller Annäherung baut zunehmende Bekanntheit die Angst ab, das Kind faßt Vertrauen. Die englische Sprache beschreibt den Vorgang treffend mit dem Wort "familiarisation". Das Kind wächst so in eine Kleingruppe hinein.

Über die längste Zeit seiner Geschichte lebte der Mensch in solchen quasi-familialen Kleinverbänden. Bis vor einigen Jahrzehnten konnten wir solche Wildbeutergesellschaften noch in einigen entlegeneren Gebieten der Erde studieren. Heute gibt es nur noch wenige Gesellschaften dieser Art. In solchen "face-to-face communities" kennt man einander gut, und da das Verhalten der anderen daher für jedermann ziemlich gut voraussagbar ist, herrscht eine Vertrauensbeziehung, und es überwiegen Verhaltensweisen der Fürsorglichkeit und des gegenseitigen Beistandes. Dominanzbestrebungen einzelner scheitern an einem starken Normierungsdruck. Zwar gibt es auch in solchen Gesellschaften Streit, doch ist man bemüht, alle Aggressionen nach außen gegen "Feinde" umzuleiten. Zwischen verschiedenen Wildbeutergruppen herrscht Konkurrenz. Zeigt eine Anzeichen von Schwäche, dann fordert das bei Ressourcenknappheit Überfälle heraus. Schwächere Lokalgruppen bemühen sich daher um Allianzen mit anderen. Das selektierte auf Bündnisfähigkeit und damit auf diplomatisches Geschick ebenso wie auf Bündnistreue.

Da bei der Konkurrenz zwischen Gruppen verständlicherweise jene im Vorteil sind, die eine größere Anzahl von Männern für kriegerische Auseinandersetzungen rekrutieren können, wurde auch die kulturelle Entwicklung sozialer Techniken der Gruppenbindung und Führung einschließlich der Begabung dazu gefördert. Dazu gehören auch Techniken der Indoktrination zur Gruppensolidarität. Vorhandene, uns Menschen angeborene familiale Dispositionen werden dabei bis zum heutigen Tag erfolgreich genutzt (I. Eibl- Eibesfeldt 1984 (^{3}1995), 1998b). Die familiale Ethik wird dabei zur Gruppenethik erweitert. Man beruft sich dazu auf gemeinsame, oft fiktive Ahnen und man verwendet im Verkehr Verwandtschaftstermini. Das ist selbst in den anonymen Großgesellschaften wie den modernen Nationalstaaten so, wo vor allem in Krisenzeiten von unseren Brüdern und Schwestern gesprochen wird und vom Vaterland, der Muttersprache, und wo schließlich die bereits im Worte Nation angesprochene gemeinsame Abstammung betont wird.

Von den uns angeborenen Lerndispositionen, die uns das Zusammenleben in anonymen Millionengesellschaften ermöglichen, spielt die Symbolidentifikation eine hervorragende Rolle. Wie stark die Bindung an die sakralen Symbole der Nation oder einer Religionsgemeinschaft sein können, dürfte bekannt sein, man denke nur an den Fahnenkult. Menschen folgen der Fahne fast wie die Lorenz'schen Gössel ihrem Prägungsobjekt. Manches spricht dafür, daß es sich in der Tat um einen vergleichbaren Vorgang handelt. Zunächst gibt es eine sensible Periode, in der ein Zeitfenster offen gehalten wird, in der Menschen für indoktrinäre Erfahrungen besonders empfänglich sind. Sie liegt um die Zeit der Pubertät. Neurobiologische Untersuchungen an Tieren ergaben, daß beim Prägungslernen die an dem betreffenden Lernvorgang beteiligten Nervenzellen entscheidende Veränderungen erfahren. An ihren zuführenden Ästen (Dendriten) findet eine Synapsenreduktion statt, indem diejenigen, die durch die spezifische Wahrnehmung der bedingten Reize nicht erregt wurden, eingeschmolzen werden. Die Nervenzellen werden so auf die Wahrnehmung der Prägungssymbole abgestimmt, was einer Wahrnehmungseinengung gleichkommt. Das erklärt auch die Schwierigkeiten des Umlernens. Die an der Prägung beteiligten Nervenzellen haben gewissermaßen ihre Pluripotenz eingebüßt.

Mit der Wahrnehmung der nationalen oder religiösen Symbole sowie der gleichsinnig in die Gemeinschaft einbindenden Hymnen und Lieder verbindet sich eine archaische, affektiv besetzte Reaktion, die wir als Schauer der Ergriffenheit erleben. Sie wird von der Kontraktion jener winzigen Muskeln verursacht oder begleitet, die an der Basis der Körperhaare an der Außenseite der Arme, der Schultern und des Rückens ansetzen. Wir sträuben gewissermaßen einen nicht mehr vorhandenen Pelz, was bei uns nur eine Gänsehaut bewirkt, bei unseren Vorfahren aber wohl zu einer eindrucksvollen Vergrößerung des Körperumrisses führte. Wichtig ist es zu erkennen, daß es sich hier um eine hochemotionell besetzte Reaktion der sozialen Gruppenverteidigung handelt. Wir haben zwar keinen Pelz mehr, aber die affektiv besetzte Reaktion ist so stark wie eh und je und das macht sie so gefährlich, und zwar dann, wenn einer Menschengruppe Feindbilder und intolerante Weltanschauungen aufgeprägt werden.

Auf der anderen Seite bedarf es einer gewissen affektiven Einbindung, wenn eine Gesellschaft in der Konkurrenz mit anderen als Solidargemeinschaft überleben will. Das erzieherische Geschick muß darin bestehen, eine kritische Liebe zum eigenen Land ohne aggressive Abgrenzung über Feindbilder, eine Heimatliebe bei gleichzeitiger Offenheit für andere auszubilden. Das ist durchaus keine utopische Vorstellung, denn wir sind, wie schon die vorhin besprochene Ambivalenz des Säuglings lehrt, gegenüber dem fremden Konkurrenten, ja selbst gegenüber unseren Feinden, auch mitmenschlich-prosozial motiviert. Es ist im wesentlichen die Angst vor der Dominanz anderer, die zu feindseliger Abgrenzung und dem Wetteifern in Machtstreben führt.

Aber besteht für den Abbau solchen aggressionsfördernden Mißtrauens auch nur die geringste Aussicht? Die Frage stellt sich angesichts der sich abzeichnenden katastrophalen Folgen unseres Erfolgs. Wir haben mittlerweile die Erde bis in die letzten Lebensmöglichkeiten bietenden Winkel bevölkert und werden dennoch immer mehr, und zwar vor allem in den Armengebieten der Welt. In Afrika betrug der Bevölkerungszuwachs (Geburten minus Sterbefälle) nach Angaben der Vereinten Nationen zwischen 1990 und 1995 2.8% gegenüber 0.2% in Europa. Mit der zunehmenden Überschreitung der Tragekapazität hier wie in Europa und in anderen Teilen der Welt verschärft sich der Wettstreit um begrenzte Ressourcen, so daß wir nach einer Phase der Zivilisierung der wirtschaftlichen und in Ansätzen auch der kriegerischen Auseinandersetzungen eine zunehmende Brutalisierung des Wettstreits beobachten, die im wirtschaftlichen Bereich in Anlehnung an Friedrich von Hayek ganz offen propagiert wird: Der Markt soll alles regeln. Weil Rücksichtslosigkeit auch in der Natur herrscht, meint man, das müsse auch für uns Menschen gelten.

Darüber vergißt man, daß wir zum Unterschied von der übrigen Lebewelt in besonderer Weise als Kulturwesen ausgezeichnet sind und außer unserer Gefühlsmoral auch über eine auf Vernunft begründete Moral verfügen können. Wir sind ferner in der Lage, Handlungsfolgen über längere Zeiträume abzusehen und demnach als erste Wesen dieser Erde in der Lage, uns Ziele setzen zu können. Der Entwicklung eines generationenübergreifenden Überlebensethos sollte dabei Priorität zuerkannt werden. Das würde uns in der Tat einmalige Chancen für eine weitere Entwicklung in Frieden eröffnen, vorausgesetzt wir bleiben bereit, aus Fehlern zu lernen und legen uns vor allem in den Zwischenzielen auf diesem Weg nicht dogmatisch fest.

2. Schlußfolgerungen

Aus dem bisher Gesagten ergeben sich bereits eine Reihe von Dingen, die wir bei dem Bemühen um eine Pazifizierung dieser Welt zur Kenntnis nehmen müssen:

1. Nicht alles ist Konstruktion, wie die Verfechter einer grenzenlosen Beliebigkeit uns einreden wollen. Unsere Anpassungen in Körperbau, Physiologie, Verhalten und Kultur spiegeln eignungsrelevante Facetten einer außersubjektiven Wirklichkeit, an die wir uns stammesgeschichtlich, kulturell oder auch individuell anpaßten. Wer an der Realität der Außenwelt zweifelt, der sei mit Gaylord Simpson daran erinnert, daß der Affe, der von dem Ast, auf den er springen wollte, keine richtige Vorstellung hatte, sicher nicht zu unserer Vorfahrenreihe zählt.

2. Wir sind als Ergebnis einer langen stammesgeschichtlichen Entwicklung darauf programmiert, in eigenen Nachkommen zu überleben. Wer es nicht schafft, daß seine Gene in der folgenden Generation vertreten sind, steigt gewissermaßen aus dem Lebensstrom aus.

3. Da die Erbanlagen einer Person auch in deren nahen Verwandten zu einem statistisch einschätzbaren Anteil enthalten sind, kann eine Person ihr genetisches Überleben auch durch Verwandtenförderung bis zu einem gewissen Grade sichern. Der Anteil jener Gene, die eine Person als Individuum von anderen unterscheiden und damit jeden zu einem Experiment der Evolution machen, verdünnt sich aber mit abnehmender verwandtschaftlicher Nähe. Doch sind selbst Populationen, die zum Beispiel über eine gemeinsame Sprache ver-

bunden sind, in ihrer genetischen Komposition in statistisch erfaßbarer Weise unterschieden, und zwar mit meßbarer genetischer Distanz (L. Cavalli-Sforza 1991).

4. Beim Menschen sind die Einheiten, an denen die Selektion ansetzt, daher nicht allein Einzelpersonen und deren nächste Verwandte, sondern auch die über Sprache, kulturelle Besonderheiten, Selbstdefiniton und andere soziale Faktoren der Abgrenzung als Wir-Gruppe definierten größeren Gemeinschaften. Die Selektion wirkt hier auf verschiedenen Ebenen.

5. Die überlebensabsichernde, ethnische und biologisch-anthropologische Vielfalt entstand unter Bedingungen sozialer und geographischer Abgrenzung. Viele dieser abgrenzenden Mechanismen sind uns als Verhaltensdispositionen angeboren. Sie entstammen dem familialen Bereich und sind emotionell besetzt (Liebe, Haß, kollektive Begeisterung). Sie werden von den kulturell entwickelten Techniken der Führung genutzt und weiter ausgestaltet (Symbolidentifikation, Staatsethik, Kriegsethik). Jeder Versuch, ethnische Unterschiede einzuebnen, muß daher mit Widerständen rechnen.

Aus all dem folgt, daß man mit Konflikten rechnen muß, wenn man die Selbstbehauptungsneigung der Ethnien oder der wie immer genannten, sich in ihrer Selbstauffassung von anderen absondernden Solidargemeinschaften nur als störende Gewohnheit abtut, die man nicht weiter beachten müsse. Aber gerade das tun viele.

Ralf Dahrendorf (1981) bezeichnet das Selbstbestimmungsrecht der Völker als ein "barbarisches Recht". Nur Menschen hätten Rechte, nicht jedoch Völker. So hätten die Armenier keineswegs Rechte auf einen eigenen Staat, wohl aber hätte der einzelne das Recht, seine Kultur zu pflegen, seine Sprache zu sprechen oder seinen religiösen Praktiken zu folgen. Die Armenier hat er dazu nicht gefragt, das würde ein ideologisches Nichtempiriker-Hirn wohl stören. Im gleichen Sinne äußerte sich Johannes Willms in der Süddeutschen Zeitung unter dem Titel: "Was ist ein Volk? Anmerkungen zu einem grassierenden Wahn" (Süddeutsche Zeitung 25.2.1999, S. 15).

Die Vorstellung, daß alles National-Ethnische nur ein Wahn sei, der überwunden werden müsse, liegt auch der Idee zugrunde, über Förderung der Immigration in den traditionellen euopäischen Nationalstaaten eine multikulturelle Immigrationsgesellschaft aufzubauen. Immigranten sollen im Land ihrer Wahl ihre eigene Kultur pflegen, das würde die relativ homogenen Nationalstaaten bunter machen und bereichern, und die Menschen würden einander begegnen und sich kennen und schätzen lernen. *Heiner Geißler*, der hierzulande die Trommel für Multikultur rührt, meint dazu: "Assimilation, völkisch-kulturelle Integration werden weitgehend der Vergangenheit angehören... Türken und Jugoslawen, Italiener und Spanier, Marokkaner und Japaner, Tamilen und Inder, Iraner und Libanesen kann man nicht zu Germanen machen." (Spiegel 1990, 13, S. 170).

Eine erstaunlich undifferenzierte Sicht und eigentlich erschreckend, wenn man an die politischen Konsequenzen denkt, die die forcierte Umsetzung dieser Ideen gegen den Willen der Mehrzahl der durchaus demokratisch gesinnten Bevölkerung Deutschlands mit sich brachte. Der innere Friede wurde auf diese Weise sicher nicht gefördert. Er ist jedoch als eines der höchsten Güter zu achten.

Es stimmt auch nicht, daß man Menschen, die verschiedenen Kulturen angehören, nicht assimilieren kann. Bei Europäern, die in ein anderes europäisches Land auswanderten, gelang die Integration in der Regel problemlos. Bei Immigranten aus kulturfremden Regionen gibt es dagegen bei Masseneinwanderung erfahrungsgemäß Probleme. So wurden von den Nachkommen der ersten türkischen Einwanderungswelle viele ohne jeden Zwang aus freiwilliger Wahl zu Deutschen.

Die folgende Masseneinwanderung machte eine solche nicht notwendig. Die allen Menschen in einer solchen Situation eigene Neigung, die Nachbarschaft von ihresgleichen zu suchen, führte zu abgrenzender Besiedlung bestimmter Stadtbezirke mit absinkender Angleichungsbereitschaft, denn der Selbsterhaltungsdrang selbstbewußter Ethnien ist stark, und haben sie die Gelegenheit, ihre völkischen Eigenarten zu pflegen, dann werden sie das überall in der Welt tun. Daran ist nichts tadelnswert. Unverantwortlich ist es jedoch, wenn Politiker auf diese Weise, bei vollem Wissen um die Problematik, Situationen herbeiführen, die ganz offensichtlich gegen die Interessen des eigenen Landes sein können, obgleich das Grundgesetz sie ja dazu verpflichtet, in erster Linie die Interessen des eigenen Landes zu vertreten.

Interessant ist in diesem Zusammenhang auch eine Bemerkung *Burgers*, der eine "wesenhafte Identität" der Nation leugnet. Für ihn besteht ihr Wesen nur in der Negation. Er schreibt: "Jede Behauptung oder Beschwörung einer wesenhaften Identität, sei sie definiert oder konstruiert wie immer, biologistisch oder kulturalistisch impliziert, aber an sich schon die Ausgrenzung des Fremden, weil sie als Position nur als Negation dessen gewonnen werden kann, was nicht sie selber ist, jede Identifikation ist eine Negation." (R. Burger 1997)

Nur Negation also, da hat Herr Burger nicht sorgfältig recherchiert. Wenn es sich für ihn so darstellt und er in diesem Zusammenhang von einer "falschen Wärme der Kultur" spricht, dann hat er vielleicht persönliche Probleme.

Man kann sich durchaus zu seiner Kultur (Ethnie, Nation, Volk) bekennen, ohne die Sünde der Negation zu begehen. Man bekennt sich ja auch zu seiner Familie und das schließt keineswegs aus, daß man sich auch zu seinem Freundeskreis oder zu seinem Land bekennt. Sicher meinte auch der frühe Kommunismus, die Sowjetbürger müßten sich von allen anderen Bindungen lösen, um sich voll mit dem sowjetischen Verfassungspatriotismus zu identifizieren. Daher auch die Angriffe gegen die Familie. Mittlerweile ist man sich dessen bewußt, daß gerade in einer funktionierenden Familie jene prosozialen Anlagen gefördert werden, von denen die größere Gemeinschaft profitiert. Wir unterscheiden nun einmal zwischen unseren Familienangehörigen und anderen, abgestuft nach Nähe, und dagegen ist kaum etwas einzuwenden. Auch das Erbrecht läßt diese "Diskriminierung" gelten. *Brigitte Sauzay* (1999) meint dazu: "Wer keine Umgrenzung hat, weiß nicht, wo er hingehört, und wer auf der Erde nur Freunde hat, hat überhaupt keinen, denn der Begriff Freundschaft basiert auf Vorlieben, auf Auswählen, sie kann sich nicht auf alle erstrecken, wenn sie nicht ihren Sinn verlieren soll."

In dem blinden, gegen die Ethnizität gerichteten Eifer wird nicht zur Kenntnis genommen, daß es durchaus funktionierende Modelle für zwischenethnische Koexistenz gibt. Die Schweizer Konföderation ist dafür sicher ein schönes Beispiel. Hier funktioniert das friedliche Miteinander, da Franzosen, Italiener, Romantschen und Deutsche ihr eigenes Territorium besitzen und dort ihr eigenständiges kulturelles Erbe verwalten, über eigene Schulen und andere kulturelle Einrichtungen verfügen, frei von Dominanz. Die Beziehungen zwischen den europäischen Nationen entwickeln sich in ähnlicher Richtung, vorausgesetzt es gelingt uns, den inneren Frieden zu bewahren. Den haben wir allerdings durch eine unbedachte Migrationspolitik auf längere Sicht gefährdet. Die türkische Bevölkerung der Bundesrepublik hat mittlerweile in vielen deutschen Städten türkische Viertel gebildet, die durch natürlichen Geburtenzuwachs und durch weitere Zuwanderung im Rahmen der Familienzusammenführung jährlich um etwa 2.5% wächst, während die deutsche Bevölkerung zur Zeit jährlich um 0.5% abnimmt. Der Bamberger Bevölkerungspolitiker Josef Schmid errechnete auf meine Bitte die weitere Bevölkerungsentwicklung unter Zugrundelegung des Bevölkerungsstandes von 1990 und der bereits genannten Wachstumsraten. Würde der bisher beobachtete Trend anhalten, dann hätte die türkische Bevölkerung die deutsche um das Jahr 2130 überholt. Nun muß diese Entwicklung keineswegs so weiterlaufen, aber eine völlige Angleichung des reproduktiven Verhaltens der beiden Bevölkerungen ist nicht zu erwarten, denn für Immigranten ist es zunächst von Vorteil, sich rascher zu vermehren. Sie gewinnen damit unter anderem in einer Demokratie an Stimmen, um ihre Eigeninteressen durchzusetzen. Befragungen ergaben, daß die deutschen Türken in der überwiegenden Mehrzahl ihre eigenen türkischen Parteien wählen würden.

In Kosovo hat sich eine Entwicklung abgespielt, die uns nachdenklich stimmen sollte. Dort entwickelte sich die Bevölkerung zwischen 1948 und 1994 wie folgt:

	1948	1994
Albaner	498.000	1.871.000 (=Zuwachs 275%)
Serben	234.000	207.000 (=Abnahme 11%)
Total	**732.000**	**2.078.000**

In den Vereinigten Staaten von Amerika finden demographische Änderungen statt, die zu einer allmählichen Zurückdrängung des europäischen Bevölkerungsanteils führen, der 1950 noch 90% ausmachte. Mit dem "*Immigration and Naturalisation Act*" von 1965 wurde die Einwanderung nichteuropäischer Migranten bevorzugt. Von den zwischen 1968 und 1996 legal eingewanderten Personen stammten 83% aus nichteuropäischen Ländern. Das und der geringere jährliche Geburtenzuwachs der Weißen hat den Anteil der Bevölkerung europäischen Ursprungs zwischen 1965 und 1990 in für die kurze Zeit dramatischer Weise von 89 auf 75% zurückgestuft. Eine Berechnung des *Time Magazines* vom 9.4.1990 ergab, daß um das Jahr 2050 die weiße Bevölkerung in der Minderzahl sein dürfte.

Daß auch für Deutschland Probleme entstehen könnten, sahen viele der Verantwortlichen bereits früh. Im November 1981 faßte die FDP-SPD-Regierung unter Helmut Schmidt den Beschluß: "Es besteht Einigkeit, daß die Bundesrepublik Deutschland kein Einwanderungsland ist und auch nicht werden soll. Das Kabinett ist sich einig, daß für alle Ausländer außerhalb der EG ein weiterer Zuzug unter Ausschöpfung aller rechtlichen Möglichkeiten verhindert werden soll." Und im Februar 1992 beschloß die gleiche Regierung: Nur durch eine konsequente Begrenzung der Zuwanderung läßt sich die unverzichtbare Zustimmung der deutschen Bevölkerung zur Ausländerintegration sichern. Dies ist zur Aufrechterhaltung des inneren Friedens unerläßlich." Damals lebten 4.6 Millionen Ausländer in der Bundesrepublik Deutschland, davon waren 1.6 Millionen Türken. Heute dürften es um die 8 Millionen sein, der türkische Ausländeranteil stieg auf etwa 2.2 Millionen, was der Bevölkerung von 22 Großstädten à hunderttausend entspricht. Nun meinen wir, das Problem zu lösen, indem wir ohne Not einem Großteil der in Deutschland Geborenen eine Staatsbürgerschaft auf Zeit gewähren. Das wird nicht die Integration fördern, wohl aber die Interessensvertretung der Türken, die sich nicht stets mit der der Deutschen decken wird.

3. Ausblick

Was sollte unsere Zielvorstellung sein? Sicher zunächst ein Europa nach dem Vorbild der Europäischen Union, das ganz Europa einbezieht, einschließlich Rußlands und der zerstrittenen Balkanstaaten. So könnte eine Region sozialen und ökologischen Friedens entstehen, die höchste Kulturleistungen ermöglicht. Alle Vorbedingungen dazu sind gegeben: ein relativ hoher Bildungsstand und eine lange Tradition kulturellen Schaffens, in der Europa immer auf einem verbindenden kulturellen Erbe aufbaute, so daß wir einander nie wirklich fremd wurden. Wir blicken ferner auf eine lange Geschichte wechselvoller, aber durchaus auch freundlicher Beziehungen mit den benachbarten Hochkulturen des vorderen Orients sowie Ost- und Südostasiens zurück, Beziehungen, die sich als überaus fruchtbar erwiesen und die uns zur Parole ermutigen sollten: Zivilisationen dieser Welt vereinigt Euch im Kampf für den sozialen und ökologischen Frieden auf dieser Welt! Das würde einem "Kampf der Kulturen", den *S. P. Huntington* (1993) als Gefahr aufzeigt, entgegenwirken. Gemeinsame Aufgaben verbinden. Ein Europa, das Brücken über das Mittelmeer nach Afrika und über den Atlantik nach Nord- und Südamerika schlägt – eine grandiose Vision.

Das setzt aber den inneren Frieden in Europa voraus, und der wird in mehrfacher Hinsicht gefährdet. Zunächst einmal durch die bereits genügsam besprochene Migrationsproblematik (s. dazu auch Eibl-Eibesfeldt 1984 (^{3}1995), 1991, 1998c). Es begann mit Arbeitsmigranten, von denen man nach offizieller Version eine Rückkehr in die Heimat erwartete, ohne das allerdings vertraglich abzusichern. Man gewährte ihnen die meisten Sozialleistungen, die sich die angestammte Bevölkerung über mehrere Generationen erkämpft hatte, und förderte die Familienzusammenführung. Kein Wunder, daß die

Bleibebereitschaft der Arbeitsmigranten zunahm. Dann kamen Asylsuchende und solche, die das Asylgesetz mißbrauchten, und schließlich die Flüchtlingswellen. Mittlerweile ticken in mehreren Ländern Europas ethnische Zeitbomben, die zu ähnlichen Situationen wie im heutigen Kosovo führen könnten, wenn es nicht gelingt, sie zu entschärfen. Für völlige Angleichung der Assimilationswilligen und Förderung der Rückwanderung durch finanzielle Anreize für all jene, die ihrer Kultur treu bleiben wollen, müßte geworben werden. Dazu muß auch in den Krisengebieten, von denen viele Flüchtlinge zuwanderten, der soziale und wirtschaftliche Frieden hergestellt werden. Auch müßte für die sich abzeichnenden künftigen Krisen und ausufernden Fluchtbewegungen durch die Schaffung einer internationalen Polizeitruppe vorgebeugt werden, die in den Krisengebieten selbstbestimmte Regionen als Schutzregionen auszeichnet und notfalls unter ihren Schutz stellt, Regionen, die groß genug sein müßten, um Flüchtlingen in der Nähe ihrer Heimat oder in ihr selbst eine menschenwürdige Unterkunft mit Ausbildungs- und beruflichen Wirkungsmöglichkeiten und einem kulturellen Leben für die Zeit bieten, die es braucht, um den Frieden wiederherzustellen.

Das wiederum setzt voraus, daß wir von der eingangs genannten Klischeevorstellung von Gut und Böse ablassen und in Rechnung stellen, daß unsere emotionelle Ausstattung altes Erbe ist. Es gibt kein Lernprogramm, mit dem man einem Mitmenschen beibringen könnte, wie er Liebe, Angst, Ärger, Zorn, Haß, Mitleid zu empfinden habe. Das gilt bekanntlich auch für andere Empfindungen. Wie einer salzig, bitter, süß oder sauer empfindet, ist jedem von uns nur über den Analogieschluß zugänglich. Wir nehmen an, daß alle etwa in gleicher Weise empfinden, und diese Hypothese bewährt sich in der Praxis.

Wir können also damit rechnen, daß die meisten von uns mit den gleichen emotionellen Veranlagungen begabt sind. Anlagen, die ein alle Menschen verbindendes, aber nicht immer unproblematisches Erbe darstellen, wenn wir z.B. daran denken, daß heute Präsidenten Supermächte regieren. Ein Glück ist dagegen, daß wir andererseits auch genuin fürsorglich und freundlich veranlagt sind.[1] Und Zorn und Verärgerung müssen nicht in Haß entarten. Es gibt auch den gerechten Zorn, der uns mit Mut erfüllt, einer Gefahr entgegenzutreten und schließlich auch unsere Demokratie zu verteidigen. Aber wir müssen uns zu zügeln lernen und auch, daß man anderen nicht aufbürden darf, was man selbst nicht zu tragen bereit wäre. Zum biologischen Erbe gehört auch unser Bedürfnis, das Gesicht zu wahren, und die schon erwähnte emotionelle Denkblockade bei Gefahr. Das sollte man in der gegenwärtigen Situation des Kosovo nicht vergessen, ebensowenig, daß Bomben zur Solidarisierung einer Bevölkerung beitragen, vor allem dann, wenn sie sich mit der Forderung nach unbedingter Kapitulation verbinden. Man wird vielleicht nicht umhin können, mit Bomben zu drohen und dieses höchst barbarische Mittel auch einzusetzen, aber das sollte sich immer mit der Bereitschaft verbinden, auf die ersten Zeichen von Gesprächsbereitschaft einzugehen.

Die Serben sind keine Bösewichte, noch sind es die Albaner. Die einen haben über Einwanderung und schnellere Vermehrung serbisches Gebiet in Besitz genommen und sich dann im Bemühen, sich von der Dominanz der ursprünglichen Eigentümer des Landes zu lösen, gegen diese erhoben, die nunmehr ihre staatliche Einheit verteidigen. Hier wäre es nach meinem Dafürhalten vernünftig, der serbischen Regierung das Angebot einer Teilung des Landes zu machen, vielleicht nach dem Bevölkerungsschlüssel von 1948 1/3 zu Serbien, 2/3 zu Albanien. Ist man bereit, aus der Erfahrung von Bosnien zu lernen, dann könnte man auch eine Umsiedlungsaktion finanzieren, bei der die Rückführung der Albaner aus dem Serbien zugedachten Landesteil ins Auge gefaßt werden könnte. Nicht mit Vertreibung, sondern mit vollem Lastenausgleich, eventuell mit lebenslangen Zahlungen für alle über 40, die ja möglicherweise Schwierigkeiten haben, sich eine berufliche Existenz aufzubauen.

---

1 Zur Frage der Universalien im menschlichen Verhalten siehe I. Eibl-Eibesfeldt (1984, 3. Aufl. 1995). Zum Thema "Problemanlagen" (Kurzzeitdenken, Neigung zum Dogmatismus, Machtstreben) siehe I. Eibl-Eibesfeldt (1991, 3. Aufl. 1997; 1994, 3. Aufl. 1997; 1998c, 2. Aufl. 1999).

Das hätte die EU weniger gekostet als die Bomben und die von ihr verursachten Schäden, die dem klassischen Muster einer europäischen Selbstschädigung folgen.

Offen ist auch noch das Problem Bosnien. Ob es gelingen wird, Bosnien als Konföderation nach dem Schweizer Muster beisammenzuhalten, wird sich erweisen. Wollen die Serben und Kroaten ihre mittlerweile ziemlich homogenen serbischen und kroatischen Gebiete aber an ihr jeweiliges Mutterland anschließen, dann wird man ihnen dies wohl gestatten müssen. Das Selbstbestimmungsrecht der Völker gilt auch für die Kleinen, und eine Europäische Union sichert sich damit den inneren Frieden, so daß sie ihre Kräfte anderen Problemen zuwenden kann, wie etwa der schon angesprochenen Geburtenkontrolle.

Der innere Friede Europas wird gegenwärtig auch durch die wirtschaftliche Entwicklung gefährdet, die über zunehmende Konzentrationen immer mehr Arbeitskräfte freisetzt und damit ein revolutionäres Potential schafft, das sich letzten Endes dann gegen Betreiber dieser Entwicklung richten könnte (s. Eibl-Eibesfeldt 1998c). Schon jetzt müssen sich selbst die Bezieher mittlerer Einkommen an manchen Orten der USA und der südamerikanischen Staaten in "Country Clubs" zurückziehen, ihre Häuser mit stacheldrahtbekränzten Mauern umgeben und von Wachen schützen lassen. Man nimmt sich heute in der Wirtschaft zunehmend die Natur zum Vorbild und vergißt, daß diese weder Moral kennt noch Handlungsfolgen abschätzen kann. Dort gilt der Wettlauf im Jetzt, und wir sind durch eine lange Stammesgeschichte, wie ich an anderer Stelle ausführlicher begründete, auf ihn programmiert. Nun werden wir die Konkurrenz sicher nicht aus der Welt schaffen. Sie wird als evolutionsfördernder Mechanismus immer wirken. Wir können sie aber zivilisieren und sind auch kulturell darauf vorbereitet, das zu tun, denn unser bäuerliches Ethos war generationenübergreifend angelegt – und so war es auch die ökosoziale Marktwirtschaft. Auch rebelliert unser Mitgefühl, wenn wir Arme in Not sehen, denn wir sind nicht nur vom Machtstreben motiviert, sondern, wie ich immer wieder hervorheben möchte, auch mit der Fähigkeit zum Mitgefühl begabt. Ein Erbe, das von Hayek eher als einen die wirtschaftliche Entwicklung störenden Archaismus einstufte. Er propagierte den offenen Markt, der alles regle. Aber das ist Kurzzeitdenken! Wenn wir aber in großer Zahl auf dieser Erde überleben wollen, dann müssen wir ökologisches und soziales Dumping aus dem Wettbewerb ausklammern. Die heute als humanitäre Idee verbrämte Forderung nach einer grenzüberschreitenden Öffnung für alle Welt würde alles bisher in Europa im ökologischen und wirtschaftlichen Bereich Erreichte zerstören und damit auch die Subsistenzbasis der großen Konzerne auf den Wettlauf im Jetzt fixiert betreiben. Schließlich möchte ich noch einmal auf die große Bedeutung der Toleranz im Sinne einer Verstehensbereitschaft hinweisen. Man muß auch versuchen, den Feind zu verstehen und bereit sein, mit ihm zu sprechen. Das erfordert die Bereitschaft, ihn auch anzuhören. Ich sprach von der ideologischen Festlegung der Werthaltungen durch Prägungen, bei den einen ausgeprägt als durchaus vertretbare Liebe zum Land, ohne jeden Fanatismus, bei anderen fixiert an Ideologien, die Eiferer hervorbringen. Ein Patriotismus kann zu einem aggressiven Nationalismus entarten, wenn eine Gruppe sich bedrängt fühlt. Und die geschichtliche Entwicklung kann dazu führen, daß Prägungen intoleranter Art von Generation zu Generation tradiert werden. Das ist das Schicksal der Serben, die über Jahrhunderte unter den Türken litten. Bevor wir den Stab über sie brechen, sollten wir uns ein Gedicht von Annette Droste-Hülshoff aus der Judenbuche zu Herzen nehmen, das die Problematik der Prägung zum Thema hat:

Wo ist die Hand so zart, daß ohne Irren
Sie sondern mag beschränkten Hirnes Wirren.
Wo ist die Faust so fest, daß sie den Stein
Mag schleudern auf ein arm verirrtes Sein.

Wer wagt es eitlen Blutes Drang zu messen,
Zu wägen jedes Wort, das unvergessen
In junger Brust die zähen Wurzeln trieb,
Des Vorurteils geheimen Seelendieb.

Du Glücklicher geboren und gehegt
In lichtem Raum von frommer Hand gepflegt.
Leg hin die Waagschal nimmer dir erlaubt.
Laß ruhen den Stein, er trifft dein eigen Haupt.

LITERATUR

Burger, R. (1997): Die falsche Wärme der Kultur. In: A. WOLF (Hrsg.): Neue Grenzen. Rassismus am Ende des 20. Jahrhunderts. Wien: Sonderzahl, S. 85-98.

Cavalli-Sforza, L. L. (1991): Genes, Peoples and Languages. Scientific American Nr. 11, 72-78.

Dahrendorf, R. (1981): Vom Gesellschaftsvertrag zur Anomie. In: RÖSSNER, H. (Hrsg.): Rückblick in die Zukunft. Berlin: Severin und Siedler, 84-93.

Eibl-Eibesfeldt, I. (1970): Liebe und Haß. Zur Naturgeschichte elementarer Verhaltensweisen. München: Piper [12. Auflage der Paperback-Ausgabe 1998, 17. der Gesamtauflage].

(1984): Die Biologie des menschlichen Verhaltens – Grundriß der Humanethologie. München: Piper, 3. überarb. Aufl. 1995.

(1991): Der Mensch – das riskierte Wesen. Zur Naturgeschichte menschlicher Unvernunft. München: Piper, 3. Auflage 1997.

(1994): Wider die Mißtrauensgesellschaft. Streitschrift für eine bessere Zukunft. München: Piper, 3. Auflage 1997.

(1998a): Ernst Haeckel – Der Künstler im Wissenschaftler. In: Kunstformen der Natur von Ernst Haeckel. München, New York: Prestel 1998, S. 19-30.

(1998b): Us and the Others. The Familial Roots of Ethnonationalism. In: Indoctrinability, ideology, and warfare. Evolutionary perspectives, (eds.) Eibl-Eibesfeldt, I. & F. K. Salter. Berghahn. Oxford and Providence 1998, pp. 21-53.

(1998c): In der Falle des Kurzzeitdenkens. München: Piper, 2. Auflage 1999.

Erik Erikson (1966): Ontogeny of Ritualisation in Man. Philosophical Transactions of the Royal Society. London, B251, 337-379.

Geißler, H. (1990): Zugluft, Politik in stürmischer Zeit. München: Bertelsmann.

Huntington, S. P. (1993): Im Kampf der Kulturen. In: *Die Zeit,* Nr. 33, 13.8.1993 (Übersetzung aus dem Englischen von Stefan Schreiber).

Nenning, G. (1990): Lechts und Rinks. Kleiner Leitfaden zur Verwirrung der Gefühle. Süddeutsche Zeitung Nr 92, 21./22.4.1990.

Sauzay, B. (1999): Retour à Berlin. Ein deutsches Tagebuch. Berlin: Siedler.

Ulrich Beck

FREMDE – AMBIVALENZ ALS EXISTENZ

Die hier vorgelegte Untersuchung muß an die Adresse der Ludwig-Maximilians-Universität erinnern: Geschwister-Scholl-Platz 1. Die Mitglieder der Widerstandsgruppe "Weiße Rose" waren gewiß keine Fremden. Aber ihre Zivilcourage, die sie mit dem Leben bezahlt haben, ermutigt, die offene Gesellschaft früh gegen ihre Feinde zu verteidigen.

In meinem Beitrag möchte ich drei Fragestellungen behandeln: Erstens die Frage nach der Anthropologie oder Phänomenologie des Fremden: Was meint die Kategorie des Fremden in soziologischer Sicht?

Zweitens: Wie verändert sich die Situation von Fremden in der modernen Gesellschaft, die ich Risikogesellschaft nenne?

Drittens: Heißt das, daß die Lage von Fremden unproblematisch wird? Das ist ganz offenbar nicht der Fall: An die Stelle des "traditionalen" Fremden tritt der "politische" Fremde, die politisch-staatliche *Konstruktion* und Ausgrenzung von Fremden.

Abschließend möchte ich in einem vierten Argumentationsschritt der Frage nachgehen, inwieweit die Haß- und Gewaltausbrüche, die wir z.Zt. erleben, nicht doch letztlich natürlichen Ursprungs sind. Kommt in ihnen nicht – gegen alle soziologischen Vorurteile – ein ursprüngliches "Fremdeln", ein "Revierinstinkt" zum Ausdruck und Ausbruch, den einige Verhaltensforscher als allgemeines Gesetz tierischen wie menschlichen Verhaltens erkannt zu haben glauben?

1. Zur Phänomenologie des Fremden

Ich komme zu meiner ersten Frage: Was meint die Kategorie "Fremde" in soziologischer Sicht? Beginnen wir mit einigen Beispielen. Fremde – das sind nicht die Preußen in Preußen, sondern die Preußen in Bayern (oder umgekehrt der Münchner in Berlin). Fremde, das sind nicht die Türken in der Türkei, sondern die Türken in Berlin-Kreuzberg. Fremde, das sind deutsche Türken, Kinder von Türken, die in Deutschland geboren, aufgewachsen, zur Schule gegangen sind, vielleicht ursprünglich Münchnerisch sprechen, aber mit türkischem Paß reisen und sich in ihrem "Vaterland", in der Türkei, wie Touristen fühlen. Fremde, das sind Afrodeutsche, die in jeder Hinsicht "deutsch" sind, in ihrer Sprache, ihrer Identität, ihrer Vorliebe für deutsche Weihnachten und deutsche Küche, nur in einem allerdings sozial sehr wichtigen Merkmal nicht: sie haben schwarze Hautfarbe und werden daher dauernd so angesprochen und behandelt, wie Durchschnittsdeutsche Schwarze ansprechen und behandeln: "Du verstehen?". Fremde, das sind chinesische Amerikaner, die von China keine Ahnung haben, aber auf der Straße dauernd die Frage beantworten müssen, wo das nächste China-Restaurant ist.

Fremde, das sind deutsche Juden, die mit Begeisterung für Deutschland in den ersten Weltkrieg gezogen und gefallen sind und erst 1993 dafür von einem deutschen Verteidigungsminister mit einer Kranzniederlegung geehrt wurden. Fremde sind auch deutsche Juden, die sich mit ihren im ersten Weltkrieg erworbenen Orden an die Brust geheftet, ungläubig, daß Patrioten das Patrioten antun können, ins KZ abführen ließen. Fremde, das sind Menschen, die in ihrem Selbstverständnis Juden sind, sich in Deutschland und Europa fremd fühlen und aus dieser Fremdheit ihre (fragile) Identität gewinnen. Eines Tages hat es sie nach China verschlagen, und sie müssen zu ihrem Erstaunen, ja Entsetzen feststellen, daß in China die Kategorie Jude völlig nichtssagend ist. Hier werden sie zusammen mit ihren deutschen Gegenspielern in den großen Topf der "Europäer", der "Weißen" gesteckt, wodurch sie in eine schwere Identitätskrise geraten.

Andererseits schreibt eine Afrodeutsche: "Ich war immer gern 'Mulattin'" (sie schreibt: "Mulattin"), "auch in den bösen Zeiten des Nationalsozialismus. Ich habe Schwarz und Weiß in mir gut verkraften können. Ich erinnere mich, wie eine Kollegin mich in den bösen 40er Jahren einmal fragte, ob ich denn sehr unglücklich sei, als Mulattin leben zu müssen. Ich sagte: 'Nein, weißt du, was ich bis jetzt schon erlebt habe aufgrund meiner Abstammung, das wirst du in deinem ganzen Leben nie erfahren.'"

Nicht unglücklich, wo doch Fremdsein und in der Fremde sein der Stereotype nach Unglück bedeuteten. Jude, wo man Deutscher sein will. Jude und Deutscher, nämlich "Weißer", wenn man unter Chinesen ist. Als Chinese angesprochen werden, wenn man sich als Amerikaner, sozusagen als Ureinwohner fühlt. Der assimilierte Preuße in München. Der Franke, der plötzlich entdeckt, daß er Nichtbayer ist, daß die Münchner Bayern ihn ausbeuten, immer schon ausgebeutet haben: Was ist da der gemeinsame kategoriale Nenner? Gibt es ein oder mehrere begriffliche Merkmale, die dieser Vollversammlung von Unglaubwürdigkeiten, ja von Menschen mit mehreren Köpfen als Unter- und Zwischenfälle in der Kategorie "Fremde" identifizieren lassen?

Jawohl, das ist der Fall! Wer die Figur des Fremden begreifen will, muß sich in einer sehr bestimmten Weise mit dem Widerspruch befreunden. In einem allgemeinen Sinne kann man sagen, daß Fremde die Ordnungskategorien und -stereotypen der hiesigen Welt (der Welt der Hiesigen) gleichsam von innen her aufbrechen. Sie passen in keines der Kästchen, in das sie passen sollten. Genau darin liegt eine ungeheuere Irritation. Fremde sind, noch einmal anders gesagt, das, was den Stereotypen der sozialen Ordnung nach eigentlich ausgeschlossen ist. Sie sind Juden, wenn sie Deutsche sein sollen und Deutsche, wenn sie Juden sein sollen. Sie sind glücklich, wo sie unglücklich sein sollen (und umgekehrt). Sie sind Hiesige, obwohl die Hiesigen sie als "Fremde" ausgrenzen.

Wie sehr "Fremde" ihrem eigenen Selbstbild nach Hiesige sind, obwohl diese ihnen nach dem Leben trachten und sie selbst sie als Feinde bekämpfen müssen, macht *Jean Améry* in seinem Buch "Jenseits von Schuld und Sühne" eindringlich deutlich. Er schreibt über einen Zwischenfall als Widerstandskämpfer im Nationalsozialismus:

> "Eines Tages nun ereignete es sich, daß der unter unserem Versteck wohnende Deutsche sich durch unser Reden und unsere Hantierungen in seiner Nachmittagsruhe gestört fühlte. Er stieg hoch, pochte hart an die Tür, trat polternd über die Schwelle: ein SS-Mann mit den schwarzen Aufschlägen und den eingewebten Zeichen ausgerechnet des Sicherheitsdienstes! Wir waren alle bleich vor tödlichem Schreck, denn im Nebenzimmer standen die Utensilien unserer, ach, den Bestand des Reiches so wenig gefährdenden Propagandaarbeit. Der Mann ... stellte seine Forderung – und dies war für mich das eigentlich Erschreckende an der Szene – im Dialekt meiner engeren Heimat. Ich hatte lange diesen Tonfall nicht mehr vernommen, und darum regte sich in mir der aberwitzige Wunsch, ihm in seiner eigenen Mundart zu antworten. Ich befand mich in einem paradoxen, beinahe perversen Gefühlszustand von schlotternder Angst und gleichzeitig aufwallender familiärer Herzlichkeit."[1]

Dieses Beispiel widerlegt, was oft als begriffliche Stereotype, auch in den Wissenschaften, für die Kategorie des Fremden für wesentlich erachtet wird: der Gegensatz zu den Hiesigen. Immer wieder wird die Behauptung variiert, daß in den Gegenbegriffen "wir-die", "Hiesige-Fremde" eine wechselseitige Identitätsbildung sowohl des sozialen als auch des politischen Handelns liegt. Dabei wird m.E. die Kategorie des Fremden mit der Kategorie des Ausländers verwechselt. Ausländer – Franzosen, Engländer, Inder, Südafrikaner – selbst wenn sie bei uns sind, wissen, wo sie hingehören. Sie gehorchen, wenn Sie so wollen, den nationalstaatlichen Ordnungsgesetzen der Welt. Fremde sind dagegen Franzosen, Afrikaner *bei uns*. Fremdheit setzt *Nähe* (Vertrautheit) voraus. Auf Fremde trifft zu, was *Georg Simmel* für den Fremden für wesentlich erachtet: "daß er heute

1 Jean Améry: Jenseits von Schuld und Sühne, Stuttgart 1977, S. 85

kommt und morgen bleibt".[2] Der Fremde ist derjenige, der Hiesiger wird, (und jetzt kommt es:) aber nicht wie wir! Er oder sie ist der Kategorie nach eine doppelte Provokation: Er ist Hiesiger, aber gehorcht nicht den Stereotypen, die die Hiesigen von sich selbst entwickeln und pflegen.

Sie spricht Münchnerisch und hat eine schwarze Hautfarbe. Darin liegt eine zweite Irritation: Wenn eine schwarze Münchnerin nicht nur möglich, sondern wirklich und lebendig ist, dann widerlegt allein diese Existenz durch ihr bloßes Dasein die Natürlichkeit der Grenzen und Stereotypen, auf denen die Hiesigen ihre soziale Welt und Ordnung aufgebaut haben. Fremde in diesem Sinne sind eine lebendige Widerlegung der scheinbar eindeutigen Grenzen und natürlichen Grundlagen, in denen in Nationalstaaten Zugehörigkeiten und Identitäten gefaßt und gegründet sind.

Eng verbunden mit diesem Merkmal, daß Fremde die Verlebendigung des Ausgeschlossenen, des Zwischenkategorialen sind, sozusagen Grasbüschel im Asphalt, läßt sich ein zweites Merkmal aufweisen: die *Relativität* – der Fremdheit der Fremden. Ob etwas oder einer in der Eigen- oder Fremdperspektive als "fremd" wahrgenommen wird oder nicht, hängt – banalerweise und doch nicht banalerweise – von dem Bezugsrahmen der Selbstverständlichkeiten ab, der unbefragt vorausgesetzt wird. Jeder muß nur irgendeine Grenze passieren, um in die Lage des Fremden zu wechseln. Das Grundsätzliche läßt sich an einer Geschichte verdeutlichen. Ende der dreißiger Jahre unterhalten sich in Paris zwei jüdische Emigranten über ihre Pläne. Der eine will nach Uruguay auswandern. "So weit weg?" staunt der andere. "Weit von wo?" fragt der erste zurück.

Die Frage: Weit von wo? wirft den Blick in den Blick des Fremden. Dieser hat den Punkt verloren, der ihm näher oder entfernter sein könnte. Dieser Typus des Fremden hat für sich selbst den Bezugspunkt des Hierseins, des Zuhauseseins verloren. Die Relativität des

2 Georg Simmel: "Exkurs über den Fremden", in: Georg Simmel: Soziologie. Untersuchungen über die Formen der Vergesellschaftung, Berlin 1958, S. 509

Fremden, so wird hier deutlich, entsteht dann, wenn der Fremde ein Begriff ohne Gegenbegriff ist oder wird.

Eine Afrodeutsche berichtet von dem Versuch, ihre Identität in Afrika zu finden. "Bei einem Spaziergang am Strand beobachtete ich Kinder, die im aufgehäuften Müll offensichtlich nach etwas Verwertbarem suchten. Sie riefen mir nach: "Weiße, Weiße", und ich war wieder abgestempelt und fühlte mich gebrandmarkt. Ich hatte geglaubt, mir eine schwarze, eine afrikanische Identität aneignen zu können, und dieses Mal wurde mir hinterhergerufen, ich sei weiß.

Ich war fassungslos und konnte auch mit niemandem darüber reden. Sehr viel später fand ich eine Erklärung für diesen Vorfall: Mein Benehmen, die beobachtende Distanz, hatte mich verraten; ich war an jener Szene einerseits zu distanziert und andererseits zu interessiert für eine Einheimische vorbeigegangen. Mein Verhalten hatte mich als Europäerin gekennzeichnet. Da im Klischee die Europäer weiß sind, so war ich eben in diesem Moment zu einer Weißen geworden. Weiß war in diesem Fall eine soziale Kategorie, nicht anders als es sich mit der Zuordnung für "Schwarze" verhält."

Die deutsche Schwarze wird von afrikanischen Schwarzen als Weiße beschimpft. Diese Umkehrung bringt auf den Punkt, was die Relativität des Fremden meint; nebenbei bemerkt auch, wie wenig Fremde und Fremdheit naturalistisch-biologisch begriffen und identifiziert werden kann.

Wie nun läßt sich dieser Befund theoretisch begreifen? *Reinhardt Koselleck* schlägt vor, im Feld des politischen Handelns und der politischen Geschichte zwischen symmetrischen und asymmetrischen Gegenbegriffen zu unterscheiden. Zu den ersten zählt er allgemeine Gegenüberstellungen wie Freund und Feind; zu den zweiten, asymmetrischen, Gegenbegriffe wie Griechen-Barbaren, Christen-Heiden, Übermenschen-Untermenschen. Diese sind dadurch gekennzeichnet, daß ihr Gegensatz auf eine ungleiche Weise konträr ist. Man kann und muß hier danach fragen, wie die Gegenposition – Barbaren, Heiden, Untermenschen – jeweils negiert wird.

Meines Erachtens ist es wichtig zu erkennen, daß die Kategorie des Fremden sich genau diesen Gegenbegriffen entzieht. Koselleck unterscheidet verschiedene Ordnungsbegriffe – einmal symmetrisch, das andere Mal asymmetrisch-hierarchisch. Die Kategorie des Fremden dagegen negiert *jegliche Art* von Ordnungsbegriffen.

Fremde sind gerade nicht – jedenfalls in der Perspektive, die ich hier dargestellt habe – der Gegenbegriff zum Begriff der Hiesigen. Fremde *sind* Hiesige; und sie sind es in bestimmten Hinsichten zugleich (manchmal aus der Eigenperspektive, manchmal nur aus der Fremdperspektive der Hiesigen) auch wieder nicht. Verallgemeinert gesagt: Die Kategorie "Fremde" ist *der Gegenbegriff (oder Querbegriff) zu allen Gegenbegriffen der sozialen Ordnung*. Und darin liegt seine Irritation, Provokation – schon als Begriff.

Der Einstieg in diese Sicht liegt darin, daß Fremde gerade nicht Ausländer welcher Nationalität auch immer sind, die sich an die Stereotypen der nationalstaatlichen Ordnung halten. Selbst Feinde sind, zugespitzt gesagt, in gewisser Hinsicht weniger bedrohlich als Fremde, weil sie der etablierten Ordnung der Eigen- und Fremdstereotypen gehorchen. "Durch ihre schiere Gegenwart," schreibt *Zygmunt Bauman*, "die gerade in keine der etablierten Kategorien paßt, irritieren Fremde die Gültigkeit der akzeptierten Unterscheidungen und Grenzen. Auf diese Weise rauben sie den Entgegensetzungen ihren 'natürlichen' Charakter, lassen deren Mehrdeutigkeit hervortreten, offenbaren die Zerbrechlichkeit der sozialen Ordnung."[3] Mit anderen Worten: Fremde sind ein purer Beleg, daß die "Natürlichkeit" der hiesigen Ordnung künstlich, konventionell ist. Durch den Widerspruch, den sie (bemessen an den geltenden Selbstbildern der sozialen Ordnung) verkörpern, beweisen sie immer wieder aufs neue, daß die Welt auch anders sein könnte.

Daß Fremde Hiesige sind und gerade nicht Fremde, wie Hiesige meinen, ruft *Michael Landmann* in Erinnerung:

> "Jüdische Religionsausübung existierte in meinem Elternhaus nicht einmal in Relikten ... Das, wozu drei Generationen uns gemacht hat-

---

3 Zygmunt Baumann: Thinking Sociologically, Basil Blackwell, Cambridge (Mass.) 1990, S. 55 (Übersetzung Ulrich Beck)

ten, bestimmte uns stärker als der ferne, nur noch gewußte, verblassende Ursprung. Juden waren wir in ausgesprochenerem Maß in den Augen der Umwelt als in unseren eigenen ..." Und er fährt fort: "Nach der wahnwitzigen Hinschlachtung von sechs Millionen Juden durch Hitler war ich nur noch eines: Jude ... Heiterkeit stellte sich nur mühsam, Lebens- und Menschenvertrauen nie ganz wieder her .. Eines blieb uns dennoch: kein Gesetz verwehrt schmerztiefe Liebe zu der deutschen Art."[4]

Ich wiederhole diesen Satz: "Kein Gesetz verwehrt schmerztiefe Liebe zu der deutschen Art"! Mit einem Wort gesagt: Fremde sind *Ambivalenz als Existenz*.

Wer die Kategorie "Fremde" klären, aufklären will, muß sich jedenfalls der aktuellen Gleichsetzung, Gleichschaltung von Fremden mit Ausländern, mit Asylbewerbern verweigern, einschließlich der Abwertung. Fremde sind auch das Bereichernde, das die Grenzen des Eigenen und seine Bornierungen immer wieder Aufsprengende. Das thailändische Restaurant um die Ecke, auch die Tourismusindustrie ist in diesem Sinne eine "Fremdenindustrie". Sie vermarktet Fremdheit, lebt von dem kollektiven Wunsch, in den "schönsten Tagen des Jahres" (wie es heißt) sich an Fremdem wie an einem Jungbrunnen zu laben.

Deutsche sind beides: besonders spendenwillig, spendenfreundlich gegenüber Menschen anderer Kulturen und Länder, die in Not geraten sind – Stichwort Rußland-Hilfe, wo ganze Güterhilfszüge unter öffentlicher Anteilnahme gen Osten rollten, und auch Deutsche werfen auf hilflose Opfer, die sie als "Fremde" etikettieren, Molotow-Cocktails. Manchmal trifft beides in einer Person zusammen. Wer gerade noch die eigene Kleiderkammer für die russische Winterhilfe geplündert hat, macht mobil gegen das Asylbewerberheim in der Nachbarschaft. Wie paßt das zusammen? Hier kreuzen sich zwei soziale Beziehungstypen: der hilfsbedürftige "Ausländer" weit weg

4 Michael Landmann: Mein Judentum, in: H.-J. Schultz (Hrsg.): Mein Judentum, München 1978, S. 116, S. 120f.

und der "Fremde" mit amtlichem Sozialhilfeanspruch im eigenen Gesichtskreis. Die Hilfsbereitschaft wächst mit dem Quadrat der Entfernung. Fremdenneid und Fremdenhaß wachsen in dem Maße, in dem Fremde ihre Fremdheit verlieren und – anders als zahlende Touristen – als Konkurrenten um knappe staatliche Versorgungsleistungen erlebt werden.

2. Die Situation des Fremden in der Risikogesellschaft

Ich komme nun zu meiner zweiten Frage: Wie verändert sich die Figur des Fremden in und mit der Phase der modernen Gesellschaft, die ich Risikogesellschaft nenne?

Die Phänomenologie des Fremden, die ich bisher skizziert habe, unterstellt eine einfache Situation. Erstens, hier gibt es "uns", die sich mehr oder weniger eindeutig gegen "die" abgrenzen. Zweitens: die "Hiesigen" haben die absolute Mehrheit, die Fremden sind eine im wahrsten Sinne des Wortes "flüchtige" Minderheit. Es ist dies, wie ich sagen will, die *traditionale* Konstellation des Fremden. Das Traditionale entsteht dabei nicht mit und aus den Fremden, sondern aus der (relativen) Weltordnung, in der sie sich bewegen. Es ist nun gerade dies Gefüge der meist nationalstaatlich gedachten Grenzen und Zugehörigkeiten, das im Inneren und im Äußeren durch systemische Modernisierungsprozesse in der Phase der Risikogesellschaft unterlaufen bzw. aufgehoben wird: Im Inneren, in dem die Identität des Eigenen – regional, national, individuell – durch vielfältige Mobilitätsprozesse unscharf, fragwürdig und neu gemischt wird; im Äußeren, in dem die über- und zwischennationalen Verflechtungen und Lagen wachsen – von der Wirtschaft über Informationsnetzwerke und Telekommunikation bis zu Fragen der Naturzerstörung und des grenzenlosen Verkehrs von Giftstoffen in Luft, Wasser und Nahrungsmitteln. Der Typus der Risikogesellschaft im Gegensatz zur nationalstaatlich organisierten Industriegesellschaft hebt und höhlt im Inneren und Äußeren die Grenzziehungen auf und aus.

Der Begriff der Risikogesellschaft ist zum einen nur als Weltrisikogesellschaft zu denken. Der Rahmen von nationalstaatlichen Industriegesellschaften existiert zwar als institutionelles Muster der Entscheidungsbildung und -legitimation fort, wird aber durch die globalen Nebenfolgen, die so ausgelöst werden, auch ausgehebelt. Was die scheinbaren "Neben"folgen hochentwickelter Industriegesellschaften betrifft, sind die Grenzen in Europa längst aufgehoben (sogar die Entfernungen zwischen den Kontinenten schrumpften). Zusammen mit überall spürbaren Wirkungen des Weltmarktes, der medial vernetzten Welt sind es vor allem auch die verschiedenen Erscheinungsformen einer laufenden ökologischen Selbstzerstörung, die das Denken und Handeln in den Grenzen von Nationalstaaten irreal werden lassen.

Doch auch die zweite Voraussetzung – die Bestimmung des Eigenen – wird in der Epoche der Risikogesellschaft problematisch. Dafür zeugt der auf Hochtouren laufende Individualisierungsprozeß (und die hitzigen Debatten, die diesen leugnen, wegwischen, ideologisch überhöhen wollen). Individualisierung bedeutet: Die Kultur des Eigenen zersplittert – differenziert sich aus, wie wir Soziologen sagen: Wer in Ostfriesland geboren ist, geht vielleicht in Münster und Hameln zur Schule, arbeitet in Bamberg und heiratet nach Freiburg, während der Ehemann seinen Beruf in Leipzig ausübt; ihren Urlaub verbringen sie in Teneriffa oder auf den griechischen Inseln, und beruflich haben sie einerseits in skandinavischen, andererseits osteuropäischen Ländern und Sprachen zu tun. Das heißt, die individualisierte ist die mobile Existenz gebundener Nichtseßhaftigkeit – im Längs- und Querschnitt des Lebenslaufes.

Die Konsequenz formuliert *Sighart Neckel*: "Was Georg Simmel als das Kennzeichen des Fremden verstand – 'der Wandernde, der heute kommt und morgen bleibt' – ist im Zeitalter der Individualisierung dabei, selbst zur allgemeinen Lebensform zu werden".[5]

---

5 Sighart Neckel: Gefährliche Fremdheit, in: Ästhetik und Kommunikation, Heft 85/86 (Mai 1994), S. 47f.

Mit anderen Worten: Die Risikogesellschaft verallgemeinert die Kategorie des Fremden; eines ihrer zentralen Merkmale ist das *universeller Fremdheit*. Immer mehr Menschen verlieren in Herkunft und Stellung ihre soziale Eindeutigkeit. Die Identitäten mischen sich. Die Grenzen tragen – grenzen – nicht mehr. Menschen leben mit Fremden zusammen, denen sie fremd sind. Die Frage ist also nicht mehr: Wie gehen "wir" mit "Fremden" um?, sondern die Frage lautet: Wie gehen Fremde der einen oder anderen Art mit sich selbst um? Und wie verschiebt, verwandelt sich die Kategorie und Lage von Fremden unter den Bedingungen ihrer Verallgemeinerung?

Ich verkneife mir an dieser Stelle sozialpsychologische, psychoanalytische Kommentare und spinne den soziologischen Gedankenfaden weiter. Beispielsweise *Erving Goffman* hat die Folgen der Verallgemeinerung von Fremdheit untersucht. Er spricht davon, daß mit der Durchsetzung der Moderne in den Alltagsbeziehungen der Menschen an die Stelle von "wir" und "die", Mißtrauen und Furcht, so etwas wie "*civil inattention*" – zivile Gleichgültigkeit, zivile Unaufmerksamkeit – tritt. Übrigens eine hochaktive Haltung, die sorgfältig hergestellt, aufrechterhalten und ausbalanciert werden muß. In der U-Bahn z.B., in der wir dicht gedrängt mit anderen Fremden zusammenstehen, müssen wir lernen, uns einzuigeln, indem wir bewußt Blickkontakte meiden, nicht erwidern. Wer hin- oder zurückblickt, hat die zivile Gleichgültigkeit entriegelt, darf sich nicht wundern, wenn die symbolischen Grenzen, die ihn in der Ölsardinensituation des Massenmenschen noch schützen, verletzt werden.

In der multinationalen, vielsprachigen Schweiz (vielleicht einem Musterland der verallgemeinerten Fremdheit, einem Klein-, einem Tascheneuropa im Schweizer Format), spricht man von "toleranter Ignoranz" oder "ignoranter Toleranz". Hier liegt sicherlich auch ein wesentlicher Grund für die moralische Indifferenz, mit der viele öffentliche Übergriffe und Gewalttätigkeiten gegen "Fremde" geschehen lassen. Es handelt sich aber auch um ein hochfragiles, leicht zerbrechliches Verhaltensmuster, das auf Gegenseitigkeit beruht und in den mehr und mehr gewaltverdächtigen Dschungel-Metropolen nur noch in eng begrenzten Zonen praktiziert werden kann.

Wenn sich der traditionale Fremde auflöst, wenn der Riß zwischen Eigenem und Fremdheit durch alle hindurchgeht, wenn die "Kunst der Trennung", wie *Richard Rorty* dies formuliert und gefordert hat, versagt, dann verwandeln sich Fremde und Fremdheit in das *inszenierbar Exotische*, in die "durchschnittliche Exotik des Alltags", wie *Hans Magnus Enzensberger* dies beschreibt:

> "Sie äußert sich am deutlichsten in der Provinz. Niederbayerische Marktflecken, Dörfer in der Eifel, Kleinstädte in Holstein bevölkern sich mit Figuren, von denen noch vor dreißig Jahren niemand sich etwas träumen ließ. Also golfspielende Metzger, aus Thailand importierte Ehefrauen, V-Männer mit Schrebergärten, türkische Mullahs, Apothekerinnen in Nicaragua-Kommittees, mercedesfahrende Landstreicher, Autonome mit Bio-Gärten, waffensammelnde Finanzbeamte, pfauenzüchtende Kleinbauern, militante Lesbierinnen, tamilische Eisverkäufer, Altphilologen im Warentermingeschäft, Söldner auf Heimaturlaub, extremistische Tierschützer, Kokaindealer mit Bräunungsstudios, Dominas mit Kunden aus dem höheren Management, Computer-Freaks, die zwischen kalifornischen Datenbanken und hessischem Naturschutzpark pendeln, Schreiner, die goldene Türen nach Saudi-Arabien liefern, Kunstfälscher, Karl-May-Forscher, Bodyguards, Jazz-Experten, Sterbehelfer und Porno-Produzenten. An die Stelle der Eigenbrötler und der Dorfidioten, der Käuze und der Sonderlinge, ist der durchschnittliche Abweichler getreten, der unter Millionen seinesgleichen gar nicht mehr auffällt."[6]

3. Die politische Konstruktion des Fremden

Ich komme damit zu meinem dritten Argument, meiner dritten Fragestellung: Heißt das, daß mit der Auflösung, mit dem Ende des traditionalen Fremden das Verhältnis zu Fremden insgesamt unproblematisch wird? Nein, das Gegenteil ist der Fall. Wenn sich die

---

6 Hans Magnus Enzensberger: Mittelmaß und Wahn, Frankfurt/Main 1991, S. 264

Grenzziehung zu Fremden nicht mehr auf eindeutige und selbstverständliche kulturelle Identitäten und Unterscheidungen verlassen kann, geschieht zweierlei: Zum einen wandelt sich der Konstruktionscharakter, der der Kategorie des Fremden immer schon anhaftet; dieser wird nun offen *politisch*. An die Stelle des "traditionalen Fremden" tritt der "politische Fremde", im Sinne des politisch konstruierten Fremden. Zum anderen wird kulturelle Fremdheit durch soziale Konkurrenz und durch gezielte Machtstrategie ersetzt. Mit anderen Worten, wer wen als "fremd" etikettieren und ausgrenzen kann, wird zu einer Frage der Auseinandersetzung um knappe Ressourcen und zu einer Macht- und Gewaltfrage.

Der "politische Fremde" ist im Gegensatz zum "traditionalen Fremden" nicht unbestimmt und kategorial unfaßbar. Er ist keine ursprünglich kulturelle, sondern eine bürokratische Kategorie. Exemplarisch tritt dies in dem neudeutschen Haßbegriff "Asylant" hervor. Dieser Begriff (dem beispielsweise im Englischen nichts entspricht, in der Sprache der UNO ist von "refugees", Flüchtlingen die Rede) hat seinen Ursprung in der Verwaltung, im Rechts- und Amtsdeutsch. Hier wird unterschieden nach "Asylbewerbern" und "Asylberechtigten". Dabei handelt es sich um eine amtlich definierte und kasernierte Gruppe von Fremden. Es ist interessant, daß der Begriff "Flüchtling" in der juristischen und politischen Sprache der Bundesrepublik für Deutsche reserviert ist. Ein Flüchtling ist per definitionem Deutscher. *Diana Wong* schreibt:

> "In Ermangelung einer präzisen juristischen und soziologischen Bestimmungsmöglichkeit läuft der Begriff "Asylant", wenn man so will, Amok im gesellschaftlichen Diskurs. Wer damit gemeint ist, bleibt unklar und widersprüchlich. Verschiedene Antworten sind zu bekommen: die anerkannten Asylbewerber, oder nicht-anerkannten Asylbewerber, oder nur die Asylbewerber, oder ein Sammelbegriff für alle ausländischen Flüchtlinge. Was damit gemeint ist, bleibt auch unklar und widersprüchlich: die echten politisch Verfolgten, die Armutsflüchtlinge, die Wirtschaftsflüchtlinge, die ausländischen Kriminellen, die schwarzen Drogenhändler. Seine semantische Durch-

schlagskraft wird erhöht durch die zahlreichen suggestiven, einprägsamen, bei näherem Zusehen jedoch inhaltsleeren Wortbildungen, für die er als Grundbegriff dient, wie: Asylantenflut, Asylantenstrom, Asylantenkatastrophe, Asyltourismus, Scheinasylant. Die Verkürzung von Asylanten auf Assi, womit Asoziale im Volksmund gekennzeichnet werden, liegt nahe."[7]

Erfahrungen mit "Asylbewerbern" sind staatlich vorgezeichnet, organisiert. Es sind dies das Ausländeramt, das Sozialamt, das Einwohnermeldeamt usw., vor allem aber die zugewiesenen Wohnblocks und Wohncontainer in der eigenen Nachbarschaft. Es gibt verschiedene Strategien der Segregation, räumliche und symbolische. Eine Faustregel der Politik zielt darauf, die "Eindringlinge" dahin zu schicken, wo sie hergekommen sind. Daß auch dies im Zeitalter der Flüchtlingsbewegungen viele Rätsel aufgibt, politischer Festsetzungen bedarf, sei nur am Rande erwähnt. Es gibt aber auch indirekte Methoden, zum Beispiel die der demonstrativen Abwehr; d.h. den Ankömmlingen wird der Alltag zur Hölle gemacht und zwar so, daß sie das Aus- und Weiterwandern als das geringere Übel selbst wählen. Ich kann mich des Eindrucks nicht erwehren, daß die heimlich-unheimliche Koalition zwischen Bürger und Bürgerschreck, rechten, gewalttätigen Skins und Politikern aller Couleur in Deutschland untergründig diesem Kalkül entstammt und folgt.

Doch nicht nur das amoklaufende Wort "Asylant", auch die Blutspur, die das Unwort "ethnische Säuberung" durch Europa zieht, verweist auf ähnliches. Wo die soziale Konstruktion des Eigenen und des Fremden immer weniger in selbstverständlichen Traditionen aufgehoben ist, werden diese zum Politikum. In dieser Perspektive ist das Aufflammen ethnischer Konflikte und Kriege in Europa nicht das Aufbrechen einer uralten, letztlich naturgegebenen Wirklichkeit, auch nicht ein Kulturkonflikt, sondern ein Machtkonflikt, ein politischer Konflikt. Angesichts der Gefährdungen nationaler

---

7 Diana Wong: Fremdheitsdenken im gesellschaftlichen Diskurs, in: Matthes (Hrsg.): Zwischen den Kulturen?, Göttingen 1992, S. 410f.

und ethnischer Identitäten werden diese im Sinne einer blutigen self-fulfilling prophecy neu geschaffen. Die von festen kulturellen Bindungen freigesetzten Individuen konstruieren Eigenes und Fremdes eher willkürlich, temporär und wechselhaft, und zwar eher nach Maßgabe der Konkurrenz um Vorteile, Rechte und Ressourcen und mit den Mitteln von Gewalt und Terror, als nach dem Grad der Irritation über kulturelle Fremdheit.

Auch für die Bundesrepublik heißt das: Der Konflikt über Fremde – über das Asylrecht – ist ein stellvertretender Konflikt um die inhaltliche Ausgestaltung des neuen Großgebildes Deutschland im Vakuum Europas. Die Auseinandersetzung über Fremde bietet sich deswegen an, weil nach dem Verlust der Eindeutigkeiten mit einer Politik des Askriptiven, in der Entgegensetzung zu Fremden diese Eindeutigkeiten – scheinbar – restauriert werden können.

4. Territorialer Instinkt als anthropologische Konstante?

Gegen diese Sicht der Dinge sträubt sich so manches Alltagsdenken. Auch scheinen naturwissenschaftliche Ergebnisse z.B. der Verhaltensforschung ihr zu widersprechen. Ich komme damit abschließend *viertens* zu der Frage: Wird hier nicht nur ein altes Soziologenvorurteil neu aufgetischt und aufgewärmt, nämlich, daß natürliche Grenzen und Bestimmungen in Wahrheit kulturell und politisch konstruiert sind? Ich möchte diesen Einwand in Auseinandersetzung mit einer Parabel diskutieren, die *Hans Magnus Enzensberger* in dem Essay "Die große Wanderung" ins Zentrum seiner Argumentation gestellt hat.

> "Zwei Passagiere in einem Eisenbahnabteil ... Wir wissen nichts über ihre Vorgeschichte, ihre Herkunft oder ihr Ziel. Sie haben sich häuslich eingerichtet, Tischchen, Kleiderhaken, Gepäckablagen in Beschlag genommen. Auf freien Sitzen liegen Zeitungen, Mäntel, Handtaschen herum. Die Tür öffnet sich, und zwei neue Reisende treten ein. Ihre Ankunft wird nicht begrüßt. Ein deutlicher Widerwille

macht sich bemerkbar, zusammenrücken, die freien Plätze räumen, den Stauraum über den Sitzen teilen. Dabei verhalten sich die ursprünglichen Fahrgäste, auch wenn sie einander gar nicht kennen, eigentümlich solidarisch. Sie treten den neu Hinzukommenden gegenüber als Gruppe auf. Es ist *ihr* Territorium, das zur Disposition steht. Jeden, der neu zusteigt, betrachten sie als Eindringling. Ihr Selbstverständnis ist das von Eingeborenen, die den ganzen Raum für sich in Anspruch nehmen. Diese Auffassung läßt sich rational nicht begründen. Um so tiefer scheint sie verwurzelt zu sein."[8]

Wer hat nicht schon einmal in diesem Sinne Eindringlinge, Fremde aus dem flüchtigen Ort des Eisenbahnwaggons weggebellt? Ist dieser "territoriale Instinkt" nicht ein wundervoller Beweis dafür, daß uns allen letztlich noch die Gesetze der Amöbe gelten? Enzensberger will mit seiner Parabel sagen: "Gruppenegoismus und Fremdenhaß sind anthropologische Konstanten, die jeder Begründung vorausgehen. Ihre universelle Verbreitung spricht dafür, daß sie älter sind als alle bekannten Gesellschaftsformen."[9]

Genau das ist die Frage: Ist der Revier-Reflex, der hier so schön böse nachvollziehbar wird, nicht gerade das Produkt eines verkappten und verdeckten Eurozentrismus? Man stelle sich einmal gedankenexperimentell eine Urhorde in einem bundesdeutschen Eisenbahn-Waggon vor, und einer der ihren kommt durch die Schiebetür: Wäre das ein Jubel! Die sprichwörtlichen Indianertänze würden alle bundesdeutschen Fahrpläne, möglicherweise sogar den ganzen Zug zum Entgleisen bringen. Würde aber ein "Fremder" -sprich: für *sie* Fremder – eintreten, würde er (allen Vorurteilen freien Lauf gelassen) entweder als Gott verehrt oder aufgefressen, am Spieß des Sitzgestells geröstet werden.

Gedankenexperiment Ende: Hat die Art, wie der Sitzende den noch nicht Sitzenden im Intercity abwehrt, nicht eben den Intercity, die mobile Welt, zur Voraussetzung? Entsteht *dieser* "Abgren-

8 Hans Magnus Enzensberger: Die große Wanderung, Frankfurt/Main 1991, S. 11 f.
9 Ebd. S. 13

zungsinstinkt" nicht erst am Ende einer langen europäischen Evolution mit dem Zielpunkt der Ausdifferenzierung des einzelnen? Ist dieser Abwehrreflex nicht geradezu exemplarisch ein Ergebnis später Individualisierung? Erscheint er uns Modernen und Hypermodernen vielleicht gerade deswegen so "natürlich", so ganz und gar selbstverständlich? Wird hier vielleicht der spätmoderne Jeder-gegen-alle-Reflex fälschlich anthropologisiert und naturalisiert?

Das Nationale ist durchaus nicht, wie jetzt wieder "bewiesen" wird, ein unterirdisches Adersystem der Geschichte, das vergessen und verdrängt wurde, aus dem es (auch deswegen) jetzt wieder heftig hervorbricht und -blutet. "Nationalismus ist keineswegs das Erwachen von Nationen", schreibt der Historiker *Ernest Gellner*. "Man *erfindet* Nationen, wo es sie vorher noch nicht gegeben hat."[10] Das Nationale ist eine originäre Erfindung des 19. Jahrhunderts, eine im Ursprung linke Waffe übrigens gegen die Herrschenden, sich selbst auf Gott berufende Dynastien. Dagegen wurde die "Volksherrschaft" behauptet und geweckt, die das Band zwischen Jenseits und Königtum zerschneidet und Herrschaft diesseitig begründet. Pures Ketzertum, für das man jahrhundertelang auf dem Scheiterhaufen landete. Auch mußte und muß die Vielfalt der "natürlichen" Ethnien *unterdrückt* werden, um den nationalen Raum staatlich und kulturell aufzuspannen und zu sichern.

Wer das "Fremdeln" von Kleinkindern aus Kleinfamilien oder den angeblich bei allen Arten, Graugänsen wie Menschen, zu findenden "Abwehrinstinkt" heranzieht, um die gegenwärtigen Ausschreitungen gegen "Fremde" verständlich zu machen, begeht (mindestens) zwei Kategorienfehler. Diese gilt es, einmal deutlich aufzudecken und auszuweisen:

Wissenschaftler streiten darüber, ob es bei Menschen so etwas wie "Abwehrinstinkte" gibt. Nehmen wir einmal an, dem wäre so. Dann wird immer noch erstens – fälschlich – "natürliche Abwehr" mit ethnischer Identität oder mit nationaler, nationalstaatlicher Ordnung gleichgesetzt. So etwas wie ein Revierverhalten muß nämlich kei-

10 Ernst Gellner: Thought and Change, London 1964, S. 169

neswegs diesen historischen Kategorien und Grenzziehungen folgen. Ich will dies an zwei Beispielen konkretisieren. Es gibt eine politisch offenbar einflußreiche Bewegung, die die Franken – die fränkische Identität – aus dem politischen Verband Bayern herauszulösen versucht. Wie meistens spielen dabei auch Ressourcenverteilung und Machtbildungen eine zentrale Rolle. Man hat nun dieser Bewegung Neonationalismus vorgeworfen, und ihre Sprecher haben sich mit Recht dagegen zur Wehr gesetzt. Die Betonung ethnischer Identitäten führt ja zur *Auf*lösung nationaler Institutionen und Identitäten, ebenso wie umgekehrt der Nationalismus auf der Unterdrückung oder wenigstens Relativierung ethnischer Gegensätze beruht.

Ich bin in diesem Sommer im Elsaß auf der alten deutsch-französischen Grenze gewandert. Auf einem blutig umkämpften Hügel stand ein Denkmal für ein Bayerisches Regiment, das von französischen Truppen überrascht und geschlagen wurde. Die Bayern mußten also mit ihren Urgegnern, den Preußen, im nationalen Rausch zusammengeschweißt werden, um im Kampf gegen ihren früheren Auch-Verbündeten und plötzlichen Erzfeind Frankreich ihr Leben zu lassen. Diese Negation "urspünglicher", wenn man so will, "natürlicher" Abwehrinstinkte, wie die zwischen Bayern und Preußen, leistet der Nationalismus, die nationale Identität! Sie ist eine der sozialen Guß- und Großformen der *Auf*hebung "natürlicher" Gegensätze, eine politische Kunstform, die sich allerdings zu ihrer Rechtfertigung und Verewigung der *Legende* der Naturalisierung bedient.

Man kann dasselbe auch am Beispiel des aktuellen Gegensatzes zwischen "Ossis" und "Wessis" zeigen: Warum geben wir nicht unserem "ursprünglichen Abwehrinstinkt" nach und bellen die Ossis von den staatlichen Futtertrögen weg? Zugegeben: wir tun es ja. Aber warum ist dieser "natürliche Abwehrinstinkt" so wenig natürlich, während es der offiziellen Lesart nach immer "natürlicher" werden sollte, daß wir "unser" Erspartes, "unseren" Reichtum mit denen "da drüben" teilen? Warum haben wir uns nicht mit Kamerun vereinigt? Wäre das nicht "natürlich" gewesen? Die Antwort gibt das Nationale: Es selegiert die Natürlichkeit des Natürlichen, und diese Selektion erfolgt ausschließlich kulturell und politisch.

Der zweite Kategorienfehler ist eigentlich nur eine Verstärkung des ersten: Wer die Aggressionen gegen "Asylanten" auf natürliche Abwehrreaktionen zurückführt, naturalisiert eine politisch-staatliche Konstruktion. Der "Fremdenhaß" bricht zu einem historischen Zeitpunkt aus, wo die Kategorie des Fremden zugleich verallgemeinert und aufgehoben wird. Wir leben in Zuständen, in denen jeder jedem, sogar möglicherweise jeder sich selbst zugleich auch fremd wird. Die Grenzen teilen nicht mehr, und wenn, dann nicht in der Art, in der die Ordnungswelt der nationalstaatlichen Industriegesellschaft dies vorschreibt: Weder Klassen, noch Schichten, noch Familien, noch Nationen greifen, um die Gegensätze und Identitäten zu beschreiben, die die mobile Moderne mit ihren weltweiten Verflechtungen und Gefahren ausmachen.

Man kann sogar noch einen Schritt weitergehen: Selbst die Naturwissenschaft, in diesem Fall die Biologie, die Gentechnik und Humangenetik, heben die Grenzen zwischen den Arten, zwischen Mensch, Tier und Pflanze auf. Das sind schlechte Zeiten für "verhaltenswissenschaftliche Gesetze und Konstanten"! Wo alles in die Entscheidung gerät, wachsen der Wunsch und das Wunschdenken nach Ursprünglichkeit und Sicherheit, während die Wirklichkeit in die Gegenrichtung treibt.

Eine Bemerkung, mehr noch eine Frage zum Schluß: Hinter dem Fremdenhaß und seiner verhaltenswissenschaftlichen Sekundierung steckt allerdings ein sehr ernst zu nehmendes Problem: Wie viel Auflösung verträgt der Mensch? Oder schärfer noch: Wie viel Aufklärung verträgt der Mensch? Es ist die Suche und Sucht nach Strukturen, die Ordnungen stiften und begründen können, die sich in den Entladungen gegen Fremde auch äußern. Darauf sind Antworten schwer zu finden. Doch das wäre ein anderes Thema.

Heiner Keupp

POSTMODERNE AMBIVALENZEN ODER: OHNE ANGST VERSCHIEDEN SEIN KÖNNEN

Zunächst soll eine gesellschaftliche Gegenwartsdiagnose formuliert werden: Wir leben in einer Gesellschaft bislang unerreichter ökonomischer Potentiale, aber auch von einer ungeheueren Wandlungsdynamik, die den Bestand verläßlicher Normen und Werte in immer höherem Tempo auflöst. Für Kinder und Jugendliche, aber auch für Erwachsene produziert dieser Verlust von Traditionsbezügen ein oft schwer erträgliches Maß an Verunsicherungs-, Ohnmachts- und Vereinzelungserfahrungen. Gewalt, Rassismus und Fremdenfeindlichkeit müssen auf diesem Hintergrund begriffen werden. Gewalt ist aber auch ein Ausdruck unzureichender produktiver Gestaltungsmöglichkeiten, so daß gesellschaftliche Strategien, die lediglich die Unterdrückung von Gewalt anzielen, unzureichend sind. Meine zentrale These ist, daß das Leben in postmodernen Gesellschaftsverhältnissen bedeutet, daß verbindliche Normen, eindeutige Lebenskoordinaten und eine Reduktion von Offenheit und Ambivalenzen nicht erwartet werden können. Notwendig ist vielmehr das Erlernen neuer Haltungen und Kompetenzen, die ein souveränes und produktives Nutzen von Offenheit und Verunsicherung sichern könnten.

In dem öffentlichen Diskurs über die Entwicklungsdynamik der bundesrepublikanischen Gesellschaft hat sich in den vergangenen Jahren ein bemerkenswerter Paradigmenwechsel vollzogen, zumindest wird um ihn heftig gerungen. Waren zunächst Individualisierungsprozesse und Prozesse der "Entgrenzung" in der politischen Geographie Mitteleuropas eher als Chancen der Befreiung, mindestens der "Erleichterung", des "Abbaus" von Feindbildern gefeiert worden, werden genau diese Prozesse heute als Wurzel alles Übels konstruiert. Natürlich ist die Frage berechtigt, wieviel Individualisierung, Freisetzung der Mensch verträgt. Und legitim sind alle sich daran anschließenden Fragen: Heißt Freisetzung mit Notwendigkeit die Herstellung des freien, autonomen, aber auch einsamen Menschen? Wieviel Rahmung braucht der Mensch? Welche Rahmungskompetenzen braucht er? Besteht nicht die fatale Konsequenz bei verlorenen Rahmungen, daß die Grenzsuche regressiv verläuft: Also in der Suche nach den festen, stabilen, unverrückbaren Fundamenten, die mir niemand streitig machen kann; den unveräußerlichen kollektiven Identitätsmustern, die als positive Stütze in den Turbulenzen gegenwärtiger Lebensverhältnisse herangezogen werden könnten. Diese Fragen stehen auf der Tagesordnung, aber die angebotenen Antworten kommen mir meist zu schnell.

Die Stimmung in Deutschland ist wirklich ziemlich miese. Sie ist nicht nur deshalb so schlecht, weil die Wirtschaft in einem kräftigen Tief steckt oder weil unsere Politiker so unfähig sind. Die Krise geht viel tiefer. Die Welt ist in Unordnung geraten. Die Ordnungsstrukturen, die ein halbes Jahrhundert – und trotz Krieg wahrscheinlich schon sehr viel länger – dem Leben der Menschen einen klaren und erwartbaren Rahmen gegeben haben, zerbröseln oder sind zerfallen. Das ist im allgemein-gesellschaftlichen und politischen Raum ebenso wie in unseren privaten Lebenswelten zu spüren. Wir merken jetzt erst, in welcher Weise die ja nicht gerade geliebte Nachkriegsordnung zugleich einen sicheren, für unsere Alltagsbewältigung stabilen Rahmen abgab, auch dann, wenn er unsere Verachtung und Kritik erfuhr. Dieser Rahmen ist erodiert, und in unserer Gesellschaft mischen sich Demoralisierung, also eine Haltung der Hoffnungslosigkeit, daß sich bald etwas positiv verändern ließe, Gewalt und eine Dominanzhaltung, die nur ungenügend verhüllen kann, daß sie aus einer tiefen Verunsicherung gespeist ist.

Die grundierende These meines Beitrages möchte ich so formulieren: Das Leben in postmodernen Gesellschaftsverhältnissen bedeutet, daß verbindliche Normen, eindeutige Lebenskoordinaten und eine Reduktion von Offenheit und Ambivalenzen nicht erwartet werden können. Das erleben viele Menschen als eine schwere Last, aber in erster Linie ist es eine ungeheure Chance. Es schafft verbesserte Chancen für die Utopie, die Theodor W. Adorno (1991, S. 358f.) in seinem Buch "Minima moralia" so treffend auf die Formel gebracht hat: "Ohne Angst verschieden sein können". Es ist die Chance, aber auch die Notwendigkeit für die gesamte Gesellschaft und für das einzelne Subjekt, diese offenen und ambivalenten Räume produktiv zu gestalten. Gewalt ist ein Ausdruck unzureichender produktiver Gestaltungsmöglichkeiten, so daß gesellschaftliche Strategien, die lediglich die Unterdrückung von Gewalt anzielen, unzureichend sind. Notwendig ist vielmehr das Erlernen neuer Haltungen und Kompetenzen, die ein souveränes und produktives Nutzen von Offenheit und Verunsicherung sichern könnten. Die Empfehlung, sich wieder auf verbindliche und bewährte Normen zu stützen, ist zwar in einer Phase der "großen allgemeinen Verunsicherung" eine verständliche und zugleich doch eine hilflose Forderung. Sie nennt uns nicht den Preis, der dafür zu entrichten wäre. Statt dessen gilt es, mutiger Lernprozesse in "aufrechtem Gang" und Selbstorganisation anzuregen, zu ermöglichen und zu unterstützen. Meine weiteren Überlegungen beziehen sich in erster Linie auf die Phänomene von Gewalt und Fremdenfeindlichkeit, weil gerade bei der gesellschaftlichen Hermeneutik dieser Phänomene der angedeutete fragwürdige Paradigmenwechsel sichtbar wird.

1. "Geil auf Gewalt"

Bevor ich mich mit einzelnen Erklärungsmodellen für die Zunahme von Gewalt und Fremdenfeindlichkeit beschäftigen werde, möchte ich doch zunächst über mein Verständnis von Gewalt und Aggression sprechen. Die notwendige moralische Ächtung von Gewalthandlungen verstellt uns den Blick für die Motive, die hinter der Gewalt stehen. Ich vertrete einen auf Freuds Psychoanalyse zurückgehenden Begriff von Aggression. Für Freud mischen sich in unsere Gefühlsäußerungen und Handlungsmotivationen immer libidinöse und aggressive Antriebspotentiale. Ihre Integration in unserem Handeln ist Zeichen reifer Persönlichkeitsentwicklung. Der Antriebshintergrund von Aggression ist nicht identisch mit zerstörerischer Gewalt. Wenn Gewalt auftritt, ist eher danach zu fragen, warum sich ihr produktives Aktivitätspotential nicht mit einer liebenden Zuwendung verbinden konnte, warum es in Wut und Gewalt umschlagen mußte.

Weil Gewalt als vitale Potentialität aus unserer "Triebausstattung" gespeist wird, ist sie so wenig durch moralische Apelle zu kontrollieren. Bill Bufford, dem englischen Journalisten, der mit Fußball-Hooligans durch Europa fuhr und seine Erfahrungen in dem aufregenden Buch "Geil auf Gewalt" (Hanser Verlag 1992) beschrieben hat, gelingt es, die "sinnliche Intensität" (S. 232) zu erfassen, die in Gewaltorgien gesucht und erlebt wird. Er hat sich voll hineinbegeben und alle moralischen Zensuren beiseite gelassen. Er schreibt: "Was mich anzieht, sind die Momente, wo das Bewußtsein aufhört: Momente, in denen es ums Überleben geht, Momente von animalischer Intensität, der Gewalttätigkeit, Momente, wenn keine Vielzahl, keine Möglichkeit verschiedener Denkebenen besteht, sondern nur eine einzige – die Gegenwart in ihrer absoluten Form". Wenn es so ist, wie es Bufford beschreibt, dann scheint Gewalt ein "Bewältigungsversprechen" für eine der größten Lasten der postmodernen Lebensverhältnisse anzubieten: Für die unaufhebbare Reflexivität unseres Alltags, in dem alles so, aber auch ganz anders sein könnte, in dem ich permanent zwischen Alternativen abzuwägen und mit den damit verbundenen Ambivalenzen und Widersprüchen zu leben habe. Und Gewalt hat noch eine weitere Qualität, die in einer "Erlebnisgesellschaft" kaum von anderen Erlebnismöglichkeiten überboten werden kann. Bufford zeigt diese Qualität auf seine Weise auf:

> "Die Gewalt ist eines der stärksten Erlebnisse und bereitet denen, die fähig sind, sich ihr hinzugeben, eine der stärksten Lustempfindungen. Dort in den Straßen von Fulham, als die Gruppe die metaphorische Schwelle überschritt, fühlte ich mich, als sei ich buchstäblich schwerelos geworden. Ich hatte die Schwerkraft hinter mir gelassen, ich war stärker als sie. Es kam mir vor, als schwebte ich über mir selbst und könnte alles wie in Zeitlupe und in einer überwältigenden

Detailschärfe wahrnehmen. Später wurde mir klar, daß ich mich in einer Art Rauschzustand, einer Adrenalin-Euphorie, befunden hatte. Und zum erstenmal kann ich die Worte verstehen, mit denen sie diesen Zustand beschreiben. Daß die Gewalttätigkeit in der Masse eine Droge für sie sei. Und was war sie für mich? Die Erfahrung absoluten Erfülltseins" (S. 234).

In dem Buch "Die Abrechnung" stellt ein junger ehemaliger Neonaziführer ("Nationale Alternative") seinen Ein- und Ausstieg aus der neonazistischen Szene dar. Ingo Hasselbach (1993) beschreibt die spezifische Mischung von Angst und Lust, die er bei Gewalthandlungen erlebt hat:

"Meistens schrie ich laut, bevor ich auf jemanden einschlug. Diese Schreie nahmen mir die Angst. Das machte es möglich, auf immer leichtere Weise gewalttätig zu sein. (...) Manchmal merkte ich, daß ich regelrecht Spaß daran hatte, andere zu überfallen und zu prügeln. Dieses Gefühl war bei vielen von uns vorhanden, bei einigen so extrem, daß sie leuchtende Augen bekamen, wenn sie auf andere einschlugen" (S. 155).

In einer Welt, die immer abstrakter und sinnenferner geworden ist und in der der einzelne wenig Chancen hat, sich gestaltend, produktiv und liebend zu verwirklichen, Spuren zu hinterlassen, erhält Gewalt eine wachsende Faszination. Sie gibt die Chance, sich lebendig zu fühlen, und sie ist in einer psychosozial zerstörten Welt dafür oft die einzige Chance.

Das möchte ich zunächst an einem Beispiel sichtbar machen. Es geht um Max, der sich einer Gruppe von Skinheads angeschlossen hat (dieses Beispiel dokumentiert Wirth (1989); im folgenden zitiere ich längere Passagen aus diesem Artikel).

Der 18-jährige Max ist Mitglied einer neunköpfigen Skinhead-Gruppe. Zu Beginn des Interviews beklagt er, daß er sich als Skinhead immer wieder ungerechtfertigte Ablehnung und Vorurteile gefallen lassen müsse. Man unterstelle ihm, er sei brutal, gewalttätig und ein Nazi. Das seien nichts als Vorurteile. "Während Max zunächst über seine Außenseiterrolle klagt, wird später deutlich, daß er durch die Ablehnung, auf die er ständig stößt, auch eine Stütze seiner Identität erfährt:

> "Wenn man zu mehreren Skins durch die Straßen läuft, weichen die Leute aus. Die haben Muffe vor uns. Das baut einen irgendwie auf. Als ich noch normal rumlief und habe im Bus die Beine auf den Sitz gelegt, bin ich angemacht worden. Wenn ich das heute als Skin mache, lassen mich die Leute in Ruhe. Eigentlich bleibt man ja der gleiche Typ, aber als Skin wird man breiter, und die anderen reagieren anders."

Das Gefühl, ein Opfer zu sein, das Gefühl, sowieso immer ungerecht behandelt zu werden, ist konstituierend für seine Identität als Skinhead. Er hat das Empfinden, für andere die Inkarnation eines Feindbildes abzugeben und akzeptiert diese Rolle, weil sie ihm ermöglicht, die passiv erlittene Schmach, Scham und Angst ins Aktive zu wenden, indem er anderen Angst und Schrecken einjagt. Der innere Konflikt wird in einen äußeren Konflikt zurückverwandelt. Statt selbst Angst zu haben, jagt Max anderen Angst ein. Selbst als Feindbild für andere zu fungieren, legitimiert die Aufrechterhaltung des eigenen Feindbildes. Negatives Selbstbild und Feindbild sind eng miteinander verwoben. Früher war Max ein Punker, von denen er sich aber heute scharf abgrenzt. Deren Motto "null Bock" könne man nur vertreten, "wenn man wirklich ganz unten ist. Ich habe mich nie als der letzte Dreck gefühlt, ich war nie so weit unten. Als ich meinen Null-Bock-Trip hatte, bin ich in den Knast gekommen. Das hat mich wieder aufgebaut. Danach bin ich Skin geworden". In dieser Passage verleugnet Max, daß er sich oft genug ganz unten und wie der letzte Dreck gefühlt hat und gesteht es zugleich ein, wenn er von seinem eigenen Null-Bock-Trip spricht. Der Knast habe ihm da offenbar eine Stabilisierungschance gegeben, und vor allem hat er danach Kontakt zu Skins gefunden. Bei ihnen hat er Gruppensolidarität erlebt und ein Angebot zur Strukturierung seines Alltags:

> "Daß die Gruppe zusammenhält, ist für mich das allerwichtigste. Wenn einer was auf die Backe kriegt, sind alle anderen gleich da, und dann geht's rund."

Außerdem gefalle ihm an den Skins,

> "daß wir nicht nur rumhängen wie die Punks und saufen, sondern auch was machen, z.B. zu Fußballspielen fahren und Hausies (Hausbesetzer) verkloppen."

Die Grundhaltung, die Max zum Leben hat, ist geprägt von den tiefen Verletzungen und Enttäuschungen, die er als Kind, von Vater und Mutter im Stich gelassen und wegegeben, erfahren mußte. Das legt die Basis dafür, daß er sich oft als "der letzte Dreck" fühlte: Sein Vater hat die Familie wenige Wochen nach der Geburt von Max verlassen und auch nie Unterhalt gezahlt. Seine Mutter ist mit ihm bald nicht mehr fertig geworden. Zuerst sei er zu einer Pflegefamilie gekommen und danach ins Heim. Dann habe ihn die Mutter wieder zurückgeholt. Das sei aber nie lange gutgegangen, und so sei er einige Jahre zwischen Heim und Mutter hin- und hergependelt. Jetzt hat er den Kontakt zu seiner Mutter praktisch abgebrochen. Anderen Menschen Zuneigung und Freundschaft zu schenken, sie gar zu lieben und sich ihnen anzuvertrauen, das alles sind Erlebnisweisen, die Max als überwältigende Gefahr erlebt, weil sich die frühen Enttäuschungen, Schmerzen und Erniedrigungen seiner Kindheit wiederholen könnten. Dies zu vermeiden, ist sein höchstes Ziel. Ihm dienen die narzißtischen Gegenideale der Kälte, die Verachtung menschlicher Ideale schlechthin, die Entmenschlichung des Gegners und das zerfressende Ressentiment gegen alles, was ihm als Zeichen von Schwäche, Hilflosigkeit und Weichheit erscheint.

Das zeigt sich auch in seinem gespaltenen Frauenbild. Max sieht Frauen entweder als "heilige Mutter" (so idealisiert er eine Erzieherin, bei der er sich z.B. "ausweinen" kann) oder als "verachtenswerte Hure". Er spaltet sein Bild von anderen Menschen (auch seine eigene Identität) in absolut gute und absolut böse Teile. Diese Spaltung ist als Abwehr gegen intensive Haßgefühle und ebenso intensive Vernichtungs- und Verlassenheitsängste entstanden, die aus der defizitären Beziehung zu seiner Mutter herrührt. Die Spaltung prägt nicht nur Maxens Frauenbild, sondern auch seine Wahrnehmung der Welt insgesamt. In seinem Haß auf alles Fremde und seinen Ressentiments gegen auswechselbare Opfer brechen seine paranoid aufgeladenen Aggressionen hervor. Hingegen nimmt sich sein "Stolz, ein Deutscher zu sein", als hilfloser Versuch aus, dem Selbsthaß etwas Positives entgegenzustemmen, das er idealisieren kann. Er benutzt das unter Skins und in der gesamten rechten Szene weit verbreitete Motto: "Ich bin stolz, ein Deutscher zu sein" gleichsam als Gegengift, um die kränkende Einsicht ausblenden zu können, daß er sich eigentlich Zeit seines Lebens "wie der letzte Dreck" behandelt fühlte".

Für einen Teil der Jugendlichen, die rassistisch denken und Gewalt ausüben, mag eine Grundstruktur wie bei Max typisch sein. Ingo Hasselbach, der ausgestiegene Neonazi spricht in seinem Buch ähnliche Punkte an. So sagt er an einer Stelle "Fehlende Liebe und fehlende Anerkennung führen zu Frustrationen, die sich steigern können bis zum blinden Haß" (S. 156). Und diese Aussage addressiert er an seinen Vater, an den sich das ganze Buch in Form eines zu lange geratenen Briefs wendet. Gleich am Anfang wirft er ihm vor:

> "Du hast mich in die Welt gesetzt, und dann war ich für Dich kaum mehr wichtig. Man kann nicht einfach Kinder produzieren und dann so tun, als ob sie einen nichts mehr angingen. (...) Ich schreibe Dir diesen Brief auch deshalb, weil ich glaube, daß Du mich praktisch überhaupt nicht kennst. Aber obwohl ich von meinen sechsundzwanzig Jahren nur ganze fünf Monate bei Dir verbracht habe, bist Du eine zentrale Figur in meinem bisherigen Leben gewesen. Ich bin zwar Dein leiblicher Sohn, aber dieses Gefühl, Dein Sohn zu sein, hast Du mir von Dir aus niemals vermittelt."

Ingo Hasselbach kämpft um diesen Vater, und vor allem berichtet er von einer Mutter, von der er sich immer unterstützt gefühlt hat. Vielleicht liegt hier auch für ihn die Kraftquelle, die ihm den Ausstieg aus der neofaschistischen Szene ermöglicht hat. Hinzu kam ein erwachsener Freund, ein Journalist, der ihn nicht für eine schnelle Sensationsgeschichte instrumentalisierte, sondern einfach immer für ihn erreichbar war.

Hinweise auf Verletzungen und Demütigungen in der frühen Kindheit, auf Vaterlosigkeit sowie auf Verlassenheitserfahrungen und -gefühle im Verhältnis zur eigenen Mutter wird man bei vielen Jugendlichen finden, die durch Gewalt auffällig werden. Gleichzeitig sehe ich in einem psychologischen Blick, der nur noch dieses sieht, eine Verengung. Da werden sich PolitikerInnen und viele besorgte Staatsbürger ja auch schnell einig: Es liegt an der Familie. Da geht es wohl doch um mehr, und wir müssen genauer hinschauen. Gewalt und Fremdenfeindlichkeit sind Phänomene, die wohl nur begriffen werden können, wenn sie als soziopsychische "Ergänzungsreihe" verstanden werden: Eine allgemeine soziokulturelle Krisensituation erfordert psychosoziale Bewältigungskompetenzen, über die kaum jemand voll verfügt. Aber auf dem Hintergrund spezifischer biographischer und aktueller Lebensbedingungen überfordert die allgemeine Krise bestimmte Menschengruppen in besonders dramatischer Weise. Ihre "Lösungsversuche" beinhalten Gewalt und Fremdenfeindlichkeit. Sie können sich dabei sogar noch als konsequente Vollstrecker von untergründigen Stimmungen und Lösungsphantasien interpretieren, auch wenn sich nach den Taten immer wieder die gleichen Rituale der Distanzierung vollziehen. Von "ehrbaren" Politikern und Bürgern.

2. Deutungsmuster für die Explosion von Gewalt und Fremdenfeindlichkeit

Fremdenfeindlichkeit, Rassismus und rechte Gewalt werden im gesellschaftlichen Diskurs der Bundesrepublik wie Symptome einer Krankheit behandelt, die uns "erwischt" oder "angesteckt" hat. Ihre Symptome sind uns peinlich. Im Rahmen der Weltwirtschaftsordnung lassen sie Deutschland als einen kränkelnden Teilnehmer erscheinen, von dem nicht die volle Arbeitsleistung erbracht werden kann und an dem deshalb manchner lukrative Auftrag vorbei geht.

Solche Symptome wollen wir möglichst schnell loswerden. Die Mühe der Erkenntnis, daß sie für etwas anderes stehen könnten, und den Kraftaufwand für Veränderungen, die sich daraus als notwendig ergeben könnten, wollen wir uns ersparen. Von diesem Mechanismus lebt nicht nur ein Großteil der Heilberufe, sondern er bestimmt auch die soziokulturellen und politischen Verarbeitungsmechanismen für gesellschaftliche Probleme. Dies beweist auch die aktuelle Auseinandersetzung mit den Problemen von Rassismus und Gewalt. Symptomträger sind Jugendliche, Symptome sind Gewaltausbrüche und radikal menschenfeindliche Gesinnungen. Sie erschrecken in ihrem Mangel an zivilsatorischer Domestikation, in ihrer primitiven Roheit und in ihrer Bereitschaft, eingeschliffene Tabus im Umgang mit faschistischen Symbolen und Gedanken zu brechen und diese aus ihrer gesellschaftlichen Latenz herauszuholen, in die sie aus Gründen der ehrbaren Außenrepräsentation verbannt wurden. Symptomatische Therapien umfassen das ganze Areal polizeilicher Maßnahmen, von Jugendarbeit und Jugendschutz. Gegen die will ich auch überhaupt nicht pauschal argumentieren. Im Sinne aktuellen Krisenmanagements sind sie sicherlich unverzichtbar.

Mit der Wahl der Metapher vom Symptom schwingt die Behauptung mit, daß mit ihrer Benennung und Behandlung die sichtbare Oberfläche nicht bis zur Aufdeckung der wahren Ursachen durchbrochen werden würde. Das werde ich an einigen gegenwärtig zirkulierenden Deutungsmustern aufzeigen und gleichzeitig habe ich am Ende meiner Argumentation keine schlüssige sozialpsychologische Formel zu bieten, die mit dem ganzen Autoritätsanspruch der Wissenschaft sagen kann, wie wir auf der Höhe des jetzt vorhandenen Wissens Rassismus, Fremdenhaß und Gewalt erklären können. Meine These lautet: In diesen Phänomenen äußern sich nicht nur gesellschaftliche, kulturelle und subjektive Reaktionen auf die Krise einer in Unordnung geratenen Moderne, sondern sie sind zugleich auch typische Antworten aus der "Waffenkammer" der Moderne, wenn auch ungeschliffener und unzivilisierter, als daß sie vor den hochentwickelten Verhaltensstandards der Moderne Billigung finden könnten. Die gängige Kritik setzt deshalb meist ausschließlich an der Präsentationsform an und weniger an dem Grundmuster. Aber selbst dort, wo dem Anspruch nach dem neuen Rechtsradikalismus auf den Grund gegangen wird, bedient man sich des "Lösungsvorrates" der Moderne. Gerade als Sozialpsychologe, an den häufig die Frage gerichtet wird, wie denn diese Gewalteskalation und Rechtsentwicklung psychologisch zu erklären sei, halte ich es für notwendig, die psychosoziale Ebene soziokulturell zu rahmen, sie einzubetten in ein Verständnis der Moderne und ihrer Denkmuster.

Das gängigste Wahrnehmungsmuster sieht in den Gewalthandlungen gegen Ausländer und Ausländerinnen, in der Fremdenfeindlichkeit und in der Zunahme rechtsradikaler Identifikationen vor allem ein Jugendproblem. Natürlich sind es vor allem Jugendliche, die die Gewaltszene beherrschen. Doch haben gerade die Beispiele von Hoyerswerda und Rostock gezeigt, daß Jugendliche mit Billigung und Unterstützung sehr vieler Erwachsener gewalttätig wurden. Forschungsergebnisse zeigen, daß die soziale Akzeptanz von rechter Gewalt bei Erwachsenen größer ist als bei Jugendlichen. Was durch ihre stärkere Aktionsorientierung symptomatisch an Jugendlichen festgemacht werden kann, ist also kein Jugendproblem, sondern verweist auf die sich verstärkende Haltung in der Gesellschaft der Bundesrepublik, daß die aktuelle Krise mit zivilgesellschaftlichen und politischen Bewältigungsstrategien erfolgreich bearbeitet werden könnte.

Ein weit verbreitetes Deutungsmuster rechter Gewalt bezieht sie auf die aktuelle "Vereinigungskrise", die uns ohne die überraschende weltpolitische Bescherung der Wiedereinigung erspart geblieben wäre. Natürlich haben die vielfältigen Verwerfungen, die durch die Vereinigung entstanden sind, einen gehörigen Anteil an den Krisen, aber sie verstärken allenfalls ein Krisenmuster, das sich bereits längst vor dem Vereinungsprozeß entwickelt hatte. Die Themen Rassismus, Ausländerfeindlichkeit und wachsende Gewaltbereitschaft waren bereits latent und offen vorher auf der politischen und wissenschaftlichen Tagesordnung.

Ein weitere gängige Interpretation bezieht sich auf autoritär-nationalistische Orientierungen als Folge ökonomisch-struktureller Wandlungsprozesse. Die Modernisierungskrisen der spätkapitalistischen Industriegesellschaft würden spezifische gesellschaftliche Gruppen zu "Modernisierungsverlierern" machen, die ihre Entwertungserfahrungen nur in rassistisch-nationalistischen Weltbildern auffangen und bewältigen könnten. Diese These klingt durchaus plausibel und findet in Teilsegmenten des rechtsradikalen Spektrums durchaus ihre Bestätigung: Wem diese Gesellschaft keine reelle Chance zur Teilhabe an gesellschaftlicher Arbeit bietet, wer die Erfahrung macht, daß er oder sie nicht gebraucht werden, und sich so als gesellschaftliche "Null-Ware" erfahren muß, wird diese permanent zugemutete Selbstentwertung gegen eine Gesellschaft richten, die ihm dieses antut. Das würde auf die bekannte Formel hinauslaufen: "Macht kaputt, was Euch kaputt macht!" Mit der paradoxen Folge, daß genau durch die Entfaltung destruktiver Impulse die Gesellschaft Wirkung zeigt. Sie nimmt einen in Form politischer und Medienresonanz wahr und ernst. Was in all den erfolglosen Bemühungen auf dem Ausbildungs- und Arbeitsmarkt nie gelang: Wirkung zu erzielen, gelingt mühelos mit einzelnen Gewalthandlungen.

Max, den wir schon kennengelernt haben, trägt sicher die Züge eines solchen "Modernisierungsverlierers". Aber es dürfte zugleich deutlich geworden sein, daß noch eine spezifische psychische Defiziterfahrung hinzukommen mußte, damit es zu dieser haßvollen Gewalttätigkeit kommen konnte.

So plausibel solche Deutungen klingen und so gut sie auch zum Verständnis einzelner Gewalthandlungen geeignet sein mögen, sie sind durch die sozialwissenschaftliche Empirie nicht besonders gut gedeckt. Sozial und ökonomisch deklassierte gesellschaftliche Gruppen sind offensichtlich im Wählerpotential rechter Parteien oder bei Gewalthandlungen durchaus nicht überrepräsentiert. Wahlanalysen haben sogar ergeben, daß die Anhänger- und Wählerschaft der Republikaner in ihrem Einkommen über dem Durchschnitt der Bevölkerung liegt. Es ist auch nicht belegbar, daß ein negatives Selbstbild und ein herabgesetztes Selbstwertgefühl, das typisch wäre für marginalisierte Bevölkerungsgruppen, häufiger mit autoritär-nationalistischen Sichtweisen gekoppelt wäre. Das Gegenteil scheint der Fall zu sein: Solche Sichtweisen korrelieren eher mit einem starken Selbstwertgefühl, das Züge von Selbstüberschätzung aufweist. Also ökonomisch-soziale Deklassierungs- und Entwertungserfahrungen können das Entstehen von rechter Gewalt und Rassismus nicht erklären. Wichtiger scheint eine soziale Konstruktion von dem zu sein, "was mir zusteht". Die Angst, das zu verlieren, "was mir zusteht", scheint ein wichtigerer Motor zu sein, als die objektive Verarmung oder Verelendung. Wenn ich mir die Welt so konstruiere, daß Deutsche wegen ihrer besonderen Tüchtigkeit legitimerweise spezifische ökonomische Privilegien haben, dann ist die Infragestellung dieser "Dominanzkultur" (Birgit Rommelspacher) bereits eine Quelle von Beunruhigung und Ängsten.

Wenn die Diagnosen Jugend-, Vereinigungs- und Ökonomieproblem den Kern der Sache offensichtlich nicht ausreichend beleuchten können, was bleibt denn dann noch als akzeptables Deutungsmuster von Rassismus und Fremdenhaß? Es bleibt das gegenwärtig gängigste Muster der Interpretation, die Desintegrationsthese, die Wilhelm Heitmeyer und Klaus Hurrelmann, die Bielefelder Jugendforscher in fast allen Medien gut vermittelt haben: Wir leben in einer Gesellschaft bislang unerreichter ökonomischer Potentiale, aber auch von einer ungeheueren Wandlungsdynamik, die den Bestand verläßlicher Normen und Werte in höherem Tempo auflöst. Für Jugendliche produziert dieser Verlust von Traditionsbezügen ein nicht verträgliches Maß an Verunsicherungs-, Ohnmachts- und Vereinzelungserfahrungen. Dazu Heitmeyer in einem Interview mit der SZ vom 30.12.1992:

> "Überall, wo sich in durchkapitalisierten Industriegesellschaften die Normen, Werte und Zugehörigkeiten auflösen und die Jugendlichen orientierungslos dastehen, suchen sie sich neue Identitäten, die ihnen keiner nehmen kann: Rasse, Hautfarbe, Nation."

Oder in einem Interview in DIE ZEIT vom 16. Oktober 1992:

> "Das zentrale Problem sind soziale, berufliche und politische Auflösungsprozesse, die sich längst nicht mehr auf irgendwelche Randgruppen beschränken – sie haben den Kern der Gesellschaft erfaßt. Eine Gesellschaft wird durch Tradition, soziale Rituale, Utopien, auch durch Religion oder stabile Gemeinschaften zusammengehal-

ten. Doch diese Bindemittel werden entwertet und von einem individuellen Kosten-Nutzen-Denken verdrängt."

Und etwas später heißt es dann:

"Wir müssen immer wieder in die sozialen Verästelungen des Alltags hinuntersteigen, denn dort entsteht die Gewalt. Individuell, rein rechnerisch, verfügen wir über immer mehr Freizeit. Gleichzeitig nimmt aber die gemeinsam verbrachte Zeit immer mehr ab. Das hat etwas mit der Rund-um-die-Uhr-Gesellschaft zu tun, mit der Flexibilisierung von Arbeitszeiten und neuen Produktionsmethoden. Dieser Mangel an gemeinsam verbrachter Zeit geht eindeutig zu Lasten von Kindern und Jugendlichen. Ihre Sorgen, Nöte und Wünsche – und das sind in der Regel Herzenssachen – werden in die übriggelassenen Zeitlücken hineingestopft. Das Pinnbrett in der Küche wird zum Kommunikationskern der Familie. Die Zeit, um mich mit anderen abzustimmen, um Rollen zu lernen, Konflikte zu regeln, gemeinsame Normen und Werte anzunehmen, geht zunehmend verloren. Die Orientierungsprobleme der Eltern werden auf die Jugendlichen übertragen. Soziale Verankerungen lösen sich auf".

Manche dieser Formulierungen klingen nach einer Ursachenerklärung, die wie Schuldzuweisungen an die Familien und da besonders an die Frauen gelesen werden könnten. Denn deren Emanzipationsinteressen gingen auf Kosten der psychosozialen Befindlichkeit der Kinder und Jugendlichen. So kann man bei Hurrelmann lesen:

"Es besteht die Gefahr, daß die Emanzipation von Vätern und Müttern auf Kosten der sozialen, psychischen und körperlichen Bedürfnisse der Kinder erfolgt. In einer großen Zahl von Familien ist heute eine zuverlässige physische, psychische und soziale Pflege der Kinder mit einem stabilen emotionalen Kontakt und einer umfassenden Berücksichtigung ihrer Bedürfnisse schon rein organisatorisch nicht sicher gewährleistet."

Wesentlich weiter gehen sogar einige Verlautbarungen von Personen, die sich selbst in der Tradition von 68 sehen. Im SPIEGEL (4/1993) konnte man eine Abrechnung einer Abgeordneten der

GRÜNEN-Landtagsfraktion von NRW mit ihrer eigenen antiautoritären Generation lesen. Die Lehrerin und Mutter Beate Scheffler kommt dort zu folgendem Schluß:

> "Wir haben unsere Erziehungsziele nicht erreicht. Statt der mündigen, sozial und ökologisch engagierten, politisch hochmotivierten Jugend hat unsere Erziehung eine Spezies hervorgebracht, die zum überwiegenden Teil egozentrisch, konsumorientiert und im schlimmsten Falle sogar gewalttätig und fremdenfeindlich ist. (...) Es macht mich ratlos, daß rechtsradikale Gruppen einen derartigen Zulauf bei Jugendlichen erfahren. Hier wird ihnen offensichtlich vieles geboten, was wir ihnen nicht bieten konnten und wollten: Gemeinschaftsgefühl, Autorität und ein festes Normengefüge."

In der Wochenzeitung DIE ZEIT vom 5. März 1993 bezieht sich der Politologe Claus Leggewie unter der Überschrift "Plädoyer eines Antiautoritären für Autorität" und verschärft die Kritik an der Generation der antiautoritären Bewegung, deren Kinder und SchülerInnen sich heute fremdenfeindlich und gewaltbereit zeigen würden. Diese Jugendlichen

> "gehören einer verlorenen Generation an, die sich selbst (und der Glotze) überlassen blieb. Die in verdächtiger Eile als 'Nazi-Kids' gebrandmarkten Gewalttäter sind Erziehungswaisen, Angehörige einer neuen vaterlosen und fatal auf die (hilflosen) Mütter fixierten Generation. Aber nicht die Schläge der Väter und die Strenge der Mütter, sondern Abwesenheit und Gleichgültigkeit der Ältern bleuten ihnen das 'autoritäre' Denken und Handeln ein".

Als 68er sitze ich natürlich im Glashaus und verkneife mir die Auseinandersetzung mit dieser abenteuerlichen These. Ich konzentriere mich auf das argumentative Grundmuster: Solche Äußerungen legen eine problematische Schlußfolgerung nahe: Wenn wir wieder stabile Werte und Normen hätten, dann wäre das Problem weitgehend erledigt. Vor allem in der politischen Arena kann man solche Äußerungen vernehmen. In ihrem Handlungs- und Erklärungsnotstand versuchen Politiker auf sie zurückzugreifen. So etwa Wolfgang Schäuble:

> "Vielleicht ist zwar der Abbau überlieferter Werte gelungen, aber der Aufbau neuer Werte, die an ihre Stelle treten sollen, noch nicht."

Und auch der Sündenbock für diesen Wertverfall wird gleich mitgeliefert, die 68er, auf die ja im Augenblick viel Erklärungsmüll abgeladen wird:

> "Wer alle Tabus verletzen darf, wird sich auch beim letzten nicht mehr aufhalten."

In solchen Äußerungen sind Diagnose und Therapie klar: Verunsicherungen, Orientierungskrisen, Haltlosigkeit oder Werteverfall haben zu einer gesellschaftlichen Unordnung, zu Anomie sagen wir Sozialwissenschaftlicher, geführt. Erst durch die Etablierung neuer (oder alter) Verbindlichkeiten, neuer (oder revitalisierter alter) Ordnungsstrukturen ist die "soziale Krankheit" zu heilen. Ist das überhaupt möglich? Wenn ja, wäre das die adäquate Antwort auf die Herausforderungen der gegenwärtigen Situation? Meine These, noch einmal in Erinnerung gerufen: In solchen Rezepturen reagiert die Moderne mit ihren "bewährten" Lösungsstrategien und verschärft damit eher die Probleme, die sie zu lösen vorgibt: Die Suche nach "Gewißheiten", "Eindeutigkeiten", "universellen Prinzipien". In diesem Sinne ist auch der Rassismus, der uns eher wie ein Gespenst der Vergangenheit begegnet, auch ein modernes Konzept. Er ermöglicht eine soziale Konstruktion der Welt, die ein elementares Ordnungsgefüge etabliert. Gerade an diesem Ordnungssystem wird deutlich, daß es nur um den Preis eines fast vollständigen Wirklichkeitsverlustes und brutaler Dehumanisierung aufrecht zu erhalten ist.

Der offene Rassismus ist im deutschen politischen Diskurs noch immer eher eine Minderheitenposition. Aber in den "Lösungsmodellen" der rechten Mitte wird Ordnung nach den Mustern der Vergangenheit gesucht. Wolfgang Schäuble hat sich zu ihrem fanatischen Vordenker aufgeschwungen. Für ihn ist die Solidargemeinschaft ein gefährdetes Gut. Auf einem CDU-Parteitag hat Wolfgang Schäuble kritisch den Sozialstaat Deutschland durchleuchtet und bei seiner Analyse konnte er sein eigenes Schaudern nicht verbergen. Die Bürger würden ihren Staat wie eine "Art Sozialagentur" gebrauchen, als eine "Serviceeinrichtung, zu der man sich wie ein Verbraucher verhält", als Automaten, "in den man oben Münzen einwirft, um unten Berechtigungsscheine aller Art in Empfang zu nehmen". Schäuble vermißt die Solidarität im Lande und appellierte mit verbissener und drohender Moralität an die sozialen Pflichten des einzelnen Staatsbürgers für die "Gemeinschaft". Ja er geht noch weiter und beschwört schließlich die "Schutz- und Schicksalsgemeinschaft der Deutschen". Nur in ihr wären jene "Bindekräfte" enthalten, die benötigt würden. Wir bräuchten Identitäts- und Wir-Gefühle, "gemeinsame Werte", "nationale Zusammengehörigkeit" und "Rückbesinnung auf unsere nationale Identität". Das vereinigte Deutschland dürfe nicht einfach eine erweiterte Bundesrepublik sein, sondern müßte etwas Neues werden. Das Neue scheint bei genauerer Prüfung eher das Alte zu sein. Schäuble beschwört "Autorität" und "überlieferte Werte", die im Zuge "kulturrevolutionärer Umbrüche" geschwächt und abgebaut worden seien. Andererseits ist er wohl doch nicht so pessimistisch: Beim Stiftungsfest einer Studentenverbindung spricht er von den "Veränderungen und Instabilitäten", die Menschen "verunsichern und ängstigen" und "beinahe instinktiv den Rückhalt in der nationalen Gemeinschaft" suchen lassen. Kehren die Wohlstandsbürger in Zeiten der Krise doch wieder in den Schoß der "Volksgemeinschaft" zurück? Solche regressiven Prozesse sind sicher nicht zu leugnen. Die Frage ist, ob sie gar noch normativ überhöht werden dürfen.

Wie könnte eine nicht-regressive Alternative aussehen? Ich habe keine fertige Alternative zu bieten, aber ich möchte die gedanklichen Linien skizzieren, die in eine solche Richtung weisen.

3. Das Baugerüst der Moderne

Im Jahre 1580 schreibt ein Mann im Alter von knapp vierzig Jahren, folgende Sätze auf:

> "Ich gebe meiner Seele bald dieses Gesicht und bald jenes, je nachdem, auf welche Seite ich mich wende. Wenn ich auf ungleiche Weise von mir rede, so geschieht es, weil ich mich auf ungleiche Weise betrachte. Alle Widersprüche finden sich in mir, je nach Gesichtswinkel und Umständen. Schamhaft und unverschämt; keusch und geil; geschwätzig und schweigsam; tatkräftig und zimperlich; geistreich und blöde; mürrisch und leutselig; lügnerisch und wahrhaftig; kenntnisreich und unwissend, freigebig und geizig und verschwenderisch, von alledem finde ich etwas in mir, je nachdem ich mich drehe; und wer immer sich aufrecht prüft, wird in sich, ja sogar in seinem Urteile über sich selbst, diese Unstetigkeit und Unstimmigkeit vorfinden. Ich habe von mir selbst nichts Ganzes, Einheitliches und Festes, ohne Verworrenheit und in einem Gusse auszusagen. (...) Wir sind alle aus lauter Flicken und Fetzen und so kunterbunt unförmlich zusammengestückt, daß jeder Lappen jeden Augenblick sein eigenes Spiel treibt. Und es findet sich ebensoviel Verschiedenheit zwischen uns und uns selber wie zwischen uns und anderen" (de Montaigne 1953, S. 324).

Michel de Montaigne kommt uns heutigen in seinen "Essais" so nahe und vertraut vor. Er steht ebenso wie Descartes, sein bekannter gewordener philosophischer Nachfolger, an der Epochenschwelle zur Moderne. Er schreibt erfahrungsbezogen; von seinen Freuden und Leiden; der sinnlich-vitale Lebensbereich ist nicht ausgegrenzt, sondern eine wichtige Quelle der Inspiration und Erkenntnis. Gerade in dem Heraustasten aus einem mittelalterlichen Lebensgehäuse, in dem positiven Nutzen von Verunsicherungen, in der Suche nach Selbstgewißheit und selbstdefinierter Identität ist er uns sehr nahe. Er war noch nicht in dem neuen Gehäuse heimisch geworden, das die entstehende Moderne dem Subjekt anbot bzw. in das sie es hineinzwang. Warum ist Montaigne in seiner fragenden und suchenden

Offenheit nicht zu einer zentralen Leitfigur der Moderne geworden? Warum hat diesen Rang Descartes einnehmen können?

Die Lektüre von Stephen Toulmins "Kosmopolis. Die unerkannten Aufgaben der Moderne" (1991) ist bei der Beantwortung dieser Frage und zum Verständnis der Moderne sehr hilfreich. Toulmin empfiehlt eine Gegenüberstellung von Michel de Montaigne und René Descartes, um sich die Dramatik der Richtungsänderung bewußt zu machen, die sich im 17. Jahrhundert vollzog. Montaigne betont das Besondere, Zeit- und Lokalgebundene, das Narrative und Sinnliche, Descartes dagegen setzt auf das Verallgemeinerbare, Logische, das Intellektuelle im Unterschied zum Sensuellen: "Das Dauernde war gefragt, das Vorübergehende galt nichts" (Toulmin 1991, S. 66).

Für Toulmin ist die zentrale Frage, warum die "skeptische Anerkennung der Vieldeutigkeit und die Bereitschaft, mit der Ungewißheit zu leben", die als "lebendige und geachtete Haltungen" bei den Humanisten prägend waren, innerhalb eines Menschenalters ihre Anerkennung verloren. Und warum diese ursprüngliche Haltung, die den endgültigen Bruch mit dem Mittelalter anzeigte, keine Chance hatte, der Moderne ihr nachhaltiges Gepräge zu geben. Es kam zu einem allgemeinen Umschwung im "Meinungsklima" mit weitreichenden Konsequenzen für wissenschaftliches Denken: "... es war das Meinungsklima, das die Leser in den Jahren 1580 und 1590 skeptisch tolerant gegenüber Ungewißheit, Vieldeutigkeit und Meinungsvielfalt machte, aber dann so weit umschlug, daß nach 1640 oder 1650 eine skeptische Toleranz nicht mehr als respektabel galt" (ebd., S. 81).

Für einen Wissenschaftstheoretiker ist die Antwort Toulmins bemerkenswert: Das "moderne Weltbild" ist die philosophische Verarbeitung von "dreißig Jahren des Gemetzels im Namen der Religion".

> "Das 'Streben nach Gewißheit' bei den Philosophen des 17. Jahrhunderts war kein bloßes Programm zur Konstruktion abstrakter und zeitloser theoretischer Schemata, die lediglich als Gegenstände reiner, distanzierter geistiger Betrachtung erdacht worden wären. Es war

> vielmehr eine zeitgebundene Antwort auf eine bestimmte historische Herausforderung – auf das politische, gesellschaftliche und theologische Chaos, das sich im Dreißigjährigen Krieg niederschlug" (S. 122).

Toulmin zeichnet von Descartes nicht das Bild eines Genies, das zeitlose Wahrheiten begründet hat, sondern das Bild eines Intellektuellen, der mit seinem Programm auf das Bedürfnis nach Glaubensgewißheit jenseits religiöser Sonderinteressen traf, die der Religionskrieg jeder Glaubwürdigkeit beraubt hatte.

Descartes sah in der logischen Notwendigkeit der Geometrie das Vorbild für den Weg, der zu Gewißheiten führen könnte. Er etablierte damit das rationalistische Baugerüst der Moderne, das die porös gewordenen religiösen Ansprüche universalistisch überwinden sollte und doch so etwas wie ein neues religiöses Fundament schuf. Sein kosmopolitischer Anspruch verdankt sich der Verbindung theologisch-politischer und wissenschaftlicher Erklärungsmuster und war bestimmt von dem Wunsch, stabile Koordinaten zu gewinnen. Eine "Vergötzung von gesellschaftlicher Stabilität" (Toulmin ebd., S. 218) und intellektueller Sicherheit gingen Hand in Hand:

> "In dem sich die Moderne theoretische und praktische Aufgaben gestellt hat, die die tolerante, skeptische Haltung der Humanisten des 16. Jahrhunderts beiseite setzten und sich das Streben des 17. Jahrhunderts nach mathematischer Exaktheit und logischer Strenge, theoretischer Gewißheit und moralischer Reinheit zu eigen machten, begab sich Europa auf einen kulturellen und politischen Weg, der es zu seinen glänzendsten technischen Erfolgen und seinem schlimmsten menschlichen Versagen geführt hat." (ebd., S. 13)

Alles Uneindeutige in der äußeren und inneren Welt der Menschen widersprach dieser modernen Systemlogik. Auch die Psychologie, als spätes Kind dieser Moderne war von ihr geprägt und folgte der von Descartes gelegten Spur. Bis zu Freud hatte die Psychologie kein adäquates theoretisches Modell, um das Vieldeutige, Ambivalente, Polymorphe im menschlichen Erleben und Handeln zu benennen. "Die skeptische Anerkennung der Vieldeutigkeit und die Bereitschaft, mit der Ungewißheit zu leben", waren und sind auch der Psychologie keine "lebendigen und geachteten geistigen Haltungen", und das ist für Toulmin auf die ungebrochene Wirkmächtigkeit des cartesianischen Baugerüsts zurückzuführen.

4. Der Krieg gegen die Ambivalenz

Zygmunt Bauman, der Ende der 60er Jahre seine polnische Heimat in Reaktion auf massive antisemitische Ausfälle verlassen hat und seit dieser Zeit in England lebt, hat in verschiedenen Büchern seine Diagnose der Moderne entwickelt. Zwei seiner Bücher, "Dialektik der Ordnung. Die Moderne und der Holocaust" (1992a) und "Moderne und Ambivalenz. Das Ende der Eindeutigkeit" (1992b), sind in unserem Zusammenhang von Bedeutung. Bauman sieht die Moderne im "Krieg gegen Ungewißheit und Ambiguität des Beweismaterials". Sie sucht und schafft Ordnung, die sich ihren eigenen Prinzipien fügt: "Eine ordentliche Welt ist eine Welt, in der man 'weiter weiß' (oder, was auf das Gleiche hinausläuft, in der man herauszufinden vermag – und zwar mit Sicherheit – wie es weiter geht), in der man die Wahrscheinlichkeit eines Ereignisses berechnen und diese Wahrscheinlichkeit erhöhen oder verringern kann" (1992b, S. 14). Die Moderne will "aufklären", Licht ins Dunkel bringen, das Chaos des Unverstandenen und Unberechenbaren überwinden. Sie führt einen "Kampf der Bestimmung gegen die Mehrdeutigkeit, der semantischen Präzision gegen Ambivalenz, der Durchsichtigkeit gegen Dunkelheit, der Klarheit gegen Verschwommenheit" (ebd., S. 19). Auch wenn die Denker der Moderne von der Annahme ausgingen, daß sie ein zunehmend vollständigeres Netz des gesicherten Wissens über die Welt legen könnten, sieht Bauman zugleich die Haltung, daß dieser Kampf nie endgültig gewonnen sei, es gibt allenfalls befestigte Linien, die eine relative Ruhe an der "Front" ermöglichen. Aber das "Andere der Ordnung" lauert: Es ist "das Miasma des Unbestimmten und Unvorhersagbaren. Das Andere ist die Ungewißheit, jener Ursprung und Archetyp aller Furcht, (...) Undefinierbarkeit, Inkohärenz, Widersinnigkeit, Unvereinbarkeit, Unlogik, Irrationalität, Mehrdeutigkeit, Verwirrung, Unentscheidbarkeit, Ambivalenz" (ebd.). Ambivalenz ist der Skandal, den es zu vermeiden gilt.

Die Moderne ist aber nicht nur eine kognitive Haltung zur Welt, sondern ein interventionistisches Projekt. Die Gestaltung ihrer selbst, nach eigenen Vorstellungen; das ungeordnete bloße Dasein soll unter Kontrolle, in Schranken gehalten und gezügelt werden, aus Gestaltlosigkeit in eine absichtsvolle Form überführt werden. Baumans immer wieder aufgegriffene Metapher für die Moderne ist die des Gärtners, der der Natur seine künstliche Ordnung abringt. Er zitiert Friedrich den Großen als leidenschaftlichen Anhänger des modernen Projektes, der den Menschen in den Mittelpunkt seines gärtnerischen Ehrgeizes rückt: "Er ist die Pflanze, die man züchten muß, die alle unsere Mühe und Sorgfalt verdient " (ebd., S. 43). Die Gärtnermetapher, zeigt Bauman auf, taucht in den verschiedensten modernen Gesellschaftskonzeptionen auf. Nach H.G. Wells sucht der Sozialist wie der Wissenschaftler "einen Plan zu machen, wie man einen Garten entwirft und anlegt, damit süße und angenehme Dingen wachsen können, sich weite und schöne Aussichten eröffnen und Unkraut und Fäulnis verschwinden" (ebd., S. 51). Und der spätere Reichsernährungsminister Darré schrieb 1930 im Hinblick auf den zu schaffenden neuen Staat:

> "Wer in einem Garten die Pflanzen sich selbst überläßt, wird zu seiner Überraschung feststellen müssen, daß in kurzer Zeit alle Pflanzungen vom Unkraut überwuchert sind. Soll daher der Garten die Stätte pflanzlicher Vererbung bleiben, d.h. sich über das rauhe Walten der Naturkräfte emporheben, dann gehört dazu der gestaltende Wille des Gärtners, der mit hegender Hand das fördert, was gefördert werden soll, und mit merzender Hand das ausjätet, was den höher gearteten Pflanzen den Ernährungsraum beengt (...) Wir stehen so bereits vor der Erkenntnis, daß die Zuchtfragen nicht Nebensache staatlichen Denkens sind, sondern daß sie im Mittelpunkt aller Betrachtungen zu stehen haben." (ebd., S. 43)

Baumans zentrale These in seinem Holocaustbuch lautet: Die oft als "Zivilisationsbruch" beschriebene Ideologie und Praxis des Nationalsozialismus bis hin zu seiner genozidalen Konsequenz war kein Rückfall in vormoderne Barbarei, sondern der Holocaust "trägt die Signatur des zivilisatorischen Fortschritts" (Richard L. Rubenstein, zit. nach Bauman 1992a, S. 22f.). Ein Staat hat sich in radikaler Konsequenz seine Vorstellungen vom "Gartenstaat" verwirklicht. Er hat die Gesellschaft auf dem damals höchsten technischen Niveau "als Feld der Planung, Veredelung und Unkrautvergiftung" gestaltet. Es war ein "gesellschaftssanitäres Projekt", das von einer Konstruktion von (Rasse)-Reinheit bestimmt war und alles eliminiert hat, was als Verunreinigung, als wesensfremd, als ambivalent wahrgenommen wurde. Juden verkörperten diesen "Gegentypus":

> "Der typisierte Jude erfüllte einen wichtigen Zweck. Er symbolisierte die grauenhaften Folgen der Grenzüberschreitung, die jedem drohten, der nicht an seinem Platz blieb und versuchte, bedingungsloser Loyalität oder eindeutiger Entscheidung auszuweichen; der Jude war Prototyp und Urbild von Nonkonformisus, Heterodoxie, Anomalität und Verirrung. Der typisierte Jude galt als sichtbarer Beweis für die wahnwitzige, unheimliche Vernunft des Abweichlerischen und diskreditierte von vornherein jeden Gegenentwurf zur kirchlich definierten, tradierten und praktizierten Ordnung. Der Jude war aus diesem Grunde der zuverlässigste Wächter dieser Ordnung. Der typisierte Jude trug eine Botschaft; jeder Versuch einer anderen Ordnung im Hier und Jetzt muß scheitern und wird nur Chaos und Untergang verursachen" (ebd., S. 53).

Die Konstruktion "des Juden" entstand im Zusammenhang mit dem "intensiven Ringen der Moderne um Grenzziehung und Grenzerhaltung" (ebd., S. 54). Eigene kollektive Identitäten konnten am imaginierten Gegenbild all dessen, was man nicht sein wollte, gestiftet werden.

Der Jude wird zum Symbol des "Fremden". Er steht für all das, was in die binären Schemata modernen Ordnens nicht unterzubringen ist. Er ist weder Freund noch Feind, kann vielleicht dazu werden, aber ein Rest von Unverträglichkeit mit eingeschliffenen Ordnungsmustern kann bleiben. Fremd bleiben jene Personen, Phänomene, Ereignisse und Gefühle, die nicht assimilierbar sind, an etwas Vertrautes angenähert, verwandelt oder eingemeindet werden können. Dieses Fremde ist gefährlich, weil es die Grenzen nach Außen wie nach Innen gefährdet, die jeder auf Eindeutigkeit zielender Ordnungsversuch braucht. Als Beispiel dafür mag Johanna Haarer dienen, deren Buch "Die deutsche Mutter und ihr erstes Kind" in den 30er und 40er Jahre eine millionenfache Auflage erlebte. Sie setzt sich von einer psychoanalytisch orientierten Entwicklungslehre ab, die die Fassade von Alltagsnormalitäten durchbricht und den Menschen "fremd" gewordene, ambivalente Prozesse zu entschlüsseln versucht:

> "Eine uns art- und wesensfremde Seelenkunde verzerrte und entstellte die natürlichsten Zusammenhänge zwischen Eltern und Kindern, bauschte belanglose Nichtigkeiten der kindlichen Entwicklung zu schweren Gefahren auf, rassefremde Forscher zerrten Dinge ins Licht des Bewußtseins und der gedanklichen Zergliederung, die im Urgrund der Seele schlummern und in Ruhe gelassen werden sollten. Dabei schreckten sie in ihrer Deutung vor keiner Ungeheuerlichkeit zurück." (Haarer 1934, S. 118)

Hier klingt zumindest eine Ahnung davon an, daß dieser "Urgrund der Seele" etwas Bedrohliches und Fremdes enthalten könnte, das die gezogenen Grenzmarkierungen gefährden könnte. Freud, der sich zur Erkundung dieses "inneren Auslandes" aufgemacht hatte und dabei dessen dynamische Handlungsbedeutsamkeit entdeckt und "das Wissen von der Ambivalenz" erworben hat, wurde nicht nur als Jude, sondern auch als Repräsentant dieses Wissens zum Symbol des "Art- und Wesensfremden".

5. Frißt oder entläßt die Moderne ihre Kinder?

Das "Baugerüst" der Moderne und "die Welt als Garten" sind zwei Metaphern aus dem Bereich des Handwerks, die einen besonderen Blick auf die Moderne und die Krisen ermöglichen, die sie den Subjekten beschert. Es sind Krisen, die nicht nur die äußeren Lebensbedingungen betreffen, an die in Zeiten des beschleunigten gesellschaftlichen Wandels immer wieder Anpassungsleistungen zu erfolgen haben. Die Moderne hat sich bis in die innersten Zellen des Menschen eingenistet, und gerade deshalb reagieren sie auf gesellschaftliche Umbrüche aus ihrem Innersten heraus: Mit Unbehagen, Angst, Sicherheitsbedürfnissen, Abgrenzungs- und Ausgrenzungsmechanismen, die immer zugleich auch als Abwehr- und Selbstschutzmechanismen funktionieren. Und die Moderne suchte ihre Selbstheilung nach dem Prinzip "mehr vom selben": Mehr Sicherheit, mehr Gewißheit, mehr Ordnung. Das ist auch die aktuelle Empfehlung für die Überwindung der Krisen, aus denen heraus Rassismus und Gewalt gegenüber Fremden so bedrohlich zugenommen haben: Den Jugendlichen müssen wieder eindeutige und verbindliche Normen vermittelt werden, dann ließe sich diese Krise überwinden.

Die Analysen von Toulmin und Bauman führen zu dazu grundsätzlich verschiedenen Empfehlungen. Sie gehen davon aus, daß das "Gerüst der Moderne ... jetzt völlig zusammengebrochen (ist); und die Moderne endlich in die Jahre gekommen (ist)" (Toulmin 1991, S. 276). Für Bauman ist sie eher erwachsen geworden und sie kann sich deshalb mit ihrem bisherigen Weg reflexiv auseinandersetzen, und diese kritisch-reflexive Aufarbeitung ist für ihn der eigentliche Sinn der Rede von der Postmoderne (andere Autoren verzichten eher auf den schillernden Begriff der Postmoderne und sprechen in diesem Zusammenhang von "reflexiver Modernisierung" (z.B. Beck 1991)):

> "Das ist es letztlich, wofür die Idee Postmoderne steht: eine Existenz, die völlig durch die Tatsache bestimmt und definiert ist, daß sie post ist (hinterher kommt) und überwältigt ist vom Bewußtsein, sich in einer solchen Lage zu befinden. Postmoderne bedeutet nicht notwendig das Ende, die Diskreditierung oder Verwerfung der Moderne. Postmoderne ist nicht mehr (aber auch nicht weniger) als der moderne Geist, der einen langen, aufmerksamen und nüchternen Blick auf sich selbst wirft, auf seine Lage und seine vergangenen Werke, nicht ganz überzeugt von dem, was er sieht, und den Drang zur Ver-

änderung verspürt. Postmoderne ist die Moderne, die volljährig wird: die Moderne, die sich selbst aus der Distanz betrachtet statt von innen, die ein vollständiges Inventar von Verlust und Gewinn erstellt, sich selbst psychoanalysiert, die Absichten entdeckt, die sie niemals zuvor gründlich analysiert hat, und findet, daß sie sich gegenseitig ausschließen und widersinnig sind. Postmodern ist die Moderne, die sich mit ihrer eigenen Unmöglichkeit abfindet; eine sich selbst kontrollierende Moderne, eine, die bewußt aufgibt, was sie einstmals unbewußt getan hat." (Bauman 1992b, S. 333)

Der Kampf der Moderne gegen die Ambivalenz hat diese nicht aufgehoben, sondern immer wieder freigesetzt. Ja, die Moderne mit ihrer spezifischen Marktdynamik hat die eigenen Gewißheitskoordinaten und Einheitsvorstellungen aufgelöst und einen ungeplanten, aber realen Pluralismus von Denk- und Lebensformen erzeugt. Er hat zementierte Mauern und Grenzziehungen aufgelöst. Es ist eine "unauslöschliche Pluralität" entstanden, die nach Bauman zur Anerkennung ansteht, auch wenn sich das moderne Bewußtsein noch dagegen sträubt:

> "Die Welt ist ambivalent, obwohl ihre Eroberer und Herrscher nicht gerne sehen, daß es so ist und auf Biegen und Brechen versuchen, sie als eine Welt auszugeben, die sie nicht ist. Gewißheiten sind nicht mehr als Hypothesen, Geschichten nicht mehr als Konstruktionen, Wahrheiten nicht mehr als zeitweilige Stationen auf einem Weg, der immer nach vorne drängt, aber niemals endet. Nicht mehr? Es mußte erst viel Scharfsinn entwickelt und viel Gift auf die Ambivalenz – jene Geißel aller Intoleranz und aller monopolistischen Ansprüche – verspritzt werden, ehe von Hypothesen, Konstruktionen oder zeitweiligen Stationen so gesprochen werden konnte, als wären sie 'nicht mehr als ...'. Ambivalenz ist nicht zu beklagen. Sie muß gefeiert werden. Ambivalenz stellt die Grenze der Macht der Mächtigen dar. Aus demselben Grunde ist sie die Freiheit der Machtlosen." (1992b, S. 220f.)

Bei Bauman finden sich einige Stellen, die sich wie hymnische Gesänge zum friedvollen Übergang in eine neue Epoche lesen, die vielleicht durch den Zeitpunkt ihrer Niederschrift zum Ausgang der 80er Jahre verständlich werden:

> "Und sobald erst einmal wahrgenommen worden ist, daß die Vielfalt der Lebensformen unreduzierbar ist und es unwahrscheinlich ist, daß sie konvergieren, werden sie nicht nur widerstrebend akzeptiert, sondern in den Rang eines höchsten positiven Wertes erhoben, der weder in eine Lebensform aufzulösen ist, welche auf Universalität zielt, noch durch eine Form degradiert wird, die nach universaler Herrschaft strebt. Die Postmoderne ist die Moderne, die die Unmöglichkeit ihres ursprünglichen Projekts eingestanden hat. Die Postmoderne ist die Moderne, die mit ihrer eigenen Unmöglichkeit versöhnt ist – und um jeden Preis entschlossen ist, damit zu leben. Die moderne Praxis dauert an – jetzt freilich befreit von dem Ziel, das sie einst ausgelöst hat." (ebd., S. 127)

Aber Bauman ist doch weit davon entfernt, ein naiver Visionär zu sein. Er sieht und benennt die Ambivalenzen der Postmoderne, sie ist für ihn "ein Ort der Gelegenheit und ein Ort der Gefahr; und sie ist beides aus den denselben Gründen" (1992b, S. 320). An Gefahren sieht er vor allem die Abschottung eines privilegierten Teils der Welt von dessen größerem Rest:

> "Die postmoderne Welt des fröhlichen Durcheinander wird an den Grenzen sorgfältig von Söldnertruppen bewacht, die nicht weniger grausam sind als die, die von den Verwaltern der jetzt aufgegebenen Globalordnung angeheuert waren. Lächelnde Banken strahlen nur ihre jetzigen und zukünftigen Kunden an (...) Höfliche Toleranz gilt nur für diejenigen, die hereingelassen werden." (ebd., S. 317)

Beim Lesen dieser Zeilen geht einem die gegenwärtige Asyldebatte in Deutschland durch den Kopf und die Frage, ob der ausgehandelte Parteienkompromiß nicht genau zu dieser Befürchtung Baumans paßt. Die größte Gefährdung der neuen Pluralitätsmöglichkeiten sieht er in der Herrschaft des Marktes, die der lebenskulturellen Vielfalt möglicherweise durch ihre universalisierende Logik die Basis entzieht:

> "Die Verschiedenheit gedeiht; und der Markt gedeiht mit. Genauer, nur solche Verschiedenheit darf gedeihen, die dem Markt nützt. Wie schon vorher der humorlose, machtgierige und eifersüchtige Nationalstaat, lehnt der Markt Selbstverwaltung und Autonomie ab – die Wildnis, die er nicht kontrollieren kann. Wie vorher, muß für Autonomie gekämpft werden, wenn Verschiedenheit etwas anderes bedeuten soll als Vielfalt marktgängiger Lebensstile – eine dünne Lackschicht veränderlicher Moden, die die gleichförmig marktabhängige Lage verbergen soll." (ebd., S. 335)

Die Alternative, die Bauman anbietet, ist keine tröstende Vision, kein Reich der Freiheit oder eine postmoderne Spielwiese, die risikofrei wäre. Er sieht die Phänomene der Macht, der Entfremdung und der gekauften Identitätspakete (die er anschaulich "Identi-kit" oder die Rudolf Walther in der SZ vom 27./28.11.93 als "Identität vom Wühltisch" oder als "billiges Leihkostüm" nennt (ebd., S. 250)). Er sieht vor allem auch die Gefahren regressiver Modelle, die die Auslöschung der Ambivalenzen und die Möglichkeit verbindlicher und fester Normen versprechen. Gerade aus psychologischer Sicht sind solche regressiven Verarbeitungsmodi allenthalben beobachtbaren Überforderungen der Risikogesellschaft nachvollziehbar. Die "inneren Modelle", die für eine lebbare Gestaltung komplexer und unsicherer Alltagswelten erforderlich sind, sind offensichtlich noch nicht so gefestigt, wie es an der Oberfläche im Normalfall wirkt. Die Sehnsucht nach einer Überwindung der als Zerrissenheit erlebten Pluralisierung, der "ontologischen Bodenlosigkeit", ist offensichtlich riesengroß. Die suchtartigen Fluchtbewegungen in die fiktiven Angebote stabiler und eindeutiger Identitäten bis hin zu der Forderung nach einer positiven nationalen Identität haben hier ihren Ursprung. Dazu bemerkt der österreichische Schriftsteller Michael Scharang treffend:

> "Bis heute ist der Zauber ungebrochen, der von dem Wort 'Identität' ausgeht; es ruft eine Sehnsucht wach nach einer heilen Welt, die, wenn schon draußen nicht, so doch drinnen existiert, tief in der Person, tief in der Geschichte, tief im Volk. Und würde man bis zum unverdorbenen Ursprung gelangen, erschlösse sich, indem man von

> vorn beginnt, eine herrliche Zukunft. Identität ist Inbegriff des Stillstands: Stillstand beim utopischen Ursprung, hinter den es nicht weiter zurückgeht; Stillstand in der utopischen Zukunft, in der, da alle Hoffnung erfüllt ist, das Vergehen von Zeit keinen Sinn mehr hat." (1992, S. 43)

Identität in diesem Sinne erfüllt sich erst im Tod.

Es gibt keine esoterischen Zielgarantien, keine Ermäßigungen für kollektive Identitäten und keine käuflichen Abkürzungen auf dem oft mühsamen Weg zu einer Lebensform, in denen das eigene Geschick als Aufgabe der Selbstorganisation akzeptiert wird. Dazu gehört das Bewußtsein, wie es Agnes Heller formuliert,

> "daß sie auf einem Seil über einem Abgrund balanciert und deshalb einen guten Gleichgewichtssinn braucht, gute Reflexe, ungeheures Glück und das wichtigste von allem: ein Netz von Freunden, die sie bei der Hand halten können". (zit. nach Bauman 1992b, S. 300)

Diese kommunitären Netze, in denen Selbstorganisation und Alltagssolidarität und das Recht auf Verschiedenheit gelebt werden kann, für sie muß gekämpft werden. "Ohne Angst verschieden sein können" (Adorno) oder Identität als Verschiedenes bedarf solidarischer Beziehungsnetze, in denen Konfliktfähigkeit und die Chance von Verunsicherungen für die Schärfung unseres "Möglichkeitssinnes" gelebt werden können.

LITERATUR

Adorno, Theodor W.: Minima Moralia. Reflexionen aus dem beschädigten Leben. In: ders.: Gesammelte Schriften. Bd. 4. Frankfurt: Suhrkamp 1980.

Bauman, Zygmunt: Dialektik der Ordnung. Die Moderne und der Holocaust. Hamburg: Europäische Verlagsanstalt 1992(a).

Bauman, Zygmunt: Moderne und Ambivalenz. Das Ende der Eindeutigkeit. Hamburg: Junius 1992(b).

Beck, Ulrich: Risikogesellschaft. Auf dem Weg in eine andere Moderne. Frankfurt: Suhrkamp 1986.

Bergmann, Jörg & Leggewie, Claus: Die Täter sind unter uns. Beobachtungen aus der Mitte Deutschlands. In: Kursbuch Nr. 113, 1993, 7 – 37.

Bufford, Bill: Geil auf Gewalt. Unter Hooligans. München: Hanser 1992.

Farin, Klaus und Seidel-Pielen, Eberhard: "Ohne Gewalt läuft nichts!" Jugend und Gewalt in Deutschland. Köln: Bund Verlag 1993.

Haarer, Johanna: Die deutsche Mutter und ihr erstes Kind. München: Lehmann 1934.

Hasselbach, Ingo: Die Abrechnung. Ein Neonazi steigt aus. Berlin: Aufbau-Verlag 1993.

Heitmeyer, Wilhelm: Desintegration und Gewalt. In: Unsere Jugend, 1992, S. 109 – 122.

Heitmeyer, Wilhelm, Buhse, Heike, Liebe-Freund, Joachim et al.: Die Bielefelder Rechtsextremismus-Studie. Weinheim: Juventa 1992.

Hurrelmann, Klaus: Familienstreß, Schulstreß, Freizeitstreß. Gesundheitsförderung für Kinder und Jugendliche. Weinheim: Beltz 1990.

Keupp, Heiner: Riskante Chancen. Das Subjekt zwischen Psychokultur und Selbstorganisation. Heidelberg: Asanger 1988.

Keupp, Heiner & Bilden, Helga (Hrsg.): Verunsicherungen. Das Subjekt im gesellschaftlichen Wandel. Göttingen: Hogrefe 1989.

Keupp, Heiner: Psychologisches Handeln in der Risikogesellschaft. Gemeindepsychologische Perspektiven. München: Quintessenz Verlag 1994.

Möller, Kurt: Gewalt und politischer Extremismus – Herausforderungen für die Jugendarbeit. In: Neue Praxis, 21, 1991, S. 281 – 299.

Rommelspacher, Birgit: Nationale Identität und Größenwahn. In: B. Schoch (Hrsg.): Deutschlands Einheit und Europas Zukunft. Frankfurt: Suhrkamp 1992, S. 97 – 119.

Walther, Rudolf: Identität als billiges Leihkostüm. Von der Sehnsucht nach dem wahren Selbst. In: Süddeutsche Zeitung vom 27./28.11.1993.

Wirth, Hans-Jürgen: "Voll auf Haß". Zur Psychoanalyse des Ressentiments am Beispiel der Skinheads. In: Psychosozial, 12, 1989, Heft 40, S. 80 – 92;

Jens G. Reich

FREMD ALS DEUTSCHER IN DEUTSCHLAND?

1. Eigenes und Fremdes

Ich rede deutsch zu Ihnen. Ich weiß nicht, ob Sie irgendeinen dialektalen Anklang in meinem Deutsch hören. Das kann man ja selbst nicht gut beurteilen. Jedenfalls ist das Deutsch, das Sie hören, akzentfrei. Daß ich Deutscher bin, würden Sie noch besser hören, wenn ich Englisch oder Russisch zu Ihnen spräche. Da würde der teutonische Akzent deutlich ins Ohr springen. Ich wehre mich dagegen, daß meine Artikulation teutonisch klingt, aber es hilft nichts, das werde ich nicht los, da werde ich eher neurotisch, es ist besser, das anzunehmen und mich dazu zu bekennen. Meine Kinder haben idiomatisches Russisch erlernt, als sie in Rußland in die Schule gingen. Ich war erwachsen und habe es nicht mehr gelernt, obwohl ich die Grammatik beherrsche und mein Wortschatz weit größer ist als der meiner Kinder. Ich kann wissenschaftliche Vorträge in Russisch oder Englisch halten, aber heimisch werde ich niemals in diesen oder irgend anderen Sprachen dieser Welt werden. Ich bin dort fremd, ich habe nur ein Leben und bin nur einmal in meinem Sprachzentrum geprägt worden, und zwar auf diese skurrile, seltsam rumpelnde Sprache, die ich so schön finde, aber hören Sie sich einmal ohne Synchronisation an, wie Charlie Chaplin sie im "Großen Diktator" nachahmt, ihren Klang, ihren Duktus, eine ganze deutsche Suada vorbringt, ohne ein einziges verstehbares Wort zu produzieren – hören Sie, und Sie werden einsehen, daß Deutsch für den Fremden gar nicht so schön ist wie für uns, die wir wissen, wie weltvergessen weltverloren schön ein Gedicht von Eichendorff sein kann. Vertrautheit in der Sprache ist die tiefste Form von Heimat, und Fremdheit gegen eine andere Sprache ist das Paradigma von existenzieller

Fremdheit. Und bei Heinrich Heine können Sie studieren, wie absolute Nähe mit todtrauriger Distanz verquickt sein kann, wenn der Sprechende sich ausgeschlossen wähnt, denken Sie an das Lied von der Lorelei. Die komplizierte Dialektik von Fremdheit und Vertrautheit läßt sich am Verhältnis zur Sprache abhandeln, die wir Muttersprache nennen.

> Mein Herz, mein Herz ist traurig,
> Doch lustig leuchtet der Mai;
> Ich stehe, gelehnt an der Linde,
> Hoch auf der alten Bastei.
>
> Da drunten fließt der blaue
> Stadtgraben in stiller Ruh;
> Ein Knabe fährt im Kahne
> und angelt und pfeift dazu.
>
> Jenseits erheben sich freundlich,
> In winziger, bunter Gestalt
> Lusthäuser, und Gärten, und Menschen,
> und Ochsen, und Wiesen, und Wald.
>
> Die Mägde bleichen Wäsche,
> Und springen im Gras herum:
> Das Mühlrad stäubt Diamanten,
> Ich höre sein fernes Gesumm.
>
> Am alten grauen Turme
> Ein Schilderhäuschen steht;
> Ein rotgeröckter Bursche
> Dort auf und nieder geht.
>
> Er spielt mit seiner Flinte,
> die funkelt im Sonnenrot,
> Er präsentiert und schultert –
> Ich wollt, er schösse mich tot.

Dieses Gedicht wirkt auf mich einerseits merkwürdig trivial, so abgegriffen, daß ich zweifelnd nachzudenken beginne, ob es vielleicht als Parodie gemeint ist. Andererseits rühren mich die Legoland-Bilder an. Ich werde traurig. Die Schlußzeile, die ganz gewiß jede Ironie hinter sich läßt, wirkt wie ein Schock. Hier spricht einer, der ausgeschlossen ist aus einer Welt, der sich fremd in ihr fühlt. Um das auszudrücken, wählt er die vertrautesten Wendungen und spricht sie gewissermaßen betont akzentfrei aus. Das Scheitern der Identifikation ist in die abbrechende Schlußzeile gelegt. Fremdheit und Nähe im Bild der gescheiterten Identifikation...

Da bin ich also Deutscher, habe die prägenden ersten zehn Jahre in Deutschland gelebt, unter Deutschen, unter Bombenangriffen, einmal von der Bordwaffe eines alliierten Flugzeugs beschossen, habe das brennende Plauen, das brennende Halberstadt gesehen, bin hungrig zur Schule gegangen und habe in den Trümmergrundstükken gespielt, bin dann ungefragt in die DDR geraten und habe dort 40 Jahre verlebt, so vor mich hin gelebt, wie jede von uns Ameisen, die wir täglich unsere Bahn ziehen, um des Abends wieder in unsere Zelle des Ameisenhaufens einzukehren.

Jetzt bin ich also wieder seit acht Jahren in Deutschland (welche Illusion – als wäre ich vorher woanders gewesen!). Und ich fühle mich fremd...

Darf ich das aussprechen? Verletze ich damit ein Tabu?

Vor ein paar Jahren war ich bei der "Frankfurter Initiative" eingeladen, die mich fragte, ob ich bereit wäre, zum Bundespräsidenten zu kandidieren. Ich sagte ja, die Deutschen wären einander so fremd, und ich fühlte mich so fremd in Heidelberg, wo ich seit einem Jahr arbeitete, ich würde gern etwas tun, um diese Fremdheit nicht abzuschaffen, sondern produktiv zu machen. Um Gottes Willen, antwortete die Initiative, sagen Sie das bitte nicht laut in der Öffentlichkeit, dann ist es gleich aus mit der Kandidatur – ein Bundespräsident, der sich in Deutschland fremd fühlt, das wäre das Schlimmste, sagen Sie das bloß nicht laut!

Ich bin inzwischen vertrauter geworden in Heidelberg und daß ich mich im Westen fremd fühle, sage ich auch nicht mehr allzu laut, zumal ich ausdrücklich gegen das Mißverständnis angehen möchte, ich fühlte mich fremd, weil etwa Stuttgart überfremdet sei. In der Tat, rund um die Theaterfabrik, in der ich vor einiger Zeit eine Lesung hatte, habe ich nicht ein einziges Geschäft mit deutscher Aufschrift gefunden und habe in einem serbischen Restaurant gegessen, wo eine schöne, dunkelhaarige junge Fee mich mit freundlich gebrochener Intonation ansprach und mit Essen versorgte. Ich fühlte mich beklommen in dem wohlgeputzten Reichtum dieser deutschen Stadt, und gerade die etwas schäbige entdeutschte Exotik dieses Stadtteils, dieses Restaurants und die Erinnerung an Rußland (serbokroatisch und russisch sind sich recht ähnlich) waren mir eine Brücke zurück in die Heimat – ich fühlte mich mitten in Deutschland wohl, weil mir die slawische Fremdheit vertrauter war als die mir bis in die Wurzeln vertraute deutsche Akkuratesse. Lesen Sie Tjutschew oder Turgenjew, und Sie verstehen mit den Augen dieser Fremdlinge, warum Sie nach Deutschland gehören und warum die apodiktische Spaltung in fremd und vertraut eine dogmatische Lüge ist: Nur im Fremden sehen wir das Selbst, und der Schlag ins Gesicht des Fremden ist der zertrümmernde Schlag ins eigene Spiegelgesicht, dessen Anblick wir nicht mehr ertragen. Les autres, c'est l'enfer – die anderen sind die Hölle, sagt *Jean-Paul Sartre*; ich denke eher, wir selbst sind das für uns und spiegeln die eigene Entfremdung als Haß und Angst ins Fremde. Mir verschwimmt die Unterscheidung zwischen Subjekt und Objekt, wann immer ich genau hinsehe. Es schwindelt mir. Der Haß aufs Fremde ist Ausdruck der Angst der Monade vor der Raumkälte ringsum, stammt aus der Todesfurcht des Individuums, das sich der Bedrohung seiner Individuation unterbewußt klar wird. Das Verhältnis zum Fremden oszilliert zwischen abwehrender Angst und erwartungsvoller Zuwendung. Wenn in Brandenburg, in der Uckermark der Ford-Kombi hält und zwei Zigeunerfrauen aussteigen und bei der Renterin am Haustor klingeln, um Teppiche oder Stoffe zum Kauf anzubieten, dann reagiert diese panisch: Die wollen ja nur auskundschaften, wie sie am besten einbrechen können! Wir erleben Fremdes als Bedrohung, wenn wir uns des Vertrauten nicht mehr sicher sind.

2. Fremd zwischen Ost und West

Fremdsein zwischen Ost und West in Deutschland ist ein Spezialfall. Es ist reaktiv. Es ist die ernüchterte Antwort auf die euphorischen Illusionen vom 3. Oktober 1990. Es kann die innere Einheit noch gar nicht geben, die damals mit knallenden Sektkorken und wehenden Fahnen beschworen wurde. Man zieht nicht in einen Rohbau ein, auf den soeben die Richtkrone gesetzt wurde. Die innere Einigung Deutschlands ist ein Zukunftsprojekt, nicht gegenwärtig vorhanden! Wenn der Westdeutsche ausspricht, daß er mit den Ostdeutschen nicht zurecht kommt, daß die ihm fremd sind, dann ist er nicht verstockt, sondern einfach ehrlich. Ebenso umgekehrt. Es kann gar keine Person geben, in der die deutsche Einigung bereits vollzogen ist. Wer es von sich behauptet, betrügt sich selbst.

Zunächst einmal will ich das Fremdeln zwischen Ost und West in Deutschland als Phänomen beschreiben, also mit Beispielen illustrieren. Es ist über vierzig Jahre entstanden. Es gab übrigens historische Vorläufer. Konrad Adenauer soll angeblich Deutsche prinzipiell unterschieden haben danach, ob sie Wein oder Schnaps trinken. Die Schnapstrinker saßen für ihn östlich der Elbe. Mein Schwiegervater, der im Ruhrgebiet aufgewachsen ist, behauptete ebenfalls, daß jenseits der Porta Westfalica die asiatische Steppe beginne, in die er durch Kriegswirren verschlagen wurde und wo er die zweite Hälfte seines Lebens verbrachte. Es gibt also einiges an historischem Fremdheitserbe zwischen Brandenburg, Preußen und dem Rest Germaniens, oder zwischen Ost- und Westelbien, oder wie immer man das geographisch fixieren will. Das waren erfahrungsgefüllte Ressentiments, zum Teil über Jahrhunderte entstanden. Sie hatten aber auch weniger groß-historisch, mehr landsmannschaftliche Ursachen, waren nachbarschaftlicher, weniger politisch. Man erkennt das als Nebeneffekt aus den zahlreichen Kriegs- und Landserromanen, in denen die regionale Herkunft ein wichtiges Kennzeichen war, ohne wirklich befremdend auf die Soldaten zu wirken.

Nein, das neue Fremdgefühl der neunziger Jahre ist ein Erbteil der deutschen Spaltung. Ich kann mir nur schwer vorstellen, daß es jemand geben soll, der voll in einem der beiden Deutschlands sozialisiert wurde und auf Bewohner des anderen Teils nicht fremd wirken würde. Ich würde geradezu den Verdacht schöpfen, daß Schauspielerei, Nachäffen, anpasserische Duckmäuserei im Spiel ist, wenn mir jetzt schon, wenige Jahre nach der Vereinigung, sichere Identität begegnen würde. Mundart, Körpersprache, Wortschatz, Vorurteile, Stereotype, Konventionen – an allem erkennt bei genauem Hinsehen und Hinhören der Westdeutsche den Ostdeutschen und umgekehrt. Dabei ist es gerade die genetische Homogenität, nämlich daß wir uns als Typen so ähnlich sind, als Touristen zum Beispiel, daß die Alltagsmentalität ähnlich geprägt ist, daß schließlich auch Sprache und kulturelle Codes sich nicht entscheidend auseinanderentwickelt haben, die das Fremdheitsgefühl verstärkt.

Lassen Sie mich ein paar Szenen aus der Erinnerung skizzieren. Sie sollen ganz urteilsfrei Begebnisse mentaler Entfremdung zwischen Deutschen schildern. Keine Zensuren, keine Schuldzuweisung.

Westgermanen beim Moskaubesuch, im Jahre 1979. Eine Gruppe von ihnen quillt aus dem Hotel "Intourist" und wird von der Reiseleiterin in guttural-weichem Deutsch in den wartenden Bus geleitet. Heute ist Kremlbesichtigung nebst Besuch des Andronikow-Klosters im Programm, dazwischen ein vorbereitetes Mittagessen im Grusinischen Restaurant. Sie sind nach neuester Mode gekleidet, Schlaghosen, grell-bunte Hemden und Pullis, kecke Mützen. Paradiesvögel am Wasserfall, du verstehst ihr Zwitschern und gehörst doch nicht dazu. Du tauchst ein in den grauen Strom der Moskowiter, die dich allenfalls für einen Esten halten, wenn du ihnen überhaupt auffallen solltest.

Wie weit weg sie doch sind. Eine andere Szene dazu: Rumänien 1965, in Mamaia am Schwarzen Meer. Eine lange Schlange steht vor der Hotelrezeption, die nur quälend langsam die Gäste in ihre Zimmer einweist. Vorn am Pult ruft ein Reisebegleiter: Kann mir jemand 50 Mark wechseln?

Da bin ich hingegangen, habe das Portemonnaie geöffnet und ihm zwei Zwanziger und einen Zehner hingehalten. Die Antwort: "Na, die Ostlappen können Sie mal schnell wieder wegstecken!"

Eine Ost-West-Begegnung. Den blamierten Rückzug mit der roten Birne werde ich mein Lebtag nicht mehr vergessen!

1973 war DDR im Westen große Mode. In Scharen besuchte uns die begeisterte Linke, wir hatten Picknick gemeinsam, wir brachten die unbeschreiblich schönen Spreewiesen im frühen Sommergrün ein, sie die Rotkäppchen-Picknick-Körbe mit französischen Weinen, Baguetten, Brie, Camembert und Roquefort und die Belehrung darüber, daß bei uns das System in der Tiefe besser sei, natürlich keinesfalls an der Oberfläche. Die Frauen aber sind bei euch weit gleichberechtigter, jede hat Arbeit, kann nicht entlassen werden, es herrscht mehr Gleichheit, nicht so viel protziger Reichtum im Kontrast zu gleichzeitiger Armut. Wir lachten damals und verstanden sie nicht, erregten uns, daß sie nicht einsehen wollten, wie schlimm Bevormundung und Käfigdasein wären. Heute wissen wir, was sie meinten.

Der Thrill mit den allgewaltigen Vopos. Ausgerechnet auf die Autobahn Hannover-Berlin hatte sich Vater mit seinem Cousin aus Wiesbaden verabredet, auch noch telefonisch. Das muß 1964 gewesen sein; jedenfalls war er noch sehr naiv. Natürlich hatten wir grade die Thermosflaschen draußen, als auch schon zwei Polizeiautos anhielten und uns als Konvoi in die nächste Polizeistation mitnahmen, Citroën aus Wiesbaden und Wartburg aus Halberstadt, mit wiedersehensfreudigen Familien besetzt. Da sprach der Onkel das große Wort: Weißt Du, Horst, die Lage ist für mich ganz besonders prekär – ich bin doch hier ohne jeden rechtsstaatlichen Schutz!! Heute wissen wir, wie er es meinte. Diese total verschiedene Erfahrungswelt! Wir wußten natürlich, daß ihnen im Grunde genommen nicht viel geschehen konnte, vielleicht Geldstrafe. Aber auf irgendeine Rechtsordnung hätten wir niemals gehofft, sondern nur daß es glimpflich ablaufen würde.

Es lief glimpflich ab. Der rechtsschutzfreie Horror währte eine Stunde. Die Verabredung war zu dilettantisch gewesen, als daß sie Unrat und Spionage hätten wittern können.

Der Schock saß sehr tief. Die Verwandten sind erst nach 10 Jahren wieder zu Besuch gekommen.

Das Gespräch im Abteil eines Interzonenzuges, in dem ich bis Magdeburg mitfahren durfte, fand etwa 1978 statt. Ost und West im Abteil und im Geiste verbrüdert. Der Ostler stolz: Wir sind in unserem Lager die erste Geige, ihr bei euch. Die Deutschen sind immer vorn. Der Westdeutsche wandte sich irritiert ab. Ihm war die Kumpanei zuwider.

Westdeutsche in Spendierlaune, im Zigeunerrestaurant, Ungarn 1987. Die Ossis beflissen, klagsam, larmoyant. Erzählen, wie schwer sie es haben, was es zu Hause alles nicht gibt, daß sie nur einen miesen Tagessatz Forint eintauschen dürfen. Hier waren alle Elemente der heutigen Beziehungskiste bereits vorhanden. Die Arroganz des großen Klaus. Die Unterwürfigkeit des kleinen Klaus.

Später habe ich gehört, wie ein Mittelstandsunternehmer, Besitzer eines Handwerksbetriebs im Badischen, mir die umgekehrte Sicht mitteilte: Die Abende auf dem Zeltplatz in Ungarn waren sehr schön, wir verstanden uns gut. Ich konnten ihnen allerdings auf keine Weise klarmachen, wie schwer zu Hause der Konkurrenzkampf ist, wie man sich strecken muß und wie unsicher der Erfolg selbst dann, wenn man lange erfolgreich war. Die DDR-Bürger sahen nur die glänzenden Seiten unseres Wohlstandes und glaubten, seine Gefährdungen könnten ihnen nichts anhaben. Mit den gleichen Illusionen haben sie 1990 die überstürzte Einheit erzwungen und waren danach tief enttäuscht.

Die Fremdheit zwischen Ostdeutschen und Westdeutschen hat sich recht schnell entwickelt. Nach meinem Eindruck war sie schon in den fünfziger Jahre spürbar, als im Westen das Wirtschaftswunder zu greifen begann und der Westen die gemeinsame Armenzeit nach dem Kriege hinter sich ließ. Der Westen ging linear in Richtung Modernisierung, Amerikanisierung, Urbanisierung und internationale Kompetenz. Der Osten verließ ebenfalls den Hungergraben, langsamer natürlich, aber vor allem in eine Art Rückwärtsrichtung: zurück in die Zeit vor dem Kriege. Wir sagten noch lange "Friedensware". Unsere Fahrräder und Autos blieben lange die gleichen wie vor dem Kriege, teilweise die selben Exemplare, teilweise ahmte das Design neuer Produkte die alte Friedensware nach. Da war natürlich auch größere Kontinuität wegen der Ähnlichkeiten im politischen Bau der Gesellschaft: Einparteienherrschaft, ausgebaute Ideologie und politischer Terror. Noch bis tief in die DDR-Zeit hinein hatten die Sprecher der öffentlichen Veranstaltungen und Medien den gleichen pathetisch-überdrehten Tonfall wie zur Zeit des Nationalsozialismus.

Die DDR hat den Modernisierungsschub erst später erzeugt. Von da an war sie stets einige Jahre hinter dem Weststand hinterher. Vieles an der Fremdheit im Äußeren bestand dann nur noch in diesem Vorsprung, daß also der DDR-Look noch Stone-washed-Jeans war, während sie im Westen bereits vergangen und erneut durch einfarbige mit neuem Schnitt verdrängt waren.

Ich habe von westdeutschen Verwandten (Ruhrpott) die Bezeichnung "ostisch" gehört, was diese Differenz beschreibt. Es meint: leicht schmuddlig, unmodern, bieder, ohne Schick.

Die DDR-Bevölkerung hat paradoxerweise in ihrer kulturellen, wirtschaftlichen und lebensweltlichen Sozialisation ein viel konservativeres Ergebnis erreicht als die Bundesrepublik. Wir waren die älteren, echteren Deutschen. Wir waren den zwanziger und dreißiger Jahren viel näher als der Westen. Dazu trug die politische Verfassung bei, auch die gebremste Modernisierung, das Verharren der als Vorbild angeordneten sowjetischen Kultur in den kulturellen Traditionen der Jahre nach der Oktoberrevolution, während im Westen nach dem Krieg die Modernisierung alles wegspülte. Man kann das heute noch am Zustand der maroden Stadtkerne im Osten erkennen, denen im Westen längst ein moderner Einheitslook der 50er und 60er folgte.

So besteht das Fremdeln zwischen Ost und West zum guten Teil auf zeitversetzter Wahrnehmung. Wahrnehmung in geringfügiger Zeitversetzung irritiert ungemein. Man kann das drastisch in den multimedialen Spiegelkabinetten erleben, wo man beim Herumgehen durch eine Videokamera aufgenommen wird und als Spiegelbild die eigenen Bewegungen und Handlungen zeitversetzt, einige Sekunden zu spät projiziert bekommt. Ein dramatischer Effekt! Wirkt viel intensiver als tatsächliche Wiederholung, etwa in einem Videofilm, obwohl auch hier bereits der Verfremdungseffekt eindrucksvoll sein kann, Stimme sowohl wie äußerer Habitus.

Der Ostdeutsche ist für den Westdeutschen die Karikatur einige Zeittakte vorher. Es ist Autoaggression, was euch an den stinkenden Trabis irritierte. Für den Ostdeutschen ist der Westdeutsche wie der Porsche, der davonfährt, nachdem er dich auf der linken Autobahnseite scheinwerferaufblinkend genervt hat. Jetzt siehst du nur sein verächtlich geschürztes Hinterteil.

Ich habe eine Reihe von Impressionen geschildert, die das empirische Fremdheitsverhältnis in Deutschland, so wie ich es zumindest erlebe, darstellen sollen.

3. Abschließende Thesen

Jetzt möchte ich einige Thesen herausdestillieren, über die nachzudenken sich lohnt:

1. Fremdheit ist eine soziale Kategorie. Sie ist in allen Lebensbereichen wirksam, Alltag.
Beispiele:
Der Neue in der Klasse
Der Freund meiner Tochter wird mit mir bekannt gemacht
Gast in einem exklusiven Klub
Berliner lassen sich in der Uckermark nieder
Der Rekrut, neu in der Armee

2. Zu Fremdheit gehört immer Nähe, die Begriffe sind verschlungen.

Simmel sagt ("Exkurs über den Fremden" in seiner "Soziologie"), etwas umgestellte Zitate:

> Jegliches Verhältnis von Menschen enthält die Einheit von Nähe und Entferntheit.
>
> Die Distanz im Verhältnis bedeutet, daß der Nahe fern ist, das Fremdsein aber, daß der Ferne nah ist.
>
> Bewohner des Sirius sind nicht fremd, sondern jenseits des Verhältnisses von Fern und Nah.
>
> Der Fremde ist nicht der Wandernde, der heute kommt und morgen geht, sondern der, der heute kommt und morgen bleibt.

3. Fremdheit wie Vertrautheit haben tiefsitzende biologische Komponenten. Sie aktivieren programmierte Emotionen, und zwar Zuwendung und Freundlichkeit einerseits als auch Ablehnung, Angst und Haß andererseits.

Wie alle sozial wirksamen Emotionskomplexe ist das Verhältnis zum Fremden in allen Gesellschaften, auch denen, die uns naturnah vorkommen, hochgradig rituell und mit Stereotypen besetzt. Friedenspfeife und Marterpfahl sind Symbole ritueller Verhaltensweisen.

Schon Kleinstkinder (ohne Sprache) zeigen beide Bereitschaften: die vertrauensvolle Annäherung und das abwehrende, angstbesetzte "Fremdeln". In gewissen Phasen der Sozialisation kann das eine davon dominieren.

4. Das biologische Kostüm ist keine starre Reflexkette. Es hat weder stereotype Auslöser, noch genau programmierte Verhaltensketten. Vielmehr setzt es Dispositionen, d.h. mögliche emotionale Zustandsmuster und mögliche Reaktionsweisen. Wir müssen da sehr genau differenzieren: Nicht Fremdenhaß ist uns angeboren, sondern

wir haben Emotionsmuster, die mit Fremdenhaß aufgeladen werden können, wenn die sozialen Umstände das provozieren.

Ausgrenzung und Gewalttätigkeit sind Verhaltensmuster, die uns als abrufbar einprogrammiert sind. Es sind im gleichgewichtigen sozialen Umfeld "schlafende Hunde", die man wecken kann oder auch nicht. Wer zu Fremdenhaß aufhetzt und das mit anthropologischen Argumenten untermauert, der weckt und reizt den Hund und behauptet, er sei schon vorher wild gewesen. Haltet den Dieb!

5. Eine weitere anthropologische Beobachtung ist, daß die Reaktion auf den Fremden ambivalent ist (Faszination und/oder Angst), der Handlungsentschluß wird aber sozial ausgelöst, und zwar meist von Eliten. Der Häuptling ruft nach der Friedenspfeife oder weist auf den Marterpfahl – dann läuft ein Handlungsmuster ab! Ob also gegen den Fremden gewalttätig vorgegangen wird, entscheiden die Eliten durch implizite Signale, oft Körpersignale, selbst dann, wenn sie mit Worten abwiegeln.

6. In Deutschland hat sich über zwei Generationen getrennter Gesellschaftsformation eine Mentalitätsfremdheit gebildet. Sie kann so wirksam sein, daß sich der Westdeutsche dem Österreicher oder Franzosen näher fühlt als dem Ostdeutschen; umgekehrt der Ostdeutsche sich in Prag oder Moskau heimischer fühlt als in Hamburg oder München.

7. Diese Fremdheit ist paradox und deshalb ambivalent, weil die kulturellen Codes und Konventionen traditionsbedingt ähnlich geblieben sind. Das "befremdet" uns besonders. Nähe **und** Fremdheit, in dialektischer Einheit, wie gezeigt, sind besonders intensiv.

8. Die Entfremdung wird als unerwünscht, unglücklich, ideologisch produziert abgelehnt, nicht angenommen. Damit wirkt sie nicht produktiv. Der fremde Ossi ist nicht mehr interessant (wie zu Zeiten des Mauerdurchbruchs), sondern nur noch distanzerzeugend. Zudem zieht die uneingestandene Ambivalenz magisch die Ursa-

chenkompetenz für ungelöste soziale Konflikte an sich, sie kann das Sündenbockbedürfnis stillen. So wird die gesellschaftlich-ökonomische Strukturkrise auf die deutsche Vereinigung projiziert, d.h. geschoben, (Erblast und Transfers seien schuld an der Misere), obwohl sie damit höchstens symptomatisch etwas zu tun hat. Damit werden auch adäquate gesellschaftliche Reaktionen auf die Krise stillgelegt. Die sich verschärfenden gesellschaftlichen Konflikte (z.B. Konkurrenz um Arbeitsplätze und Investitionen) werden ebenfalls auf den Sündenbock geschoben, ohne doch damit behandelbar zu werden. Der Sündenbock kann nicht in die Wüste externalisiert werden.

Damit wird die Fremdheit innerhalb von Deutschland zu einem krisenballenden Faktor. Er verhindert rationale Konfliktlösungen, heizt die falschen Emotionen an, bietet keine "Abfuhr", wandelt sich in Gewalt gegen Minderheiten.

9. Zu den Voraussetzungen für eine Lösung eines Konfliktes gehört, ihn bewußt zu machen, anzunehmen.

Nach dem Kochrezept des sozialen Rühreis soll Homogenität erzeugt werden und damit Fremdheit überwunden. Genau das ist der falsche Ansatz, denn er substituiert Ideologie in die Realität. Wir können die innere Einheit der deutschen Mentalität nicht herbeireden. Vielmehr besteht der richtige Weg der Konfliktüberwindung einfach darin, den Unterschieden Lebensrecht zu geben. Ost ist Ost, und West ist West, sie kommen nie zusammen. Dieses Zitat von Rudyard Kipling, gemünzt auf Asien und Europa, ist hier natürlich übertrieben. Aber es könnte heißen: Zwinge sie nicht zusammen. Auch in einer Familie läßt sich Homogenität ihrer Mitglieder nicht erzeugen, und das muß keine Katastrophe sein.

10. So kann Fremdheit kulturell produktiv werden. Elemente davon kann ich in Berlin beobachten, wo zwei sich heftig reibende Kulturszenen im Entstehen begriffen sind. In der Ost-Berliner Volksbühne haben wir ein heftig provozierendes, brutales Sprech- und Tanztheater – im Westen (in der "Schaubühne" z.B.) ein sehr intellek-

tuelles, manieriertes Theater. Sie koexistieren knirschend. Auch die Zeitungs- und Zeitschriftenwelt, die Verlage zerfallen in zwei disjunkte Hälften. Besonders die Universitäten und die dazugehörige schräge Szene mit Szeneblättern sind zueinander Antipoden. Das ist keine beklagenswerte Entzweiung, sondern ein kreativer Faktor.

So sind wir einander fremd in Deutschland, weil wir aus völlig verschiedenen Welten kommen. Das wird noch gute Zeit vorhalten. Die Koexistenz des zueinander Fremden ist eine Folge der Tatsache, daß die deutschsprachige Kultur sowohl in die östliche wie in die westliche Gesellschaftsformation voll einbezogen war. Unsere Sprache beherbergt einen bunten Strauß Amerikanismen wie Russizismen. Welche andere Sprache kann das von sich behaupten? Wir sind reich, gesättigt mit kontrastreicher kultureller Erfahrung. Zur Klage besteht kein Grund.

Zweiter Teil

Blick in die Geschichte und zu anderen Kulturen

Manfred Görg

IDENTITÄTSKRISEN IN ISRAEL – JETZT UND EINST

1. Divergenzen und Oppositionen in der Neuzeit

Der Titel eines soeben erschienenen Buches von *Henryk M. Broder*[1] ist in einem doppelten Sinn verräterisch. Er lautet: „Die Irren von Zion". Den in der Geschichte der Judenverfolgungen und des Antisemitismus im noch laufenden Jahrhundert Bewanderten erinnert die Formulierung unweigerlich an die seinerzeit verbreitete Schrift von den „Weisen von Zion", deren vermeintliche „Protokolle" in einem erheblichen Ausmaß zur Diskriminierung des Judentums beigetragen haben.[2] Zum anderen aber wirft er ein Licht auf die anscheinend unüberbrückbaren Diskrepanzen in der aktuellen Parteienlandschaft im heutigen Staat Israel, näherhin auf die Unvereinbarkeit der Standpunkte in den innerjüdischen Gruppierungen. Dem Augenschein nach stehen danach nicht jeweils berechtigte Perspektiven gegeneinander an, sondern Positionen, die sich offenbar ausschließen. Für Broder gibt es hier offenbar nur noch den beklagenswerten Irrsinn des unversöhnlichen Gegeneinander, was aber keine Gesellschaft auf Dauer auszuhalten vermag. Nach diesem Bild ist das gegenwärtige Israel von Antithesen beherrscht, die Identitätskrisen zu einer permanenten Erscheinung machen.

Die Zerrissenheit im politischen Leben des heutigen Israel – besonders angesichts von Neuwahlen spürbar – zeigt näherhin nach wie vor die Aufspaltung in zwei noch immer annähernd gleichstarke

---

1 H.M. Broder: Die Irren von Zion, Hamburg: Hoffmann und Campe 1998.

2 Zur Geschichte der „Protokolle der Weisen von Zion" vgl. jüngst N. Cohn: Die Protokolle der Weisen von Zion. Der Mythos von der jüdischen Weltverschwörung, 1998. J. Sammons: Die Protokolle der Weisen von Zion. Die Grundlage des modernen Antisemitismus – eine Fälschung, Göttingen 1998. H. Ben-Itto: Die Protokolle der Weisen von Zion. Anatomie einer Fälschung, 1998.

Lager. Auf der einen Seite pflegt die national-konservative Richtung die Bindung an die Tora, das jüdische Gesetz, und die verzweigten und vielfältigen religiösen Traditionen, um zugleich die Beziehungen zu den Nichtjuden mindestens auf das Notwendigste zu reduzieren. Diese Richtung nimmt sich auch eines Teils der religiösen Orthodoxie an, soweit diese überhaupt am politischen Leben Israels interessiert ist. Auf der anderen Seite agiert die liberale, reformorientierte Richtung, die den politischen und demokratischen Institutionen und Strukturen, wie sie im Abendland und der Neuen Welt gewachsen sind, aufgeschlossen gegenübersteht. Diese umfaßt neben den demokratischen Initiativen u.a. auch jene ihrerseits unterschiedlichen Gruppierungen, die sich von der religiösen Praxis weitgehend distanzieren und auch zur jüdischen Tradition ein durchaus differenziertes Verhältnis haben. Eine strikte Zuteilung oder Zuordnung ist jedoch keineswegs immer möglich, da sich die Bürger Israels die Freiheit nehmen können, die für sie überzeugenden Orientierungen aufzugreifen und sich dieser oder jener Organisationsform anzuschließen. Dennoch prallen die divergierenden Positionen häufig so massiv aufeinander, so daß die Konservativen den Reformern sogar vorwerfen, deren Betätigung untergrabe das wahre Judentum und stelle gar den Holocaust in den Schatten.

Die Identitätsfindung im heutigen Israel verläuft daher dem äußeren Eindruck nach in höchst eigenwilliger und geradezu abenteuerlicher Weise. Nach wie vor steht auch in gemäßigten Kreisen zur Diskussion, wer denn wirklich ein Jude sei. Einige Essentials werden freilich als gemeinschaftstiftend empfunden. So gilt das allen Juden gemeinsame Interesse gewiß dem Engagement für unterdrückte jüdische Minoritäten in aller Welt, ein Bestreben, das vor allem durch die zahllosen Pogrome und Auflagen zum Wohnen in Ghettos forciert und getragen wird. Auch in der Befürwortung der Existenz des Staates Israel ist trotz der ultraorthodoxen Reservation eine überwältigende Mehrheit im Judentum auszumachen. Zweifellos ist auch das Bedürfnis nach umfassender Zukunftssicherung und Bestandserhaltung ein durch viele negative Erfahrungen geknüpftes Band, das auch heterogene Interessen zusammenzuschließen vermag. Von nicht geringer Bedeutung ist, daß ein religiöses Bekenntnis oder gar ein Glaubenssubstrat nicht ohne weiteres als ungeteilt akzeptiertes Identifikationsmerkmal empfunden wird.

Angesichts des vielfarbigen Spektrums im heutigen Israel und auch im Judentum insgesamt stellt sich die Frage nach dem Verhältnis der Parteienlandschaft zur Geschichte des Judentums. Es hat den Anschein, als seien die identitätsorientierten Richtungen vor allem im neuzeitlichen Judentum des Abendlands, nicht zuletzt im deutschen Sprachraum bis zum Aufkommen des Faschismus ausgebildet und geprägt worden. In der Tat kennt die neuzeitliche Diskussion um die Position und Funktion der Juden in Europa gerade die Frage der Identität, an der sich die Geister geschieden haben. Hier ist in erster Linie an das Ringen im Für und Wider zur Assimilation an die europäischen Kulturen zu denken.

Ein bezeichnendes Ereignis mit Langzeitwirkung war bereits mit dem Anspruch des mit messianischem Anspruch auftretenden *Sabbatai Zewi* (1628-1675) gegeben, dessen Bewegung wegen ihrer Überschreitung der durch den Talmud gezogenen Grenzen in der Lehre den Widerstand der Orthodoxie auslöste.[3] Die Anhänger der sabbatianischen Lehre machten in ihrem Legitimationsdrang nicht davor halt, sich auch mit den zeitgenössischen Christen zu verbinden. Die messianische Bewegung des Sabbatianismus kann sogar als „eine Vorläuferin der späteren Aufklärung"[4] gesehen werden. Die Gegnerschaft zwischen der strengen Observanz des Talmud und der Neuorientierung im Zuge einer grenzüberschreitenden Reform konnte nach diesem Vorgang im Laufe der späteren Generationen zu einer destabilisierenden Identitätskrise besonderen Ausmaßes führen.

Die Folgezeit ist weiterhin von dem allmählichen und sukzessiven Gegeneinander des Traditionsbewußtseins jüdischer Gemeinden und einzelner Versuche der Emanzipation geprägt, wie sie nicht zu-

3 Näheres dazu bei F. Battenberg: Das Europäische Zeitalter der Juden. Zur Entwicklung einer Minderheit in der nichtjüdischen Umwelt Europas, Teilband 2, Darmstadt 1990, 38ff.

4 Battenberg: Das Europäische Zeitalter, 44.

letzt von dem bekannten Philosophen *Baruch Spinoza* vertreten wurde, dem an einer Assimilation an die Bestrebungen zur Autonomie der Vernunft in der Aufklärungszeit gelegen war. Es hat jedoch den Anschein, als wenn der offene und kontinuierliche Widerstreit noch nicht durch 'Einzelkämpfer' wie Spinoza, sondern erst auf Initiative der sich etablierenden Reformbewegungen im Judentum zustandegekommen ist.

Der besondere Repräsentant eines progressiven und reformerischen Judentums war freilich *Moses Mendelssohn* (1729-1786), der nicht zuletzt mit seiner freundschaftlichen, doch nicht ohne Spannungen verlaufenden Nähe zu *Gotthold Ephraim Lessing*[5] den aufklärerischen Ideen im Judentum Raum verschaffte und so natürlich auch für Divergenzen in den jüdischen Gemeinden sorgte. Wenn im Gefolge der Vorstellungen der prominenten Aufklärer zur Vernunftautonomie und der kritischen Reform des Erziehungswesens Tora und Talmud nur noch eine Sektion im Bereich der Lehre bilden sollten, mußte die konsequente Bewahrung des bislang identitätsstiftenden Traditionsgutes im Judentum allmählich auf der Strecke bleiben. So ist es kein Wunder, daß eine markante Gegenbewegung in Gestalt des Chassidismus an Boden gewinnen konnte, die ursprünglich mit dem Namen des Rabbiners *Baal-Schem-Tow* aus dem osteuropäischen Raum verbunden ist. Wahrscheinlich trifft es zu, daß der Chassidismus in erster Linie als eine „Rebellion der armen Massen gegen das gelehrte Rabbinertum"[6] gelten darf, obwohl gerade dieses Phänomen im Zusammenhang mit dem Widerstreit zwischen Anpassung und Abschottung im Judentum zu sehen sein wird.

Die Anstrengungen zur 'bürgerlichen Verbesserung' (auch „Naturalisation" genannt) der Juden des 18. und 19. Jahrhunderts in Mitteleuropa können als eigentlicher Durchbruch zur sogenannten Emanzipation betrachtet werden. Mit dem Drängen zur Rezeption

5 Vgl. dazu vor allem die Untersuchungen von I. Strohschneider-Kohrs: Vernunft als Weisheit. Studien zum späten Lessing (Hermaea. Germanistische Forschungen, Neue Reihe 65), Tübingen 1991, 123-186. Vgl. auch den angekündigten Sammelband : M. Albrecht / E.J. Engel: Moses Mendelssohn im Spannungsfeld der Aufklärung, Stuttgart 1999.

6 Battenberg: Das Europäische Zeitalter, 79.

und Anerkennung im politischen Leben ging freilich auch Widerstand von außen mit sich abzeichnenden neuen Formen des Antisemitismus einher. Innerhalb des Judentums war dennoch nicht eine Solidarisierungswelle mit dem Trend zur geschlossenen und offensiven Vertretung der Interessen allgegenwärtig, sondern wiederum auch der Widerstand gegen die Begleiterscheinungen der Emanzipation. Ein weiteres Mal sind es orthodox orientierte Kräfte, die in Verbindung vor allem mit dem Frankfurter Rabbiner *Samson Raphael Hirsch* (1808-1888) einer Sezession Vorschub leisteten. Das jüdische Religionsgesetz sollte mit der nötigen Eindringlichkeit zur Geltung kommen, ein Anliegen, das nunmehr zu einer Art Konfessionalisierung des Judentums führte, womit indessen nichts grundsätzlich Anderes als jene neuzeitliche Spaltung in Erscheinung trat, die von der letztlich unaufhebbaren Divergenz zwischen Angleichung und Zurückhaltung geprägt ist.

Eine verständnisvolle Charakteristik der jüdischen Lage verbunden mit einer enormen Weitsicht in die tragische Zukunft des Judentums des 20. Jahrhunderts hat *Ignaz von Döllinger* um die Mitte des letzten Jahrhunderts gegeben, als er in seiner Akademievorlesung „Die Juden in Europa“ (1881) Verständnis für die zwiespältige Bedürfnislage des zeitgenössischen Judentums zu wecken versuchte und die Christen an ihre eigene Verantwortung erinnerte.[7]

Diese jahrhundertealte Zerreißprobe fand schließlich mit der sogenannten zionistischen Bewegung nur scheinbar ein Ende, da sich hier von Anfang an eben jene beiden Hauptlager gegenüberstanden, die noch heute erkennbar sind. Gegen die Initiativen des Zionismus, in Palästina einen jüdisch-nationalen Staat zu etablieren, wandten sich religiöse Bekenner, die *Theodor Herzl* als „Protestrabbiner“ bezeichnet hat.[8] Der erste jüdische Weltkongreß sollte bekanntlich im Jahre 1897 auf deutschem Boden und zwar in München stattfinden.

7 Vgl. dazu u.a. M. Görg: Döllingers Stellung zum Judentum, in: G. Denzler / E.L. Grasmück (Hrsg.): Geschichtlichkeit und Glaube. Gedenkschrift zum 100. Todestag Ignaz von Döllingers, München 1990, 449-458.

8 Th. Herzl: Protestrabbiner, in: L. Kellner: Theodor Herzl's zionistische Schriften I, Berlin o.J., 211-217.

Die orthodoxe Kultusadministration verweigerte gleichwohl die Zustimmung, weil es sich nicht um eine Stiftung gemäß der konservativ-religiösen Tradition handele.[9] Der erste Weltkongreß mußte daher an anderer Stelle, nämlich in Basel, veranstaltet werden. Die religiöse Orientierung verblieb dennoch nicht in Distanz zur zionistischen Bewegung. Neben dem meist als Gründer der zionistischen Bewegung genannten nationalliberalen Theodor Herzl ist hier vor allem der geistesgeschichtlich motivierte und argumentierende *Nathan Birnbaum* zu nennen, der wohl auch als erster den Ausdruck „Zionismus" verwendet[10] und sich für eine genuine Prägung des neuen Staatsgebildes auf der Basis einer jüdischen „Renaissance-Bewegung" engagiert hat.[11] Dennoch kann kein Zweifel sein: gerade auch die Rezeption der zionistischen Bewegung hat das Pro und Contra nicht verstummen lassen. Naturgemäß ist die Bewahrung der jüdischen Tradition weiterhin das Grundthema der Konsolidierung des jüdischen Gemeindewesens. Beispielhaft für das Fortwirken der klassischen Auseinandersetzung um die Identität des Judentums ist die Kontroverse um die Konzeption des progressiv-religiösen Reformers *Hermann Cohen*, dessen Vortrag „Die Bedeutung des Judentums für den religiösen Fortschritt der Menschheit" (1910) eine erregte Debatte provoziert hat.[12]

---

9 Dazu Battenberg: Das Europäische Zeitalter, 219. Zum Hintergrund vgl. u.a. auch B. Kirschner: Einige persönliche Erinnerungen an das jüdische München, in: H. Lamm (Hrsg.): Vergangene Tage. Jüdische Kultur in München, München-Wien 1982, 301-304. Zur Geschichte des 1. Kongresses vgl. die Dokumente in: T. Nussenblatt (Hrsg.): Theodor Herzl Jahrbuch, Berlin 1937, 211ff.

10 Vgl. N. Birnbaum: Die Nationale Wiedergeburt des jüdischen Volkes in seinem Lande, als Mittel zur Lösung der Judenfrage. Ein Appell an die Guten und Edlen aller Nationen, Wien 1893, hier nach Birnbaum: Ausgewählte Schriften zur jüdischen Frage I, Czernowitz 1910, 3-21. Ders.: Der Zionismus als Kulturbewegung, Referat, gehalten auf dem Zionisten-Kongreß in Basel am 29. August 1897, Berlin 1898, hier nach Birnbaum: Schriften, 69-83. Vgl. auch S. Ben-Chorin: Ich lebe in Jerusalem. Ein Bekenntnis zu Geschichte und Gegenwart, 2. Auflage Gerlingen 1983, 122, der auf die spätere Hinwendung Birnbaums zur strengen Orthodoxie hinweist.

11 Vgl. N. Birnbaum: Die jüdische Renaissance-Bewegung, in: Ost und West 2/9, 1902, hier nach Birnbaum: Schriften, 162-168.

12 Bezeichnenderweise gehalten auf dem 5. „Weltkongreß für freies Christentum und religiösen Fortschritt" in Berlin. Kritisch dazu u.a. M. Cahn: Die religiösen Strömungen in der zeitgenössischen Judenheit, Frankfurt 1912.

2. Spannungen im frühen Judentum

Gegenüber den Divergenzen und Oppositionen im Judentum der Neuzeit scheint das Judentum des Mittelalters und der Antike und das Israel der sogenannten Zeitenwende eine relativ homogene Größe zu sein. So jedenfalls sieht der bis in die jüngste Zeit unkritisch tradierte und gepflegte Eindruck aus. An dieser grobgeführten Draufsicht auf die damalige Landschaft ist eine simple Übertragung biblischer Befunde oder auch der Beschreibungen des jüdischen Geschichtsschreibers *Josephus Flavius* schuld, denn hier werden bestenfalls Sadduzäer, Pharisäer, Zeloten und Essener voneinander geschieden, ohne daß hier aber einander radikal widerstreitende Parteien in Erscheinung treten. Das Neue Testament weiß zwar von theologischen Meinungsverschiedenheiten zwischen Pharisäern und Sadduzäern zu berichten, nennt aber Pharisäer und Schriftgelehrte gern in einem Atemzug, ohne klar zu verdeutlichen, daß es sich hier um Gruppierungen mit radikalen Antithesen und gegenläufigen Interessen handelt. So konnte gerade die Qumrangemeinde mit ihrer separatistischen Theorie und Praxis eine bedeutsame eigenständige Rolle spielen, wie die politische Agitation auch im Trend anderer in Jerusalem verbliebener Gruppierungen auf je besondere Art lag.

Das Verhältnis der Qumranleute zu den herrschenden Klassen in Jerusalem zeigt überdeutlich, daß von einem homogenen Gebilde eines unter römischer Dominanz stehenden Judenstaates keine Rede sein kann. An den Beziehungen der Bewohner Judäas zur römischen Staatsmacht wird ohnehin erkennbar, daß sich am Für und Wider gegenüber einer Kooperation mit der Weltmacht die Geister geschieden haben. Auch damals hat es also schon politische Parteienbildung gegeben, ja sogar eine solche, die sich als eine prowestliche und eine antiwestliche Orientierung charakterisieren läßt. Schauen wir uns die neuerdings gegebene Quellenlage an, ergibt sich ein differenziertes Bild, um so mehr, da wir uns jetzt ausgiebiger als je zuvor außerbiblischer Informationen und Hinweise bedienen können.

Es sind hier vor allem die Texte von Qumran, die immer intensiver erforscht werden und uns eine Gemengelage präsentieren, die eine im einzelnen nicht durchschaubare Zergliederung in Reformbewegungen und Organisationsformen innerhalb und unter dem Dach des Judentums kennt. Es erscheint nicht mehr möglich, dem beginnenden Christentum ein einheitlich geprägtes Judentum gegenüberzustellen, wie es denn auch mehr und mehr unwahrscheinlich wird, daß auch das Christentum von Anfang an einer einheitlichen Konzeption und Orientierung folgte. Von einer simplen Identifikation der „Essener" mit der Qumran-Gemeinschaft wird man Abstand nehmen müssen. Die priesterliche, eschatologisch orientierte und dazu sich militant gebärdende Qumran-Gemeinschaft muß sogar in Kontrast zu den als „pazifistisch" betrachteten Essenern gesehen werden[13]. Insgesamt macht sich wiederum ein Geflecht traditionsgebundener Gruppierungen im Gegenüber zu romfreundlichen Parteigängern der politischen Aristokratie in Jerusalem bemerkbar. Hier sind es ab 63 v.Chr. die späten Hasmonäer und Herodianer, die die Nähe zur römischen Dominanz repräsentieren. „Dieser gegenüber erwuchs in der Opposition ein realitätsfernes, 'apokalyptisches' politisches Denken, in dem man Israel oder gar die eigene Gruppe mit Gottes Herrschaftsanspruch so identifizierte, daß der Konflikt mit Rom ganz und gar als Konflikt zwischen Gott und der letzten widergöttlichen Weltmacht erschien."[14] Das Spektrum der Gruppenbildungen zeigt, daß sich die Suche nach Identität in Israel zwischen der Konfrontation mit der Weltmacht und einer mehr oder weniger ausgebildeten Kompromißbereitschaft bewegt.

Die Konfliktlage unter der römischen Herrschaft hat eine strukturell vergleichbare Situation zur Vorstufe: die problematische Befindlichkeit des spätnachexilischen Judentums angesichts der hellenistischen Überfremdung Palästinas. So stehen während der ptolemäischen Periode etwa den restaurativen Verfassern der Chronikbücher und deren Adressaten jene Interessengruppen gegenüber, die sich

13 Vgl. dazu u.a. J. Maier: Die Qumran-Essener: Die Texte vom Toten Meer III (UTB 1916), München 1996, 50f.

14 J. Maier: Zwischen den Testamenten. Geschichte und Religion in der Zeit des Zweiten Tempels (Die Neue Echter Bibel, Ergänzungsband 3 zum Alten Testament), Würzburg 1990, 254.

im Lebensstil dem Profil des Ptolemäerhofes anpaßten, wie sich dies vor allem nach der sogenannten Tobiadenerzählung für die Familie der Tobiaden reklamieren läßt. Im Zuge der seleukidischen Herrschaft ist es bekanntlich zur Konfrontation mit den Makkabäern gekommen, die ihrerseits einem progriechischen Hohenpriestertum gegenüberstand. Als Grundzug auch dieser älteren Spannungen und Rivalitäten muß wiederum das Pro und Contra im Verhältnis zur nichtjüdischen Umwelt angesehen werden.

Nach dem Bild, das die biblischen Schriften von der Geschichte des vorexilischen Israel zeichnen, ist das Volk von seinen Anfängen bis in die Perioden der sukzessiven Wegführung in das babylonische Exil (596/7 bzw. 586/7) trotz retardierender Erfahrungen und störender Brechungen auf einer schon zu Beginn seiner Glaubensgeschichte gelegten Spur verblieben, die auf Anerkennung des seit jeher einen und einzigen Gottes gerichtet war. Dazu wird der Eindruck vermittelt, daß das Israel der vorstaatlichen Zeit und der frühen Königszeit von vornherein und zunächst einen geschlossenen Verband dargestellt habe, der erst durch die sogenannte Reichsteilung in die Staatengebilde Israel und Juda, den Untergang des Nordreiches (722 v.Chr.) und schließlich durch das Ende Judas verbunden mit den Deportationswellen seine politische Einheit verloren habe. Die Konturierung der Geschichte Israels in Palästina als eine Nationalgeschichte, die nur durch das Fehlverhalten der politischen Führung zur Schicksalsgeschichte geworden sei, ist vor allem der sogenannten deuteronomistischen Schriftstellerei des 5. Jh.s v. Chr. zu danken, die den Verfall der staatlichen Einheit mit dem Abfall des Volkes von seinem alleinigen Gott begründet. Die Identität Israels ist hiernach durch die Zuwendung Israels zur Fremdgötterverehrung aufs Spiel gesetzt und schließlich verloren worden; eine Wiedergewinnung der Identität wäre nur durch konsequente Beobachtung der Tora mit einer absoluten Orientierung an der Wirklichkeit des Einen und Einzigen möglich.

Die Identität Israels erweist sich nach dieser späteren Perspektive als eine Wirklichkeit, die von dem einzigen Gott Israels gestiftet wurde, ohne daß dies von seinem Volk respektiert worden wäre. Die wachsende literaturwissenschaftliche Arbeit am Alten Testament und die ebenfalls immer intensiver geführte religionsgeschichtliche Forschung zum vorexilischen Israel haben das Bild der anfangs ungebrochenen Identität Israels jedoch kritisch hinterfragen lassen, so daß nunmehr kein ernsthafter Zweifel mehr daran besteht, daß sich auf dem Boden Palästinas erst eine allmähliche Durchsetzung des Einheitsgedankens auf göttlicher und politischer Ebene verwirklicht hat. Israel hat demgemäß einen langen Weg zur Profilierung der eigenen Identität zurücklegen müssen. Über eine im Laufe der späteren Königszeit gewachsene Bezugnahme auf den besonderen 'Bezugsgott' JHWH und eine sich daran anschließende 'JHWH-allein'-Verehrung ist es vor allem über die Initiativen des Propheten Hosea sowie der deuteronomischen und deuteronomistischen Theologie zu der Gottesidee von der Exklusivität JHWHs gekommen, wenn auch deren Qualifikation als 'Monotheismus' noch immer Vorbehalten unterliegen muß.

Man wird sich jedoch dem Gedanken nicht verschließen können, daß sich im ausgedehnten Vorfeld der Bewegung zum Einen und Einzigen und selbst noch über die Erfahrungen der exilischen Neuorientierung hinaus höchst unterschiedliche Perspektiven und Tendenzen bemerkbar machen konnten, die eine konkurrierende Vielfalt von endogenen und heterogenen Gottesvorstellungen auf dem Boden Palästinas in vorexilischer Zeit einschließen. Vor allem das ikonographische Material aus der Königszeit Israels und Judas gestattet die Annahme, daß die Identitätsfindung Israels als sich einer Erwählung bewußte Nation unter Nationen Ergebnis eines langwierigen Prozesses gewesen ist, der hinwieder nicht ohne partielle Ansätze und Durchbrüche ausgekommen sein dürfte. Die überkommenen literarischen Fassungen der biblischen Texte zur Königszeit lassen sowohl unübersehbare Anzeichen einer Parteinahme für das Königtum als Institution wie aber auch eine gehörige Portion Kritik am Erscheinungsbild und sogar an der Institution selbst erkennen, wie nicht zuletzt die sogenannte Jotamfabel (Ri 9) erweist. Ja es scheint so, als wenn gerade die um internationale Reputation besorgte politische Administration im Zusammenhang mit dieser Staatsform für die Bevölkerung Israels und Judas immer wieder zum Stein des Anstoßes geworden ist. Demzufolge muß nach wie vor mit Befürwortern des Königtums auf Seiten der höfischen Beamtenstruktur und wohl auch des Tempelpersonals gerechnet werden, wie auch andererseits mit einer mehr oder weniger starken Opposition, die sich nicht zuletzt in Verbindung mit dem prophetischen Widerstand und dem kritischen Literaturbetrieb Gehör verschaffen konnte.

So hätten wir es auch in der staatlichen Zeit Israels stärker als bisher bedacht mit divergierenden Richtungen zu tun, die sich nun in ähnlicher Weise charakterisieren lassen, wie dies bei der späteren Parteienbildung beobachtet werden kann. Die Befürworter des Königtums vertreten ein größeres Engagement in der Öffnung zu fremdorientierten Koalitionen, während die konservative Gegnerschaft des Königtums auf Distanz zu internationaler Anbindung besteht. Besonders eklatante Beispiele für das Auseinanderfallen der politischen Einschätzungen und Bedürfnisse im Südstaat Juda werden in der Literatur der Prophetenbücher Jesaja und Jeremia greifbar. Hier geht es jeweils um die von der königstreuen Seite geforderte Rückendeckung Judas gegenüber den Mächten des Ostens (Assur bzw. Babylon) durch die Partnerschaft mit Ägypten einerseits und die von den Propheten gestützte Zurückhaltung gegenüber den als unrealistisch eingestuften Abenteuern der Koalitionssucht mit dem immer schwächer werdenden westlichen Nachbarn. In der Argumentation des Propheten Jesaja steht dabei die Identität des trotz der bestehenden Zweistaatlichkeit bewußt mit „Israel" bezeichneten Volkes auf dem Spiel. Die von diesem Propheten empfohlene 'Arbeitsgrundlage' für die Identitätsfindung Israels kann nicht besser umschrieben werden als mit dem Motto von Jes 7,9: „Wenn ihr euch nicht festmacht in JHWH, habt ihr keinen Bestand". Zur Kennzeichnung der Strategie Jeremias kann auf das entschiedene Votum des Propheten gegenüber der noch immer auf Hilfe aus Ägypten setzenden Hofpartei zugunsten einer Realpolitik verwiesen werden.[15]

15 Vgl. dazu u.a. M. Görg: Jeremia zwischen Ost und West (Jer 38,1-6). Zur Krisensituation in Jerusalem am Vorabend des Babylonischen Exils, in: Festschrift J. Schreiner, Würzburg 1982, 121-136 = Ders.: Studien zur biblisch-ägyptischen Reli-

Das Für und Wider im Verhältnis zum Königtum dürfte bereits im Bewußtsein und in der Bewältigung der Zweistaatlichkeit (Israel und Juda) nach der Regierungszeit Davids und Salomos grundgelegt sein, wenn auch in den letzten Jahren die Vorbehalte gegenüber der Annahme eines vormaligen 'Großreiches' unter den genannten Königen einer nüchterneren Einschätzung der politischen Gegebenheiten gewachsen sind. Nach wie vor können es gerade die wie auch immer gearteten außenpolitischen Kontakte Salomos nach Phönikien und Ägypten gewesen sein, die der Herausbildung oppositioneller Gruppen förderlich waren. Angesichts fehlender Quellen außerhalb der Bibel müssen Rekonstruktionen solcher Art allerdings hypothetisch bleiben.

Auf ganz schwankendem Boden bewegen wir uns im Blick auf die vorstaatliche Zeit Israels, deren Nachzeichnung heutzutage nicht mehr in erster Linie mit Hilfe der Bibel, sondern mit dem Instrumentarium der Archäologie und Epigraphik versucht wird. Von einer einheitlichen und geschlossenen Entwicklung einer Stammesgemeinschaft Israel von einer gemeinsamen Landnahme hin zu einem projektierten Staatsgebilde kann absolut keine Rede sein. Von den biblischen Überlieferungen zur sogenannten Väterzeit schließlich können noch weniger Aufschlüsse über eine frühe Identitätssuche Israels erwartet werden. Statt dessen muß bei den Traditionen um Abraham, Isaak und Jakob weitaus stärker als bisher mit Reflexionen und Retrojektionen frühestens aus der Königszeit bis hinein in die exilisch-nachexilische Zeit gerechnet werden. Nur insoweit können hier Bemühungen um die Identitätsfindung Israels wahrgenommen werden, als die Gestalten der Erzväter auf unterschiedlicher literarischer Ebene und in veränderten Situationen der Geschichte Israels als Orientierungshilfen und Hoffnungsträger vor Augen gestellt werden.

Insgesamt gesehen beginnt die Geschichte der Parteienbildung in Israel allem Anschein nach mit dem Auftreten des Staatsgebildes auf

---

gionsgeschichte (Stuttgarter Biblische Aufsatzbände. Altes Testament 14), Stuttgart 1992, 190-207.

der internationalen Bühne. Mit dem Prozeß der politischen Orientierung setzen auch die zentrifugalen und zentripetalen Kräfte ein, die Israel immer wieder vor die Alternative der autonomen Abstinenz vom diplomatischen Zusammenspiel mit den Nachbarvölkern oder der außenpolitischen Anbindung an eine Schutzmacht im Westen oder Osten stellen. Die Identitätskrisen gehören in Israel zur Grundausstattung einer kontinuierlich spannungsbeladenen Gesellschaft, die nie eine 'politische Einheit' im strengen Sinn des Wortes war. „Israel" war letztlich immer ein Programm. Warum sollte es gegenwärtig und in Zukunft anders sein?

Friedrich Wilhelm

FREISTÄTTEN, GASTRECHT UND DIE RELIGIÖSE PFLICHT ZUM SCHUTZ DES FREMDEN UND VERFOLGTEN IM ALTEN INDIEN

Meine erste Assoziation zu diesem Thema war gar nicht indischer Art. Ich dachte sofort an eine Ballade, die mich als Schüler so tief beeindruckte, daß ich sie nie aus dem Gedächtnis verlor: an *Conrad Ferdinand Meyers* "Füße im Feuer". Hier wird das Gastrecht auf die denkbar härteste Probe gestellt. Ein Reiter wird abends in einem fremden Haus aufgenommen und erkennt mit Schrecken, daß er früher bei der Verfolgung von Hugenotten die Herrin dieses Hauses ermordet hatte. Er sieht sich von den Kindern und ihrem Mann erkannt. Der aber schont sein Leben. C. F. Meyer fügt hinzu, weil der Hausherr die Rache einem Höheren vorbehalten sieht. Doch mag das Grundmuster einfacher gewesen sein: Gastrecht ist stärker als Blutrache. Im Zelt des Beduinen oder Rajputen herrscht eine ähnliche Priorität. Wir werden im Auge behalten, ob sich in der altindischen Literatur ein vergleichbares Motiv findet.

1. Gastrecht und Kastenordnung

Als ich in den fünfziger Jahren bei *Paul Thieme* studierte, pflegte er die Ballade von C. F. Meyer als das Hohelied des Gastrechts zu zitieren. Er hatte selbst über das Gastrecht im alten Indien gearbeitet und 1938 die Abhandlung "Der Fremdling im Ṛgveda" veröffentlicht. Er zeigte durch textkritische Untersuchungen, daß in diesem ältesten indischen Literaturwerk die Selbstbezeichnung der nach Indien eingewanderten Indogermanen "ārya" (Arier) ursprünglich "die Gastfreien, die Wirtlichen" bedeutete und einer ihrer Götter – Aryaman – als Gott der Gastfreundschaft zu interpretieren ist. Diese ersten indogermanischen Einwanderer pflegten wohl noch eine Gastfreundschaft, wie wir sie von anderen Indogermanen, vor allem von den Griechen, kennen. Die ursprüngliche, für den Ṛgveda gültige Bedeutung verlor sich in der späteren indischen Literatur, wo die "ārya" die oberen drei der vier Hauptkasten bezeichnen. Es ist eine traurige Ironie der Weltgeschichte, daß sich das von ārya abgeleitete Wort Arier in Deutschland für die Vertreter der blonden und blauäugigen Herrenrasse eingebürgert hatte und – aber nicht nur hier – eine deutlich antisemitische Konnotation trug.

Mit der Herausbildung der Vierkastenordnung im spätvedischen Indien wird das Gastrecht in strenge Regeln gebracht. Die Gesetzbücher (dharmasūtras und dharmaśāstras),[1] die von der obersten Kaste, den brahmanischen Priestern verfaßt wurden, privilegierten die Brahmanen auch im Gastrecht. Das autoritativste Werk ist das Gesetzbuch des *Manu*,[2] wo es III, 118 heißt, daß wer von den Ariern nur für sich selber kocht, eine Sünde begeht. Erst soll der Hausherr den Gästen und Göttern die Speise geben, dann erst die Reste selber verzehren. Der argha (die Bewirtung des Gastes) gehört zu den fünf großen, täglich zu vollziehenden Opfern. Die Ehrung des Gastes, dem Sitz, Wasser und Speise angeboten wird, sichert dem Gastgeber Reichtum, Ruhm, langes Leben und himmlischen Segen. Andererseits wird auch dem Gast vorgeschrieben, das Gastrecht nicht über Gebühr in Anspruch zu nehmen. Manu III; 102 heißt es:

anityaṃ hi sthito yasmāt tasmād atithir ucyate

"Weil er nicht lange bleibt, wird er Gast genannt."

---

1 Als Standardwerk unersetzt ist P.V. Kane: History of Dharmaśāstra, 5 Bände, Poona 1930-62, davon hier wichtig Band 3, 2. Aufl. Poona 1973. Zum Thema Gastrecht siehe auch F. Wilhelm: Hospitality and Caste System, in: Studien zur Indologie und Iranistik, Band 20, Reinbek 1996, S. 523ff. Eine Bibliographie der Rechts- und Staatsliteratur bietet L. Sternbach: Bibliography on dharma and artha in ancient and mediaeval India, Wiesbaden 1973.

2 Der Sanskrittext „The Manusmṛti" erschien in Bombay 1946 u.ö. Dieser Text ist noch nicht direkt aus den Sanskrit ins Deutsche übersetzt worden. Letzte englische Übersetzung von W. Doniger: The Laws of Manu, London u.a. (Penguin) 1991.

Das Sanskritwort atithi ("Gast") wird hier volksetymologisch erklärt, das anlautende "a" als Alpha privativum: "einer der nicht lange (d.h. nur eine Nacht) bleibt."

Als sühnenswerte Sünde gilt es, wenn man Gäste nicht gebührend bewirtet hat. Als besonderes Verdienst gilt es, den Brahmanen Speise zu geben. Die Angehörigen der dritten und vierten Kaste (Vaiśyas und Śūdras) sollen mit den Dienern essen. Dagegen sollen jungverheiratete Frauen, Kinder, Kranke und Schwangere bevorzugt ihre Speise erhalten. Lang ist die Liste derer, die nicht als Gäste begrüßt, geschweige bewirtet werden dürfen (vor allem Häretiker und Dissidenten nicht). Umgekehrt dürfen aber Speisen auch nicht von unwürdigen Personen angenommen werden. Ist es geschehen, sind Bußen zu vollziehen. Mitglieder der verachteten Kaste der Cāṇḍālas, die tief unterhalb der vier Hauptkasten stehen, dürfen den Brahmanen beim Essen nicht einmal zuschauen. Als Unberührbare dürfen sie sich ohnehin nicht dem Hause eines Ārya nähern.

In diesen brahmanisch-hinduistischen Gesetzbüchern ist also die Gastfreundschaft als Gastrecht streng kodifiziert und nicht Ausdruck spontaner menschlicher Zuwendung. Die Gastlichkeit wird durch Heilsversprechen belohnt, andererseits werden Verstöße gegen das Gastrecht als schwere Vergehen betrachtet, die Sühnemaßnahmen erfordern.

Im berühmtesten Schauspiel der Sanskritliteratur, dem Abhijñānaśākuntala von Kālidāsa, versäumt es die Heldin Śakuntalā, einen brahmanischen Büßer in ihrer Waldeinsiedelei gebührend zu begrüßen und wird deshalb von dem erzürnten Heiligen verflucht. Auch in diesem Schauspiel ist es nur der fromme und hochangesehene Brahmane, der ein solches Anrecht auf Gastfreundschaft besitzt und so reagieren darf. Die Abstufungen der Kastenordnung verhindern es, daß das gleiche Gastrecht für alle Menschen gilt. Völlig ausgegrenzt bleiben die Cāṇḍālas, die Unberührbaren, die wir auch als Parias bezeichnen. Die Parias waren ursprünglich eine verachtete Kaste in Südindien, die als Dienstboten in europäische Haushalte in Madras aufgenommen wurden. In seiner Trilogie "Paria" hat *Goethe* einen alten indischen Mythos ins Humane umfunktioniert. Es handelt sich hier um eine Variante der Legende von den vertauschten Köpfen, die Thomas Mann nach einer anderen Vorlage nacherzählt, deren Kenntnis er Heinrich Zimmer verdankte. Goethe schöpft aus einer südindischen Quelle, die er in Sonnerats "Reise nach Ostindien und China" (Zürich 1783) gelesen hat. Nach der Version bei Sonnerat entsteht durch Vertauschung der Köpfe die Pockengöttin Mariatale, Goethe aber macht aus diesem Mischwesen die Schutzgottheit der Parias. Im dritten Teil der Trilogie finden wir den "Dank des Paria":

> "Großer Brahma! nun erkenn' ich,
> Daß du Schöpfer bist der Welten!
> Dich als meinen Herrscher nenn' ich,
> Denn du lässest alle gelten.
>
> Und verschließest auch dem Letzten
> Keines von den tausend Ohren;
> Uns, die tief herabgesetzten,
> Alle, hast du neu geboren..."[3]

Im Westen wird im Laufe des 19. Jahrhunderts das Wort Paria zum Synonym für den Entrechteten und Erniedrigten, für den verfolgten Außenseiter. Über *Michael Beers* Schauspiel "Der Paria" schrieb Heinrich Heine am 21.1.1824 an Moses Moser: "Fatal, höchst fatal war mir die Hauptbeziehung ...nämlich die, daß der Paria ein verkappter Jude ist."[4] Erst im 20. Jahrhundert finden die Unberührbaren oder Parias in Gandhi ihren großen Schutzpatron, der sie Harijans nennt, "Kinder Gottes" (Hari ist ein Synonym für Gott Viṣṇu), um seiner besonderen Sympathie für sie Ausdruck zu verleihen.

---

3 Johann Wolfgang von Goethe: Sämtliche Werke, Artemisausgabe, Nachdruck 1970, Band 1, S. 473.

4 F. Wilhelm: Humor und Ironie im deutschen Indienbild (Heinrich Heine und andere), in: Berliner Indologische Studien, 1998.

2. Der Feind als Gast

Im alten Indien gibt es nicht nur kodifizierte Behandlungen des Gastrechts, sondern auch literarische Behandlungen dieses Problems, wo die Akzente mehr ins allgemein Menschliche verschoben sind. Folgende Geschichte im Sanskrit-Epos Mahābhārata[5] (XII, 141-145) illustriert die Bedeutung der Gastfreundschaft besonders eindringlich. Ich fasse sie kurz zusammen:

Ein Vogelsteller, der schon von Berufs wegen als Bösewicht gilt, hat eine Taube gefangen und sucht am Abend Zuflucht unter einem hohen Baum. Neben sich stellt er den Käfig mit der Taube. Im selben Baum aber wohnt der Täuberich, der laut zu klagen beginnt, daß seine Frau nicht zurückgekehrt ist. Die im Käfig gefangene Taube antwortet ihm: "Dieser Vogelsteller liegt an deiner Wohnstätte und leidet an Kälte und Hunger." (XII, 142,15). Auch sei die Sünde, einen Brahmanen oder eine Kuh zu töten, gleich groß mit der, einem Hilfesuchenden keine Hilfe zu erweisen. Daraufhin heißt der Täuberich den Vogelsteller herzlich willkommen: "Sagen Sie schnell, was ich tun soll, was Sie wünschen. Ich spreche zu Ihnen mit Freundlichkeit, denn Sie haben bei uns Zuflucht gesucht." (XII, 142,24). Nach 142,24 haben einige Manuskripte einen Einschub, der unser besonderes Interesse verdient:

> arāv apy ucitaṃ kāryam atithyaṃ gṛham āgate
> chettum apy āgate chāyāṃ nopasaṃharate drumaḥ
>
> "Dem ins Haus Gekommenen ist Gastfreundschaft zu erweisen, selbst wenn er ein Feind ist. Der Baum zieht seinen Schatten nicht einmal vor dem zurück, der gekommen ist, ihn zu fällen."

Diese Maxime, die sich auch in der Fabelsammlung Hitopadeśa I,46 findet, erinnert an das Grundmuster, das in der eingangs zitierten Ballade von C. F. Meyer durchscheint. Vielleicht findet sich diese

5 Zitiert nach der kritischen Ausgabe „The Mahābhārata", ed. V. S. Sukthankar u. a.: Vol. 1 – 19 (22 Bände), Poona 1927-66. Eine vollständige deutsche Übersetzung fehlt.

Strophe wegen der Rigorosität ihrer Aussage ("selbst wenn er ein Feind ist") nur in einigen Manuskripten des Mahābhārata. In Hitopadeśa I, 48 wird das Gastrecht sogar ausdrücklich auf die Unberührbaren ausgedehnt:

"Auch Wesen von verworfnem Stand
Sei dein Erbarmen zugewandt:
Zieht seinen Schein doch nie der Mond
Vom Haus, da ein Tschandala wohnt." (Übers. J. Hertel)[6]

3. Absurde Gastfreundschaft

In der Mahābhārata-Geschichte von den zwei Tauben geht die Handlung wie folgt weiter: der Vogelsteller sagt, daß ihn friert, worauf der Täuberich Blätter sammelt und ein kleines Feuer anzündet, das den Gast erwärmt. Der Vogelsteller sagt, daß ihn hungert, worauf der Täuberich beschämt antwortet, daß er wie die Asketen des Waldes keine Vorräte für den kommenden Tag sammelt. Er möchte aber die Pflichten der Gastfreundschaft auf jeden Fall erfüllen. So entzündet er ein Feuer, in das er selbst hineingeht, um dem Vogelsteller als gebratene Speise zu dienen. Der Vogelsteller seinerseits wird nun von tiefem Mitleid erfüllt, erkennt wie grausam er war und beschließt, der Jagd zu entsagen und das Leben eines Büßers zu führen. Das Ende ist eine seltene literarische Umsetzung der Witwenverbrennung, die im übrigen nie so verbreitet war, wie es der Westen zuweilen angenommen hat. Die Taube beklagt ihr trauriges Schicksal als Witwe und wirft sich in das brennende Feuer. Darauf sieht sie ihren Mann in einem geschmückten Wagen zum Himmel fahren, wo das Taubenpaar glücklich vereint wird.

Der Opfertod des Täuberichs, der sich dem Gast zur Speise anbietet, erinnert in ihrer absurden Zuspitzung an die Geschichten von

6 Hitopadeśa: Leipzig (Reclam) 1895, S. 30.

König Śibi, der in der altindischen Literatur als Idealgestalt auftaucht und der Helfer der Schutzsuchenden par excellence ist.

Im Fabelbuch Tantrākhyāyika[7] wird eine Geschichte von ihm erzählt, die ich hier resümiere: Die Hindu-Götter Indra und Dharma wollen den Charakter König Śibis auf die Probe stellen. Der erstere verwandelt sich in eine Taube, der letztere in einen Falken. Die vom Falken verfolgte Taube flüchtet sich zu König Śibi, der im Gerichtssaal sitzt. Sie fleht um Schutz vor dem Falken, der Falke macht geltend, daß er ohne die Taube als Nahrung vor Hunger stürbe. Der König war im Zweifel, als säße er auf einer Schaukel – ein schönes indisches Bild, um die Güterwägung zu beschreiben, die der König anzustellen hat. Ist es richtiger, den Schutzflehenden preiszugeben oder dem Hungrigen die Speise zu verweigern? Śibi bietet dem Falken anderes Fleisch an, doch der weigert sich, da Falken nicht Fleisch fressen, das von anderen getötet wurde. Er will vom Körper des Königs soviel Fleisch, wie die Taube wiegt. Auf der Waage wird die Taube schwerer und schwerer, und der König opfert mehr und mehr von seinem Fleisch und legt sich schließlich ganz auf die Waage. Da offenbaren sich Taube und Falke als Götter und loben ihn, weil er das Recht der Lebewesen begriffen habe (III,7).

Weit zahlreicher als im Hinduismus sind Geschichten so übertriebenen, ja absurden Altruismus' im großen Fahrzeug des Buddhismus (mahāyāna), dem es nicht um Selbsterlösung geht wie dem kleinen Fahrzeug (hīnayāna), sondern wo diese zurückgestellt wird, damit man zum Heile anderer wirken kann. So taucht der eben zitierte König Śibi auch in Avadāna Nr. 34 auf, also in einem Mahāyānatext. Hier zerschneidet er sich die Haut, um Stechfliegen eine Nahrung zu geben, dann schenkt er seinen Körper einem Geier. Im Goldglanzsūtra wird erzählt, wie ein Prinz sich selbst tötet, um einer hungrigen Tigerin als Nahrung zu dienen. In einem anderen Mahāyānatext hören wir von einer Frau, die sich die Brüste abschneidet, um sie einer verhungernden Frau, die ihr eigenes Kind essen

7 J. Hertel: Tantrākyāyika, Nachdruck Darmstadt 1970, S. 122ff; M. Meisig: König Śibi und die Taube, Wiesbaden 1995, S. 34ff.

will, als Nahrung zu geben. Im frühen Buddhismus fehlen noch solche Proben absurder Nächstenliebe. Die Belohnung für Gastfreundschaft ist im Mahāassaroha Jātaka (Nr. 302) durchaus noch von dieser Welt. Hier wird erzählt, wie ein besiegter König in das Haus eines armen Mannes flüchtet, der ihn gastfreundlich aufnimmt, obwohl er ihn nicht kennt. Für diesen Beweis der Gastfreundschaft erhält er später das halbe Königreich.

4. Waldasyl und Büßerhain

In solchen Geschichten erweisen sich Menschen als Beschützer der Bedrängten und Verfolgten. Es gibt auch abgegrenzte Bezirke – Freistätten – die Schutz gewähren. Für die Hindus waren es vor allem die Einsiedeleien in den Wäldern, die Sicherheit vor Verfolgung boten. Im Lebensschema der Hindus ist es der Wald, wo man sich im dritten Lebensstadium als Waldeinsiedler aufhält, nachdem man die Lebensabschnitte als Schüler und Hausvater durchlaufen hat. Diese Waldeinsiedeleien sind Enklaven des Friedens. Hier fürchten die Tiere die Menschen nicht, und die Menschen fühlen sich vor den Tieren und fremden Menschen sicher. In dem schon erwähnten Schauspiel Abhijñānaśākuntala gelangt ein König in einen solchen Büßerhain, als er auf der Jagd eine Gazelle verfolgt. Da tritt ihm ein Einsiedler entgegen und spricht:

> "Auf dieses schwächliche und zarte Tier
> darfst du den spitzen Pfeil wahrlich nicht richten,
> der wie ein Feuer auf Wollballen fällt.
> Denn gar zerbrechlich ist der Gazell Leben,
> wenn dein scharfes Geschoß verletzt den Leib.
>
> Drum, braver Mann, leg deinen Pfeil beiseit,
> die Waff dien dir zu der Bedrängten Schutz,

doch niemals treffe sie ein schuldlos Wesen!" (Übers. J. Mehlig)[8]

Der König respektiert diese Freistätte und sagt zu seinem Wagenlenker: "Die Bewohner des Büßerhains darf man nicht stören! Drum halte hier den Wagen an. Ich will zu Fuß gehen...Ein Büßerhain darf nur in einfacher bescheidener Tracht betreten werden. Drum nimm dies an dich." Es folgt die Regieanweisung: "König gibt dem Wagenlenker Schmuck und Bogen (legt alle seine Waffen ab)."[9]

Abgesehen von diesen Enklaven gilt der Wald auch als Ort vieler unbekannter Gefahren. Er ist nicht nur Freistätte, sondern ambivalenterweise auch Ort der Verbannung, an dem indische Sagenhelden wie Nala oder Rāma sich jahrelang aufhalten müssen. *Heinrich Zimmer*, der 1939 emigrieren mußte, verglich in seinem Buch "Maya. Der indische Mythos" (Stuttgart 1936) das indische Waldasyl mit den Exilformen des Westens: "Europa hat an seiner Statt das Exil an fremdem Herd, in fremder Stadt, es hat Themistokles beim persischen Satrapen und Alkibiades in Sparta, Hannibal in Bithynien und Marius auf den Trümmern Karthagos, es hat Dante am Hofe Cangrandes in Verona, Victor Hugo auf Jersey und die Polen und die Russen in Paris und der Schweiz".[10] Und es hatte, so muß man hinzufügen, Heinrich Zimmer in Amerika.

5. Tempel als Freistätten

Nicht nur die Waldeinsiedeleien haben im alten Indien als Freistätten zu gelten, sondern auch die Pilger- und Wallfahrtsorte der verschiedenen Religionen, die Ghats an den Flüssen, bestimmte Berge wie der Mount Ābu. Überall waren Tempel – die der Hindus, Buddhisten, Jainas und anderer Glaubensrichtungen – geschützte Bezirke. Durch den Einbruch des Islam wurden die großen Tempel in Nordindien zerstört. Diese neue Religion fühlte sich nicht zum

8 Kālidāsa: Werke, Leipzig (Reclam) 1983, S. 10.
9 Übers. J. Mehlig: S. 12.
10 Zitiert nach der Neuausgabe Frankfurt am Main (Insel) 1978, S. 265.

Schutze der Tempel verpflichtet, sondern im Gegenteil dazu aufgefordert, dem Bilderkult ein Ende zu machen. Jetzt kam die Stunde der Bilderstürmer und Beutemacher. Jetzt kam die Stunde eines *Mahmud von Ghazna*, der um 1000 n. Chr. siebzehn Raubzüge nach Indien unternahm. In der Folgezeit fiel ein großer Teil Indiens in die Hände islamischer Dynastien. Auf dem Gelände des Qutb Minār in New Delhi findet man noch heute Säulen von Hindutempeln, die als Spolien für die neuen islamischen Bauwerke verwendet wurden. Unter den späteren Herrschern war es vor allem der Mogulkaiser *Akbar*, der den Hindus mehr Freiraum gab, aber erst durch die britische Herrschaft erhielten die heiligen Stätten der Hindus überall ihre gleichberechtigte Stellung zurück. Ein friedliches Nebeneinander bietet der moderne Säkularstaat Indien. In Alt-Delhi kann man heute auf wenigen Metern einen Hindu-Tempel, eine islamische Moschee, einen Sikh-Tempel, einen Jaina-Tempel und sogar ein Vogelhospital der Jainas besuchen, denn keine Religion nimmt die Unverletzlichkeit aller Lebewesen so ernst wie die Jaina-Religion. Natürlich werden auch die Tempel der Sikhs von der indischen Regierung geschützt, als aber der Goldene Tempel der Sikhs in Amritsar zum Waffenlager ausgebaut wurde, sah sich die indische Regierung 1984 berechtigt, ihn mit Waffengewalt zu erobern.

6. Zum Flüchtlingsproblem

Soviel zum Thema Gastrecht und Freistätten. Wir wenden unseren Blick noch einmal zurück, um in historischer Perspektive die Rolle der Schutzbedürftigen, der Flüchtlinge, Verfolgten und Kriegsgefangenen zu skizzieren.

Die wechselvolle Geschichte des indischen Subkontinents hat von Anfang an zu großen Völkerverschiebungen geführt. Schon in einem Text der frühen Zeit, dem Pañcaviṃśabrāhmaṇa, stehen die Sätze: "Wer (eben erst) aus der Verbannung zurückgekehrt ist, wird (wieder) vertrieben. Wer verbannt war, kehrt zurück... Sie (die Herrscher) nehmen sich gegenseitig die Untertanen weg."[11]

Das Arthaśāstra, ein Sanskritlehrbuch der Staatslehre,[12] das die Tradition dem Minister Kauṭilya zuschreibt, das aber wohl erst im 3. Jahrhundert n. Chr. kompiliert wurde, behandelt das Flüchtlingsproblem pragmatisch, wie es seinem Grundtenor entspricht. Sein Ziel ist der politische Erfolg, und in Konfliktsituationen mit der religiösen Ethik ist dem Erfolg der Vorzug zu geben. Der Zustrom von Flüchtlingen aus dem Nachbarstaat wird immer als Gewinn betrachtet, denn man gewinnt dadurch neue Arbeitskräfte und Soldaten. Da der Nachbar nach der altindischen Geometrie der Macht der natürliche Feind ist, erweist es sich zugleich als vorteilhaft, daß dessen Position durch die Abwanderung geschwächt wird. Das Arthaśāstra (VII,6) analysiert die Gründe, die die Menschen zur Flucht veranlassen. "Furcht, Mangel an Lebensunterhalt und Zorn" (bhayam avṛttir amarṣa iti Kauṭilyah)[13] gelten für den Autor als die wichtigsten. Gute Politik ist es, die unzufriedenen Untertanen des Feindes zu sich herüberzuziehen und zugleich zu vermeiden, daß die eigenen Untertanen abwandern. Das Arthaśāstra verweist allerdings nie auf konkrete Ereignisse der indischen Geschichte. Die haben wir anderswo zu suchen.

7. Dokumente der Menschlichkeit

Kaiser Asoka, der im 3. Jahrhundert v. Chr. über den größten Teil des indischen Subkontinents herrschte, hat uns Inschriften hinterlassen, die gerade im Kontext unseres Themas eine Würdigung verdienen.[14] In einer dieser Inschriften, dem 13. großen Felsenedikt, betont Asoka,

11 W. Rau: Staat und Gesellschaft im alten Indien, Wiesbaden 1957, S. 128.

12 F. Wilhelm: Kauṭilya – Arthaśāstra, in: Kindlers Neues Literatur Lexikon, Band 9, München 1990, S. 226ff. (mit Bibliogr.).

13 F. Wilhelm: Politische Polemiken im Staatslehrbuch des Kauṭalya, Wiesbaden 1960, S. 94f.

14 E. Hultzsch: Inscriptions of Asoka (Corpus Inscriptionum Indicarum I), Oxford 1925 (Nachruck Delhi 1969).

daß ein Feldzug nach Kalinga sein Gewissen schwer belastet: "Als der Göttergeliebte, König Piyadassi, [so spricht Asoka von sich selbst] acht Jahre geweiht war, eroberte er Kalinga. 150 000 Menschen wurden verschleppt, 100 000 getötet und viele Male mehr starben. Nachdem Kalinga gewonnen war, war der Göttergeliebte sehr ernsthaft vom Dhamma (Sittengesetz) eingenommen, liebte den Dhamma und lehrte den Dhamma. Und den Göttergeliebten reut die Eroberung von Kalinga, denn wenn ein noch nicht erobertes Land erobert wird, ist das Morden, der Tod und die Verschleppung der Menschen für den Göttergeliebten sehr schmerzlich und schwerwiegend.." Der Dhamma ist für Asoka das sittliche Prinzip, das Tugend, Barmherzigkeit, Milde und Toleranz einschließt. In einer seiner Inschriften, zu der es eine griechische Version gibt, wird Dhamma mit eusébeia "Frömmigkeit" wiedergegeben. "Alle Menschen sind für mich wie meine Kinder, " ist eine seiner berühmten Maximen. Er setzte spezielle Beamte ein, die Dhammamahāmattas, die die Menschen zur Frömmigkeit anleiten, aber auch für deren Wohlfahrt sorgen sollten. Dem Wohle der Menschen zu dienen, ist Asokas vornehmste Aufgabe. An den Straßen ließ er schattenspendende Bäume anpflanzen, Brunnen graben und Rasthäuser bauen (7. Säulenedikt). Im 1. großen Felsenedikt sagt Asoka, daß früher in seiner Küche täglich viele Hunderttausende von Tieren zum Essen geschlachtet wurden, jetzt aber nur noch zwei Pfauen und eine Gazelle und sogar diese dürften künftig nicht mehr getötet werden. Gerade diese Inschrift zeigt, wie weit Asoka seine Politik der Gewaltlosigkeit versteht. Auch die Schonung der Tiere gehört hinzu.

Asokas Edikte bleiben einmalige Dokumente der Menschlichkeit. Die buddhistische Religion mit ihren Prinzipien der Nächstenliebe und Gewaltlosigkeit hat sein Gewissen geschärft, aber mit seiner Politik des Dhamma will er nicht den Buddhismus als Staatsreligion einführen, sondern dem Wohle aller Menschen dienen, denen es freigestellt ist, welcher Religion sie angehören. Man muß Asokas Bekenntnis zu Toleranz und Gewaltlosigkeit vor dem Hintergrund der altindischen Geschichte und ihren Leitideen sehen, um es voll würdigen zu können. Die altindische Staatslehre hat den Schutz der Untertanen als Pflicht der Könige bezeichnet, aber auch das Ideal des Weltherrschers gepriesen, der alle Nachbarkönige zu seinen Vasallen macht. Lesen wir die Inschriften anderer Herrscher des alten Indien, vor allem die der Guptas, so glorifizieren sie Eroberungen in allen Himmelsrichtungen und militärische Siege, die glanzvoll überhöht, mitunter auch zum höheren Ruhm des Königs erfunden sind. Die bitteren Konsequenzen für die niederen Akteure der Geschichte werden hier nicht reflektiert. Nur Asoka bereut die Leiden und Verfolgungen, die seine Kriege verursacht haben.

8. Eine altindische Landkriegsordnung

Es gab indessen eine alte Tradition, die Kriegsführung durch einen Ehrencodex zu regeln. So heißt es im Sanskrit-Epos Mahābhārata VI,1,27-32 (Übers. H. und O. v. Glasenapp):

> "Im regelrechten Kampf, der jetzt entbrannt ist, laßt uns kämpfen auch,
> Allein auf ritterliche Art, wie es von altersher Gebrauch.
> Wer nur mit Worten kämpft, der soll bekämpft nur werden mit dem Wort,
> Und niemals darf man töten den, der aus dem Kampf gegangen fort.
> Ein Reiter kämpft mit Reitern nur, Fußvolk mit Fußvolk, Elefant
> mit Elefant, im Wagenkampf hält Wagen gegen Wagen stand.
> Es kämpft mit Kraft, wie er's vermag und angestrengt ein rechter Mann,
> Nie greift er den erschöpften Feind, nie greift er ohne Anruf an.
> Den, der in einem Zweikampf steht, der achtlos abgewandt sich hat,
> Kein Schwert führt, keinen Panzer trägt, ihn töten wäre Freveltat.
> Zugtiere und jedweden, der den Wagen lenkt, die Waffen trägt,
> Die Pauke schlägt, die Muschel bläst, man nie verletzt und niederschlägt."[15]

15 H. v. Glasenapp: Die Literaturen Indiens (Kröner), Stuttgart 1961, S. 114f.

Diese Verse werden vor der großen epischen Schlacht als Mahnung gesprochen. Allerdings werden diese Regeln nicht eingehalten, aber daß sie überhaupt aufgestellt wurden – rund zweitausend Jahre vor der Haager Landkriegsordnung – verdient unsere Anerkennung.

9. Einige Fallbeispiele

Nach dieser Exkursion in die politische Theorie möchte ich einige historische Fakten zum Flüchtlingsproblem anführen.

In einer Gupta-Inschrift (No. 18)[16] aus dem 5. Jahrhundert wird höchst ehrenvoll einer Gruppe von Seidenwebern gedacht, die aus Gujarat zugewandert waren und in ihrer neuen Heimat eine nützliche Industrie aufgebaut hatten.

Echte Asylanten waren diese Parsen, von denen die ersten 717 n. Chr. in der Nähe von Bombay landeten. Die Parsen waren Anhänger des Zoroastrismus und flohen aus Iran, um der Glaubensverfolgung durch die Araber zu entgehen. Ihrem Geschäftssinn und Gewerbefleiß hatte Indien bis heute sehr viel zu verdanken.

Andererseits gab es Inder, die Indien (Sind) um das 8. Jahrhundert verließen: die Zigeuner, die eine indoarische Sprache sprechen, aber von NS-Staat wie die Juden als Nichtarier behandelt und vernichtet wurden. Man braucht nur an *Lenaus* Gedicht "Die drei Zigeuner" oder an *Bizets* "Carmen" zu denken, um sich zu erinnern, wie sehr diese Weltenwanderer zur bunten Vielfalt Europas beigetragen haben.

Ein modernes Beispiel für die Aufnahme von Flüchtlingen in Indien stellen die Tibeter dar. Im Jahre 1954 hatte Nehru mit China einen Vertrag abgeschlossen, der auf den fünf Tugenden (pañcaśīla) beruhte, nämlich 1. gegenseitige Achtung, 2. Verzicht auf Aggression, 3. Nichteinmischung, 4. Gleichheit und gegenseitiger Nutzen, 5. friedliche Koexistenz. Diese guten Beziehungen setzte Nehru aufs

---

16 J. F. Fleet: Corpus Inscriptionum Indicarum III, Kalkutta 1888, S. 79ff.

Spiel, als 1959 der *Dalai Lama* mit großem Gefolge über die Pässe des Himalaya nach Indien floh und hier um politisches Asyl bat.[17] Nehru schickte ihm ein Begrüßungstelegramm und einen Sonderzug, denn es war für ihn eine Selbstverständlichkeit den Tibetern zu helfen, die Buddhisten sind und als solche verfolgt wurden. Dieser relativ kleinen Gruppe, für die er weltanschauliche Sympathien hegte, konnte Nehru vorbildlich helfen. Andere Flüchtlingsprobleme in Indien sind bis heute nicht gelöst, weil sie die wirtschaftlichen Möglichkeiten sprengen, vor allem nicht das der Hinduflüchtlinge aus Ostbengalen (Ostpakistan), die in Kalkutta den größten Slum der Welt entstehen ließen.

Eine Marginalie der indischen Kolonialgeschichte zeigt uns, wie sich in der indischen Geschichte die Wertmaßstäbe mit dem Wechsel der Hegemonialmächte veränderten. Der indische Philosoph *Aurobindo* trat zunächst als radikaler Kämpfer gegen die britische Kolonialherrschaft in Erscheinung. Von den Briten verfolgt, fand er ausgerechnet bei einer anderen Kolonialmacht, den Franzosen, Zuflucht, die in Pondicherry und anderswo noch kleinere Besitzungen auf indischem Boden hatten. Die Briten unternahmen verschiedene Anstrengungen, seiner habhaft zu werden. Schließlich wurde er zu einem klärenden Gespräch in einen britischen Zug eingeladen, der im Bahnhof der französischen Kolonie Pondicherry hielt. Aurobindo war vorsichtig genug, diese Einladung nicht anzunehmen, und so können wir nicht sagen, ob Aurobindo in diesem Eisenbahnwagen das gleiche Gastrecht zuteil geworden wäre wie im Zelte eines Rajputen. Auch vermögen wir nicht zu entscheiden, ob ein britischer Waggon in einer französischen Kolonie auf indischem Boden extraterritoriales Gebiet gewesen wäre.[18]

---

17 Dalai Lama: Mein Leben und mein Volk, Zürich 1962, S. 289ff.
18 O. Wolff: Sri Aurobindo (rowohlts monographien), Reinbek 1967, S. 64.

10. Lehren aus der Geschichte?

Ich darf an den Schluß meiner Darstellung eine Überlegung stellen: Auch mir, der ich mich mit fernen Zeiten und Zonen befasse, ist aufgefallen, daß die Themenstellung dieses Bandes von bedrückender Aktualität ist. Das Problem der Flüchtlinge und Verfolgten ist so alt wie die Geschichte der Menschheit und so universal. Auch der indische Subkontinent bildet hier keine Ausnahme. Es drängt sich nun natürlich die Frage auf, ob wir aus dem, was dort und damals war, Lehren für hier und heute ziehen können. Ich meine nein – historische Parallelen schneiden sich allzu schnell. Mein Bedenken möchte ich durch ein konkretes Beispiel stützen. *Mahatma Gandhi* hatte 1938 den Juden in Deutschland nahegelegt, gegen ihre Verfolgung mit den Mitteln des gewaltlosen Widerstands zu kämpfen, die er gegen die Briten so erfolgreich anwenden konnte. *Martin Buber* mußte ihm in einem Brief vom 24. Februar 1939 schreiben, wie unvergleichlich anders die Lage der Juden in Deutschland als die der Inder unter britischer Herrschaft ist:

> "Juden werden verfolgt, beraubt, gepeinigt, umgebracht. Und Sie, Mahatma Gandhi, sagen, ihre Lage in dem Lande, in dem Ihnen das widerfährt, entspreche genau der Lage der Inder in Südafrika ... In Ihrem ersten mir bekannten Vortrag ... haben Sie zwei Vorgänge als Zeugnis angeführt: daß eine Europäerbande einen indischen Dorfladen anzündete und einigen Schaden verursachte, und daß eine andere Bande brennende Raketen in einen anderen städtischen Laden warf. Wenn ich dagegen Tausende und Tausende zerstörter und verbrannter jüdischer Geschäfte stelle, werden Sie vielleicht entgegnen, das sei nur ein Unterschied der Quantität, und die Handlungen seien doch almost of the same type. Aber wissen Sie nichts, Mahatma, von der Verbrennung der Synagogen und der Thorarollen? Wissen Sie nicht, was da an heiligem, zum Teil uraltem Gut der Gemeinschaft in Flammen aufgegangen ist? Ich habe nie davon gehört, daß Buren oder Engländer in Südafrika ein indisches Heiligtum verletzt hätten ... Aber wissen Sie oder wissen Sie nicht, Mahatma, was ein Konzen-

trationslager ist, und wie es darin zugeht, welches die Martern des Konzentrationslagers, welches seine Methoden des langsamen und des schnellen Umbringens sind?"[19]

Lehren aus der Geschichte bleiben fragwürdig, weil die Voraussetzungen immer andere sind und die Situation nie dieselbe sein kann, auch wenn sie gleich aussehen sollte. Man könnte letztlich die Pflicht zum Schutz der Verfolgten von einer einfachen Maxime her begründen, die im Sanskritepos Mahābhārata (V,39,57 und XIII,114,8) angeführt wird

na tat parasya saṃdadhyāt pratikūlaṃ yad ātmanaḥ

"Füge keinem anderen zu, was dir selbst unangenehm ist."

Aber so ungefähr sagen wir das auch. Matthäus 7, 12 finden wir diesen Gedanken ins Positive gewendet: "Alles, wovon ihr möchtet, daß es euch die Menschen tun, sollt auch ihr ihnen tun". Im Westen haben wir diese Maxime die "goldene Regel" genannt, und wir wenden sie genauso häufig an wie die Inder – und genauso selten.

19 H. Rau: Mahatma Gandhi (rowohlts monographien), Reinbek 1970, S. 104ff; siehe auch D. Rothermund: Mahatma Gandhi (Piper), München-Zürich 1989, S. 359ff.

Günter Häntzschel

KOSMOPOLITISMUS UND NATIONALISMUS IN DER DEUTSCHEN LITERATUR

1. Nationalismus und Patriotismus

'Kosmopolitismus' und 'Nationalismus' wie der verwandte Begriff 'Patriotismus' erscheinen im heutigen Sprachgebrauch in der Regel als Gegensatz. Der aus dem frühen Griechentum stammende Gedanke des 'Kosmopolitismus' meint die Überwindung der lokalen Beschränkung, die sich politisch in der Kolonisationsbewegung des 8. bis 6. Jahrhunderts vor Christus ausdrückt und am Ende des 5. Jahrhunderts auch in der Dichtung ihren Widerhall findet. Heraklit zum Beispiel spricht von einer Weltordnung, die für alle gleich ist. Der attische Redner Antiphon vertritt die Aufhebung aller geschichtlich gewordenen nationalen Unterschiede und ein internationales Gleichheitsideal, das weder die Differenzierung in Griechen und Barbaren noch irgendwelche sozialen Abstufungen zuläßt. Nach Auffassung Platons hält sich der Philosoph nur körperlich in der Polis auf, während sein Geist deren Grenzen weit überfliegt. Das Wort 'Kosmopolit' selbst taucht bei Diogenes erstmals auf: Gefragt, woher er komme, antwortet dieser, er sei κοσμοπολίτης, 'Weltbürger'. Mit Beginn der Neuzeit erhält der Kosmopolitismus gegenüber der Tendenz zum selbständigen Nationalstaat, die sich ihrerseits als Abgrenzung gegen universalistische Herrschaftsansprüche von Kaiser und Papst seit dem Mittelalter erklärt, erneut Bedeutung. Gerade den Humanisten mußten von der klassischen Bildung wie vom christlichen Glauben her nationale Grenzen als für das geistige Leben belanglos und störend erscheinen. Im 18. Jahrhundert wird dann der Begriff 'Weltbürger' eines der Programmworte der Aufklärung, das die Forderung nach Toleranz auch gegenüber fremden Völkern,

Humanität und die Idee eines allgemeinen, die Staaten der Erde umgreifenden ewigen Friedens subsumiert.[1]

Unter 'Nationalismus' verstehen wir dagegen bekanntlich – so formuliert es der *Duden* in seiner ersten Bedeutung – ein abwertend gemeintes "starkes, meist intolerantes, übersteigertes Nationalbewußtsein, das Macht und Größe der eigenen Nation als höchsten Wert erachtet". Und in ähnlichem Sinn meint 'Patriotismus' die "begeisterte Liebe zum Vaterland", eine "gefühlsmäßige Bindung an Werte, Traditionen und kulturhistorische Leistungen des eigenen Volkes bzw. der eigenen Nation".[2]

Aufgrund der Entwicklung der neueren Geschichte und Politik haben wohl die meisten unter uns empfindliche Vorbehalte gegenüber dem Phänomen des Nationalismus. Der deutsche Nationalismus Bismarckscher Prägung wurde zur Machtstaatsideologie der sozial konservativ orientierten Bevölkerungsschichten und konnte seiner antiliberalen und antisozialistischen Prägung wegen auch nach dem politischen Umbruch von 1918/19 nicht mehr von den demokratischen Kräften erneuert werden. Er blieb eine 'rechte' Ideologie und mündete in den Nationalsozialismus. Er führte in seiner totalitären Ausprägung und in seiner Tendenz zum Imperialismus erneut in die Katastrophe des Weltkriegs, so daß der Formulierung einer Monographie über das Phänomen des *Nationalismus* von Peter Alter zuzustimmen ist: "Die überwiegende Mehrheit der Europäer setzte nach dem Zweiten Weltkrieg Nationalismus mit kriegerischer Aggression, ungezügeltem Expansionsdrang und Rassismus gleich. Nationalismus hatte sie als Ausdruck einer Gesinnung erlebt, die über Europa unermeßliches Unheil gebracht hatte."[3] Wenn derselbe Autor – 1985 – jedoch "im ausgehenden 20. Jahrhundert [...]zumindest in Ansätzen, so etwas wie eine transnationale Gesell-

1 Nachweise bei A[xel] Horstmann: Kosmopolit, Kosmopolitismus. In: Joachim Ritter, Karlfried Gründer (Hrsg.): Historisches Wörterbuch der Philosophie. Bd.4. Basel 1976, Sp. 1155-1167.

2 Duden. Fremdwörterbuch. Bearbeitet vom Wissenschaftlichen Rat der Dudenredaktion (Duden ^{5}1990). Mannheim, Wien, Zürich ^{5}1990, S. 524, 582.

3 Peter Alter: Nationalismus (Neue Historische Bibliothek. edition suhrkamp. NF 250). Frankfurt a.M. 1985, S.31.

schaft entstanden [sieht], welche die politische, wirtschaftliche, kulturelle und militärische Autarkie des Nationalstaats – falls es diese in der Vergangenheit überhaupt je gab – weitgehend aufgelöst hat"[4], so zeigt bekanntlich die jüngste politische Entwicklung, daß diese Feststellung nicht unbedingt zutrifft. Unser Umgang mit den Asylanten, Feindlichkeit und Haß gegenüber Fremden, manche Stimme bei der deutschen Vereinigung, die furchtbaren Ereignisse der im Zeichen des Nationalismus geführten Kriege des ehemaligen Jugoslawiens und der Völker der früheren Sowjetunion erweisen sich als Rückfälle in schon für überwunden angenommene nationalistische und chauvinistische Muster und offenbaren, wie weit wir noch von einer "transnationalen" Ethik entfernt sind, die im Zeichen von Toleranz und Menschenliebe stehen sollte und zu deren Propagierung man sich gerne – in öffentlichen Reden und offiziellen Verlautbarungen – der Werke und Gedanken unserer Dichter und Philosophen seit der Mitte des 18. Jahrhunderts als Vorbilder bedient.

Doch nun kommt eine Überraschung: Befragt man die Autoren dieses Zeitalters der Toleranz und der Humanität, dann wird man Äußerungen hören, die heute zumindest befremdlich klingen. Johann Georg Zimmermann, Verfasser einer Abhandlung *Vom Nationalstolze* (1758), handelt darin ausführlich von dem Zusammenhang zwischen dem "so nöthigen Nationalstolz" und der "Liebe des Vaterlands" und empfiehlt einen Patriotismus, der eine ganze Nation zu edeln Handlungen begeistert"[5]. In seiner Schrift *Von dem deutschen National-Geist* klagt Friedrich Karl von Moser 1765, daß bei den Deutschen eine "national-Denkungs-Art, eine allgemeine Vaterlands-Liebe" zu wenig ausgeprägt sei und fordert, sich "in den Dienst des Staats" und des "allgemeinen Besten" zu stellen.[6] Lessing wertet das "französierende Theater" als "der deutschen Denkungsart" unange-

4 Ebd. S. 126.
5 Nachweis bei H.J. Busch, U. Dierse: Patriotismus. In: Ritter, Gründer, Historisches Wörterbuch (Anm. 1), Bd. 7, Sp. 209.
6 Nachweis bei U. Dierse, H. Rath: Nation, Nationalismus, Nationalität. Ebd. Bd.6, Sp. 409.

messen ab.[7] Klopstocks vaterländische Oden begeisterten die Mitglieder des Göttinger Hain und animierten sie zu ähnlichen patriotischen Poesien. In dem Fragment *Deutsche Größe* verkündet Schiller "dem deutschen Sohne":

"Ihm ist das Höchste bestimmt,
Und so wie er in der Mitte von
Europens Völkern sich befindet,
So ist er der Kern der Menschheit,
Jene sind die Blüte und das Blatt."[8]

Und Herder stellt wehmütig bei den Deutschen den Mangel eines für die Nachbarstaaten selbstverständlichen Nationalgefühls fest und erkennt darin die Ursache für mindere kulturelle Leistungen:

"Nichts, dünkt mich, sollte uns Deutschen angelegener seyn, als daß sich zu guten Zwecken alle Provinzen Deutschlands vereinigen. Kein Gebürge, kein Strom, keine Mundart, keine Religionsformel sollte sie trennen; wo irgend in einem Lande, auch mit Fehlern seiner Zeit und Erziehung behaftet, ein Talentreicher Schriftsteller sich hervorthat, sollte das Vaterland sich ihn zueignen, nicht seinen Provinzialismus verspotten und verhöhnen. Hätte in Italien, Frankreich, England keine Provinz an der andern Theil genommen, und jedes folgende Jahrhundert das vorhergehende nur verachtet; gewiß wäre in diesen Ländern die Literatur nicht dahin gekommen, wohin sie gekommen ist. Wievielen Fleiß haben diese Nationen auch auf ihre alten Schriftsteller und Dichter gewandt! Dadurch hat sich ihre Kritik geschärft, dadurch ihre Sprache bestimmt und berichtiget. Wir unterscheiden uns dadurch von

---

7 Gotthold Ephraim Lessing: Briefe, die neueste Literatur betreffend. 17. Brief. In: G.E.L.: Werke. Hrsg. von Herbert G. Göpfert. Bd. 5. Hrsg. von Jörg Schönert. München 1973, S.71.

8 Friedrich Schiller: Deutsche Größe. In: Schiller: Sämtliche Werke. Säkular-Ausgabe. Hrsg. von Eduard von der Hellen. Bd. 2. O.J., S. 386-390, hier S. 389.

allen Völkern Europens, daß wir uns selbst verspotten und unsere Vorfahren verachten."[9]

Diese kleine Auswahl von Zitaten zeigt, daß Nationalbewußtsein, Nationalismus wie auch Patriotismus offenbar eine andere Bedeutung hatten als die heute üblichen. Sie ist unter 'Nationalismus' im *Duden* als zweite Lesart aufgeführt: "erwachendes Selbstbewußtsein einer Nation mit dem Bestreben, einen eigenen Staat zu bilden"[10].

Um diesen Befund zu klären ist erstens eine Erinnerung an die politische Situation Deutschlands im 18. Jahrhundert notwendig. Wenn dann zweitens die Rolle der Schriftsteller und Intellektuellen erörtert wird, müssen die Begriffe 'Kulturnation' und 'Staatsnation' in den Blick geraten. Und anschließend soll drittens im Kontext der historisch-politischen Geschichte die Entwicklung kosmopolitischer und nationaler Ideen in der Literatur verfolgt werden.

2. Die politische Situation im 18. Jahrhundert

Wie sah Deutschland im 18. Jahrhundert aus? Man bezeichnet es treffend als "verspätete Nation"[11], verspätet in seiner politischen Entwicklung gegenüber den führenden europäischen Nachbarstaaten. Im Gegensatz nämlich zu den in kontinuierlichen Prozessen relativ zentralisierten und gefestigten Nationalstaaten Frankreich und England stellte das sogenannte, von 962 bis 1806 bestehende "Heilige Römische Reich Deutscher Nation" im 18. Jahrhundert kurz vor seinem Untergang ein komplexes föderatives Gebilde dar, kaum mit einem modernen Staat vergleichbar. Es setzte sich zusammen aus über dreihundert souveränen Territorien, Fürsten- und Herzogtümern, geistlichen Gebieten und freien Reichsstädten, die unterein-

---

9 Johann Gottfried Herder: Terpsichore. Dritter Theil. In: J.G.H.: Sämmtliche Werke. Hrsg. von Bernhard Suphan. Bd. 27. Berlin 1881, S. 233.

10 Duden (Anm. 2), S. 524.

11 Helmuth Plessner: Die verspätete Nation. Über die politische Verführbarkeit bürgerlichen Geistes. Stuttgart 1959.

ander und in sich in ihren politischen, ökonomischen, sozialen, rechtlichen, konfessionellen und kulturellen Strukturen divergierten.[12] Aufgrund der ohnmächtigen Position von Kaiser und Reich war beinahe jeglicher Zusammenhalt der einzelnen Territorien unterbrochen. Unterschiedliche Münz- Maß- und Gewichtssysteme, ein mangelnder Ausbau der Verkehrswege, das Fehlen eines übergreifenden Postwesens, über 1800 Zollschranken, die das Reich zerteilten, erschwerten das tägliche Leben und führten zu einer Abschottung der einzelnen Territorien, die mit Ausnahme von Österreich, Preußen und Hannover kaum an der europäischen Politik teilnehmen konnten und ebenso wenig dem internationalen Wirtschaftsaustausch angeschlossen waren. Die Folge war ein kleinräumiges politisches Denken, Lokalpatriotismus, Kleinstädtermentalität. Die absolutistische Regierungsform und die Macht bei den Höfen ließen eine emanzipierte bürgerliche Schicht, wie sie in England und Frankreich bestand, im deutschen Gebiet nicht aufkommen. Die allen deutschen Territorien gemeinsame Orientierung am Versailler Hof mit der entsprechenden Prachtentfaltung bewirkte eine katastrophale finanzielle Situation und erschwerte die Ausbildung einer eigenen deutschen Kultur.

Diese Skizzierungen der Situation des deutschen Gebiets im ausgehenden 18. Jahrhundert läßt folgende Schlüsse zu: Versteht man im Einklang mit der neueren Forschung "unter Nation eine soziale Gruppe (ein Volk bzw. die Schicht eines Volkes), die sich aufgrund vielfältiger historisch gewachsener Beziehungen sprachlicher, kultureller, religiöser oder politischer Art ihrer Zusammengehörigkeit und besonderen Interessen bewußt geworden ist"[13], so scheidet für die Deutschen zu dieser Zeit die politische Komponente aus. Das heißt weiter: Die Deutschen bilden keine Staatsnation. Eine Staatsnation nämlich, wie sie in Frankreich und England oder seit 1776 auch in den Vereinigten Staaten von Amerika verwirklicht ist, definiert

---

12 Ein informativer Überblick bei Helmuth Kiesel, Paul Münch: Gesellschaft und Literatur im 18. Jahrhundert. Voraussetzungen und Entstehung des literarischen Markts in Deutschland (Beck'sche Elementarbücher). München 1977, S. 13-76.

13 Alter, Nationalismus (Anm. 3), S. 23.

sich "als politisch bewußte Gemeinschaft rechtsgleicher Bürger, unabhängig von sozialer und wirtschaftlicher Stellung, ethnischer Herkunft und religiöser Überzeugung, in einem innerstaatlichen Transformationsprozeß"[14]. Für die Deutschen bleiben die übrigen Komponenten, die Beziehungen sprachlicher, kultureller und bedingt auch religiöser Art, Elemente also, aus denen sich eine Kulturnation zusammensetzt. Die Kulturnation verfügt über keinen eigenen Staat oder ein anderes politisches Medium zur Vermittlung eines Gemeinschaftsgefühls, sondern definiert sich "aufgrund angeblich objektiv vorgegebener Kriterien wie gemeinsame Herkunft und Sprache, geschlosssenes Siedlungsgebiet, Religion, Gewohnheiten und Geschichte. Das Einheitsbewußtsein, das Gefühl der Zusammengehörigkeit, entwickelt sich unabhängig vom Staat. Die vorpolitische Kulturnation überwölbt partikularistische Staatsbildungen".[15]

3. Die Rolle der Schriftsteller und Intellektuellen

Genau das ist die Situation der Deutschen im 18. Jahrhundert, genauer gesagt: der deutschen Intellektuellen, unter ihnen vorrangig der Schriftsteller und Journalisten, der Gelehrten und Akademiker der philosophischen Disziplinen, der Juristen und Theologen. Prägnant bringt ein Xenion Schillers den Unterschied von Staatsnation und Kulturnation auf den Punkt:

> Deutschland? Aber wo liegt es? Ich weiß das Land nicht zu finden.
> Wo das gelehrte beginnt, hört das politische auf.[16]

Daraus ist weiter zu schließen: Bekenntnisse zur Nation, Nationalbewußtsein und patriotische Äußerungen deutscher Autoren erfolgen in dieser Zeit nicht etwa aus Stolz auf die Nation, die es ja eben noch gar nicht gibt, sondern aus Mangel an ihr; sie erfolgen aus

14 Ebd. S. 20
15 Ebd.
16 Friedrich Schiller: Das deutsche Reich. In: Schiller: Werke (Anm. 8), Bd. 2, S.103.

dem Wunsch nach einer – künftigen – Nation. Ihnen eignet etwas Prospektives.

Die in den letzen Jahrzehnten des 18. Jahrhunderts geführte Debatte um Namen und Begriff 'Deutschland' offenbart den Charakter der Turbulenz und zeigt, wie unfest die Vorstellung von dem, was deutsch heißt, noch ist. Der Historiker Daniel Jenisch meint in seiner Abhandlung über *Geist und Charakter des 18. Jahrhunderts* noch 1801: "Wir sind höchstens Brandenburger, Österreicher, Bayern, Sachsen: aber wir sind nicht Deutsche." 'Deutschland' oder 'Teutschland' – auch diese Variation ein Zeichen der Unfestigkeit – benutzte man öfters als "Dachbegriff, um deutschsprachige Gebiete Europas, die weder Preußen noch Österreich eingegliedert waren, umfassend zu umschreiben.[17]

Klopstocks vaterländische Oden, in späterer Zeit oft nationalistisch im modernen Sinn oder sogar chauvinistisch interpretiert,[18] sind in ihrer Entstehungszeit poetischer Ausdruck seiner Sehnsucht nach einer Zusammengehörigkeit der heterogenen deutschen Territorien. Seine gleichzeitigen Abhandlungen über die deutsche Sprache entstehen aus dem Willen, eine allen deutschen Staaten gemeinsame Komponente als Basis einer zu erringenden politischen Gemeinsamkeit bewußt zu machen und auszubilden. Und schließlich zeigt seine Entscheidung, sich vom Hofpoetendasein zu lösen und als freier Schriftsteller zu wirken, sich also nicht mehr für die Dienste eines einzigen Landesfürsten und dessen Lobpreisung verwenden zu lassen, sondern für die Gesamtheit der Deutschen zu dichten, wie eng die nationale Gesinnung mit einer antifeudalen Einstellung verbunden ist. Darauf wird noch zurückzukommen sein.

Vorher muß betont werden, daß die seit Lessing in Literatur und Literaturkritik sich vollziehende Abwehr gegen die Dominanz der französischen Kultur nicht mit Feindschaft gegen Frankreich gleich-

---

17 Otto W. Johnston: Der deutsche Nationalmythos. Ursprung eines politischen Programms. Stuttgart 1990, S.11; S. 12 das Zitat von Jenisch.

18 Vgl. Harro Zimmermann: Vom Freiheitsdichter zum Nazi-Idol. Friedrich Gottlieb Klopstock unter den Deutschen. In: Helmut Scheuer (Hrsg.): Dichter und ihre Nation (Suhrkamp taschenbuch 2117). Frankfurt a.M. 1993, S. 68-87.

zusetzen ist, sondern aus dem Verlangen geschieht, mit eigenen Mitteln etwas der französischen Größe Gleichwertiges zu erreichen. Aber erst wenn man sich vom französischen Einfluß gelöst hat, kann das Eigene verwirklicht werden. Nicht gegen Frankreich, sondern nach dem Beispiel Frankreichs und im agonalen Wetteifer mit der bewunderten und auch beneideten Nachbarnation werden daher im deutschen Sprachgebiet Institutionen errichtet oder diskutiert, die in der französischen Kultur seit langem selbstverständlich sind: ein deutsches Nationaltheater, deutsche Akademien, deutsche Wörterbücher, deutsche kulturwissenschaftliche Zeitschriften, nationale Möglichkeiten einer anspruchsvollen Literatur.

Patriotische Gesinnung, Nationalbewußtsein und kosmopolitische Einstellung bilden daher in dieser Zeit keinen Gegensatz, sondern ergänzen einander und sind beinahe Synonyme. Lessing setzt sich für ein deutsches Nationaltheater ein *und* verfaßt mit *Nathan der Weise* ein Drama kosmopolitischer Gesinnung, in dem Toleranz fremden Religionen und fremden Nationen gegenüber experimentiert wird. Er exponiert Gleichwertigkeit und Zusammengehörigkeit der Vertreter fremder Religionen und Nationen, indem er sie am Ende als Mitglieder einer Familie ausweist. "Im Falle Lessings läßt sich zugespitzt formulieren: Er wird desto europäischer (und findet seine erste europäische Resonanz, sogar in Frankreich), je nationaler er wird, mit *Minna von Barnhelm*, mit der *Hamburgischen Dramaturgie*, mit *Emilia Galotti*"[19]. 'Patriotismus' bedeutet im 18. Jahrhundert nicht allein die Liebe zum eigenen Vaterland, sondern auch so viel wie 'Gemeinsinn' und zielt auf die wechselseitige Respektierung aller Völker, unter denen das eigene eine Größe unter anderen bildet. Viele gemeinnützige Gesellschaften und moralische Wochenschriften tragen *Patriot* oder *patriotisch* im Titel und zeigen, daß ein aufrichtiger Patriot zugleich ein überzeugter Weltbürger ist, der sich

19 Wilfried Barner: Patriotismus und Kosmopolitismus bei Lessing während des Siebenjährigen Krieges. In: Gonthier-Louis Fink (Hrsg.): Cosmopolitisme, Patriotisme et Xénophobie en Europe au Siècle des Lumières. Strasbourg 1987, S. 187-198, hier S. 187.

durch die übernationale Eigenschaft der Tugend auszeichnet.[20] Nur wenn der patriotische Ton sich ins aggressiv Chauvinistische steigert wie bei Johann Wilhelm Ludwig Gleims *Preußischen Kriegsliedern* während des Siebenjährigen Krieges, reagiert Lessing empfindlich. Er schreibt an Gleim:

> "Der Patriot überschreyet den Dichter zu sehr und noch dazu ein so soldatischer Patriot [...]. Vielleicht zwar ist auch der Patriot bey mir nicht ganz erstickt, obgleich das Lob eines eifrigen Patrioten, nach meiner Denkungsart, das allerletzte ist, wonach ich geizen würde, des Patrioten nehmlich, der mich vergessen lehrt, daß ich ein Weltbürger seyn sollte."[21]

An Johann Gottfried Herder, der fälschlicherweise als Begründer eines deutschen Nationalismus im Verständnis des späten 19. Jahrhunderts gedeutet und sogar als Vorläufer der völkischen Ideologie des Nationalsozialismus reklamiert wurde, läßt sich zeigen – was eine neuere Arbeit von Otto Dann ausführt[22] –, daß die nationale Bewegung in ein neues Stadium tritt. Ähnlich wie bei Lessing ergänzen sich bei Herder nationales und kosmopolitisches Denken. Darüber hinaus aber beginnt sich das nationale Bewußtsein als eine emanzipatorische Kraft demokratischer Tendenz zu entwickeln. Als einer der ersten hat Herder auf die Gemeinsamkeit des deutschen Sprachgebrauchs, die die in vielen politisch getrennten Staaten lebenden deutschsprachigen Bevölkerungsgruppen miteinander verband, hingewiesen, in ihr einen nationalen Zusammenhang gesehen und der Muttersprache eine nationsbildende Funktion zugeschrieben. In seinen *Fragmenten Über die neuere deutsche Literatur* wollte er

---

20 Vgl. Wolfgang Martens: Die Botschaft der Tugend. Die Aufklärung im Spiegel der deutschen Moralischen Wochenschriften. Stuttgart 1968, S. 340f., 544 ff. Weitere Belege bei H.J. Busch, U. Dierse: Patriotismus (Anm. 5). und vor allem bei Christoph Prignitz: Vaterlandsliebe und Freiheit. Deutscher Patriotismus von 1750 bis 1850. Wiesbaden 1981.

21 Lessing an Gleim, 16.12.1758. Zitiert nach Barner, Patriotismus (Anm. 19), S. 193f.

22 Otto Dann: Herder und die Deutsche Bewegung. In: Gerhard Sauder (Hrsg.): Johann Gottfried Herder 1744-1803. (Studien zum Achtzehnten Jahrhundert 9). Hamburg 1987, S. 308-340. Dort die Herder-Zitate S. 319, 322.

die gesamte deutschsprachige Literatur, nicht diejenige einzelner Territorien, in einem eigenen geschichtlichen Entwicklungszusammenhang darstellen als "Stimme der patriotischen Weisheit, der Verbesserin des Vaterlandes". Die Erforschung der deutschen Sprache und Literatur in ihrem geschichtlichen Werdegang verstand er als eine notwendige patriotische Aufgabe und versprach sich davon Impulse für eine Nationsbildung. In eben diesem Sinne hat Herder die zu erforschende Geschichte der Deutschen als Mittel der nationalen Selbstverständigung bewertet. Einen besonderen Akzent erhält Herders Sprach–, Literatur- und Geschichtsverständnis durch die Tatsache, daß er auch die nichtgebildeten, unteren Volksschichten einbezog. In seinem Aufsatz *Über Ossian* weist er auf die Lieder des ungebildeten Volkes, des "großen ehrwürdigen Teiles des Publikums, der Volk heißt", hin und zeigt, daß in diesen Volksliedern eine Nationalsprache sich am ursprünglichsten äußere, eine Kritik an der akademischen Poesie gelehrter Provenienz. Entsprechend fordert er mit Justus Möser, von dem er einen Beitrag über *Deutsche Geschichte* 1773 in dem von ihm herausgegebenen Sammelband *Von deutscher Art und Kunst* aufnimmt, die deutsche Geschichte als eine Nationalgeschichte des Volkes zu schreiben und nicht als eine Reichsgeschichte der Fürsten. Hier offenbart sich also besonders deutlich die demokratische Intention Herders. Im Gegensatz zur bisherigen Historiographie sieht Herder nicht nur den Adel und die Gebildeten, sondern alle Volksschichten als Angehörige der Nation und Teilhaber ihrer Geschichte und Kultur. Und schließlich zeigt seine Sammlung der *Volkslieder* von 1778, die später unter dem sprechenden Titel *Stimmen der Völker in Liedern* herausgegeben wurde, daß Herder sich nicht auf das eigene Vaterland beschränkt, also nicht nationalistisch in der heutigen pejorativen Konnotation handelte, sondern auf Vergleich und Austausch mit anderen Nationen zielte, die er ebenso hoch einschätzte wie die eigene. Seine Sammlung enthält Kunst- und Volkslieder vieler Nationen, darunter auch solcher, wie die estnische und lettische, die vorher im europäischen Kulturkreis kaum gewürdigt worden waren. Dieser kosmopolitische Grundzug charakterisiert die meisten seiner Schriften. Wenn es in den *Briefen zur Beförde-*

rung der Humanität heißt: "Das Göttliche in unserm Geschlecht ist also Bildung zur Humanität"[23], dann verdient jenseits jeglichen nationalen Vorurteils der 'Wilde', der im 18. Jahrhundert als Sklave unterdrückt wurde, denselben Respekt wie der 'Zivilisierte', ein Gedanke, der etwa von Goethe in *Iphigenie auf Tauris* dramatisch gestaltet wurde.

Die spezifische Interdependenz zwischen Nationalbewußtsein und Kosmopolitismus, die Herder vertritt, kommt auch bei Wieland zum Ausdruck. In seinem satirischen Zeitroman *Geschichte der Abderiten* konfrontiert er den lächerlich-kleinlichen Patriotismus der Einwohner von Abdera mit der Gestalt des erfahrenen und gereiften Kosmopoliten Demokrit. In einer eigenen Abhandlung zeigt er, daß beide Ambitionen vereinbar sind, sofern der Patriotismus nicht eine Nation ungerechtfertigterweise bevorzugt:

> "Die Liebe zur ganzen Menschheit ist also mit der Liebe zum Vaterlande ebenso verträglich, als diese mit der Freundesliebe und der Liebe zur Gattin. Der Weltbürger darf sich nicht schämen, patriotisch zu handeln, doch darf er auch nie vergessen, daß seine Staatsmitbürger nur einen Theil eines großen unzertrennlichen Ganzen ausmachen, und daß der Theil niemahls durch etwas gewinnen kann, wodurch das Ganze verliert."[24]

Wir befinden uns in der Zeit der Französischen Revolution und können sehen, daß sowohl die kosmopolitische Idee humaner Gesinnung wie vor allem das mit ihr verbundene, meist nur in Nuancen unterschiedliche Nationalbewußtsein demokratischer und emanzipatorischer Tendenz, die Absicht, auch die unteren Volksschichten als Teilhaber der Nation einzubeziehen, mit den Zielen der Revolution konvergieren.

---

23 Herder: Briefe zur Beförderung der Humanität. In: Herder, Werke (Anm. 9), Bd. 17. Berlin 1881, S. 138.

24 Christoph Martin Wieland: Gedanken über Kosmopolitismus und Patriotismus (1797). Zitiert nach Irmtraut Sahmland: Christoph Martin Wieland und die deutsche Nation. Zwischen Patriotismus, Kosmopolitismus und Griechentum (Studien zur deutschen Literatur 108). Tübingen 1990, S. 263.

In Deutschland ergibt sich von da an eine widersprüchliche, gespaltene Situation: Einerseits orientierte sich die nationale Bewegung am Vorbild des revolutionären Frankreich und den dort propagierten Ideen der Menschen- und Bürgerrechte, der Demokratie und der Volkssouveränität. Andererseits erzeugten die blutigen Auswirkungen der Revolution und mehr noch die napoleonischen Expansionskriege und die Besetzung Deutschlands eine wachsende Feindseligkeit gegenüber Frankreich. Nationalismus wird zu einem Konglomerat von antifeudalen, antidynastischen und antifranzösischen Elementen.

Die deutschen Schriftsteller, mit Ausnahme von Goethe in der Mehrzahl Anhänger der Französischen Revolution, distanzieren sich seit ihrer Schreckensperiode zunehmend. Aus der Vielzahl individueller Verhaltensweisen lassen sich – auf unsere Frage nach Kosmopolitismus und Nationalismus bezogen – zwei Hauptrichtungen ausmachen:

Die eine mit Goethe und Schiller im Mittelpunkt kann durch Schillers Ankündigung seines *Horen*-Projekts verdeutlicht werden:

> "[...] je mehr das beschränkte Interesse der Gegenwart die Gemüter in Spannung setzt, einengt und unterjocht, desto dringender wird das Bedürfnis, durch ein allgemeines und höheres Interesse an dem, was *rein menschlich* und über allen Einfluß der Zeit erhaben ist, sie wieder in Freiheit zu setzen und die politisch geteilte Welt unter der Fahne der Wahrheit und Schönheit wieder zu vereinigen."[25]

In dieser strengsten Trennung der Kunst von der "wirklichen Welt"[26] verlangt das auf antiker Grundlage beruhende Autonomiekonzept der Klassik, das nicht etwa unpolitisch ist, aber auf grundlegende, langfristige Wirkung zielt, einen Autor, der nicht an der Oberfläche arbeitet, sondern in die Tiefe geht, der in einem umfassenderen Sinn wirkt, indem er die Ursachen, nicht die Auswirkun-

---

25 Schiller, Werke (Anm. 8), Bd. 16, S. 151-155, hier S. 151f.

26 Friedrich Schiller: Über die ästhetische Erziehung des Menschen in einer Reihe von Briefen. Ebd. Bd. 12, S. 7.

gen und Folgen der Inhumanität aufspürt und den Anspruch erhebt, die Wirklichkeit über die geläuterten und veredelten Subjekte zu ändern. Da Schiller, Goethe, Herder, Wilhelm von Humboldt und andere den Menschen schlechthin, die 'Menschheit', das 'Menschengeschlecht' im Sinne haben, nicht die Angehörigen einer bestimmten Nation, kann man in diesem Programm kosmopolitische Implikationen erkennen, die später durch Goethes Konzept der Weltliteratur bestätigt werden.

Die andere Hauptrichtung rekrutiert sich aus den Dichtern der Befreiungskriege 1812 bis 1815 mit Max von Schenkendorf, Ernst Moritz Arndt, Theodor Körner im Zentrum, von Johann Gottlieb Fichtes *Reden an die deutsche Nation* (1808) präludiert, von Heinrich von Kleist teilweise begleitet. Diese Dichtung, meist in lyrischer Form, stellt sich unmittelbar der politischen Wirklichkeit, entsteht aus dem konkreten Anlaß des Kriegs gegen die napoleonische Besetzung Deutschlands und ist in ihrer antifranzösischen Gesinnung national; ihre gleichzeitigen antifeudalen, antidynastischen, auf eine Einigung der deutschen Territorien zielenden Intentionen weisen sie aber – wie durch Ernst Webers Untersuchung eindrücklich belegt ist[27] – als eine politische emanzipatorische Kraft aus. Diese Lyrik diente während des Befreiungskriegs als schichtenübergreifendes kollektives Verständigungsmedium, das durch Emotionserweckung und -steuerung den einzelnen als Verantwortung tragenden Teil einer umfassenden Gemeinschaft definierte. Der Gebrauch dieser Lyrik ist gemessen an dem Untertanenbewußtsein im Absolutismus in seinen Folgen ein revolutionärer, emanzipatorischer Akt. Keineswegs ist diese Dichtung also nationalistisch im Sinne des späteren 19. Jahrhunderts als Ausdruck von Stolz auf die Staatsnation, vielmehr trägt sie in ihrem Verlangen nach einer erst zu bildenden Staatsnation und in ihrer Gegnerschaft zum dynastischen Partikularismus revolutionäre Züge. Die vielfältigen Versuche, mittels der Lyrik von 1812-1815 im Vergleich mit der chauvinistischen gegen Frankreich gerichteten

27 Ernst Weber: Lyrik der Befreiungskriege (1812-1815). Gesellschaftspolitische Meinungs- und Willensbildung durch Literatur (Germanistische Abhandlungen 65). Stuttgart 1991.

Kriegslyrik von 1870/71 die These aufzustellen, die Entwicklung seit 1813 sei teleologisch auf die Reichsgründung zugelaufen, die ja ein politisch-militärischer Akt 'von oben' war, erweisen sich als Geschichtsklitterung. Die revolutionäre Lyrik wurde somit zur geschichtlichen Legitimation des jungen Nationalstaats verfälscht, als Bekenntnis absoluter Hingabe an den Staat mißverstanden und – aus ihrem originären historischen Kontext herausgerissen – als Mittel der Erziehung zum wilhelminischen Untertan mißbraucht.

Zwischen diesen beiden Positionen liegen die vielfältigen unterschiedlichen Ausprägungen der Romantik. Für unseren Zusammenhang muß hier der Hinweis genügen, daß die eine Seite, beginnend in der Frühromantik mit Friedrich und August Wilhelm Schlegel, durch ein Sich-Öffnen dem Fremden, fremden Kulturen und Literaturen, gegenüber in bisher ungekannten Maßen sich auszeichnet: Shakespeare, Dante, Calderon, die östliche Poesie werden durch Übersetzungen den Deutschen nähergebracht, die philologischen und mythologischen Forschungen der indischen Kultur erschließen ganz neue Dimensionen und ergänzen die Kenntnis der Antike; in den fiktionalen Texten, den Erzählungen und Romanen, etwa von Novalis, entspricht dem, daß von dem Fremden, Wunderlichen, Fernen ganz besondere, dem Gewöhnlichen entgegengesetzte Reize, Erregungen, Sensationen ausgehen, die eine geheimnisvolle Verbindung von äußerer mit innerer Welt der Phantasie und des Gemüts herstellen.

4. Kosmopolitische und nationale Ideen in der Literatur

Dieser kosmopolitischen, auf Vermittlung des Fremden und auf Austausch zielenden Richtung, die Goethes Konzept der Weltliteratur und seiner Hinwendung zur orientalischen Kultur entspricht und sich mit ihm vereinigt, steht, in der späteren Heidelberger Romantik einsetzend, eine vaterländische, nationale Bewegung gegenüber, charakterisiert durch altdeutsche Traditionspflege, Aufspüren und Sammeln deutschen Kulturguts: die *Alten deutschen Lieder* in

Arnims und Brentanos *Des Knaben Wunderhorn, Die teutschen Volksbücher* von Joseph von Görres, die *Kinder- und Hausmärchen* von Jacob und Wilhelm Grimm. "Von Schubart bis Schenkendorf galten die Trümmer des in den Pfälzischen Erbfolgekriegen zerstörten [Heidelberger] Schlosses nicht nur als Zeichen französischer Schmähung, sondern auch als Symbol einstiger Größe, die durch eine Erweckung des Mittelalters neu gewonnen werden sollte". Nach einem Wort von Freiherr von Stein entzündete sich hier "jenes Feuer, das bald die napoleonische Fremdherrschaft verzehrte"[28].

Diese Bewegung setzte sich fort in der Gründung von Grammatiken, Wörterbüchern, Textsammlungen – die *Deutsche Grammatik* (1819), die *Deutschen Rechtsalterthümer* (1828), die *Deutsche Mythologie* (1835) von Jacob Grimm, das gemeinsam mit Wilhelm Grimm begonnene *Deutsche Wörterbuch* (1854ff.), die *Monumenta Germaniae Historica*, die große Sammlung von Quellen zur deutschen Geschichte im Mittelalter (1819 ff.) –, sie äußert sich außerhalb von Literatur und Philologie in der Dombaubewegung – der Kölner Dom galt weiterhin als Symbol der Befreiung von französischer Vorherrschaft und als Nationaldenkmal – und in der Errichtung weiterer vaterländischer Denkmäler; sie äußert sich in der Literatur durch ein forciertes Verstärken patriotischer Gesinnung und ein Abwerten ausländischer Personen und fremder Nationen, wofür später etwa Felix Dahns historische Romane Beispiele unter vielen anderen sind.

Wir sind zunächst noch in der Restaurationsepoche, in der Zeit vom Wiener Kongreß 1815 bis zur bürgerlichen Revolution von 1848, und sehen, daß in dieser Zeit Bekenntnisse zum Nationalismus in der Literatur durchaus noch emanzipatorische, bürgerlich-progressive Züge tragen, und umgekehrt kosmopolitische Gesinnung sich eng mit Patriotismus verbindet. An zwei Beispielen soll dieses komplexe Verhältnis deutlich werden. Ich wähle für das erste Phänomen, für die Interdependenz zwischen Nationalismus und bürgerlichen Emanzipationswillen, bewußt einen besonders brisanten Text: Au-

---

28 Friedrich Strack (Hrsg.): Heidelberg im säkularen Umbruch. Traditionsbewußtsein und Kulturpolitik um 1800. Stuttgart 1987, S. 12, 155.

gust Heinrich Hoffmanns von Fallersleben 1841 entstandenes *Lied der Deutschen* – seit 1922 die deutsche Nationalhymne, und zwar die erste Strophe:

> Deutschland, Deutschland über Alles,
> Über Alles in der Welt,
> Wenn es stets zu Schutz und Trutze
> Brüderlich zusammenhält,
> Von der Maas bis an die Memel,
> Von der Etsch bis an den Belt
> Deutschland, Deutschland über Alles
> Über Alles in der Welt!

Heutige Leser und Hörer, vom Nationalsozialismus und seinen Auswirkungen geprägt, durch Hitlers imperialistische Politik und seinen Wahn eines 'Großdeutschen Reiches' verletzt, können diese Verse nicht unvoreingenommen aufnehmen. Insbesondere hört man leicht in "Deutschland, Deutschland über Alles,/Über alles in der Welt" die Hitlersche Parole von der Weltmacht Deutschlands heraus und mag vielleicht sogar den hybriden Kampfruf "Heute gehört uns Deutschland und morgen die ganze Welt" assoziieren. Versetzen wir uns in die Zeit der Entstehung und ersten Verbreitung von Hoffmanns Lied, in das Jahr 1841, so gewinnt der Text eine völlig andere Bedeutung. In dieser Zeit der Restauration, also der Wiederherstellung der dynastischen Machtpolitik konservativer, antiliberaler Metternichscher Prägung, bestand das deutsche Gebiet bekanntlich zwar nicht mehr aus über 300, aber doch noch aus 39 Einzelstaaten, die im Deutschen Bund lose zusammengeschlossen waren. Das heißt die liberalen und emanzipatorisch-bürgerlichen nationalen Ideen der Befreiungskriege hatten sich nicht durchsetzen können. Die alte fürstliche partikularistische, auf Dezentralisierung angelegte Politik mit ihren Begleiterscheinungen der Zensur, der Polizeikontrolle und der staatlichen Überwachung war – nur wenig reformiert – von oben wieder eingesetzt worden. Hoffmann von Fallersleben selber, seit 1830 als heftiger Kritiker der Restauration in der Öffentlichkeit agierend, gegen die Amtsenthebung der 'Göttinger Sieben" 1837 literarisch protestierend und zwei Jahre später im Schweizer Parteienkampf für die Liberalen Partei ergreifend, veröffentlichte 1840 und 1841 im Zuge der liberalen Hoffnungen nach der Thronbesteigung Friedrich Wilhelms IV. seine sogenannten *Unpolitischen Lieder,* eine Sammlung politischer Zeitgeschichte mit Angriffen gegen Aristokratie, Regierung und Polizei, gegen Zensur und Frömmlertum, die zu den erbittertsten Texten der oppositionellen Vormärzlyrik gehören und aufgrund derer er 1842 ohne Pension seines Professorenamts enthoben und unter polizeiliche Aufsicht gestellt wurde.

Lesen wir in diesem Kontext *Das Lied der Deutschen* noch einmal, aber die ersten vier Zeilen zusammen und verstehen die Konjunktion "wenn" konditional, – 'Vorausgesetzt, daß' 'sofern'–, dann eröffnet sich eine ganz andere Bedeutung: Deutschland kann dann über alles in der Welt geliebt werden – so muß man ergänzen –, sofern "es", das heißt seine einzelnen Staaten, die zur Zeit nur als lockerer Staatenbund monarchischer Prägung existieren, "brüderlich", das heißt im Sinne der revolutionären 'Fraternité', zusammenhalten. Der Text ist also keine Apologie eines bestehenden Deutschlands, sondern die Utopie des künftigen, und zwar – ich betone es nochmals – eines künftigen Deutschlands, dessen einzelne Teile und dessen Bewohner "brüderlich", also als Angehörige mit gleichen Rechten im Gegensatz zu der jetzt herrschenden ständischen Gliederung vorgestellt werden. In diesen Zeilen spricht sich also neben dem Wunsch nach Einigung der Wunsch nach Demokratie aus. Das Lied ist ein systemkritischer Appell. Mag man heute über die großzügige Grenzziehung entrüstet sein –"Von der Maas bis an die Memel,/Von der Etsch bis an den Belt" –, so waren das zu jener Zeit keine verwegenen annexionistischen Parolen, sondern die Grenzen des Deutschen Bundes und in einem Fall diejenigen Preußens. Mit Belt ist der Fehmarnbelt gemeint, jene Wasserstraße zwischen den Inseln Fehmarn und Laaland. Die im Norden durch den Belt begrenzte Insel Fehmarn gehörte zu Holstein, und das Herzogtum Holstein war 1841 ein Bestandteil des Deutschen Bundes, obwohl in Personalunion mit Dänemark verbunden. Der Oberlauf der Etsch befindet sich im zum Deutschen Bund gehörenden Südtirol. Die Maas war westlicher Grenzfluß Deutschlands, seitdem 1839 infolge einer neuen Gebietsregelung der niederländische Teil von Limburg, den die Maas durchfließt, an den Deutschen Bund gefallen war. Nicht zum Deutschen Bund gehörte zwar das durch die Memel begrenzte Ostpreußen. Doch war die Stadt Memel als Zufluchtsort des preußischen Königspaares Friedrich Wilhelm und Luise während der napoleonischen Herrschaft und auch, weil dort fast nur deutsch gesprochen wurde, im Bewußtsein des deutschen Volkes fest verankert, so daß die Nennung der Memel im Lied nicht oder zumindest weniger anstößig war, als es heute erscheint. Bekanntlich durfte Ostpreußen ja dann auch 1848 Abgeordnete zur Frankfurter Nationalversammlung senden.[29]

Die emanzipatorische und demokratische Substanz der ersten Strophe wird durch die eindeutigen Hinweise der ja noch heute gültigen dritten bewiesen:

Einigkeit und Recht und Freiheit
Für das deutsche Vaterland:
Danach laßt uns alle streben
Brüderlich mit Herz und Hand!
Einigkeit und Recht und Freiheit
Sind des Glückes Unterpfand.
Blüh' im Glanze dieses Glückes,
Blühe deutsches Vaterland!

Die hier aufgenommenen Schlagwörter waren 1841 aktuell und konkret auslegbar. "Sie enthalten in nuce das gesamte Programm des zeitgenössischen Liberalismus."[30] Aus diesem Text und aus Parallelen mit gleichzeitigen Liedern Hoffmanns von Fallersleben geht

29 Vgl. Hans Tümmler: "Deutschland, Deutschland über alles". Zur Geschichte und Problematik unserer Nationalhymne. Köln, Wien 1979, S. 26f.

30 Hans Peter Neureuter: Hoffmanns "Deutscher Sang". Versuch einer historischen Auslegung. In: Günter Häntzschel (Hrsg.): Gedichte und Interpretationen. 4: Vom Biedermeier zum Bürgerlichen Realismus (Universal-Bibliothek 7893). Stuttgart 1983, S. 222-234, Zitate S. 226, 227, 228.

hervor, daß "Einigkeit" das erwünschte ganze deutsche Reich meint; "Recht" zielt vor allem auf die geforderte Konstitution, auf die Garantie der Menschenrechte gegen Polizeiwillkür und auf Gleichheit vor dem Gesetz, denn noch galten in Deutschland verschiedene Rechtsnormen und Strafmaße für Adelige und Bürger. Mitgemeint ist auch die Forderung nach einer Reform der Prozeßordnung in dem Sinn, daß Geschworenengerichte die übliche schriftliche Geheimjustiz des Absolutismus ersetzen. Und in "Freiheit" spricht sich der Wunsch aus, die bis dahin geltenden ständischen Privilegien abzuschaffen und statt dessen die Volkssouveränität einzuführen, gleichzeitig auch die Forderung nach Rede–, Presse- und Glaubensfreiheit. "Diese Programmpunkte kehren in der Paulskirchen-Verfassung wieder, sie sind das unverwirklichte Erbe der Großen Französischen Revolution": "Liberté, Égalité, Fraternité." Auch 'Glück' steht in der Tradition der 'felicité publique' der Aufklärer, sogar den antireligiösen Aspekt dieser Idee greift Hoffmann in einem andern Lied auf: 'Gib den Gedrängten und Gebückten/Hienieden schon dein Himmelreich!" Und das 'Blühen' des Vaterlands wendet sich gegen die gewohnte Vorstellung, daß der Monarch das Glück verhieße. Somit ergibt sich: "*Das Lied der Deutschen* [...] kann wohl nur als republikanische Demonstration gegen die österreichische Kaiserhymne gedeutet werden, auf deren Melodie es von vornherein gedichtet und die dem Erstdruck vorangestellt war. Die Kontrafaktur korrigiert damit den Typ der Fürstenhymne überhaupt, verzichtet ostentativ auf ein gekröntes Haupt der Deutschen."

Für das genannte zweite Phänomen, der Verbindung von kosmopolitischer Einstellung mit Patriotismus, sei Heinrich Heine zitiert. Hoffmann von Fallersleben, der sich gemäß der Volksliedtheorie der frühen Germanistik als Sprecher des Volks versteht, und Heine, der Kosmopolit und Frankophile, seit 1831 in Paris lebend, begegnen sich im Verlangen nach einem zeitgerechtem Patriotismus. Heine setzt sich ab "von jenen falschen Patrioten, deren Vaterlandsliebe nur in einem blödsinnigen Widerwillen gegen das Ausland und die Nachbarvölker besteht, und die namentlich gegen Frankreich täglich ihre Galle ausgießen"[31], und bekennt im *Vorwort* zu *Deutschland. Ein Wintermärchen:* "Beruhigt Euch, ich liebe das Vaterland eben so sehr, wie Ihr," doch gleichzeitig: "Ich bin der Freund der Franzosen, wie ich der Freund aller Menschen bin wenn sie vernünftig und gut sind [...]." Unter dieser Idee humanen Fortschritts, die Ideale der Aufklärung und der Klassik erneuernd, kann Heine dann vorschlagen: "Pflanzt die schwarz-rot-goldne Fahne auf die Höhe des deutschen Gedankens, macht sie zur Standarte des freien Menschentums, und ich will mein bestes Herzblut für sie hingeben." Und ähnlich wie Hoffmann – "Gib den Gedrängten und Gebückten/Hienieder schon dein Himmelreich" –, auch Heine in saint-simonistischer Gesinnung: "[...] wenn wir den Gott, der auf Erden im Menschen wohnt, aus seiner Erniedrigung retten, wenn wir die Erlöser Gottes werden, wenn wir das arme, glückenterbte Volk und den verhöhnten Genius und die geschändete Schönheit wieder in ihre Würde einsetzen, wie unsere großen Meister gesagt und gesungen, und wie wir es wollen, wir, die Jünger- ja, nicht bloß Elsaß und Lothringen, sondern ganz Frankreich wird uns dann alsbald zufallen, ganz Europa, die ganze Welt – die ganze Welt wird deutsch werden! Von dieser Sendung und Universalherrschaft Deutschlands träume ich oft, wenn ich unter Eichen wandle. Das ist *mein* Patriotismus."[32] Wie viele andere seiner Dichtungen lebt auch das satirische Versepos *Deutschland. Ein Wintermärchen*, auf den Eindrücken einer Reise durch Deutschland 1843 beruhend, aus der Spannung zwischen bitterer Kritik an den deutschen Zuständen in der Restauration und sehnsüchtig-schmerzlicher Liebe zu Deutschland, das er sich besser vorstellen könnte.

Die weitere Entwicklung kann nur noch stichwortartig angedeutet werden. Entscheidend wird das Jahr 1871. Mit der Reichsgründung büßt der Nationalismus sein emanzipatorisch-liberales Potential ein und wird zur Glorifizierung des Erreichten manipuliert, obwohl die Vertreter der Kulturnation seit Herder bis zum Vormärz niemals an

31 Heinrich Heine: Vorrede zur französischen Ausgabe der *Lutetia*. In: H.H.: Sämtliche Schriften. Hrsg. von Klaus Briegleb Bd. 5. München 1974, S. 233.
32 Ebd. Bd. 4. München 1971, S. 574, 575.

einen nationalen Machtstaat wie das Deutsche Kaiserreich gedacht hatten. *Das Lied der Deutschen* von Hoffmann von Fallersleben wirkt nun nicht mehr kritisch vorausweisend, sondern nur noch als Verklärung des Bestehenden. Heines kritische Töne werden unterdrückt oder harmonisiert, bis Autor und Werk nach heftigen Attacken seit dem Jahrhundertende im Nationalsozialismus ganz totgeschwiegen werden. Man suchte überall nach Belegen für die gewünschte nationale Größe Deutschlands und scheute sich nicht, die Literatur der vorangehenden Epochen durch entsprechende Selektion, Manipulation und Kommentierung so umzugestalten, als sei die Entwicklung kontinuierlich auf die Gründung des Deutschen Kaiserreichs zugelaufen. Aus der Utopie wurde Apologie.[33] Dies war für die Befürworter des Kaiserreichs auch erforderlich, denn es waren nicht die besten Schriftsteller, die sich in den Dienst der Nation stellen ließen und wie der 'Herold des Deutschen Reiches', Emanuel Geibel, verkündeten: "Und es mag am deutschen Wesen/Einmal noch die Welt genesen."[34] Die damals hofierten offiziösen lautstarken Lobpreiser von Deutschlands vermeintlicher Größe sind heute vergessen. Die Autoren, die für uns heute die Epoche der zweiten Hälfte des 19. Jahrhunders vertreten, die Realisten Friedrich Hebbel, Theodor Storm, Wilhelm Raabe, Theodor Fontane und andere, distanzierten sich von nationaler Ideologie und übten damit indirekt Kritik an ihr.

Als der Nationalismus in der industrialisierten Massengesellschaft immer mehr zum psychischen Ventil für politischen und sozialen Druck im Inneren des Reichs wird, besonders während der sogenannten "Großen Depression" 1873 bis 1896, der Periode verlangsamten wirtschaftlichen Wachstums, und ihm die Aufgabe zufällt, von sozialer Unzufriedenheit und von inneren Konflikten abzu-

---

33 Vgl. z.B. Andreas Schumann: Nation und Literaturgeschichte. Romantik-Rezeption im deutschen Kaiserreich zwischen Utopie und Apologie (cursus 1). München 1991.

34 Emanuel Geibel: Deutschlands Beruf. In: E. G.: Gesammelte Werke. Bd. 4. Stuttgart 1883, S. 215. Das aus der Zeit nach 1871 stammende Attribut Geibels zitiert nach Walter Hinck: Epigonendichtung und Nationalidee. Zur Lyrik Emanuel Geibels. In: Zeitschrift für deutsche Philologie 85 (1966), S. 267-284, hier S. 279.

lenken,[35] da reagieren die Literaten, die bis heute wertgeschätzt werden, antinational und orientieren sich nach außen; sie suchen im internationalen geistigen Austausch auf kosmopolitischer Grundlage Verbindungen herzustellen, die dem staatspolitischen Nationalismus entgegenstehen. Der Naturalismus ist seiner Idee nach eine auf Internationalität basierende literarische Richtung, auch wenn seine deutsche Variante sich teilweise von der Heimatkunst vereinnahmen ließ. Der Impressionismus, die Fin-de-Siècle-Dichtung, die Décadence-Literatur, der Expressionismus sind gesamteuropäische Erscheinungen, die sich gegen die nationalistische Ideologie zur Wehr setzen. Nationalismus und Kosmopolitismus bilden von da an Gegensätze.

Keineswegs heißt das jedoch, daß in der ernstzunehmenden, hochgewerteten Literatur etwa die nationale Komponente als Merkmal der Zugehörigkeit zu einer bestimmten Nation und der Liebe zur Heimat, in unserem Zusammenhang der Liebe zu Deutschland, negiert wäre. Das Gegenteil ist der Fall. Wieder wähle ich abschließend als Beleg ein besonders brisantes Beispiel: die wohl erbittertste und schärfste Anklage gegen militarische, revanchistische und imperialistische Tendenzen in der Weimarer Republik, *Deutschland, Deutschland über alles* von Kurt Tucholsky, dem Heine des 20. Jahrhunderts. Das Buch endet mit einem *Heimat* überschriebenen Kapitel: "Nun haben wir auf 225 Seiten Nein gesagt, Nein aus Mitleid und Nein aus Liebe, Nein aus Haß und Nein aus Leidenschaft – und nun wollen wir auch einmal Ja sagen. Ja-: zu der Landschaft und zu dem Land Deutschland." Nach einer Schilderung landschaftlicher Reize heißt es dann grundsätzlich: "Im Patriotismus lassen wir uns von jedem übertreffen – wir fühlen international. In der Heimatliebe von niemand [...]. Wir haben das Recht, Deutschland zu hassen – weil wir es lieben."[36] Das heißt verallgemeinert: Nur wer kritisch der eigenen Nation gegenüber eingestellt ist und sie über nationale Enge

35 Vgl. Alter, Nationalismus (Anm. 3), S. 53f.

36 Kurt Tucholsky: Deutschland, Deutschland über alles. Ein Bilderbuch von K.T. und vielen Fotografen. Montiert von John Heartfield. Berlin 1929. Reprint Reinbek 1980, S. 226, 231.

hinaus im Vergleich mit anderen Nationen sieht, kann sie lieben und respektieren und sie in ihren typischen Eigenheiten darstellen. Autoren, die sich blind mit Deutschland identifizieren, fraglos patriotisch oder national eingestellt sind, gelangen nur zu Phrasen, Stereotypen, Gemeinplätzen. Für eine Literatur von Weltrang scheint die Mischung von nationalen Komponenten und kosmopolitischer Einstellung, ihr Spannungsverhältnis produktiv zu sein. Wer kann sich Werke der Weltliteratur bis zur Gegenwart vorstellen, die nicht zugleich von nationalen, das heißt zur Nation gehörenden und sie betreffenden Spezifika geprägt sind und diese in einem erweiterten Rahmen so darstellen, daß sie auch Leser anderer Nationen zur Auseinandersetzung reizen?

Ursula E. Koch

UNTER FREMDEM HIMMEL: FRANZÖSISCHE EMIGRANTEN IN DEUTSCHLAND – DEUTSCHE EMIGRANTEN IN FRANKREICH AUS HISTORISCHER PERSPEKTIVE (1685 - 1945)

"Manche unter uns hat das Exil eingeengt,
aber den Kräftigeren, Tauglicheren gab es mehr
Weite und Elastizität, es machte ihren Blick
freier für das Große, Wesentliche und lehrte sie,
nicht am Unwesentlichen zu haften."
(Lion Feuchtwanger)[1]

Einführung

In den vergangenen drei Jahrhunderten waren Deutschland und Frankreich, die beiden Nachfolgestaaten des 843 geteilten karolingischen Reichs, Ausgangs- und Endpunkt mehrerer wechselseitiger Emigrationswellen. Bis vor wenigen Jahren war dieser wichtige Aspekt der deutsch-französischen Beziehungen im kollektiven Gedächtnis beider Völker verschüttet. 1983 bot die von französischen Germanisten für das französische Außenministerium in Zusammenarbeit mit dem Pariser Goethe-Institut konzipierte Wanderausstellung *Deutsche Emigranten in Frankreich – Französische Emigranten in Deutschland 1685-1945* erstmals eine eindrucksvolle Zusammenschau.[2] Sie reicht von den Asyl suchenden französischen Protestanten bis zu den Exilanten (richtiger wäre Exulanten)[3] der NS-Zeit.

---

1 Zit. nach Ernst Loewy (Hrsg.): Exil. Literarische und politische Texte aus dem deutschen Exil 1933-1945, Stuttgart 1979, S. 679.

2 Vgl. den von Jacques Grandjonc redigierten Katalog 'Deutsche Emigranten in Frankreich – Französische Emigranten in Deutschland', 1685-1945, 2. Aufl., Paris 1984, mit Beiträgen von Gilbert Badia, Jacques Grandjonc, Irmgard A. Hartig, Hélène Roussel, Alain Ruiz, Rita Thalmann, Klaus Voigt, Barbara Vormeier, Michael Werner. Die 1. Auflage erschien 1983 in französischer Sprache. In Lehre und Forschung der französischen Germanistik steht der Aspekt "Civilisation allemande"

Das aus dem Lateinischen stammende Wort Emigrant ist im deutschen Sprachgebrauch seit 1731 bekannt. Es bezog sich zunächst auf die aus dem Fürstbistum Salzburg vertriebenen Protestanten, die größtenteils im Königreich Preußen Zuflucht gefunden hatten.[4] Wenige Jahrzehnte später entstanden in Frankreich die Begriffe *émigrant* (1773) und *émigré* (1791). Als *émigrés* (die Emigrierten) bezeichnet man diejenigen Personen, die das revolutionäre Frankreich als Flüchtlinge oder Verbannte ("Deportierte") mit der Absicht verließen, nach einer 'Wende' zurückzukehren. 1835 wurde der Begriff *émigré* in das berühmte *Dictionnaire de la langue française* der Akademie aufgenommen.

Flucht und Vertreibung aus religiösen oder politischen Motiven haften dem Wort "Emigrant" somit von Anbeginn an. Insofern ist Bertolt Brecht nur bedingt zuzustimmen, wenn er schreibt:

> "Immer fand ich den Namen falsch, den man uns gab: Emigranten.
> Das heißt doch Auswanderer. Aber wir
> Wanderten doch nicht aus, nach freiem Entschluß
> Wählend ein anderes Land. Wanderten wir doch auch nicht
> Ein in ein Land, dort zu bleiben, womöglich für immer.
> Sondern wir flohen. Vertriebene sind wir, Verbannte
> Und kein Heim, ein Exil soll das Land sein, das uns da aufnahm."[5]

Allerdings bildeten die *politischen* Asylanten, um hier einen Neologismus zu gebrauchen, nur *einen* Aspekt der oben erwähnten Emigrationswellen. Der Wirtschaftsflüchtlinge sei in diesem Überblick

---

(deutsche politische, Sozial-, Wirtschafts-, Kulturgeschichte; aktuelle Landeskunde) gleichberechtigt neben der Sprach- und Literaturwissenschaft.

3 Von lat. exsulans "in der Verbannung lebend".

4 1732 erließ König Friedrich Wilhelm I. ein Einladungspatent für die wegen ihres Glaubens vertriebenen protestantischen Salzburger. Die fast 20 000 Emigranten wurden zum überwiegenden Teil in Ostpreußen angesiedelt.

5 Bertolt Brecht: "Über die Bezeichnung Emigranten", in: Gesammelte Werke, Bd. 9, Gedichte 2, Frankfurt a.M. 1967, S. 718. Erstveröffentlichung des Gedichts 1939 in London (Malik-Verlag).
Im Leitheft "Emigrantenpresse und Schrifttum" (März 1937), herausgegeben vom Sicherheitsdienst der SS und strengster Geheimhaltung unterliegend, werden die Begriffe "Auswanderung" und "Emigration" nicht synonym verwendet. Dort heißt es: "Der 'Auswanderung' haftet stets ein hoher Grad persönlicher 'Freiwilligkeit' an. Die 'Emigration' erfolgt 'unter Druck'. Die 'Auswanderung' denkt zunächst einmal nicht an eine 'Rückkehr', die 'Emigration' immer".

ebenso gedacht wie jener zahlreichen Auswanderer, die aus persönlichen Gründen unterschiedlichster Art (Heirat, Karriere) ihre Heimat vorübergehend oder für immer verließen. Wohl nur die Vertreter der zuletzt genannten Kategorie von Emigranten wählten "nach freiem Entschluß" ein "anderes Land".

I. Die Flucht der französischen Protestanten und ihre Aufnahme in Deutschland: ein politischer Akt

1. Vom Edikt von Nantes (1598) zum Edikt von 'Fontainebleau' (1685)

Nach mehreren Religionskriegen und dem Massaker der Bartholomäusnacht ('Pariser Bluthochzeit', 24. August 1572; 20 000 Tote, davon 2 000 in Paris) gewährte der 1593 zum Katholizismus übergetretene König Heinrich IV. der calvinistischen[6] Minderheit Frankreichs 1598, durch das Edikt von Nantes, Gewissens- und begrenzte Kultfreiheit sowie einen festen Rechtsstatus.[7]

---

6 Der französische Reformator Calvin (eigentlich Jean Cauvin; 1509-1564) war 1534 von Paris nach Basel geflohen. Von 1536-38 wirkte er als evangelischer Prediger in Genf, anschließend (bis 1541) als Seelsorger der französischen Flüchtlingsgemeinde in Straßburg, wo er mit Melanchthon und Martin Bucer zusammentraf. Nach seiner Rückberufung führte er in Genf eine strenge Kirchenzucht ein, die von einem Konsistorium überwacht und von den weltlichen Behörden unterstützt wurde. In seinem Hauptwerk, der Christianae religionis institutio (1536), entwickelte er den Gedanken der Prädestination. Aus dem Erfolg des Menschen, begründet auf rastloser Tätigkeit, könnte auf seine Erwählung geschlossen werden. Durch seinen ausgedehnten Briefwechsel sowie durch Flugschriften hat Calvin an der Durchsetzung der Reformation in ganz Europa mitgewirkt. Bedeutend war der Einfluß des Calvinismus auf die wirtschaftliche und soziale Entwicklung in West-Europa und Nord-Amerika. Den Zusammenhang zwischen Religiosität und Wirtschaftsverfassung hat Max Weber 1904/05 in seiner Untersuchung Die protestantische Ethik und der Geist des Kapitalismus aufgewiesen.

7 1594 wurde der einstige Führer der Kalvinisten in Chartres gekrönt; 1595 erteilte ihm Papst Klemens VIII. die Absolution. Heinrich Mann schrieb über diesen König von Frankreich (1589 bis zu seiner Ermordung 1610) und von Navarra (seit 1562) im französischen Exil zwei Bände: Die Jugend des Königs Henri Quatre (1935) und Die Vollendung des Königs Henri Quatre (1938). Vgl. hierzu Pierre Bertaux: Zur Entstehung des Henri Quatre – Heinrich Mann in den Pyrenäen, Berlin 1973.

Unter seinem Enkel, Ludwig XIV. (Thronbesteigung 1661), waren die Hugenotten, ein um 1560 aus dem schweizerischen Ignot (Eignot, "Eidgenosse") gebildeter Spottname für die französischen Protestanten, Zwangsbekehrungen und anderen Unterdrückungsmaßnahmen (z.B. Einquartierung von Soldaten) ausgesetzt. Schließlich, am 18. Oktober 1685, erklärte der 'Sonnenkönig' das Toleranzedikt seines Großvaters in Fontainebleau bei Paris "für null und nichtig". Dies geschah nicht zuletzt aus staatspolitischen Gründen. Denn: Ludwig XIV. war dem Grundsatz verpflichtet: "une foi, une loi, un roi" (ein Glaube, ein Gesetz, ein König). Mit der Widerrufung des Edikts von Nantes machte der französische König seinen Anspruch der Alleinherrschaft über den damals volkreichsten Staat Europas (etwas über 20 Millionen Einwohner) auch in kirchlichen Dingen geltend.[8]

Die Pastoren wurden innerhalb von vierzehn Tagen des Landes verwiesen, die Gotteshäuser zerstört. Den übrigen Anhängern der "vorgeblich reformierten Religion" (1 Million Menschen) wurde unter Androhung lebenslanger Galeerenstrafe untersagt, Frankreich zu verlassen. An den Landesgrenzen wachten Truppenkordons mit Hunden; 'boat people', um einen modernen Begriff zu benutzen, drohte Gefahr von den königlichen Kriegsschiffen oder von verräterischen Kapitänen.[9]

Dennoch gelang innerhalb von wenigen Jahren zwischen 200 000 und 300 000 reformierten Christen die Flucht zur See (vor allem nach Südafrika, Nordamerika) oder zu Land (insbesondere nach England und Holland). Im territorial zersplitterten und konfessionell gespaltenen Heiligen Römischen Reich Deutscher Nation nahmen vor allem die reformierten sowie einige lutheranische Staaten (z.B. das

---

8 Das französische Staatskirchentum (Gallikanismus) beruhte auf dem Grundsatz, daß dem Papst in Frankreich keine weltlichen Kompetenzen zustanden. Für kirchliche Erlasse sowie für die Vergabe von Pfründen und Bischofssitzen war die königliche Genehmigung erforderlich. Durch diese Vorrechte der Krone wurde die katholische Dogmatik nicht berührt. Vgl. zum Zeitalter Ludwigs XIV. (1661-1715) u.a. Heinz-Otto Sieburg: Geschichte Frankreichs, 3. Aufl., Stuttgart/Berlin/Köln/Mainz 1983, S. 130-149.

9 Vgl. Pierre-Paul Sagave: Berlin und Frankreich 1685-1871, Berlin 1980, S. 15.

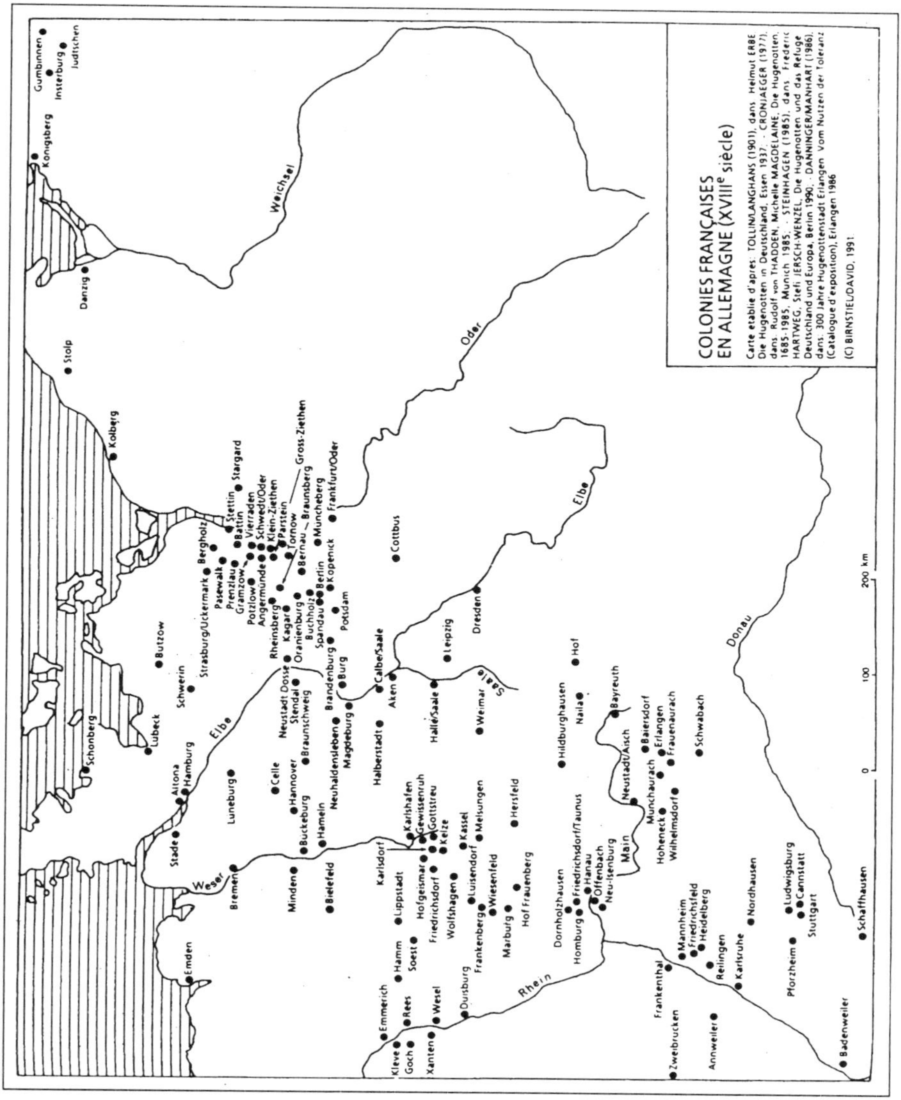

Abbildung 1: Die Hugenotten in Deutschland im 18. Jahrhundert.
Quelle: Eckart Birnstiel: "Les réfugiés huguenots en Allemagne au XVIIIe siècle", in: Jean Mondot/Jean-Marie Valentin/Jürgen Voss (Hrsg.): Deutsche in Frankreich – Franzosen in Deutschland: 1715-1789, Sigmaringen 1992, S. 75.

Herzogtum Württemberg,[10] die Markgrafschaft Bayreuth) die über die holländische oder Schweizer Grenze gelangten französischen *Réfugiés* (Flüchtlinge) auf *(Abb.1)*.[11]

Der Knotenpunkt des *Refuge* (Zufluchtsort)[12] war die Reichsstadt Frankfurt.[13] Zwischen 1685 und 1705 hat die dortige Gemeinde über 100 000, oft völlig verarmte Glaubensflüchtlinge an ihren nächsten oder endgültigen Bestimmungsort weitergeleitet. Dort wurden sie nicht selten in überbelegten Räumen, Dachböden, Kellern oder Baracken untergebracht. Vereinzelt entstanden auch geschlossene Hugenottensiedlungen. So gründete Landgraf Karl von Hessen-Kassel vor den Toren Kassels Oberneustadt, ferner Carlsdorf und Karlshafen (seit 1977 Bad Karlshafen); etwa gleichzeitig (1688) berief er Denis Papin (1647-1714), den berühmten Mathematiker, als ordentlichen Professor an die Universität Marburg. Für die von Markgraf Christian Ernst von Brandenburg-Bayreuth ins Land geholten Hugenotten wurde – nach strengen geometrischen Prinzipien – "Neu-Erlang" erbaut, nachdem die bereits bestehenden Siedlungen (lutheranischer Klerus und Bevölkerung) ihre Aufnahme verweigert hatten.[14]

---

10 Hier kamen vor allem die Waldenser unter, die man im weiteren Sinn zu den Hugenotten zählen kann.

11 Vgl. hierzu den Aufsatz von Eckart Birnstiel: "Les réfugiés huguenots en Allemagne au XVIIIe siècle", in: Jean Mondot/Jean-Marie Valentin/Jürgen Voss (Hrsg.): Deutsche in Frankreich, Franzosen in Deutschland: 1715-1789. Allemands en France, Français en Allemagne: 1715-1789, Sigmaringen 1992, S. 73-87.

12 Lehnwort aus dem Lateinischen (12. Jahrhundert; refugium).

13 Allein in den Jahren 1685-1695 zogen (zum Teil mehrfach) mehr als 63 700 Personen durch die Stadt; an manchen Tagen sind mehr als 50 Flüchtlinge eingetroffen. Vgl. die 1985 vom Berliner Senat herausgegebene, von Andreas Reinke redigierte Broschüre Das Edikt von Potsdam. Toleranz hat Tradition, S. 12.

14 In Neu-Erlang lebten 1698 1 000 Franzosen und 317 Deutsche; 25 Jahre später hatte sich das Verhältnis Franzosen (1 028)/Deutsche (2 154) umgekehrt. Vgl. zu den Niederlassungen in Hessen-Kassel und zu Erlangen den Katalog Deutsche Emigranten in Frankreich – Französische Emigranten in Deutschland (s. Anm. 2), S. 29-35. Zu erwähnen sind natürlich auch die Landgrafschaft Hessen-Darmstadt, ferner Hessen-Homburg und Hessen-Hanau.
Der Mathematiker Denis Papin hatte während seines fast 20jährigen Aufenthalts als erster damit begonnen, die Antriebskraft des Wasserdampfes nutzbar zu machen. Als 1707 die Explosion einer Dampfkanone mehrere Tote zur Folge hatte, mußte er seine Professur niederlegen.

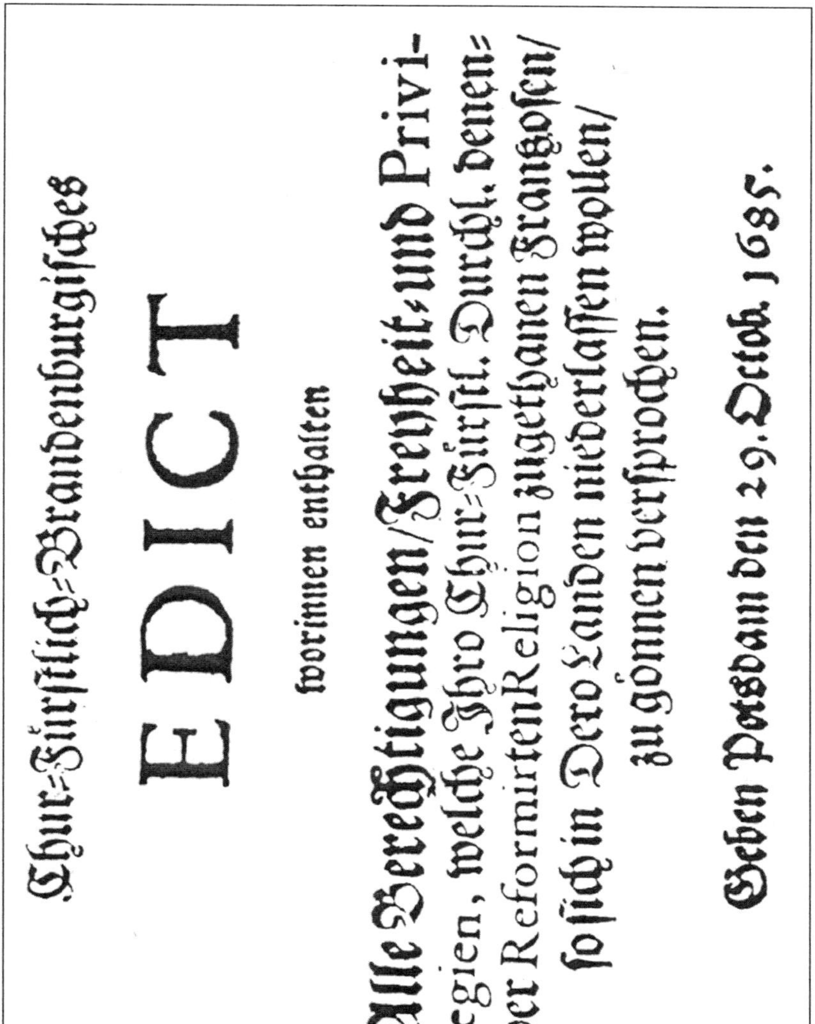

Chur-Fürstlich-Brandenburgisches

EDICT

worinnen enthalten

Alle Berechtigungen/Freyheit, und Privi-
legien, welche Ihro Chur-Fürstl. Durchl. denen-
der Reformirten Religion zugethanen Frantzosen/
so sich in Dero Landen niederlassen wollen/
zu gönnen versprochen.

Geben Potsdam den 29. Octob. 1685.

Abbildung 2: Das Edikt von Potsdam (1685), deutsches Titelblatt. Das Original befindet sich in der Staatsbibliothek zu Berlin – Preußischer Kulturbesitz.

2. Religionstoleranz und 'Peuplierungspolitik' : Das Edikt von Potsdam (1685)

Von besonderer Bedeutung wurde die Massenflucht der Hugenotten, "ein schweres Unglück für Frankreich" (Voltaire),[15] für das Kurfürstentum Brandenburg (ca. 1 Million Einwohner) und spätere (1701) Königreich Preußen. Dort ließen sich bis zum Ende des 17. Jahrhunderts etwa 15 000 der insgesamt 40 000 in Deutschland gebliebenen *Réfugiés* nieder, davon knapp 6 000 in Berlin. 1698 erreichte ihr Anteil an der Berliner Bevölkerung (einschließlich des Militärs) seinen Höhepunkt: Jeder vierte Einwohner der Stadt war französischer Herkunft.[16] Wie war es dazu gekommen?

Nur 11 Tage nach dem Widerruf des Edikts von Nantes durch Ludwig XIV., am 29. Oktober 1685 (nach dem damals noch gültigen Julianischen Kalender), unterzeichnete Kurfürst Friedrich Wilhelm (1640-88), genannt der Große Kurfürst, das in zwei Sprachen abgefaßte Potsdamer Edikt *(Abb. 2)*. Der in einer Auflage von 500 Exemplaren gedruckte Text gelangte auf illegalem Weg ebenfalls nach Frankreich.

Die aus 14 Artikeln bestehende Aufnahmeurkunde gewährte freie Glaubensausübung und Niederlassung, verbunden mit konkreten wirtschaftlichen Vorteilen. Hier die wichtigsten: Die diplomatischen Vertreter des Kurfürsten wurden angewiesen, den "evangelisch-reformierten frantzösischen Leuten" Geld, Pässe und Transportmittel zur Verfügung zu stellen. An ihrem Ziel angelangt, erhielten die Glaubensflüchtlinge entweder verfallene Häuser nebst Baumaterial geschenkt oder wurden für die ersten vier Jahre kostenlos eingemietet. Die einen wie die anderen kamen – sozusagen als Starthilfe – in

15 Voltaire: Le siècle de Louis XIV (1751).

16 1698 lebten in Berlin etwa 22 440 Menschen (einschließlich Militär), darunter 5.682 französische Flüchtlinge. Von den 13 847 Réfugiés, die bis 1699 nach Brandenburg-Preußen gekommen waren, lebten 41 % in Berlin, so daß sich hier die bedeutendste Französische Kolonie befand.
Das 1992 vom Presse- und Informationsamt des Landes Berlin herausgegebene Berlin-Handbuch spricht von 15 000 nach Brandenburg eingewanderten Hugenotten (S. 237).

Abbildung 3: Kupferstich von Johann Jacob Thurneisen (1636-1711) nach einem Gemälde von Gregorius Brandmüller. Der von seinen Ministern umgebene, den Flüchtlingen ein schützendes Szepter entgegenhaltende Große Kurfürst wird vor einem Tempel im korinthischen Stil im Römerkleid dargestellt; ein Genius krönt ihn mit einem Lorbeerkranz. Die hundert Jahre später (1782) entstandene bekannte Radierung von Daniel Chodowiecki (1726-1801) lehnt sich an diese Vorlage an.

Quelle: Jacques Grandjonc (Hrsg.): Deutsche Emigranten in Frankreich – Französische Emigranten in Deutschland, 1685-1945, 2. Aufl., Paris 1984, S. 17.

den Genuß einer sechsjährigen Steuerfreiheit. Darüber hinaus wurden – auf Antrag – Investitionskredite (z.B. zur Errichtung von Manufakturen) gewährt, Produktionsmonopole zugesagt und für französische Handwerker der Zunftzwang aufgehoben. Vier Jahre nach dem Potsdamer Edikt wurde die Aufnahme der Hugenotten durch Kurfürst Friedrich Wilhelm zum ersten, aber nicht zum letzten Mal in einem Gemälde festgehalten *(Abb. 3)*.

Diese weitreichenden Vergünstigungen hatten allerdings nicht allein humanitäre ("gerechtes Mitleiden") oder religiöse (1613 waren die Hohenzollern aus staatspolitischen Erwägungen zum reformierten Glauben übergetreten),[17] sondern auch politische und ökonomische Gründe. Im 30-jährigen Krieg (1618-1648) war Brandenburg-Preußen als eines der Hauptkampfgebiete verwüstet und seine überwiegend lutheranische Bevölkerung um die Hälfte verringert worden. Die wichtigste Voraussetzung zu einer Wiederbelebung der Wirtschaft erblickte der Große Kurfürst daher in einer beschleunigten Einwanderung und gezielten Anwerbung von Fachkräften. Er handelte somit durchaus nach dem Motto "Geben und Nehmen".

Die meist mittellosen *Réfugiés* wurden bei ihrer Ankunft von einer kleinen französischen Gemeinde in Berlin mit dem Notdürftigsten versorgt. Da dies nicht ausreichte, ordnete der Große Kurfürst eine freiwillige Hauskollekte an, die wenige Wochen später (22. Januar 1686) in eine nach dem Vermögen gestaffelte Zwangsabgabe umgewandelt wurde.

Nicht allein wegen dieser "allen und jeden Bürgern" abverlangten Abgabe reagierte die einheimische Bevölkerung auf ihre neuen Mitbürger merklich kühl. Die fremde Sprache, die fremde Kleidung, fremde Eß- und sonstige Gewohnheiten riefen Mißtrauen hervor. Lebensmittel und Wohnungen wurden knapp und infolgedessen teurer. Handwerker, Kaufleute und Gewerbetreibende fürchteten die neue, allerdings keineswegs unmittelbare Konkurrenz. Denn: die Hugenotten führten nicht weniger als 46 bislang unbekannte Berufe

---

17 Vgl. hierzu Gerd Heinrich: "Religionstoleranz in Brandenburg-Preußen. Idee und Wirklichkeit", in: Manfred Schlenke (Hrsg.): Preußen. Beiträge zu einer politischen Kultur, Reinbek bei Hamburg 1981, S. 61-88.

ein (Tuchmacher, Cafetiers, Confituriers, Gold- und Silberarbeiter, Handschuh- und Perückenmacher, Tanzmeister oder Tobakpflanzer). In Berlin wurden wiederholt in den neuen Hugenottenvierteln Fenster eingeschlagen. An einzelnen Orten (zum Beispiel in Magdeburg) wurden sogar Häuser, die Hugenotten zugewiesen worden waren, in Brand gesteckt. Halb Wahrheit, halb Dichtung ist daher das (ironische?) Gelegenheitsgedicht des Hugenottenabkömmlings Theodor Fontane (1819-1898). Anläßlich des 200. Jahrestags des Potsdamer Edikts verfaßte der bedeutende Berliner Romanschriftsteller (*Effi Briest* u.a.), Dichter und Journalist folgenden Prolog:

> "Ein hochgemuther Fürst, so frei wie fromm,
> Empfing uns hier, und wie der Fürst des Landes
> Empfing uns auch sein Volk. Kein Neid ward wach,
> Nicht Eifersucht, – man öffnete die Thür
> Und hieß als Glaubensbrüder uns willkommen.
> Land-Fremde waren wir, nicht Herzens-Fremde."[18]

Rund 125 Jahre bildete die aus etwa 60 Siedlungen bestehende 'französische Colonie' (gemeinsames Glaubensbekenntnis, gemeinsame Sprache, Selbstverwaltung, eigene Kirchengemeinden, eigene Schulen, eigene Prozeßordnung, also Gruppenidentität)[19] Brandenburg-Preußens einen Staat im Staat beziehungsweise – in Berlin – eine Stadt in der Stadt. Als Ludwig XIV. eine Rückkehr der Hugenotten ausschloß, erhielten diese durch das Naturalisationsedikt vom 13. März 1709[20] (bestätigt durch das Naturalisationspatent vom 29.

---

18 Der Prolog ist abgedruckt bei Richard Béringuier: Ausführliche Beschreibung der Feier zum 200jährigen Gedächtnisse des Ediktes von Potsdam, begangen von den französisch-reformierten Gemeinden in Brandenburg-Preußen, Berlin 1885, S. 47 f. Vgl. zu Theodor Fontane allgemein die auch die journalistische Arbeit würdigende Biographie von Hans-Heinrich Reuter: Fontane, 2 Bde., München 1968.

19 Vgl. Eckart Birnstiel: "'Dieu protège nos souverains'. Zur Gruppenidentität der Hugenotten in Brandenburg-Preußen." In: Frédéric Hartweg/Stefi Jersch-Wenzel (Hrsg.): Die Hugenotten und das Refuge: Deutschland und Europa. Beiträge zu einer Tagung, Berlin 1990, S. 107-128.

20 "Edict, Kraft dessen alle, in dero Landen, sich befindende, und künftig ankommende, wegen der Protestantischen Religion, vertriebene frantzösische, und andere Refugirten, naturalisiret, und denen gebohrnen Teutschen Unterthanen, egalisi-

Februar 1720) gleiche Staatsbürgerrechte. Hundert Jahre später (1809) wurden ihre Privilegien (französisches Bürgerrecht; eigene Gerichts- und Verwaltungsorgane) im Zuge der preußischen Reformen[21] von Friedrich Wilhelm III. aufgehoben. Für das Königreich Preußen, ein Einwanderungsland, galt somit nicht das Prinzip der Abkommens-, sondern der Staatsbürgergemeinschaft.[22]

Tatsächlich hatte zu diesem Zeitpunkt die wirtschaftliche, gesellschaftliche und kulturelle Integration der Hugenotten und ihrer Nachkommen (z.B. die bekannte Berliner *Réfugié*-Familie Ancillon aus Metz) weitgehend stattgefunden. Adlige oder studierte *Réfugiés*, also Vertreter der Elite, hatten Karriere gemacht: am preußischen Hof (zahlreiche Prinzenerzieher),[23] im Staatsdienst (leitende Beamte, Polizeipräsidenten, Universitätsprofessoren und Gymnasiallehrer, Zensoren), im Heer (15-20 % des Offizierskorps) oder in der 'Gelehrtenrepublik'. Mehrere Hugenotten waren Mitglieder der von Leibniz 1700 aufgebauten Berliner Akademie der Wissenschaften, die 1744 von Friedrich dem Großen zur *Académie Royale de Prusse* mit Französisch als Amtssprache umgestaltet worden war.[24]

Nicht zu vergessen sind natürlich die Literatur (Fontane, Friedrich de la Motte Fouqué)[25] und Publizistik. Einer der bedeutendsten Multiplikatoren und Vermittler zwischen dem deutschen und französi-

---

ret werden" Der Text ist abgedruckt bei Frédéric Hartweg: "Die Hugenotten in Berlin: Eine Geschichte, die vor 300 Jahren begann...", in: Die Hugenotten und das Refuge (s. Anm. 19), S. 23.

21 Vgl. E. Birnstiel (s. Anm. 19), S. 126 f. Ein kurzer Gesamtüberblick findet sich bei Ilja Mieck: "Zielsetzungen und Ertrag der preußischen Reformen", in: Preußen (s. Anm. 17), S. 183-196. Die preußischen Reformen sind eng verbunden mit den Namen Karl Reichsfreiherr vom und zum Stein (1737-1831) und Karl August (seit 1814) Fürst von Hardenberg (1750-1822).

22 Ein Überblick bei Stefi Jersch-Wenzel: "Preußen als Einwanderungsland", in: Preußen (s. Anm. 17), S. 136-161.

23 Vgl. P.P. Sagave: Berlin und Frankreich (s. Anm. 9), S. 37-65.

24 Vgl. hierzu Jürgen Voss: "Deutsche in französischen Akademien und Franzosen in deutschen Akademien 1700-1800", in: Deutsche in Frankreich, Franzosen in Deutschland (s. Anm. 11), S. 41 f.

25 Der Hugenottennachfahre Friedrich de la Motte Fouqué (1777-1843) ist bis heute bekannt durch seine 1811 erschienene, von E.T.A. Hoffmann (1816) und von Albert Lortzing (1845) vertonte Erzählung 'Undine'. Aus dem Jahr 1939 (1949 deutsch) stammt das gleichnamige erfolgreiche Theaterstück ('Ondine') des französischen Schriftstellers Jean Giraudoux (1882-1944).

JOURNAL
DE
BERLIN

Numero  I.

Du Samedi, 2. Juillet 1740.

POLITIQUES.

BERLIN.

C'eſt ici l'Article, ſur le quel nous nous etendrons le plus pour l'ordinaire, & ſouvent ce ſera le ſeul, auquel nous nous arrêterons. Plus d'une raiſon nous y engage. On a aſſez d'autres Feuilles, qui contiennent les nouvelles publiques des Pais étrangers; & comme il eſt difficile qu'elles ne nous préviennent, il ne nous convient pas de les copier. A moins donc qu'il ne nous parvienne par des Voyes ſures quelque particularité intéreſſante, nous laiſſerons à d'autres le ſoin des détails des autres Cours, & nous nous bornerons à donner une idée du glorieux Régne, qui vient de commencer. Ce Journal, qui nait presque en même tems, pourra par là ſervir en quelque ſorte de Mémoires à l'Hiſtoire de ce Régne, & offrir en recourci ce que l'Hiſtoire ne manquera pas de transmettre à la poſterité, dans une etenduë proportionnée à l'importance des faits.

Pour arriver à ce but, reprenons les choſes, dés la mort du Roi FRIDERIC GUILLAUME de glorieuſe mémoire. Nous le perdîmes le 31. Mai dernier, vers les trois heures de l'aprésmidi Il décéda à Potsdam, dans la 52 année de ſon age, & la 28. de ſon Régne,

etant

Abbildung 4
Quelle: Peter de Mendelssohn: Zeitungsstadt Berlin, 2. Aufl., Frankfurt/M/Berlin/Wien 1982, S. 40.

schen Sprach- und Kulturraum war der Mitherausgeber beziehungsweise Gründer von Zeitungen *(Abb. 4)* und Zeitschriften Samuel Formey (1711-1797).[26]

Ein weiteres Zeichen der im wesentlichen in der dritten Generation vollzogenen Assimilation waren die zahlreichen Mischheiraten in allen Schichten der Bevölkerung. So erklärt sich auch, daß nur relativ wenige Nachfahren der nach Deutschland geflüchteten Hugenotten nach Frankreich zurückgekehrt sind, obwohl die Protestanten dort seit 1790 (Gesetz vom 15. Dezember) als gleichberechtigte Bürger anerkannt worden waren.[27] Zu den Rückwanderern gehörte die durch Hölderlin in die Literatur eingegangene Bankiersfamilie Gontard aus Frankfurt.[28]

Überlebt haben bis heute französische Straßen- und Familiennamen sowie einige wenige französisch-reformierte Gemeinden. Die größte befindet sich in Berlin (knapp 3 000 Mitglieder). In Berlin existiert auch noch ein vor über 300 Jahren (1689) gegründetes Französisches Gymnasium (*Collège Royal Français*).

---

26 Samuel Formey wurde 1737 Professor am französischen Gymnasium in Berlin, 1748 ständiger Sekretär, dann Historiograph der Académie Royale de Prusse. Er war Mitherausgeber der 1720 entstandenen Bibliothèque germanique (25 Bde.), fortgesetzt als Nouvelle Bibliothèque germanique; 1738 gründete er in Berlin die Zeitschrift Mercure et Minerve, ou choix de nouvelles politiques et littéraires les plus intéressantes, fortgesetzt als Amusements littéraires, moraux et politiques, 1740 leitete er die kurzlebige, von Friedrich II. angeregte Zeitung Journal de Berlin, 1750 begründete er die literarische Wochenschrift L'Abeille du Parnasse (bis 1754) sowie die in Leyden erschienene Bibliothèque impartiale (bis 1758). Samuel Formey veröffentlichte 130 Bücher und verfaßte ebenfalls Beiträge für das Standardwerk der Aufklärung, die weit verbreitete, von Diderot und d'Alembert herausgegebene und großenteils redigierte Encyclopédie (1751-1772). Vgl. u.a. Edgar Mass: "Französische Journalisten in Deutschland", in: Deutsche in Frankreich, Franzosen in Deutschland (s. Anm. 11), S. 121-126.

27 Nach Ausbruch der Französischen Revolution veröffentlichten die Berliner Zeitungen Ergebenheitsadressen an den preußischen König, die von Hugenotten stammten. Vgl. zu dieser Frage allgemein Eckart Birnstiel: "Le retour des Huguenots du Refuge en France. De la révocation à la révolution", in: Bulletin de la Société d'Histoire du Protestantisme Français, Bd. 135, Paris 1989.

28 Von Januar 1796 bis September 1798 war Johann Christian Friedrich Hölderlin (1770-1843) Hauslehrer im Hause des Bankiers Gontard. Die Mutter seiner Zöglinge, Susette, wurde von Hölderlin als "Diotima" gefeiert. Diotima ist der erdichtete Name der Priesterin zu Mantinea in Platons Symposion, von der Sokrates die Ideen über das Wesen der Liebe gehört zu haben vorgibt.

Nicht in Berlin, sondern im hessischen Karlshafen etablierte sich der 1890 entstandene, nach dem II. Weltkrieg wiederbegründete Deutsche Hugenottenverein. Im Gründungsaufruf (1890) hieß es: "Die deutschen Réfugiés haben sich des Hugenottennamens allzeit würdig gezeigt. Deutsch durch und durch...leben sie heute durch Deutschland zerstreut." Anläßlich des 100jährigen Bestehens (1990) knüpfte der Vorsitzende des Vereins, Dekan Jochen Desel, eine Verbindungslinie zwischen Vergangenheit und Gegenwart: "Dem Schicksal der Hugenotten kommt... paradigmatische Bedeutung zu. Ihre Integration und Assimilation in den Refugeländern kann Hinweise und Hilfestellungen geben zur Bewältigung der Aufgaben, die uns heute gestellt sind."[29]

II. Auswanderung als Einzelschicksal im Jahrhundert der Aufklärung und des Kosmopolitismus

Da vor 1851 keine genauen statistischen Erhebungen vorliegen, läßt sich nicht einmal ungefähr sagen, wieviele Franzosen im Heiligen

---

29 100 Jahre Deutscher Hugenotten-Verein, S. 11. Im April 1989 wurde in Bad Karlshafen ein Hugenottenmuseum eröffnet. Das Berliner Hugenottenmuseum – es befindet sich im Kuppelturm der Französischen Friedrichstadtkirche am Gendarmenmarkt – ging 1935 aus einer kleinen Ausstellung hervor, die der Kunsthändler Alfred Sachse zum 250. Jahrestag des Edikts von Potsdam hauptsächlich aus Spenden von Mitgliedern der französisch-reformierten Gemeinde zusammengestellt hatte. Nach dem II. Weltkrieg wurden die Bestände des Museums, des Archivs und der Bibliothek (1992 ca 15 000 Bände) erheblich erweitert.
Weiterführende neuere, bisher nicht angeführte Literatur zum Thema Hugenotten in Deutschland: Rudolf von Thadden/Michelle Magdelaine (Hrsg.): Die Hugenotten. 1685-1985, 2. Aufl., München 1986, Stefi Jersch-Wenzel/Barbara John (Hrsg.): Von Zuwanderern zu Einheimischen. Hugenotten, Juden, Böhmen, Polen in Berlin, Berlin 1990. Als besonderer Aspekt sei die gegen andere Minderheiten gerichtete Überidentifikation einzelner Hugenottennachkommen erwähnt. So gab Hector de Grousilliers 1880 nicht allein Berlins erstes extrem antisemitisches illustriertes Satire-Journal heraus, sondern machte auch durch Vorträge, Broschüren und Flugschriften die Antisemitenliga öffentlich bekannt. Vgl. Ursula E. Koch: Der Teufel in Berlin. Von der Märzrevolution bis zu Bismarcks Entlassung. Illustrierte politische Witzblätter einer Metropole 1848-1890, Köln 1991, S. 248-252, 575 f. Schließlich sei hier auf die Dissertation ('Hugenotten unterm Hakenkreuz') von Ursula Fuhrig-Grubert aufmerksam gemacht, Berlin/New York 1994.

Römischen Reich Deutscher Nation lebten und wieviele Österreicher, Preußen, Bayern oder Sachsen in Frankreich. Die Lage komplizierte sich dadurch, daß seit dem Westfälischen Frieden (1648) deutsche Fürsten (z.B. der Herzog von Württemberg) im Osten Frankreichs Besitzungen (Montbéliard/Mömpelgard) hatten, während umgekehrt der französische König über deutsche Ländereien (z.B. die Enklave Landau in der Pfalz) Hoheitsrechte ausgeübt hat.

Unter den Franzosen in Deutschland seien zunächst die an deutschen Fürstenhöfen sehr geschätzten Architekten (z.B. Robert de Cotte, Dominique Girard, Louis Remy de la Fosse) genannt; zahlreiche Entwürfe für Schlösser und Gärten (z.B. in Nymphenburg und Schleißheim) sowie für sonstige Neu-, Um- oder Erweiterungsbauten sind ihnen zu verdanken.[30] Andere Franzosen waren Ingenieure, Maler, Schauspieler oder Hauslehrer. Da gegen Ende des Ancien Régime 12 bis 15 Prozent der französischen Gesamtausfuhr in die Hansestädte Bremen, Hamburg und Lübeck gingen, ließen sich dort zahlreiche Familien (Kaufleute, aber auch Handwerker) aus Frankreich nieder, zumal sich dort größere reformierte Gemeinden befanden.[31]

Schließlich sei hier an jene französischen Gelehrten erinnert, die nach ihrer Berufung an eine deutsche Akademie in Göttingen, München oder Berlin lebten.[32] So wurde der bekannte Physiker und Mathematiker Pierre Louis Moreau de Maupertuis (1698-1759) 1741 Präsident der Berliner Akademie. Ein anderer Gelehrter fand 1748 Zuflucht am Hof Friedrichs II. und wurde Mitglied der Akademie als politisch Verfolgter und Verbannter: Julien Offray de La Mettrie (1709-1751). Der atheistische Philosoph (berühmteste Arbeit *L'Hom-*

---

30 Vgl. Irene Markowitz: "Französische Architekten an deutschen Fürstenhöfen des 18. Jahrhunderts", in: Deutsche in Frankreich, Franzosen in Deutschland (s. Anm. 11), S. 127-150. Die ersten französischen Baumeister, die z.B. Berlin und Dresden zu prächtigen Residenzen mit ausbauten, waren natürlich Hugenotten.

31 Vgl. Franklin Kopitzsch/Ursula Stephan-Kopitzsch: "Franzosen in den Hansestädten und in Altona zwischen 1685 und 1789", in: Deutsche in Frankreich – Franzosen in Deutschland (s. Anm. 11), S. 283-285.

32 Vgl. hierzu J. Voss (s. Anm. 24), S. 41-44. Zwischen 1700 und 1800 befanden sich unter den ordentlichen, auswärtigen und Ehrenmitgliedern der Berliner Akademie insgesamt 127 Franzosen (S. 42).

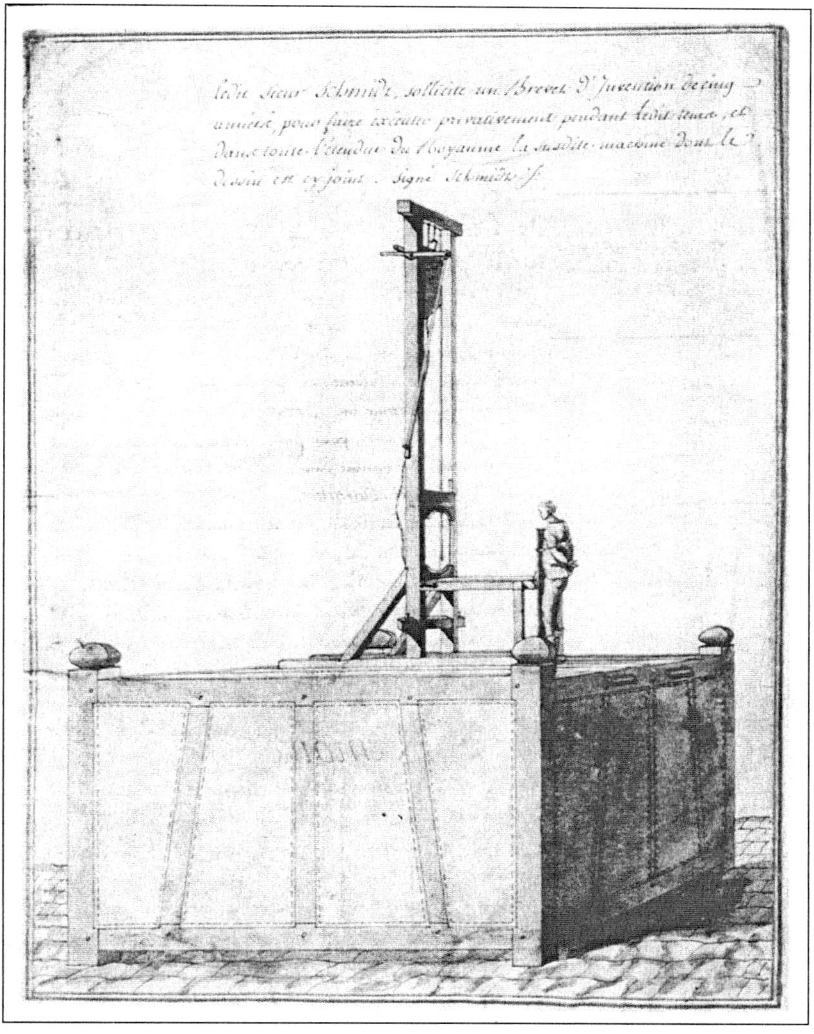

Abbildung 5: "Fünfjahrespatent" für das ausschließliche Herstellungsrecht der Guillotine.
Quelle: Katalog Deutsche Emigranten in Frankreich – Französische Emigranten in Deutschland, S. 69.

me-Machine, 1748; *Der Mensch, eine Maschine*, 1909) starb allerdings schon drei Jahre später nach dem Genuß einer verdorbenen oder vergifteten Pastete. *Kein* Akademiemitglied war dagegen Preußens berühmtester 'Asylant', François Marie Arouet, genannt Voltaire (1694-1778). Der mit dem Orden "Pour le mérite" ausgezeichnete Schriftsteller und Philosoph verfaßte während seines fast dreijährigen Aufenthalts in Potsdam (Juli 1750 bis März 1753) mehrere in ganz Europa verbreitete, von "jedermann" gelesene antiklerikale und politische Flugschriften, die unter dem Namen "petits pâtés chauds de Berlin" (heiße Pastetchen aus Berlin) in die französische Literaturgeschichte eingegangen sind.

Frankreich stand im 18. Jahrhundert als "Herberge der Welt"[33] vor allem den Deutschen offen. Marie-Antoinette (1755-1793), 'l'Autrichienne', seit 1774 französische Königin, hatte um sich eine regelrechte deutsche Kolonie versammelt. Unter ihrer Schutzherrschaft reformierte der in ganz Europa bekannte Komponist Christoph Willibald Ritter von Gluck in den Jahren 1772 bis 1779 die französische Oper. Gluck war es aber auch, der einen gewissen Johann Tobias Schmidt nach Frankreich kommen ließ. Dieser Deutsche machte sich nicht nur als Klavierbauer einen Namen, sondern ist nach Ausbruch der Revolution als geschäftstüchtiger Hersteller der Köpfmaschine, d.h. der Guillotine in die Geschichte eingegangen *(Abb. 5)*.[34] Hervorzuheben ist ferner eine gewisse deutsch-französische Verschmelzung im Bereich der Wissenschaft. Von den in Paris lebenden deutschen

---

33 Zit. nach Alain Ruiz: "Deutsche im Frankreich der Revolution", in: Deutschland und die Französische Revolution 1789/1989. Eine Ausstellung des Goethe-Instituts zum Jubiläum des welthistorischen Ereignisses, Stuttgart 1989, S. 102.

34 Vgl. Deutsche Emigranten in Frankreich – Französische Emigranten in Deutschland (s. Anm.2), S. 68 f.
Die Guillotine verdankte ihren Namen dem Doktor Joseph Guillotin, der am 1. Dezember 1789 in der Konstituante für die Gleichheit aller vor der Todesstrafe eintrat. Als humanstes Hinrichtungsverfahren schlug er die Enthauptung durch eine Maschine vor. Der Entwurf für eine solche Maschine stammt von dem Chirurgen Antoine Louis. Die nach diesem Entwurf von Schmidt erbaute Guillotine wurde am 25. April 1792 zum ersten Mal bei einer Exekution eingesetzt. Fünf Jahre lang besaß Schmidt das ausschließliche Herstellungsrecht der Köpfmaschine für jedes der 83 französischen Departements. Er wurde ein schwerreicher Mann, endete jedoch 1831 in Paris als Trinker.

Publizisten war der aus Regensburg stammende, zwischen beiden Welten wandernde Diplomat Friedrich Melchior Grimm der bekannteste. Von ihm hatte es geheißen: "Niemand war pariserischer als dieser Baron, eine wahrhaft lebende Gazette seiner Zeit."[35]

Auf der unteren Stufe der sozialen Leiter findet man eine ähnlich vollzogene Assimilation. In der Vorstadt Saint-Antoine, wo die strengen Pariser Zunftgesetze keine Anwendung fanden, konzentrierten sich an die 4 000 Schwerstarbeiter oder Handwerker deutscher Abstammung: Ebenisten, Schreiner, Möbeltischler, Schmiede, Mechaniker, Schuhmacher, Gerber.[36]

Zwischen den Hofkreisen und der Gelehrtenrepublik auf der einen und der arbeitenden Masse auf der anderen Seite "wirbelte in wirrem Durcheinander eine ganze deutsche Bevölkerung"[37]: Maler, Kupferstecher, Musiker, Ärzte, Militär,[38] Fabrikanten, Händler oder Kaufleute. Neben dieser erstaunlichen Ansammlung von Deutschen in und um Paris[39] waren die deutschen Niederlassungen im Elsaß sowie in Lothringen[40] am bedeutendsten. Nicht zu vergessen sind

35 Zit. nach A. Ruiz (s. Anm. 33), S. 102. Grimm (1723-1807) lebte seit 1748 in Paris. Er gab dort die Correspondance littéraire, philosophique et critique heraus, die von den europäischen Höfen bezogen wurde. Vgl. auch den Aufsatz von Jochen Schlobach: "Grimm in Paris. Ein Kulturvermittler zwischen Deutschland und Frankreich in der zweiten Hälfte des 18. Jahrhunderts", in: Deutsche in Frankreich – Franzosen in Deutschland 1715-1789 (s. Anm. 11), S. 179-189. Vgl. allgemein Jürgen Voss: Deutsch-französische Beziehungen im Spannungsfeld von Absolutismus, Aufklärung und Revolution, Bonn/Berlin 1992.

36 Vgl. zu den rechtlichen Regelungen sowie zu den Erfolgen und Grenzen der Integration Ulrich-Christian Pallach: "Deutsche Handwerker im Frankreich des 18. Jahrhunderts", in: Deutsche in Frankreich, Franzosen in Deutschland (s. Anm. 11), S. 89-102.

37 Vgl. A. Ruiz (s. Anm. 33), S. 102.

38 Vgl. Bernhard R. Kroener: "Deutsche Offiziere im Dienst des 'allerchristlichesten Königs' (1715-1792). Aspekte einer Sozialgeschichte der Elite deutscher Fremdenregimenter in Frankreich im 18. Jahrhundert", in: Deutsche in Frankreich, Franzosen in Deutschland (s. Anm. 11), S. 53-72.

39 Vgl. Deutsche in Frankreich – Franzosen in Deutschland (s. Anm. 11), S. 9.

40 Seit dem Vertrag von Mersen (870) gehörte das Elsaß zum ostfränkischen, später Deutschen Reich. Im 13. Jahrhundert zerfiel es in viele geistliche und weltliche Gebiete. 1354 bildete sich der "Zehnstädtebund" (Dekapolis). 1648 fielen die habsburgischen Besitzungen und die Vogtei über die zehn Reichsstädte an Frankreich. Die Reunionen Ludwigs XIV. dehnten die Oberhoheit der französischen Krone auch auf die kleineren elsässischen Reichsstände aus; 1681 wurde Straßburg besetzt. Nichtsdestoweniger rissen die wirtschaftlichen und geistigen Verbindungen

schließlich die Champagne und die Hafenstadt Bordeaux. Zahlreiche Champagnermarken (als eine der ersten – 1785 – die Firma Heidsieck)[41] legen noch heute Zeugnis ab von der Gründung deutscher Handelshäuser in Epernay oder Reims; das gleiche gilt für Schroeder und Schyler aus Lübeck, gefolgt von Cruse aus Holstein sowie für weitere Vertreter der deutschen Kolonie in der Hafenstadt Bordeaux, die durch ihren Weinexport in die baltischen Häfen zum wirtschaftlichen Aufschwung der Stadt (1790: 110 000 Einwohner, darunter über 500 Deutsche) beigetragen haben.[42]

III. Die Französische Revolution (1789-1799) als Auslöser einer doppelten Emigration

1. Französische Royalisten und Priester im deutschen Exil

Über die Zahl der *émigrés* findet man unterschiedliche Angaben. Von insgesamt 150 000, 250 000, 300 000 ist die Rede, davon ein Drittel aus dem Dritten Stand (1788: ca 97 % der Bev.); 60 % Erwachsene (davon 1/3 Priester); 40 % Frauen und Kinder. Hiervon sollen sich allerdings nie mehr als 60 000, nach kühneren Schätzungen 100 000

---

zum Heiligen Römischen Reich Deutscher Nation nicht ab.Im Verlauf der Französischen Revolution wurde das Elsaß mit dem französischen Staat verschmolzen. Lothringen war 1766 an Frankreich gefallen.

41 Florens Louis Heidsieck (1749-1828), ein Westfale, hat sich 1777 in Reims niedergelassen. Heidsieck wurde von Königin Marie-Antoinette das seltene Privileg gewährt, die Lilien aus dem königlichen Wappen auf seine Weinflaschen gravieren zu lassen. 1785 entstand die Champagnerfirma von Karl (Charles) Heidsieck. Im 19. Jahrhundert kamen weitere Champagnerhersteller deutscher Herkunft hinzu: Schreider (Firma Louis Roederer), Krug, Piper, Deutz u. Geldermann, Mumm. 1821 wurde Mathias-Edouard Werle Teilhaber und bald darauf Firmenchef der 1798 gegründeten Firma Veuve Cliquot. Werle, der sich in den 30er Jahren hatte naturalisieren lassen, wurde 1852 Bürgermeister von Reims; von 1862-1870 war er Mitglied des gesetzgebenden Körpers.

42 Vgl. allgemein Michel Espagne: Bordeaux-Baltique. La présence culturelle allemande à Bordeaux au XVIIIe et XIXe siècle, Bordeaux 1990. An den kurzen Aufenthalt Hölderlins in Bordeaux (Januar-Juni 1802) als Hauslehrer in der Familie des Hamburger Konsuls Meyer erinnert heute eine schlichte Gedenktafel.

bis 130 000 Franzosen gleichzeitig im Exil (England, Holland, Deutschland, Schweiz, Rußland, Nordamerika) befunden haben.[43]

Die Flucht und Vertreibung aus Frankreich (die zweite und bisher letzte Massenauswanderung) vollzog sich in mehreren Wellen. Bereits am 16. Juli 1789, also zwei Tage nach dem Sturm auf die Bastille, verließen der jüngere Bruder Königs Ludwig XVI., der Graf von Artois, d.h. der künftige Karl X., seine Söhne sowie der Prinz Condé, aus einer Seitenlinie der Bourbonen, mit ihrem Gefolge Frankreich. Weitere Vertreter des Mitte 1790 von der Nationalversammlung "abgeschafften" Adels schlossen sich an. Eine zweite große Gruppe von Emigrierten waren jene Geistlichen, die sich weigerten, den Eid auf die Zivilkonstitution des französischen Klerus (Sommer 1790) zu schwören. Um einer Exkommunikation durch Papst Pius VI. zuvorzukommen, nahmen sie die im Mai 1792 von der Nationalversammlung beschlossene "Deportation", d.h. Verbannung in Kauf.[44]

Der Sturz der Monarchie (August 1792) und die Ausrufung der Republik (September 1792), die Revolutionskriege, der blutige Bürgerkrieg in der Vendée und die Terrorperiode (September 1793 bis Juli 1794),[45] endlich eine wechselnde Gesetzgebung bis hin zur Todesstrafe für Rückkehrer und "ewiger Verbannung" aller Emigranten führten zu immer neuen Fluchtwellen.

Erst unter dem Direktorium wurden diese Maßnahmen gelockert. Ein Gesetz vom 9. Januar 1795 gestattet zunächst 40 000 geflohenen elsässischen Bauern die Rückkehr. Fünf Jahre später, unter Bonaparte (ab 1804 Kaiser der Franzosen), wurden 48 000 der 100 000 Namen aus der Emigrantenliste gestrichen. Nach dem Frieden von Lunéville

---

43 Vgl. Quid 1994 (émigration); Jean Vidalenc: "Les émigrés français dans les pays allemands pendant la Révolution", in: Jürgen Voss (Hrsg.), Deutschland und die Französische Revolution, München/Zürich 1983, S. 154-167; Irmgard A. Hartig, "Französische Emigranten in Deutschland zur Zeit der Revolution und Napoleons", in: Deutsche Emigranten in Frankreich – Französische Emigranten in Deutschland (s. Anm. 2), S. 46.

44 Ein Teil des niederen Adels leistete den Zivileid und bildete dadurch eine neue französische Nationalkirche.

45 Die "Terreur", über die in den deutschen Zeitungen ausführlichst berichtet wurde, beginnt am 17. September 1793 mit dem "Gesetz über die Verdächtigen" und endet mit dem Sturz von Maximilien Robespierre (1758-94) und seinen Anhängern (27. Juli 1794 = 9. Thermidor).

(1801; Anerkennung der linksrheinischen Besitzungen Frankreichs durch Österreich) und dem 1802 abgeschlossenen Konkordat mit dem Papst erging dann eine quasi (bis auf 1 000 Namen) allgemeine Amnestie.[46]

Eine im heutigen, vereinten Deutschland sehr aktuell anmutende Frage sei hier gestellt und beantwortet: Was geschah mit den seit Sommer 1792 in kleinere Parzellen aufgeteilten und versteigerten Besitztümern der Emigranten? Hier die Antwort: 1824 (28. April) versuchte König Karl X., der Bruder und Nachfolger Ludwigs XVIII., das Problem der Besitzverhältnisse durch ein salomonisches Urteil zu lösen. Diejenigen adligen Familien, die ihre in der Revolutionszeit als 'Nationalgüter' verkauften Besitztümer nicht wiedererhalten hatten (z.B. durch Rückkauf durch Mittelsmänner), hatten Anspruch auf dreiprozentige Staatsanleihen. Alles in allem stellte der französische Staat eine Milliarde Goldfranken zur Verfügung ("le milliard des émigrés").[47]

Die ersten Ansammlungen französischer *émigrés* auf deutschem Boden bildeten sich in den östlichen Grenzgebieten am Rhein. Unter ihnen befanden sich auch 20 000 katholische Bauern. Im Erzbistum Trier (mit Koblenz) und im Bistum Worms bereiteten die Vertreter des Hochadels und des Militärs – mit anfänglicher Unterstützung des Kurfürsten von Trier – die Konterrevolution (Herstellung von falschem Papiergeld; Aufstellung bewaffneter Korps) vor.[48] In nur kurzer Zeit wurde Koblenz, wo sich seit 1791 die beiden Brüder

---

46 Allerdings kehrten ca. 25 000 Adlige erst 1814/15 nach Frankreich zurück, d.h. nach der Wiedereinsetzung der Bourbonen.
Vgl. allgemein zur Französischen Revolution Walter Grab (Hrsg.): Die Französische Revolution. Eine Dokumentation, 2. Aufl., München 1989.

47 Siehe hierzu Quid 1994, émigrés, émigration.

48 Ausgangspunkt für die Schaffung – neben der Goldwährung – eines revolutionären Papiergeldes (ab April 1790) war die Beschlagnahme der Kirchengüter. Hierdurch versuchte man vergeblich, der Finanzkrise des Staates Einhalt zu gebieten. Seit dem Frühjahr 1791 betrieben die Emigranten die massenweise Fabrikation falscher Assignaten, insbesondere in England, aber vermutlich auch in Neuwied, Koblenz und Augsburg. Nach sieben Jahren war die Geldentwertung (um 66 %) soweit fortgeschritten, daß man die Goldwährung (Franc germinal) wiedereingeführt hat. Verlierer der Inflation waren Rentiers, Handwerker, Angestellte und Lohnarbeiter, Gewinner bäuerliche Pächter und Spekulanten.

Ludwigs XVI. aufhielten, zum Inbegriff für Hochmut und Standesdünkel: "Stolz und aufgeblasen" wie der Frosch aus der Fabel von Lafontaine, hieß es im Volksmund. Zahlreiche deutsche und französische Karikaturen stellen die französischen Royalisten im Zerrbild dar.[49] Auch nachdem diese infolge der Kriegsereignisse[50] weitergezogen waren, bestanden die negativen Bilder in den Köpfen vieler Zeitgenossen fort.

Ab 1792 waren die zwei Hauptgruppen der *émigrés*, die Adligen und Bürgerlichen beiderlei Geschlechts (Soldaten, Beamte jeden Ranges, selbst hochgestellte Geistliche und Stiftsdamen) auf der einen Seite, die "deportierten" Priester und Angehörigen religiöser Gemeinschaften auf der anderen Seite über ganz Deutschland verstreut. Die einen hatten von ihrem Vermögen etwas gerettet. Andere lebten von der Unterstützung der Fürsten oder der Geistlichkeit. Viele Emigranten verdienten jedoch ihren Lebensunterhalt durch eigene, zunächst ungewohnte Arbeit: als Hilfspriester, Erzieher, Sprach- Musik- und Tanzlehrer, Pferdehändler, Modellschneider, Porzellanmaler, Hersteller von Visitenkarten beziehungsweise mit Handarbeiten.

Neue Exilzentren waren – im Süden – das Bistum Konstanz und – im Norden – die reichsunmittelbare Stadt Hamburg. In Hamburg sollen sich zwischen 4 000 und 40 000 Emigranten aufgehalten haben. Wie reagierte die Hamburger Bevölkerung (ca. 100 000 Einwohner) auf diesen Zustrom? 1797 klagte der anonyme Autor einer Flugschrift über Teuerung, Wohnunsnot und Konkurrenzdruck. Durch eine Unterschriftensammlung sollte der Rat aufgefordert werden, die Emigranten aus der Stadt zu weisen. Auf einem "in Hamburg nach dem Leben gemahlten" anonymen Kupferstich ("Französisches

49 Vgl. Deutsche Emigranten in Frankreich – Französische Emigranten in Deutschland (s. Anm. 2), S. 48-54, vgl. vor allem Claude Langlois, La Caricature contre-révolutionnaire, Paris 1988.

50 Am 25. Juli 1792 erfolgte das berühmte "Manifest" des Herzogs von Braunschweig; es war von den Koblenzer Emigranten inspiriert. 20. September 1792: französischer Sieg bei Valmy. (Goethe: "Von hier und heute..."). 21. Oktober 1792: Die Franzosen besetzen Mainz, wo ein Jakobinerklub gegründet wird. 21. Januar 1793: Hinrichtung Ludwigs XVI. nach einem Prozeß (1 Stimme Mehrheit).

Emigranten Volck") erkennt man sechs arrogant wirkende Franzosen und einen gequält aussehenden Deutschen nebst Hund. An der Spitze marschiert ein dicker, ordensgeschmückter Adliger (man beachte das Bourbonenprofil), gefolgt von einem langen, dünnen adligen Offizier (Kontrastwirkung). Das Rasiermesser in seiner Hand deutet möglicherweise eine nicht standesmäßige Tätigkeit an. Dahinter kommt ein krummbeiniger südländischer, und somit verwegen wirkender Adjutant, an den sich ein betender Geistlicher in bürgerlicher Kleidung anschließt. Ein einfacher Mann aus dem Volk trägt zwei Bedienstete; den letzten beißen sozusagen die Hunde *(Abb. 6)*.

Dies ist freilich nur die eine Seite der Medaille. Die andere sieht folgendermaßen aus: Zweisprachige Annoncen in den Hamburger Zeitungen lassen auf Bemühungen um eine Integration der Fremden schließen. Emigrantenzeitungen in französischer Sprache wie *Le Spectateur du Nord* (Der Zuschauer des Nordens; 500 Abonnenten) sorgten für einen regen interkulturellen Austausch. Zwischen 1794 und 1813 spielte ein französisches Theater mit großem Erfolg vor einem deutschen und französischen Publikum. Glanzvolle Gaststätten, darunter der heute noch berühmte Alsterpavillon am Jungfernstieg, waren Emigrantengründungen.[51]

Für das Gebiet des rechtsrheinischen Bayern (Kurfürst Karl Theodor, 1799 gefolgt von Kurfürst Maximilian IV. Joseph, der künftige König Maximilian I. Joseph) hat die Forschung für die Jahre 1792 bis 1804 anhand der Emigrantenlisten über 4 500 Namen festgestellt. Hinter diesen Namen stehen Vermerke, die über das Schicksal der betroffenen Personen Aufschluß geben, Vermerke wie "3 Tage Erlaubnis in Passau", "vierzehntagweise Erlaubnis in München", "Duldungsschein in Landshut", "Gesuch um Verlängerung", "neues Gesuch abgelehnt" oder: "erhält bayerisches Indigenat"[52] bzw. "nach Hauskauf als Einheimischer zu betrachten". Anfangs waren die meisten Emigranten Priester, die in Pfarrhöfen und Klöstern Aufnahme

---

51 Vgl. den Katalog Deutsche Emigranten in Frankreich – Französische Emigranten in Deutschland (s. Anm. 2), S. 46, 52-59.

52 Die Einbürgerung war nach zehnjährigem Aufenthalt im Land möglich, sofern die wirtschaftliche Sicherstellung (z.B. durch Bürgschaft) gewährleistet war.

Abbildung 6
Quelle: Katalog Deutsche Emigranten in Frankreich – Französische Emigranten in Deutschland, S. 53.

fanden. Hierbei hegten viele Pfarrherren ganz bestimmte Wünsche in bezug auf ihren künftigen Gast, z.B. "daß er noch unverdorben sei, nichts von den französischen Eitelkeiten an sich habe und nicht wie die übrigen dergleichen geistliche Sanskulotten alle, die ich bisher gesehen,...frisiert und gepudert ist."[53] Einer der ehemals bekanntesten nach Bayern geflüchteten Franzosen war zweifellos der französische Abbé (Weltgeistliche) Gérard Gley (1761-1830). Von 1793-1806 hielt er sich in Bamberg auf. Dort richtete er ein Abendgymnasium ein, in dem Sprachkurse abgehalten wurden, veröffentlichte ein Taschenwörterbuch sowie eine Grammatik der französischen Sprache und gründete die *Bamberger Zeitung*, für die später (1806/07) vorübergehend der junge Georg Friedrich Wilhelm Hegel schrieb.[54]

Bis 1815 kehrten alle Emigranten, von wenigen Ausnahmen abgesehen, über kurz oder lang in ihre Heimat zurück. Eine dieser Ausnahmen war der später berühmt gewordene Adelbert (eigentlich Louis-Charles-Adelaïde) von Chamisso (1781-1838). 1792 war er als Kind mit seiner Familie nach Berlin geflohen. Dort wurde er zunächst Edelknabe bei Königin Louise, dann Offizier. Als die Familie 1801 die Heimreise antrat, blieb der 20jährige Adelbert in der brandenburg-preußischen Hauptstadt und entwickelte sich sowohl zu einem Naturforscher als auch zu einem durch und durch deutschen romantischen Dichter (*Peter Schlemihls wundersame Geschichte*, 1813). Ein Bezug zur Gegenwart ist der von der Ludwig-Maximilians-Universität (Institut für Deutsch als Fremdsprache) und von der Akademie der Schönen Künste vergebene, von der Robert Bosch-Stiftung (Stuttgart) finanzierte Adelbert-von-Chamisso-Preis für ausländische Schriftsteller und Schriftstellerinnen, die in deutscher Sprache schreiben. Noch ein Schriftsteller, der (1801) im Berliner Exil

---

53 Bericht aus Waldsassen vom 12.11.1794. Zit. nach Wilhelm Wühr: Die Emigranten der Französischen Revolution im bayerischen und fränkischen Kreis, Aalen 1974 (Neudruck der Ausgabe München 1938), S. 27. Im Anhang (S. 259-581 Namenlisten der Emigranten).

54 Gley war 1794 auch der Entdecker der heute in München aufbewahrten Heliand-Handschrift. Die 1795 gegründete 'Bamberger Zeitung' verkaufte Gley 1801 an einen Günstling des Fürstbischofs, den Hofkutscher Konrad Schneiderbanger. 1804 übernahm er nochmals für kurze Zeit die Redaktion. Die 'Bamberger Zeitung' erschien bis 1809. 1810 wurde das Blatt in 'Fränkischer Merkur' umbenannt.

gestorben ist, sei hier genannt: der von der Berliner Akademie preisgekrönte Royalist Antoine de Rivarol. In Deutschland wurde sein *Politisches Journal* 1989 von Johannes Willms veröffentlicht und kommentiert; in Frankreich nennt sich nach Rivarol eine der äußersten Rechten zuzurechnende Wochenzeitung, die seit 1951 erscheint.[55]

2. Deutsche Emigranten und die Französische Revolution

Anläßlich der 200-Jahr-Feier der Französischen Revolution (1989) sind die zahlreichen Deutschen, die sich mit diesem epochemachenden Ereignis nach einem mehr oder weniger langen Frankreichaufenthalt auseinandersetzten, in einer Fülle von Anthologien und Sammelwerken gewürdigt worden.[56] *Grosso modo* gilt es zwischen drei Typen von Emigranten zu unterscheiden:

a) den bereits *vor* der Revolution in Frankreich ansässigen Deutschen,

---

55 Antoine de Rivarol: Politisches Journal eines Royalisten 5. Mai bis 5. Oktober 1789. Nach der Ausgabe Mémoires de Rivarol, ed. Bervile, Paris 1824 hrsg. und mit einer Einleitung versehen von Johannes Willms. Aus dem Französischen von Barbara Brumm und Johannes Willms, Frankfurt/Main 1989; Rivarols (1753-1801) Essay "De l'universalité de la langue française" war 1784 von der Berliner Akademie ausgezeichnet worden. Es handelt sich um die Beantwortung der im Juni 1782 gestellten Preisfrage "Qu'est-ce qui a fait de la langue française la langue universelle de l'Europe?" Nach Ausbruch der Revolution kämpfte Antoine de Rivarol (den Adelstitel hatte er sich selbst zugelegt) mit spitzer Feder für eine starke, konstitutionelle Monarchie (Journal politique-national, Les Actes des Apôtres). Seit 1892 im Exil, hielt er sich nacheinander in Brüssel, Hamburg und Berlin auf.

56 Hier eine Auswahl wichtiger Sammelwerke, in denen einschlägige Aufsätze enthalten sind: Deutschland und die Französische Revolution 1789/1989 (s. Anm. 33), Deutschland und die Französische Revolution (s. Anm. 43), Otto Büsch/Monika Neugebauer-Wölk (Hrsg.): Preußen und die revolutionäre Herausforderung seit 1789, Berlin/New York 1991. Vgl. auch Friedrich Eberle/Theo Stammen (Hrsg.): Die Französische Revolution in Deutschland. Zeitgenössische Texte deutscher Autoren, Stuttgart 1989, Horst Günther (Hrsg.): Die Französische Revolution. Berichte und Deutungen deutscher Schriftsteller und Historiker, 4 Bde., Frankfurt am Main 1985, Hellmut G. Haasis: Gebt der Freiheit Flügel. Die Zeit der deutschen Jakobiner 1789-1805, Reinbek bei Hamburg 1988, Ulrich Hott (Hrsg.): "O Freyheit! Silberton dem Ohre..." Französische Revoltution und deutsche Literatur 1789-1799, Marbach am Neckar 1989.

b) den nach Ausbruch der Revolution in das Land der 'Neufranken' geströmten 'Revolutionsreisenden',

c) den 'Freiheitspilgern' (innerer Zwang) und politischen Emigranten (äußerer Zwang).

a) Die weitgehend assimilierten Deutschen aus allen Gesellschaftsschichten, die in Frankreich lebten, verhielten sich gegenüber der Revolution ebenso unterschiedlich wie die Franzosen selbst. Der gebürtige Preuße Johann Baptist Baron von Cloots (nach eigener Aussage "Baron in Deutschland, aber Staatsbürger in Frankreich"), predigte 1792 "den heiligen Krieg der Menschen gegen die gekrönten Häupter". Obwohl ihm – wie Klopstock, Schiller und 15 weiteren ausländischen Persönlichkeiten – am 26. August 1792 das französische Bürgerrecht verliehen worden war, wurde er 1794 ein Opfer der Guillotine.[57] Der gebürtige Bayer Frédéric-Melchior Grimm, ein erbitterter Feind der Ideen von 1789, entging diesem traurigen Schicksal. Er schloß sich 1792 der Emigration der Aristokraten an.

b) Die Revolution lockte eine große Zahl von Neugierigen nach Paris. Denn wie dichtete Goethe 1797 in *Hermann und Dorothea* (6. Gesang: Das Zeitalter):

> "Schauten nicht alle Völker in jenen drängenden Tagen
> Nach der Hauptstadt der Welt, die es schon so lange gewesen
>
> Und jetzt mehr als je den herrlichen Namen verdiente? (...)
>
> Wuchs nicht jeglichem Menschen der Mut und der Geist
> und die Sprache?"

---

57 Vgl. zu Cloots(1755-1794), der seit 1775 in Frankreich lebte und in der französischen Nationalversammlung als "Redner des Menschengeschlechts" auftrat, u.a. Deutsche Emigranten in Frankreich – Französische Emigranten in Deutschland (s. Anm. 2), S. 64. Insgesamt starben sieben namentlich bekannte Deutsche auf dem Schafott. Natürlich muß in diesem Zusammenhang auch die am 16. 10.1793 hingerichtete 'Österreicherin' Marie Antoinette genannt werden. Heute lautet die Antwort auf die Frage "Todesstrafe" oder "Exil?" – wie sich anläßlich eines von Robert Hossein zum 200jährigen Todestag in Paris inszenierten Schauspiels (1993/94) herausstellen sollte – mehrheitlich "Exil".

In der Regel hielten sich diese Revolutionsreisenden aus der Zeit von 1789 (es war das Jahr der "Erklärung der Menschenrechte") bis zum Kriegsausbruch 1792 immer nur relativ kurz in Paris auf, sei es als begeisterte Berichterstatter wie der Publizist (*Briefe aus Paris zur Zeit der Revolution*, Braunschweig 1790) und Pädagoge Joachim Heinrich Campe (1746-1818), sei es als kühle Beobachter wie der ihn begleitende junge preußische Adlige Wilhelm von Humboldt (1767-1835).[58]

c) Von Kategorie *a* und *b* unterscheiden sich die politischen Emigranten im eigentlichen Sinn. Die einen verließen ihre deutsche Heimat, weil sie nicht länger Untertanen absolutistischer Fürsten sein wollten. Die anderen, Anhänger der Ideen von 1789 (Freiheit, Gleichheit, Brüderlichkeit) wurden zum Exil gezwungen (Verfolgung, Ausweisung). Eine herausragende Gestalt sei hier als Beispiel herangezogen: der berühmte Gelehrte und Publizist Georg Forster (1754-1794), die Gallionsfigur der 'deutschen Jakobiner'.[59] Als Vize-Präsident des Rheinisch-Deutschen Nationalkonvents reiste er im Frühjahr 1793 nach Paris, um den Anschluß des Mainzer Freistaats (der "Rheinisch-deutschen Republik") an Frankreich zu beantragen. Damit wurde Forster französischer Staatsbürger. Die Belagerung von Mainz durch preußische Truppen zwang ihn zum Verbleib, so daß er den Beginn der Terrrorperiode, in der mehrere 1 000 Köpfe rollten,[60] an Ort und

58 Obwohl ihn Paris im August 1789 abgestoßen hatte, kam Wilhelm von Humboldt im November 1797 mit seiner Familie wieder in die französische Hauptstadt. Während seines vierjährigen, nur von zwei Reisen unterbrochenen Aufenthalts wurde sein Haus im Faubourg Saint-Honoré zu einem Treffpunkt sowohl der in Paris lebenden Landsleute als auch zahlreicher französischer Persönlichkeiten.

59 Die "Gesellschaft der Verfassungsfreunde", die im Winter 1789 im ehemaligen Jakobinerkloster der Rue Saint-Honoré gegründet worden war, nahm auch Deutsche als Mitglieder auf. Im Gegensatz zu den französischen Jakobinern (bis in die Gegenwart ein politischer Begriff) bildeten die als "deutsche Jakobiner" bezeichneten Revolutionsanhänger keine zusammenhängende Gruppe.

60 Laut Quid 1994 beträgt die Gesamtzahl der zwischen dem 21.1.1793 (Hinrichtung Ludwigs XVI.) und dem 9.9. 1795 Geköpften in Paris: 2 794, davon 1 376 zwischen dem 10. Juni und 28. Juli 1794. Die Höchstzahl der an einem Tag Hingerichteten lag bei 70 (29.7.1794). In der Provinz wurden ca. 42 000 Menschen guillotiniert. Insgesamt wird die Zahl der Toten auf 600 000 bis 800 000 geschätzt.

Stelle miterlebte. In die Reichsacht getan, starb er am 10. Januar 1794 in Paris an einer Lungenentzündung.[61]

Um diese Zeit herrschte in ganz Frankreich ein gefährliches Klima der Ausländerfeindlichkeit (Furcht vor europäischer Konterrevolution). Im Namen des "Gesetzes über die Verdächtigen" (17. September 1793) erfuhren auch revolutionsbegeisterte Deutsche Schikanen aller Art: Gefängnis, Revolutionsgericht, Guillotine. Viele tauchten unter, einige brachten sich in der Schweiz in Sicherheit und kehrten nach dem Ende der Schreckensherrschaft nach Frankreich zurück.

Zwischen 1795 und 1799, also bis zum Staatsstreich Napoleon Bonapartes (2. Dezember), kamen dann erneut politisch Verfolgte aus verschiedenen deutschen Staaten in die französische Hauptstadt. Unter ihnen befanden sich Universitätsprofessoren (Karl Friedrich Kramer, Kiel), Schriftsteller und Publizisten. Hier ist vor allem der neben Forster bedeutendste deutsche Jakobiner zu nennen, Andreas Georg Friedrich Rebmann (1768-1824; *Das graue Ungeheur*, *Briefe aus Paris*). Unter Napoleon machte er später eine glänzende Karriere, ohne seine demokratischen Ideale zu verleugnen.

Neben Paris war das Elsaß eine beliebte Anlaufstelle für politische Flüchtlinge aus Deutschland. Insbesondere Straßburg bot sich den circa zweihundert Emigranten als Drehscheibe an. Unter ihnen befand sich der ehemalige Franziskanermönch aus Bamberg, Eulogius Schneider. Wegen seines Übereifers endete er – wie sein Landsmann Cloots – 1794 auf dem Schafott. Unter ihnen befand sich ebenfalls der Stuttgarter Christoph Friedrich Cotta (1758-1838), der als erster die Marseillaise ins Deutsche übersetzte und als Zeitschriftengründer hervortrat (*Argos, oder der Mann mit hundert Augen; Straßburgisches Politisches Journal*). Er war der ältere Bruder des 1822 geadelten

61 Zu Forster finden sich in der in Anm. 56 angegebenen Literatur zahlreiche Hinweise. Vgl. auch den Katalog zur Ausstellung der Stadt Mainz (März/April 1993): Die Publizistik der Mainzer Jakobiner und ihrer Gegner. Revolutionäre und gegenrevolutionäre Proklamationen und Flugschriften aus der Zeit der Mainzer Republik (1792/93).

Johann Friedrich Cotta Freiherr von Cottendorf, des Herrschers über Deutschlands ersten Medienkonzern.[62]

IV. Deutsche Massenauswanderung im 19. Jahrhundert

Im 19. Jahrhundert wurden die französischen Auswanderungsbewegungen des 17. und 18. Jahrhunderts von der deutschen Emigration nach Frankreich bei weitem übertroffen. Hierbei gilt es zwischen der Emigration aus wirtschaftlichen Gründen und dem Exil aus politischen Gründen zu unterscheiden.

1. Auch Deutsche waren dereinst 'Wirtschaftsflüchtlinge'

Ein ganzes Bündel an Gründen – Bevölkerungsexplosion nach den Befreiungskriegen, Strukturkrise in der Landwirtschaft, Proletarisierung der Handwerksgesellen als Folge der Gewerbefreiheit, industrielle Rückständigkeit – führten im Deutschen Bund (1815; 25 Millionen Einwohner) zu einer Auswanderungsbewegung von noch nie dagewesenem Ausmaß. Zufluchtsorte waren vor allem Nordamerika und – in Europa – Frankreich. Hier einige Zahlen zur Verdeutlichung: 1830 lebten (von ca. 200 000 Ausländern) 30 000 Deutsche in Frankreich, davon rund 7 000 in Paris. Anfang 1848 war die Rekordzahl von 170 000 erreicht. Die Wirtschaftskrise und politische Veränderungen in Deutschland, ausgelöst durch die Pariser Februarrevolution (1848), ferner den Deutsch-Französischen Krieg (1870/71) und die damit verbundenen Ausweisungen, führten nur zeitweise zu einem starken Rückgang der deutschen Emigranten. Bis 1911 war ihre Zahl wieder auf 120 000 angestiegen, da die seit 1849 (3. Dezember) gültige Fremdengesetzgebung (Ausstellung einer *carte d'identité*

62 Vgl. die Doppelbiographie von Monika Neugebauer-Wölk: Revolution und Constitution. Die Brüder Cotta, Berlin 1989, sowie folgende Neuerscheinung: Elmar Wadle/Gerhard Sauder (Hrsg.): Georg Friedrich Rebmann (1768-1824) – Autor, Jakobiner, Richter, Sigmaringen 1997.

durch die zuständigen Ortsbehörden) aufs neue liberal gehandhabt worden war. Alles in allem wurden im 19. Jahrhundert etwa 15 000 bis 20 000 deutsche Männer Franzosen; ihre Ehefrauen und Kinder sind automatisch eingebürgert worden. Die Rechtsgrundlage für die Einbürgerung bildete die Verfassung von 1799. Hauptvoraussetzung: ununterbrochener Aufenthalt im Lande von mindestens 10 Jahren.[63]

Neben den bereits auf das ausgehende 18. Jahrhundert zurückgehenden deutschen Kolonien, die Anfang 1848 ihre größte Ausdehnung erreichten (Paris: 60 000;[64] Metz: 15 000; Lyon: 1 500; Bordeaux und Marseille: zwischen 500 und 1 000) – Sammelplätzen deutschen Glanzes, aber auch "deutschen Elends"[65] – durchzogen zwischen 1830 und 1848 etwa 1,5 Millionen arbeitssuchende Handwerksgesellen (Goldschmiede, Stoffdrucker, Schlosser, Mechaniker usw.) und Arbeiter (z. B. Straßenkehrer) aus Sachsen, Bayern, Baden oder Preußen Westeuropa, viele davon auch Frankreich *(Abb. 7)*. Etwa 95 % dieser Deutschen, die in jenen Jahren nach Frankreich kamen, waren – nach der heutigen Terminologie – Wirtschaftsflüchtlinge oder -migranten, ein weitgehend vergessener Tatbestand. Dies erklärt auch, weshalb die Wurzeln der späteren deutschen Arbeiterbewe-

---

63 Vgl. Jacques Grandjonc/Michael Werner: "Deutsche Auswanderungsbewegungen im 19. Jahrhundert (1815-1914)", in: Deutsche Emigranten in Frankreich – Französische Emigranten in Deutschland (s. Anm. 2), S. 82-115.

64 1848 machten beispielsweise die deutschen Schuhmacher und Flickschuster ein Drittel der Arbeiter und Kleinunternehmer in diesem Beruf aus. Zwei von fünf Pariser Schneidern waren Ausländer, die meisten von ihnen Deutsche. In jeder Pariser Druckerei waren deutsche Druckergesellen angestellt; daneben gab es zahlreiche selbständige deutsche Druckereien und Buchhandlungen. Mit ihrer Hilfe entstand in Paris zwischen 1830 und 1840 eine "frühproletarische deutsche Literatur". Vgl. den Katalog Deutsche Emigranten in Frankreich – Französische Emigranten in Deutschland (s. Anm. 2), S. 90-93.

65 Ebenda, S. 87. In Bordeaux (s. S. 102) zählte man in der ersten Hälfte des 19. Jahrhunderts etwa 145 Handelshäuser und Betriebe. Die Deutschen verfügten über eine eigene Kirche sowie zeitweise über einen Gesellschaftszirkel. Die Söhne und Enkel mancher Einwanderer übernahmen auch politische Funktionen (Bürgermeister, Präfekt, Präsident der Handelskammer).

Abbildung 7: Karte der wichtigsten, von deutschen Handwerksgesellen und Emigranten eingeschlagenen Wanderwege.
Quelle: Jacques Grandjonc: Les Émigrés allemands sous la monarchie de Juillet. Documents de surveillance policière: 1833-Février 1848. Etudes Germaniques, I, 1972, S. 126.

gung in der Fremde lagen, in Paris, London, Brüssel und in der Schweiz.[66]

Nicht immer war es allerdings die blanke Not, welche zu einer ökonomisch bedingten Auswanderung führte. Manchmal war es ein Abwägen zwischen mehr oder weniger günstigen Arbeitsbedingungen und Aufstiegschancen. Zu dieser Gruppe gehören Gelehrte wie Alexander von Humboldt (1769-1859), die es in Frankreich zu hohen Ehren brachten,[67] Musiker wie der Weltstar Giacomo Meyerbeer (1791-1846), dessen Oper *Die Hugenotten* (1836) in Paris über tausend Aufführungen erlebte,[68]und der ab 1834 in Paris lebende, 1860 eingebürgerte Operettenkomponist des II. Kaiserreichs *(Orpheus in der Unterwelt, Die schöne Helena)*, Jacques Offenbach (1818-1880),[69] Architekten wie Jakob Ignaz Hittorff (1792-1867), die das Pariser Stadtbild prägten (Place de la Concorde, Nordbahnhof, Place de l'Etoile, Place

---

66 Am Anfang stand ein Pariser Deutscher Gesangverein (1830). Aus ihm gingen nacheinander der Verein zur Unterstützung der Freien Presse (1832), der Deutsche Volksverein (1832-34) und der Bund der Geächteten (1834-36) hervor. Durch Verschmelzung mit einem Klub des Jungen Deutschland (1834-36) aus der Schweiz entstand der Bund der Gerechten (1836-47). Er war der Vorläufer des Bundes der Kommunisten (1847-52), d.h. der ersten Organisation mit moderner Parteistruktur.

67 Vgl. zu weiteren Persönlichkeiten, die Mitglied der Académie française oder des Collège de France wurden, ebenda, S. 84. Alexander von Humboldt (1769-1859) war im Sommer 1790 ein erstes Mal nach Paris gekommen, ein zweites Mal hielt er sich dort von April bis November 1798 auf. Nach Rückkehr von seiner großen Amerikareise (1804) verbrachte er in der französischen Hauptstadt 20 Jahre, bevor er nach Berlin zurückgekehrt ist. Dort entstand sein fünfbändiges bekanntestes Werk Kosmos (1845-62).

68 Meyerbeer ließ sich 1826 in Paris nieder, wo er mit Eugène Scribe (1791-1861) die französische Große Oper pflegte. Obwohl er zwischen 1842 und 1846 als Preußischer Generalmusikdirektor in Berlin angestellt war, blieb die französische Hauptstadt das Zentrum seines Wirkens. Im Gegensatz zu Meyerbeer blieb Richard Wagner (1813-1883) in seinen Pariser Jahren (1839-42, 1849) der Erfolg versagt. Seine Werke 'Ein deutscher Musiker in Paris' (1840/41), 'Das Judentum in der Musik' (1850) und der 'Kaisermarsch' (1871) gehen auf diese Enttäuschung zurück.

69 Offenbach schuf insgesamt 102 Bühnenstücke. Nach dem Deutsch-Französischen Krieg entsprachen seine Werke nicht mehr dem Publikumsgeschmack. Die Aufführung seines Meisterwerks, der Oper 'Hoffmanns Erzählungen' (1880), hat er nicht mehr erlebt.
Vgl. Siegfried Kracauer: Jacques Offenbach und das Paris seiner Zeit, Frankfurt am Main 1980 (Erstausgabe Amsterdam 1937). Vgl. auch Alphons Silbermann: Das imaginäre Tagebuch des Herrn Jacques Offenbach, München 1991.

du Louvre) sowie Unternehmer und Bankiers. So entwickelte sich das 1811 von dem zwanzigjährigen Jakob (James) Rothschild in Paris gegründete deutsche Bankhaus rasch zu einem Zentrum der französischen Finanzaristokratie. 1981 wurde es von dem sozialistischen Staatspräsidenten François Mitterrand verstaatlicht.[70]

2. Flucht vor dem Haftbefehl und Zensor

Die von dem österreichischen Staatsmann Klemens Wenzel Fürst von Metternich 1819 erlassenen, mehrmals verlängerten und überdies verschärften "Karlsbader Beschlüsse", ein Rahmengesetz für den Deutschen Bund (1815-1866) zur Bekämpfung "revolutionärer Umtriebe", waren drei Jahrzehnte lang das "ausgedehnteste und wirksamste Unterdrückungssystem in der deutschen Pressegeschichte überhaupt – von den Maßnahmen des modernen Totalitarismus freilich abgesehen".[71] Die Universitäten wurden als Brutstätten liberalen Gedankenguts unter Polizeiaufsicht gestellt, unliebsame Professoren verloren ihre Stellung (z.B. die "Göttinger Sieben"). Für alle Schriften unter 20 Bogen wurde die Vorzensur eingeführt; unbotmäßige Journalisten unterlagen künftig einem Berufsverbot und mußten häufig von einem Staat zum andern wechseln. Die Krönung des Gebäudes war das 1833 errichtete Mainzer Informationsbüro, ein ausgeklügeltes Spitzelsystem, das die Presse und politische Öffentlichkeit im In- und Ausland überwachte, sowie das Verbot einer ganzen Schriftstel-

70 Das 1901 erloschene Stammhaus war 1766 in Frankfurt am Main von Meyer Amschel Rothschild gegründet worden. Außer in Paris entstanden in London, Wien und Neapel selbständige Bankhäuser, die von den fünf Söhnen des Firmengründers geführt wurden. James Rothschild (1792-1868), als "Baron de Nucingen" eine Figur der 'Menschlichen Komödie', wird bei Balzac durch seinen auffallenden frankfurterisch-jüdischen Akzent gekennzeichnet.

71 Zit. nach Franz Schneider: Pressefreiheit und politische Öffentlichkeit. Studien zur politischen Geschichte Deutschlands bis 1848, Neuwied am Rhein/Berlin 1966, S. 247.

lergruppe ("Junges Deutschland"), zu der man auch den Exildichter Heinrich Heine zählte.[72]

Der Spott auf Obrigkeit und Polizei, die Emigration als Alternative, diese Motive finden sich vor allem bei einem zeitgenössischen Dichter, der selbst ein Opfer der Karlsbader Beschlüsse geworden war: Heinrich August Hoffmann von Fallersleben. Hier die dritte und vierte Strophe aus seinem "Auswanderungslied" (1846):

> "Unsre Brüder werden ausgewiesen.
> Mehr als alles Recht gilt Polizei.
> Heute trifft es jenen, morgen diesen.
> Jeder, jeder Deutsch' ist vogelfrei.
>
> Deutsche Freiheit lebet nur im Liede,
> Deutsches Recht es ist ein Märchen nur.
> Deutschlands Wohlfahrt ist ein langer Friede -
> Voll von lauter Willkür und Censur."[73]

Bereits *vor* (z.B. Joseph Görres),[74] jedoch weit mehr *nach* der durch Pariser oppositionelle Journalisten hervorgerufenen Julirevolution

---

72 Vgl. Frank Thomas Hoefer: Pressepolitik und Polizeistaat Metternichs. Die Überwachung von Presse und politischer Öffentlichkeit in Deutschland und den Nachbarstaaten durch das Mainzer Informationsbüro (1833-1848), München/ New York/London/Paris 1983. Siehe auch Hans Adler (Hrsg.): Literarische Geheimberichte. Protokolle der Metternich-Agenten, 2 Bde., Köln 1977 u. 1981. Siehe ferner Helga Brandes: Die Zeitschriften des Jungen Deutschland, Opladen 1991, und Walter Hömberg: Zeitgeist und Ideenschmuggel. Die Kommunikationsstrategie des Jungen Deutschland, Stuttgart 1975. Vgl. schließlich Werner Pöls (Hrsg.): Deutsche Sozialgeschichte, Bd. I, München 1973, S. 125-189.

73 Zit. nach Tilman Koops/Barbara Muschiol/Johanna Thor (Hrsg.): Freiheit lebet nur im Liede. Das politische Lied in Deutschland, Katalog zu einer Ausstellung des Bundesarchivs, Koblenz 1992, S. 71. Weitere Auswandererlieder auf S. 66-72. 1842 wurde der Professor der deutschen Sprache und Literatur an der Universität Breslau, August Heinrich Hoffmann von Fallersleben (1798-1874), der Dichter der 'Unpolitischen Lieder' (2 Bde.; Hamburg 1840-41) und des im August 1841 auf Helgoland entstandenen "Liedes der Deutschen", ohne Pension seines Amtes enthoben und aus mehreren deutschen Bundesstaaten polizeilich ausgewiesen. 1848 wurde er in Preußen rehabilitiert, 1853 ließ er sich in Weimar nieder, 1860 wurde er vom Herzog von Ratibor zum Biliothekar auf Schloß Korvei ernannt.

74 Johann Joseph Görres (1776-1848), einer der einflußreichsten deutschen Journalisten, kehrte sich nach anfänglicher Revolutionsbegeisterung ('Das Rothe Blatt', 1798) von Frankreich ab. Von Juli 1814 bis zum Verbot durch die preußische Regierung (Januar 1816) gab er in Koblenz die Zeitung 'Rheinischer Merkur' heraus. Diese war nicht nur ein Nachrichten-, sondern auch ein Meinungsblatt (Leitartikel), eine Novität in der deutschen Pressegeschichte. Napoleon bezeichnete den 'Rheinischen Merkur' als "Sechste Großmacht". Seine 1819 veröffentlichte Schrift

(1830),[75] ließen sich zahlreiche liberale, demokratische oder frühsozialistische Journalisten und Schriftsteller vorübergehend oder für immer in der Grenzstadt Straßburg (z.B. Georg Büchner)[76] oder in Paris nieder.[77]

Ludwig Börne (1786-1837) aus Frankfurt, einer der ersten deutschen Berufsjournalisten *(Die Wage; La Balance; Briefe aus Paris)*,[78] Heinrich Heine aus Düsseldorf (1797-1856), der demokratische Dichter Georg Herwegh aus Stuttgart[79] sowie natürlich Karl Marx aus Trier (1818-1883) und Friedrich Engels aus Barmen (1820-1895) sind die heute noch bekanntesten Namen. Als nicht zu unterschätzendes Auswandungsmotiv kam – wie im Fall Börne – hinzu, daß die auf Napoleon zurückgehende Judenemanzipation nach 1815 wieder ein-

---

'Teutschland und die Revolution' führte zu einem Haftbefehl der preußischen Regierung, so daß er zeitweise in Straßburg lebte. 1826 wurde Görres von König Ludwig I. als Professor der Geschichte an die Universität München berufen. In München trat er auch als führender katholischer Publizist ('Historisch-politische Blätter', 1833-1923) hervor.

75 Vgl. hierzu Claude Bellanger / Jacques Godechot / Pierre Guiral / Fernand Terrou (Hrsg.): Histoire générale de la presse française, Bd. II, Paris 1969, S. 97-99.

76 Georg Büchner (1813-1837) hielt sich von 1831-33 in Straßburg auf. Nach französischem Muster gründete er 1833 in Gießen, 1834 in Darmstadt die geheime Gesellschaft der Menschenrechte; als Koautor der revolutionären Flugschrift 'Der Hessische Landbote' (Juli 1834) steckbrieflich verfolgt, fand er von 1835-36 in Straßburg, dann in Zürich Zuflucht. In Straßburg entstanden seine Stücke Leonce und Lena, Woyzeck und die Erzählung Lenz.

77 Unter den 40 000 Deutschen, die Paris 1844 zählte, befanden sich ca. 1 000 Journalisten, Schriftsteller, Bildhauer und Künstler. Vgl. Deutsche Emigranten in Frankreich – Französische Emigranten in Deutschland (s. Anm. 2), S. 96.

78 Ludwig Börne (bis zu seiner Taufe 1818 Louis Baruch) hatte sich ein erstes Mal 1819, dann wieder von 1822-24 in Paris aufgehalten. Wenige Wochen nach der Julirevolution (im September 1830) ließ er sich in Paris, dem europäischen Zentrum des Liberalismus, endgültig nieder. Vgl. Ludwig Börne: Briefe aus Paris, Wiesbaden 1986; Alfred Estermann (Hrsg.): Ludwig Börne: 1786-1837, Frankfurt am Main 1986 und Willi Jasper: Keinem Vaterland geboren. Ludwig Börne. Eine Biographie, Hamburg 1989.

79 Herwegh lebte im Winter 1841/42, von September 1843 bis April 1848 (Bildung einer "Pariser Deutschen Legion") und im Winter 1848/49 in Paris. Vgl. zu diesem repräsentativsten Dichter des deutschen Vormärz neuerdings Heidemarie Vahl/Ingo Fellrath (Hrsg.): "Freiheit überall, um jeden Preis!" Georg Herwegh 1817-1875, Stuttgart 1992.

geschränkt wurde und daß in machen Kreisen der Bevölkerung eine judenfeindliche Stimmung herrschte.[80]

In Paris entstanden nun deutsche Handwerker-, Arbeiter- Hilfs- und Pressevereine, eine deutsche Presseagentur sowie ein vielfältig verflochtenes Netz von Exilzeitungen. Das berühmteste Beispiel der Pariser Exilpresse im 19. Jahrhundert[81] war zweifelsohne der ab 2. Januar 1844 zweimal wöchentlich herausgegebene, kommunistisch inspirierte *Vorwärts* (zwischen 200 und 500 Abonnenten) *(Abb. 8)*. Jedoch, bereits im Dezember 1844 erreichte die preußische Regierung das Verbot dieser Pariser Zeitschrift, die ein Forum für viele demokratische Autoren gewesen war, sowie die Ausweisung der Hauptbeteiligten, darunter Karl Marx[82] und Friedrich Engels.

Im *Vorwärts* erschienen auch mehrere Gedichte Heinrich Heines, zum Beispiel, am 10. Juli (Nr. 55), "Die armen Weber" ("Deutschland, wir weben dein Leichentuch..."), sowie Bruchstücke aus dem zeitkritischen satirischen Versepos *Deutschland – ein Wintermärchen* (Oktober/November). Obwohl Heine im Vorwort die aufklärerischen Traditionen Deutschlands hervorgehoben hatte, sahen seine Kritiker nur den beißenden Spott über Kleinstaaterei, Untertanengeist, Polizeistaat und deutsche Romantik:

> "'Herr Rotbart' – rief ich laut – 'du bist
> Ein altes Fabelwesen,
> Geh, leg' dich schlafen, wir werden uns
> Auch ohne dich erlösen."[83]

---

80 Auch Heine litt, obwohl er 1825 (25. Juni) zum Protestantismus übergetreten war, unter antisemitischen Haßausbrüchen. Aus diesem Grund hatte er bereits in den Jahren 1822/23 wiederholt Auswanderungspläne ins Auge gefaßt. Vgl. Jost Hermand: "Der 'deutsche' Jude H. Heine", in: Helmut Scheuer (Hrsg.): Dichter und ihre Nation, Frankfurt am Main 1993, S. 257-272. Vgl. auch Heinrich Heine: Prinzessin Sabbat. Über Juden und Judentum. Hrsg. und eingeleitet von Paul Peters, Bodenheim 1997.

81 Nach Angaben von Jacques Grandjonc und Michael Werner erschienen im 19. Jahrhundert in Frankreich über 70, oft sehr kurzlebige Exilorgane. Es handelt sich um ganz unterschiedliche Typen und Richtungen. Vgl. Anm. 63, S. 83 f.

82 Vgl. zum Vorwärts die wichtige Studie von Jacques Grandjonc: Marx et les communistes allemands à paris, Paris 1972. Vgl. allgemein Venanz Schubert (Hrsg.): Karl Marx (1818-1883). Eine Ringvorlesung der Universität München, St. Ottilien 1984 (Wissenschaft und Philosophie. Interdisziplinäre Studien, Bd. 1).

Paris, Sonnabend. 3. Februar 1844

Abonnements-Preis

in Paris:

Ein Jahr . . . . 24 Francs.
Sechs Monate . . . 13 „
Drei Monate . . . 8 „

Auswärts:

Ein Jahr . . . . 28 Francs.
Sechs Monate . . . 15 „
Drei Monate . . . 8 „

Insertionen: die Zeile à 50 Centimes.

Vorwärts!

Man abonnirt:

für Paris:

in den Departements:

Deutschland, Schweiz, England

Belgien:

Nord-Amerika:

Erscheint Mitwoch und Sonnabends.

Pariser Signale aus Kunst, Wissenschaft, Theater, Musik und geselligem Leben.

Die Versendung des Vorwärts! geschieht stets am Erscheinungs-Tage, an unsere auswärtigen und Pariser Abonnenten durch die Post. — Sollten Blätter gar nicht oder unregelmäßig zugestellt werden, so bitten wir uns dies in frankirten Briefen anzuzeigen. — Anfragen, Beiträge, Pränumerationsgelder und Briefe wollen franco: „An die Redaction des Journals: Vorwärts, 32, rue des Moulins in Paris“ eingesendet werden.

Aufruf

zur Bildung

eines Hülfs- u. Unterstützungsvereins

für nothleidende Deutsche

in Paris.

(Goethe.)

Im Namen nothleidender Landsleute, im Namen der Menschenfreundlichkeit, im Namen des Nationalsinnes wenden wir uns mit diesem Aufrufe an die Deutschen in Paris, in Frankreich, im Aus- und Inlande. Es handelt sich um die Begründung eines Unterstützungs-Vereines für hülfsbedürftige Deutsche in Paris.

Es bedarf wohl der vielen Worte nicht, um anzuregen für ein langgefühltes Bedürfniß, um hinzuweisen auf die Nothwendigkeit eines solchen Vereins. Von den verschiedensten Seiten ist der Mangel an einem solchen Vereine längst gefühlt, oftmals besprochen, auch mannigfach in deutschen Blättern beklagt worden. [illegible]

Abbildung 8
Vorwärts, Nr. 10 vom 3. Februar 1844

Der Preußenkönig Friedrich Wilhelm IV. war so erzürnt, daß er gegen den Autor des *Wintermärchens* persönlich die Verhaftung beim Überschreiten der Grenze angeordnet hat und das bei Hoffmann und Campe verlegte *corpus delicti* beschlagnahmen ließ!

Für Heine, den Dichter, den Berufsschriftsteller, den Korrespondenten der Augsburger *Allgemeinen Zeitung (Französische Zustände; Lutezia),*[84] den engagierten Publizisten ("öffentliches Tribunat", "Prophetenamt") war die Millionenstadt Paris (seit 1841) "nicht bloß die Hauptstadt von Frankreich, sondern der ganzen zivilisierten Welt".[85] Nichtsdestoweniger war und blieb Heine ein deutscher Dichter im Exil, ein Wanderer zwischen zwei verschiedenen geographischen und geistigen Welten. Das Pariser Exil bot ihm die Möglichkeit, die deutschen Zustände von außen zu beleuchten, und zwar mit der ihm eigenen Waffe, Ironie und Witz. Welche judenfeindlichen Auswüchse die historische (z.B. Heinrich von Treitschke) und literarische (z.B. Adolf Bartels) Auseinandersetzung mit diesem "Bürger von Paris" (Charles de Gaulle) in Deutschland hervorrufen sollte, geht aus der inzwischen gut aufgearbeiteten Rezeptionsgeschichte hervor.[86]

---

83 Zit. nach Ernst Fischer Nachwort (zu) Heinrich Heine: Deutschland – ein Wintermärchen", in: E. Loewy, Exil (s. Anm. 1), S. 989 f.

84 Die Artikelserie "Französische Zustände" erschien zwischen Dezember 1831 und November 1832 in der Beilage der Allgemeinen Zeitung; die von 1840 bis 1848 erschienenen Korrespondenzen faßte Heine in dem Buch Lutezia zusammen. Vgl. hierzu Volkmar Hansen (Hrsg.): Heinrich Heines politische Journalistik in der Augsburger "Allgemeinen Zeitung", Katalog zur Ausstellung: Heines Artikel in der "Allgemeinen Zeitung", Augsburg 1994.

85 Zit. nach Gerhard Höhn: Heine-Handbuch, Stuttgart 1987, S. 12. Eine aktualisierte Neuauflage erschien 1997. Für Goethe war Paris bekanntlich die "Hauptstadt der Welt", für Walter Benjamin die "Hauptstadt des 19. Jahrhunderts". Vgl. zur aktuellen Einschätzung der französischen Metropole Johannes Willms: Paris. Hauptstadt Europas ; 1789-1914, München 1988.

86 Die Reden, historischen Werke ('Deutsche Geschichte des 19. Jahrhunderts', 5 Bde.) und tagespolitischen Schriften des an der Berliner Universität lehrenden zunächst liberalen, dann konservativen Historikers, Publizisten und Reichstagsabgeordneten Heinrich von Treitschke (1834-1896) hatten einen starken Einfluß auf das Bürgertum. Durch einen Aufsatz in den Preußischen Jahrbüchern, der in dem Ausruf "die Juden sind unser Unglück" gipfelte, löste er im November 1879 den Berliner "Antisemitismusstreit" aus. Der Plan, zum 50jährigen Todestag Heines in Hamburg ein Denkmal zu errichten, veranlaßte den antisemitischen Publizisten und Literaturwissenschaftler Adolf Bartels (1862-1945) zu dem Pamphlet 'Heinrich Heine. Auch ein Denkmal' (Dresden/Leipzig 1906), dem eine langanhaltende öffentliche Diskussion folgte. 1942 wurde dieser Heine-Feind mit dem goldenen

V. Rassisch und politisch verfolgte Deutsche im französischen Exil (1933-1945)

Zunächst einige Zahlen: Seit der nationalsozialistischenen "Machtergreifung" (30. Januar 1933) bis zum Beginn des II. Weltkriegs (3. September 1939) haben etwa 300 000 Deutsche als politische Flüchtlinge und/oder aus Rassenhaß Verfolgte ihr Vaterland verlassen müssen. 1938 (nach dem Anschluß) sind weitere 150 000 Österreicher hinzugekommen. In Europa nahm Frankreich – mit einem Bevölkerungsanteil von 72 000 Deutschen (unter ihnen Max Ernst (1891-1976), der Mitbegründer des Surrealismus, und Carl Einstein (1885-1940), ein bedeutender Vertreter des deutschen Expressionismus) – die meisten Flüchtlinge auf. Allerdings hatte über die Hälfte der ca. 55 000 Emigranten nur eine vorübergehende Aufenthaltsbewilligung erhalten; die Zahl der "effektiv" in Frankreich lebenden Exilanten lag daher gemäß neuerer Schätzungen nur bei 25 000 bis 30 000, höchstens 40 000 Personen pro Jahr.[87]

Parteiabzeichen der NSDAP ausgezeichnet. Vgl. hierzu die am Institut für Kommunikationswissenschaft (Zeitungswissenschaft) angefertigte unveröffentlichte Magisterarbeit von Britta Fladung: Adolf Bartels und der Antisemitismus, München 1993.

Das Marmordenkmal Heines, das einst Kaiserin Elisabeth von Österreich-Ungarn (1837-1898) auf ihrem Besitztum (das Achilleion auf Korfu) errichten ließ, steht seit 1954 (nach einer regelrechten Odyssee) nicht in Hamburg (Heines Verlag) oder Düsseldorf (Heines Geburtsstadt), sondern in der südfranzösischen Hafenstadt Toulon.

Folgende neuere Literatur zur Rezeption Heines sei hier angeführt: Jürgen Brummack: Heinrich Heine. Epoche – Werk – Wirkung, München 1980, Bernd Füllner: Heinrich Heine in deutschen Literaturgeschichten: eine Rezeptionsanalyse, Frankfurt/Bern 1982 und Edda Ziegler: Heinrich Heine. Leben. Werk. Wirkung, Zürich 1993.

87 Die Zahlen (25 000 bis 30 000) finden sich bei Rita Thalmann: Deutsche Emigranten in Frankreich – Französische Emigranten in Deutschland (s. Anm. 2), S. 122 u. 127. Barbara Vormeier geht von 25 000 bis 40 000 Personen aus. Vgl. Barbara Vormeier: "La situation administrative des exilés allemands en France (1933-1945). Accueil – répression – internement – déportation", in: Revue d'Allemagne, Bd. XVIII (1986), S.186. Die jüdische Emigration aus (Groß-)Deutschland nach Frankreich belief sich zwischen 1933 und 1938 auf 30 000 Menschen. Vgl. Julius H. Schoeps (Hrsg.): Neues Lexikon des Judentums, Gütersloh/München 1992, S. 138.

1. Wie "Gott in Frankreich?" Das Leben im französischen Exil bis 1939

Die ersten Flüchtlinge trafen unmittelbar vor und nach dem Reichstagsbrand (27. Februar 1933) in Frankreich ein. Unter ihnen, beispielhaft, der große deutsche Dichter Heinrich Mann (1871-1950), einer der hervorragendsten Vertreter des 'intellektuellen Locarno'.[88] Der französische Botschafter André François-Poncet hatte ihn rechtzeitig über seine geplante Verhaftung informiert. Für Heinrich Mann, den überzeugten Europäer, war das Nachbarland das "spirituelle Idealdomizil", die "geistige Heimat", denn: "Wir sind jeder da und dort, aber alle auch in Frankreich geboren".[89]

Im April 1933 kam es dann, als Folgeerscheinung der Boykotte jüdischer Geschäfte, Ärzte und Rechtsanwälte sowie einer repressiven Gesetzgebung gegen Juden und Gegner der Naziherrschaft, zur ersten großen Flüchtlingswelle. Ein jeweils neuer Zustrom nach Frankreich erfolgte in den Jahren 1935 (Rückgliederung des Saargebiets an das Deutsche Reich; Nürnberger Rassengesetze) und 1938 ('Anschluß' Österreichs an das Deutsche Reich; Abtretung tschechoslowakischer Gebiete an Deutschland; 'Kristallnacht' und Judenpogrome).

Auf der Grundlage des Gesetzes über den "Widerruf von Einbürgerungen und die Aberkennung der deutschen Staatsangehörigkeit" (14. Juli 1933) wurden am 23. August 1933 die ersten 24 oppositionellen Politiker (z.B. die SPD-Reichstagsabgeordneten Rudolf Breitscheid und Philipp Scheidemann), Schriftsteller und Publizisten (z.B. Heinrich Mann,[90] Georg Bernhard, Alfred Kerr, Leopold Schwarz-

---

88 Vgl. hierzu Hans Manfred Bock/Reinhart Meyer-Kalkus/Michel Trebitsch (Hrsg.): Entre Locarno et Vichy. Les relations culturelles franco-allemandes dans les années 30, 2 Bde., Paris 1993. Heinrich Mann war am 15. Februar 1933 aus der Preußischen Akademie (er hatte dort den Vorsitz der Sektion Dichtkunst inne) ausgeschlossen worden; am 21. Februar floh er aus Deutschland. Siehe hierzu Heinrich Mann: Ein Zeitalter wird besichtigt. Erinnerungen, Frankfurt a.M. 1988.

89 Die Zitate und ihre Herkunft finden sich bei Klaus Görzel: "Heinrich Mann: Der Dichter und seine Nationen", in: H. Scheuer (s. Anm. 80), S. 376.

90 Heinrich Mann erhielt 1936 auf Initiative des Staatspräsidenten Masaryk einen tschechischen Paß und das Heimatrecht in der böhmischen Stadt Prosec.

schild) als "Volksverräter" der deutschen Staatsangehörigkeit für verlustig erklärt.[91]

Gar mancher Exilant, der Frankreich als das Land der Menschenrechte betrachtet oder Friedrich Sieburgs Bestseller *Gott in Frankreich?* (1929)[92] gelesen hatte, sah sich in seinen Erwartungen nach kurzer Zeit getäuscht. Zunächst hatte die französische Regierung liberale Maßnahmen zur Aufnahme der Hitler-Flüchtlinge ergriffen. Jedoch, angesichts ihrer großen Zahl war man bereits nach wenigen Monaten zu einer Praxis der selektiven Aufnahme beziehungsweise Abschiebung übergegangen. Nach der Ermordung des jugoslawischen Königs Alexander und des ihn begleitenden französischen Außenministers Jean Louis Barthou in Marseille durch kroatische Freischärler (9. Oktober 1934) wurden dann am 6. Februar 1935 die bis dahin gültigen Einwanderungsbedingungen von 1849 gesetzlich verschärft[93] und nur unter der radikal-bürgerlich-sozialistischen "Volksfront"-Regierung Léon Blum (1936/38) vorübergehend gelockert.[94] Den restriktiven Ausländerdekreten der Re-

91 Die erste Ausbürgerungsliste vom 23. August wurde am 25. August im Reichsanzeiger (Nr. 198) veröffentlicht. Auch Kurt Tucholsky, der am 21. Dezember 1935 im schwedischen Exil Selbstmord beging, befand sich unter den aufgeführten Namen.
Bis 1935 waren aufgrund des neuen Gesetzes etwa 135 Personen (als NS-Gegner bekannte Persönlichkeiten) ausgebürgert worden. Zwischen 1936/37 und 1944 erfolgten über 300 weitere Listen mit mehr als 10 000 Namen. Betroffen waren nunmehr vor allem die vor den NS-Verfolgungen ins Ausland geflüchteten Juden. Vgl. hierzu Raimund Kommer: "Die Veröffentlichung der Ausbürgerungslisten nach dem Gesetz über den 'Widerruf von Einbürgerungen und die Aberkennung der deutschen Staatsangehörigkeit' vom 14. Juli 1933 in der Tagespublizistik des Dritten Reiches", in: Hanno Hardt/Elke Hilscher/Winfried B. Lerg (Hrsg.): Presse im Exil. Beiträge zur Kommunikationsgeschichte des deutschen Exils 1933-1945, München/New York/London/Paris 1979, S. 407-413.

92 1930 wurde das Buch, dessen Titel zu einem 'geflügelten Wort' werden sollte, ins Französische übersetzt. 1954 erfolgte eine erweiterte Neuauflage des Essays. Vgl. zu diesem Essayisten, Auslandskorrespondenten (der 'Frankfurter Zeitung') und Publizisten, der in der NS-Zeit eine zwielichtige Rolle spielte, neuerdings Tilman Krause: Mit Frankreich gegen das deutsche Sonderbewußtsein. Friedrich Sieburgs Wege und Wandlungen in diesem Jahrhundert, Berlin 1993.

93 Zusätzlich zu einem gültigen Ausweispapier (nach vorausgegangener Untersuchung) wurde ein reguläres französisches Einreisevisum verlangt.

94 Der sozialistische Politiker und Schriftsteller Léon Blum (1872-1950) war nach den siegreichen Parlamentswahlen im Sommer 1936 zunächst Ministerpräsident, dann stellvertretender Ministerpräsident. Die neue Regierung unterschrieb am 2. Juli

gierung Edouard Daladier (Mai, Dezember 1938) folgte Anfang 1939 die Bildung eines ersten "Sammellagers".[95]

Allerdings bahnte sich parallel zu dieser Entwicklung insofern eine entscheidende Wende an, als zahlreiche deutsche Emigranten in die Internationalen Brigaden strömten. In Verbindung mit Frankreichs großem Romancier (*Die Hoffnung*, 1937) André Malraux (1901-76), dem späteren Kulturminister unter General Charles De Gaulle, gehörten Carl Einstein, Gustav Regler *(Im Kreuzfeuer. Ein Saar-Roman)*, Egon Erwin Kisch *(Der rasende Reporter)* und Ludwig Renn (d.i. Arnold Vieth von Golzenau; *Krieg*) sowie andere politische Flüchtlinge zu den "kämpfenden Schriftstellern" ("Auteurs combattants"), die mit der Feder und mit der Waffe in der Hand gegen Franco zu Felde zogen.

Ökonomische und innenpolitische Krisen, ferner Angst vor Deutschland, endlich die emigrantenfeindliche NS-Propaganda[96] bewirkten, daß die Hitler-Flüchtlinge – nach anfänglichem Entgegenkommen und einer langen Asyltradition zum Trotz – von einem großen Teil der Bevölkerung als Eindringlinge und Sündenböcke angesehen wurden. Ausländerfeindlichkeit und Antisemitismus prägten, von wenigen Ausnahmen abgesehen, die rechte (darunter die Prestigezeitung *Le Temps*) und rechtsextreme (darunter der einstige Auflagenmillionär *Le Matin*) Presse (etwa 80 %) und damit die öffentliche Meinung. In der sozialistischen, kommunistischen und

---

1936 eine Konvention des Völkerbundes über den juristischen Status der deutschen Flüchtlinge. Zwar wurde ihre Einwanderung nach Frankreich erleichtert, nicht aber ihre Einbürgerung. Einzelheiten bei R. Thalmann (s. Anm. 87), S. 130 f. Von den insgesamt 31 700 Einbürgerungen waren 1936/37 nur 1 515 Flüchtlinge aus Deutschland. Unter ihnen befanden sich Alfred Döblin (1878-1957) und Annette Kolb (1870-1967).

95 In einem dokumentarischen Beitrag zur französischen Emigrationspolitik (1933-1944) stellt Barbara Vormeier die einzelnen Gesetze und Verordnungen (Einwanderungs- und Aufenthaltsbedingungen; Sonderregelungen für deutsche Flüchtlinge; internationaler Flüchtlingsstatus; Arbeitserlaubnis für ausländische Arbeitskräfte; Vorkehrungen für den Kriegsfall; "Judengesetze" der Vichy-Regierung etc.) zusammen. Siehe Hanna Schramm: Menschen in Gurs. Erinnerungen an ein französisches Internierungslager (1940-1941), Worms 1977, S. 157 f.

96 Dem Nachrichten-Sicherheitsdienst standen 1933 hundert hauptamtliche und hundert nebenamtliche Mitarbeiter zur Verfügung. 1937 waren es 3 000 hauptamtliche Mitglieder und 50 000 Informanten.

Gesangverein „Emigrantia"

Wanderer, kommst du nach Deutschland, verkündige dorten, du habest uns hier lügen geseh'n.

Abbildung 9: Jugend, Nr. 38, 1933. Die Bildunterschrift ist eine Parodie der Schiller-Übersetzung ("Spaziergang", 1795): "Wanderer, kommst du nach Sparta, verkündige dorten, du habest Uns hier liegen gesehn, wie das Gesetz es befahl".

pazifistischen Presse fanden sich statt dessen Aufrufe zur Solidarität.[97]

Zunächst saßen die Emigranten "möglichst nahe den Grenzen / Wartend des Tags der Rückkehr" (Bertolt Brecht).[98] Hauptanlaufstelle (für 70 % der Betroffenen) war natürlich der Großraum Paris, weil man sich dort, wenn auch häufig nur notdürftig untergebracht, legale oder illegale Arbeitsmöglichkeiten erhoffte. An 2. Stelle ist die heutige Region Provence-Côte d'Azur zu nennen. Dort befanden sich zwei Epizentren der deutschen Exil-Literatur: Nizza (im Mittelpunkt: Heinrich Mann) und Sanary-sur-Mer (im Mittelpunkt: Lion Feuchtwanger). Etwa 200 Autoren (z.B. Thomas Mann, Ernst Toller, Arnold Zweig) haben dort für kürzere oder längere Zeit Zuflucht gefunden.

In Paris hatten die meisten Hilfsorganisationen ihren Sitz. In Paris versuchte das in der gleichgeschalteten deutschen Presse dem Spott preisgegebene *(Abb. 9)* "andere Deutschland" – 1935 gehörten etwa 20 Prozent der Exilierten zur "politischen Emigration" –,[99] sich mit eher weniger als mehr Erfolg Gehör zu verschaffen: Autoren-, Vortrags- und Diskussionsabende (z.B. "Die deutsche Emigration in Paris vor 100 Jahren"; 18. Mai 1938), Filmaufführungen, Gedächtnisfeiern (für Kurt Tucholsky), Konferenzen, Anti-Faschismus-Ausstellungen (z.B. die Photomontagen John Heartfields), Versammlungen, deutsch-französisches Kabarett.[100]

---

97 Zum Beispiel in der sozialistischen Tageszeitung 'Le Populaire' (3. 8. 1933) oder in 'L'Oeuvre' (21.7.1933). Die wichtigsten rechtsextremen Blätter waren 'Gringoire', 'Candide', 'L'Action Française', 'Je suis partout'. Vgl. zu diesem Fragenkomplex Rita Thalmann: 'L'immigration allemande et l'opinion publique en France de 1933 à 1936', in: La France et l'Allemagne 1932-1936, CNRS, Paris 1980, sowie dieselbe: 'L'émigration allemande et l'opinion française de 1936 à 1939', in: Beihefte der Francia, 10, München 1982.

98 Vgl. Anm. 5.

99 Vgl. Albrecht Betz: Exil und Engagement. Deutsche Schriftsteller im Frankreich der Dreißiger Jahre, München 1986, S. 299.

100 Eine Auflistung ebenda, S. 282-327. Neueste Forschungsliteratur finden sich bei Manfred Flügge: Wider Willen im Paradies. Deutsche Schriftsteller im Exil in Sanary-sur-Mer, Berlin 1996, sowie in der voraussichtlich 1999 abgeschlossenen Dissertation von Jeanpierre Guindon: Deux ou trois choses que je sais d'eux. Les émigrés de Sanary (1933-1945), Universität der Provence.

In Anbetracht der beschränkten Seitenzahl seien lediglich zwei besonders wichtige historische Ereignisse herausgegriffen.

1. Am 10. Mai 1934, also am 1. Jahrestag der von Goebbels angeordneten Bücherverbrennung, wurde in Paris (64, Boulevard Arago) die "Deutsche Freiheitsbibliothek" eröffnet. Auf Initiative von Heinrich Mann, Lion Feuchtwanger und dem künftigen Idol der französischen Volksfront, Romain Rolland *(Jean Christoph)*, wurden dort alle im Dritten Reich verbotenen Bücher (von Heinrich Heine und Karl Marx bis zu den 1933 exilierten Autoren)[101] aufgestellt, bis im Jahr 1940 die deutschen Besatzer diese wertvolle Sammlung (15 000 Bände) vernichteten.

2. Vom 21. bis 25. Juni 1935 tagte in Paris der "Internationale Schriftstellerkongreß zur Verteidigung der Kultur". 250 Autoren aus 37 Ländern nahmen daran teil. Die deutsche Kultur war vertreten durch Bertolt Brecht, Klaus Mann, Anna Seghers, Ernst Bloch, Alfred Kerr, Alfred Kantorowicz[102] und andere politische Flüchtlinge. Heinrich Mann sowie die französischen Romanschriftsteller André Gide[103] und André Malraux waren die dominierenden Persönlichkeiten dieses Kongresses, auf dem zum ersten Mal der Kampf gegen die NS-Diktatur in die Kultursphäre der zivilisierten Welt übertragen wurde.

---

101 Gemäß der "Liste des schädlichen und unerwünschten Schrifttums" von 1938 waren 4 175 Einzeltitel und das Gesamtwerk von 565 Autoren verboten. Vgl. Harro Kieser: "Zur Indizierungspolitik im 'Dritten Reich'", in: Joachim H. Koch (Hrsg.): Exil. Forschung – Erkenntnisse – Ergebnisse, Nr. 1, Jg. 1981, S. 68 f. Vgl. hier auch Gerhard Sauder (Hrsg.): Die Bücherverbrennung. Zum 10. Mai 1933, 2. Aufl., München/Wien 1983.

102 Vgl. zu diesen und anderen erwähnten Exilautoren die entsprechende "Bio-Bibliographie" in: E. Loewy (Hrsg.): Exil (s. Anm. 1, S. 1239 ff.). Vgl. auch Alfred Kantorowicz: Exil in Frankreich. Merkwürdigkeiten und Denkwürdigkeiten, Hamburg 1983 (Nachdruck der Ausgabe von 1971).

103 André Gide (1869-1951) gehörte zu den vielseitigsten und damals einflußreichsten Persönlichkeiten der französischen Intelligenz. Sein Werk umfaßt neben zahlreichen Romanen (z.B. 'Die enge Pforte', 'Die Verliese des Vatikan') auch Erzählungen, Reisebeschreibungen, Kritiken, Biographien und Übersetzungen. 1909 gehörte Gide zu den Mitbegründern der Zeitschrift 'La Nouvelle Revue Française'.

Paris war schließlich die unangefochtene Hauptstadt der von den NS-Informanten scharf beobachteten deutschen Exilpresse.[104] Diese zeichnete sich sowohl durch eine große Meinungsvielfalt aus als auch durch eine Vielzahl unterschiedlicher publizistischer Typen. Ungeachtet aller Heterogenität zählte die Presse der geflohenen deutschen Opposition zu ihren wichtigsten Aufgaben, "die Weltöffentlichkeit mit den wirklichen Verhältnissen in Deutschland" vertraut zu machen, über den Terror der Nationalsozialisten zu berichten und vor der Kriegsgefahr zu warnen, die von Hitlerdeutschland ausging. Nach Deutschland gewendet, beabsichtigte sie, den von objektiver Unterrichtung Abgeschnittenen Informationen zu vermitteln, vor allem aber den inneren Widerstand gegen den Faschismus zu stärken. Darüber hinaus wollten diese Presseorgane natürlich den Exilierten die Eingewöhnung in die neue Umgebung erleichtern und als Foren ihrer inneroppositionellen Auseinandersetzung und Selbstverständigung dienen.[105]

An erster Stelle ist das seit dem 12. Dezember 1933 bis 18. Februar 1940 herausgegebene *Pariser Tageblatt* (14 000 Exemplare; seit Mitte Juni 1936 *Pariser Tageszeitung*) zu nennen, ein Gegenstand sowohl der deutschen als auch der französischen Forschung.[106] Bedeutende Mitarbeiter (insgesamt 150 Autoren, abgesehen von Kürzeln) wie Heinrich Mann, der Sozialdemokrat Rudolf Hilferding, 1923 und dann wieder 1929/29 Finanzminister der Ersten deutschen Republik,

---

104 Vgl. hierzu Gerd Greiser: "Das Leitheft 'Emigrantenpresse und Schrifttum'", in: H. Hardt/E. Hilscher/W.B. Lerg (Hrsg.): Presse im Exil (s. Anm. 91), S. 435-442; siehe auch Herbert E. Tutas: NS-Propaganda und deutsches Exil 1933-1939, Meisenheim/Glan 1973.

105 Vgl. Hans-Albert Walter: Deutsche Exilliteratur 1933-1950, Bd. 4: Exilpresse, Stuttgart 1978, S. 1. Vgl. allgemein Wolfgang Frühwald/Wolfgang Schieder: Leben im Exil. Probleme der Integration deutscher Flüchtlinge im Ausland 1933-1945, Hamburg 1981.

106 Vgl. beispielsweise den von einem "Autorenkollektiv" erstellten Beitrag in: H. Hardt/E. Hilscher/W.B. Lerg (Hrsg.): Presse im Exil (s. Anm. 91), S. 129-141, Lieselotte Maas: Handbuch der deutschen Exilpresse 1933-1945. Hrsg. E. Lämmert, Bd. 4: Die Zeitungen des deutschen Exils in Europa von 1933-1945 in Einzeldarstellungen, München 1990, S. 155-180. Siehe ferner die Beiträge von Karl Holl, Gilbert Badia, Léon Poliakov und Lutz Winckler, in: Hélène Roussel/Lutz Winckler (Hrsg.): Deutsche Exilpresse und Frankreich 1933 – 1940, Bern/Berlin/ Frankfurt a.M./New York/Paris/Wien 1992, S. 63-115 u. 307-314.

Abbildung 10
Verlagsanzeige für Das Braunbuch (1933).

Theodor Wolff und Alfred Kerr, zuvor Chefredakteur beziehungsweise Theaterkritiker des *Berliner Tageblattes* (1872-1939), fanden hier, unter der Leitung von Georg Bernhard, dem ehemaligen Chefredakteur der berühmten *Vossischen Zeitung* (1617-1934), ein deutschsprachiges Lesepublikum.

Neben diesen Tageszeitungen seien einige wichtige Zeitschriften wenigstens mit ihrem Titel aufgeführt: *Das Neue Tage-Buch* (Leopold Schwarzschild; Juli 1933-Mai 1940),[107] *Zeitschrift für Sozialforschung*, das Sprachrohr des aus Frankfurt am Main emigrierten Instituts für Sozialforschung,[108] *Neue Front* (Juli 1933-1938), das Organ der "Sozialistischen Arbeiterpartei Deutschlands" (SAP), sowie *Der Gegen-Angriff* (Bruno Frei; Prag/Paris, April 1933-März 1936) und *Die Zukunft* (Oktober 1938-Mai 1940). Die beiden letztgenannten Titel sind eng mit dem Namen Willi Münzenberg (1889-1940) verknüpft, dem es nach seiner Flucht aus Berlin gelungen war, in Paris ein neues kommunistisches Presseimperium zu errichten. Weltberühmt geworden ist das von Münzenbergs Exilverlag "Editions du Carrefour" im August 1933 veröffentlichte, in achtzehn Sprachen übersetzte *Braunbuch über Reichstagsbrand und Hitlerterror* (Dokumentation und politischer Kommentar; *Abb. 10*), dessen Gesamtauflage etwa 500 000 Exemplare betrug.[109] Es hat wesentlich dazu beigetragen, daß der in

---

107 Schwarzschild war seit 1927 Herausgeber der von Stefan Grossmann sieben Jahre zuvor gegründeten Wochenschrift 'Das Tage-Buch'. Vgl. die als Dissertation erschienene Gesamtdarstellung von Markus Behmer: Von der Schwierigkeit, gegen Illusionen zu kämpfen. Der Publizist Leopold Schwarzschild – Leben und Werk vom Kaiserreich bis zur Flucht aus Europa, Münster 1997.

108 1936 erschien in dieser Zeitschrift der kunstsoziologische Essay von Walter Benjamin 'Das Kunstwerk im Zeitalter seiner technischen Reproduzierbarkeit'.

109 Vgl. zu diesem kommunistischen Medienzaren (in Berlin: u.a. zwei Tageszeitungen; die auflagenstarke 'Arbeiter – Illustrierte Zeitung' (A-I-Z, AiZ) mit den berühmten Photomontagen John Heartfields; Film), der sich 1937 mit der KPD entzweite und diese 1939 verließ, Babette Gross: Willi Münzenberg. Eine politische Biographie, Stuttgart 1967, sowie Tania Schlie/Simone Roche (Hrsg.): Willi Münzenberg (1889-1940). Ein deutscher Kommunist im Spannungsfeld zwischen Stalinismus und Antifaschismus, Frankfurt am Main 1995 mit einem Beitrag des Münzenberg-Spezialisten Rolf Surmann.
Vgl. zum Gegen-Angriff (1927 hatte Joseph Goebbels in Berlin die Zeitung 'Der Angriff' gegründet) und zu der Zeitschrift 'Die Zukunft' (erster Chefredakteur war der Politschriftsteller und Spanienkämpfer Arthur Koestler), u.a. H. Hardt/E.

Leipzig inszenierte Schauprozeß, bei dem Hermann Göring als Hauptzeuge auftrat, für die Angeklagten im Dezember 1933 mit einem Freispruch mangels Beweisen endete.

Prominente Emigranten beschränkten sich freilich nicht darauf, für die deutschprachige Exilpresse zu schreiben. Vielmehr versuchten sie, auch in den französischen Tageszeitungen den einen oder anderen Artikel unterzubringen. Leuchtendes Beispiel ist hier die linksliberale, in ganz Frankreich verbreitete Provinzzeitung *La Dépêche de Toulouse*. Heinrich Mann war ihr regelmäßiger Mitarbeiter und hat – von 1931 bereits bis zum Kriegsausbruch 1939 – fast 100 Artikel über die NS-Gefahr und das NS-Regime in diesem Blatt veröffentlicht.[110] Von Zeit zu Zeit traten auch Georg Bernhard, Thomas Mann, Alfred Kerr und Theodor Wolff als Autoren auf. Wuterfüllte Proteste der NS-Botschaften bei der französischen Regierung wurden mit Hinweis auf die Pressefreiheit stets zurückgewiesen.

2. "Unholdes Frankreich": Internierung, erneute Flucht, Auslieferung, Tod (1939-1945)

Am 1. September 1939 rückte auf Hitlers Befehl die Wehrmacht, ohne Kriegserklärung, in Polen ein. Zwei Tage darauf erklärten England und Frankreich dem Deutschen Reich den Krieg. Am 10. Mai 1940 begann die große Westoffensive; nach sechswöchigen wechselvollen Kämpfen wurde am 22. Juni, in Compiègne bei Paris, von Marschall Philippe Pétain, dem Verteidiger von Verdun (1916) und damaligen Ministerpräsidenten, der Waffenstillstand unterzeichnet. Die Dritte Republik, ein Kind des Deutsch-Französischen Kriegs (1870/71), und ihre Institutionen hatten aufgehört zu bestehen.

Hilscher/W.B. Lerg (Hrsg.): Presse im Exil (s. Anm. 103), S. 142-152, und S. 165-180.

110 Vgl. in diesem Zusammenhang 'Propos d'exil. Articles publiés dans "La Dépêche" par les émigrés du IIIe Reich', Toulouse 1983, Wolfgang Klein: "Heinrich Manns Pressebeiträge in Frankreich 1933-1939", in: H. Roussel/L. Winckler (Hrsg.): Deutsche Exilpresse und Frankreich (s. Anm. 106), S. 35-45, und Wilfried F. Schoeller: Heinrich Mann. Bilder und Dokumente, München 1991.

Zwei Drittel des französischen Staatsgebiets (mit Paris) wurden den deutschen "Militärbefehlshabern" unterstellt. Das (bis zum 11. November 1942) unbesetzte Drittel unterstand dem klerikal-faschistischen, mit Hitler kollaborierenden Polizei-Regime Pétains. Pétain war seit dem 11. Juli "Chef des französischen Staats"; Regierung und Parlament hatten ihren Sitz in dem in Mittelfrankreich gelegenen Heilbad Vichy. Am 6. Juni 1944 landeten die alliierten Truppen in der Normandie; im August (19.-24.) erfolgte die Befreiung von Paris, am 8. Mai 1945 die "bedingungslose Kapitulation" der deutschen Wehrmacht.

Was bedeuteten die Kriegsjahre für die deutschen Emigranten beiderlei Geschlechts? Hier die Antwort: Gefahr der Aberkennung der nach 1927 erlangten französischen Staatsangehörigkeit, Leben unter falschem Namen, Internierung in gefürchteten Sammel- und Straflagern in mehreren Wellen (September 1939, Mai, Oktober 1940), dargestellt in Lion Feuchtwangers Autobiographie *Unholdes Frankreich* (1942), später (1954) unter dem Titel *Der Teufel in Frankreich*. Auch dieser Aspekt der deutsch-französischen Beziehungen wurde von den eingangs erwähnten französischen Germanisten gründlich erforscht.[111] Ferner: Engagement in der Fremdenlegion (für junge Männer eine Alternative, um der Einlieferung in ein Lager zu entgehen), Flucht nach England oder Übersee (z.B. Heinrich Mann),[112] Selbstmord (z.B. Walter Benjamin, Walter Hasenclever), Tod und Fememord (?) (Willi Münzenberg), Auslieferung aller vom NS-Regime angeforderten Flüchtlinge gemäß Artikel 19 des Waffenstillstands (z.B. Rudolf Breitscheid und Rudolf Hilferding), Razzien,

111 Vgl. Gilbert Badia et al.: Les Barbelés de l'exil. Etudes sur l'émigration allemande et autrichienne (1938-1940), Grenoble 1979, und Jacques Grandjonc/Theresia Grundtner (Hrsg.): Zone der Ungewißheit. Exil und Internierung in Südfrankreich 1933-44, Reinbek bei Hamburg 1993 (Französische Originalausgabe 1990).
Vgl. auch die entsprechenden Passagen in der Memoirenliteratur (Feuchtwanger, Kantorowicz u.a.), sowie Doris Rothmund: Lion Feuchtwanger und Frankreich. Exilerfahrung und deutsch-jüdisches Selbstverständnis. Frankfurt am Main 1990.

112 Die mit einer solchen Flucht verbundenen schier unüberwindlichen Schwierigkeiten schilderte Anna Seghers (d.i. Netty Radvanyi, geb. Reiling; 1900-1983) in ihrem 1947 erschienenen Roman 'Transit'. Siehe neuerdings Katharina Meyer: Keiner will sie haben. Die Exilpolitik in England, Frankreich und den USA zwischen 1933 und 1945, Frankfurt am Main 1998.

Verhaftung und Abtransport der internierten Juden in deutsche Konzentrationslager (z.B. Auschwitz), erstmals am 27. März 1942, zum letzten Mal am 17. August 1944. Freilich darf auch folgendes nicht vergessen werden: Tausende von deutschen Flüchtlingen haben in den Widerstandsorganisationen des französischen Volkes mitgestritten und mitgeblutet bei den Kämpfen um Frankreichs Befreiung. Zu ihnen zählen auch Wehrmachtsangehörige, die sich den Freischärlern angeschlossen hatten *(Abb. 11)*.[113]

Abschließend sei die Frage gestellt: Was ist 1945 aus den deutschen Emigranten geworden? Viele sind zurückgekehrt, vor allem in die DDR (z.B. Bertolt Brecht). Andere blieben – in der Bundesrepublik – "die fremden Deutschen".[114] Viele nahmen die französische Staatsbürgerschaft an und machten in ihrer neuen Heimat Karriere, ohne die alte zu vergessen (z.B. der Universitätsprofessor und Publizist Joseph Rovan, Ehrendoktor der Münchner Universität).

Heute leben in Deutschland (83,5 Millionen Einwohner) knapp 156 000 Franzosen (ohne Militär); 87 908 sind in den Konsulaten registriert. In Frankreich (58 Millionen Einwohner) wird die Zahl der Deutschen auf 69 000 geschätzt, die der Naturalisierten auf 180 000.[115] Weder Deutsche noch Franzosen sind im Vereinigten Europa Emigranten im eigentlichen Sinn.

Was die in beiden Ländern geführte *aktuelle* Asyldebatte anbelangt, so ist die Erinnerung an die Vergangenheit vielleicht nicht ohne Nutzen.

---

113 Vgl. hierzu u.a. Dieter Schiller / Karlheinz Pech / Regine Herrmann / Manfred Hahn: Exil in Frankreich, Frankfurt am Main 1981, S. 392-413.

114 Vgl. hierzu Peter Mertz: Und das wurde nicht ihr Staat. Erfahrungen emigrierter Schriftsteller mit Westdeutschland, München 1985.

115 Die Angaben (26.3.1998) stammen vom Französischen Außenministerium und von der Deutschen Botschaft Paris. Sie beziehen sich auf die Jahre 1997 bzw. 1996.

Abbildung 11a: Franzosen und Deutsche im Exil (1685 - 1945)

Denis Papin

Julien Offroy de La Mettrie

Voltaire

Pierre Louis Moreau de Maupertuis

Antoine de Rivarol

Adelbert von Chamisso

Friedrich Baron de la Motte Fouqué

Christoph Willibald Gluck

Friedrich Melchior Frei-herr von Grimm

Eulogius Schneider

Johann B. Baron von Cloots

Joseph von Görres

Georg Büchner

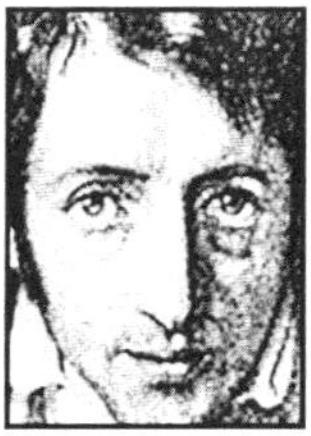

Ludwig Börne

Heinrich Heine

Georg Herwegh

Karl Marx

Friedrich Engels

Julius Eduard Hitzig

Giacomo Meyerbeer

Abbildung 11b: Franzosen und Deutsche im Exil (1685 - 1945)

Jacques Offenbach

Richard Wagner

Max Ernst

Philipp Scheidemann

Rudolf Breitscheid

Rudolf Hilferding

Heinrich Mann

Thomas Mann

Klaus Mann

Bertolt Brecht

Egon Erwin Kisch

Alfred Döblin

Anna Seghers

Walter Benjamin

Lion Feuchtwanger

Annette Kolb

Arnold Zweig

Ernst Toller

Herbert Marcuse

Walter Hasenclever

DIETRICH KRUSCHE

DIE FREMDE EINER LITERARISCHEN GATTUNG. DER WEG DES JAPANISCHEN HAIKU NACH EUROPA

Es scheint zuweilen, als seien wir Europäer von zwei Bedürfnissen zugleich bewegt. Der Drang nach etwas Fernem, uns Fremdem hat nicht nur Abenteurer und Forschungsreisende, sondern neuerdings – frei nach Morgenstern – »Scharen unverzagter Fremdheitspilger« in alle Welt getrieben; unsere Ungeduld, ja Heftigkeit im Umgang mit der Fremde, unser Hang dazu, sie so rasch wie möglich – und sei es im Durchschauen – gleichsam zu verschlingen, hat uns den Gegenstand unserer Sehnsucht oft nur allzu schnell wieder geraubt.

In dieser Hinsicht ist Japan ein Glücksfall für uns. Es widersetzt sich der Vereinnahmung mit besonderer Gegenkraft; es widersteht unserem Drang, das Andere mit unserem Eigenen zu parallelisieren, zu analogisieren, zu identifizieren, nachhaltig. Dafür will ich zwei Gründe nennen: (a) Japan war niemals europäische Kolonie; es ist die größte unter den außereuropäischen Kulturen, die niemals europäisch beherrscht worden ist. Als Japan sich – unter der Bedrohung durch die »schwarzen Schiffe« des Commodore Perry – Mitte des letzten Jahrhunderts dem internationalen Verkehr erschloß, waren seine nationalen Traditionen, die Strukturen seiner Gesellschaft, sein Selbstbewußtsein ungebrochen. Die Europaferne Japans bestimmt sich nicht geographisch, sie ist geschichtlich gewachsen. (b) Japan, das sich mit dem Beginn der Meiji-Zeit unter der Parole geöffnet hatte: »Laßt uns von den Fremden lernen, um sie mit ihren eigenen Waffen zu schlagen!«, ist in wenigen Jahrzehnten durch Technologie und Wirtschaftskraft zur Weltmacht geworden. Schon rund dreißig Jahre, nachdem in Japan der erste Maschinentelegraf tickerte, die erste Eisenbahnschiene verlegt wurde, zerschossen japanische

Schlachtschiffe in der Seeschlacht von Tsushima die russische Hochseeflotte; wieder rund dreißig Jahre später fühlten die Japaner sich stark genug, Pearl Harbour anzugreifen. Nein, Japans Fremdheitsprofil uns gegenüber zeigt nicht die vertrauten Linien der »Exotik«: den – in unseren Augen – naiven Charme einer schwach ausgebildeten Rationalität, die – in unseren Augen – liebenswürdige Primitivität des Kampfes gegen die Natur. Das scheint auch die Ethnologen bzw. Anthropologen davon abgeschreckt zu haben, Japan als »Feld« der »Feldforschung« zu wählen – mit einer großen Ausnahme, *Ruth Benedict*, die eine Ethnologie sehr moderner Prägung betrieb: Japan-Analyse in selbstreflexiver Funktion. Das eigene Amerika erscheint in ihrem Text als mindestens ebenso exotisch wie Japan. Clifford Geertz, sicher kein Mann von Kleinmut gegenüber Fremdem, beschreibt die Entlegenheit Japans noch im Jahre 1990 so: »Japan jedoch, so ziemlich die letzte derartige anderswo gelegene oder jedenfalls eröffnete Region, ist für uns in absoluterem Sinne andersartig. Es ist das unmögliche Objekt. Ein gewaltiges Etwas, ordentlich, kompliziert und wahnsinnig emsig, das sich wie eine Escher-Figur nicht berechnen läßt (...), als sei es nicht nur weit entfernt, sondern liege überhaupt nicht auf der Landkarte, (...) ein komischer Ort.« Komisch? Mag sein. Mag sein, zumal für einen Amerikaner. Freilich scheint diese »Komik« einiges mit Macht zu tun zu haben, vielleicht auch mit Erotik. Jedenfalls ist Japans Andersheit und Eigenständigkeit uns »Westlern« oder – anders herum geblickt – »Östlern« gegenüber durch eine verwirrende Mischung aus sinnlich-kultureller Verfeinerung und technisch-wirtschaftlich gegründeter Macht beglaubigt. Mag sein, daß wir, Europäer wie Amerikaner, für das zweite Element besonders viel Instinkt und Sinn haben; jedenfalls ist für Respekt gesorgt – eine gute Ausgangssituation für fruchtbare Befremdung.[1]

---

1 Vgl. D. Krusche: Japan – Konkrete Fremde, 1973, Neuauflage Stuttgart (Hirzel) 1983. – Zu Japan in der Ethnologie/Anthropologie siehe Ruth Benedict, The Chrysanthemum and the Sword. Patterns of Japanese Culture, Rutland, Vermont/Tokyo 1954, 49. Aufl. 1967, Erstausgabe in Amerika 1946. – Das Zitat aus dem Werk von Clifford Geertz findet sich in: Die künstlichen Wilden. Der An-

Wie nachhaltig eine solche Wirkung sein kann und wie verwirrend sich darin Eigenes und Anderes ineinander verstricken, will ich am Weg des japanischen Haiku nach Westen aufzeigen. Ich werde in zwei Schritten vorgehen:

1. Ich werde die Gattung des Haiku beschreiben, wie es sich unserer europäischen poetologischen Reflexion heute darbietet und dabei den Mischcharakter schon dieser Beschreibung erörtern.
2. Ich werde dann die Wirkungsgeschichte des Haiku in Europa, zumal in den deutschsprachigen Ländern, skizzieren und dabei in gelegentlichen Zwischenbilanzen die Bedingungen dieses Transfers zu analysieren versuchen.

   Ich werde beide Teile meiner Darlegung durch Beispiele konkretisieren.

1. Zur Gattung des Haiku

Haiku, in Japan ausgebildet und nur in Japan überliefert in lebendiger Tradition, ist die kleinste aller lyrischen Formen, die in der Weltliteratur ausgebildet wurden. Inzwischen kann man auch sagen: die erfolgreichste.

Im japanischen Vorbild besteht ein Haiku aus drei Wortgruppen, die zusammen nicht mehr als siebzehn Silben umfassen; die Verteilung der Silben auf die Wortgruppen ist fünf-sieben-fünf. Das Haiku kennt keinen Wechsel von langen und kurzen oder betonten und unbetonten Silben, die einzelnen Wortgruppen reimen sich an ihrem Ende nicht miteinander; aber das Haiku spielt mit Assonanzen und Alliterationen, hat einen ausgeprägten inneren Rhythmus und eine aus den Intonationsmöglichkeiten des Japanischen gewonnene Melodik. In japanischen Druckausgaben sind die Worte gewöhnlich einzeilig untereinander geschrieben, wobei die zusammengehörigen

---

thropologe als Schriftsteller, München 1990, zitiert nach der Ausgabe: Frankfurt 1993, S. 115.

Wortgruppen durch Zwischenräume voneinander abgegrenzt sind. In kalligraphischer Wiedergabe werden die Schriftzeichen zu Haiku-Graphiken komponiert, wobei die Wortgruppierung nach dem Schema der Silbenzählung dann keine Rolle spielt:

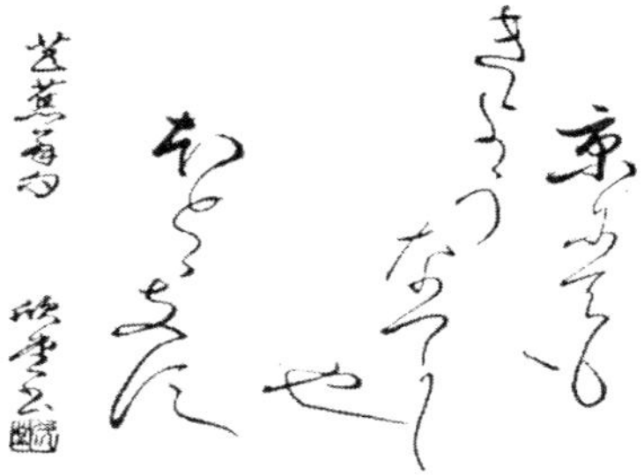

In Kyoto bin ich,
doch beim Schrei des Kuckucks
sehn ich mich nach Kyoto. (Basho)[2]

Abgesehen von seiner Begrenzung auf siebzehn Silben, kennt das Haiku drei »Regeln«. Diese lauten: 1. Das Haiku soll, und sei es nur in einer Andeutung, einen Naturgegenstand außerhalb der menschlichen Natur erwähnen; 2. es soll sich auf ein einmaliges Ereignis (eine einmalige Situation) beziehen; 3. das Ereignis (die Situation) soll als gegenwärtig dargestellt werden, wobei allerdings Erinnerung als sich jetzt vollziehende Tätigkeit Vergangenheit einbringen kann. Die erste Regel erfährt eine Spezifizierung durch die Auflage, daß mit dem Naturgegenstand zugleich eine bestimmte Jahreszeit gegeben oder wenigstens angedeutet sein soll. Alle diese Regeln zielen auf das gleiche: Das Haiku soll konkret sein.

Ein paar Anmerkungen zur Geschichte des Haiku: Haiku hat sich im 16. und 17. Jahrhundert entwickelt aus dem sogenannten Haikai-

2 Alle Textbeispiele der japanischen Haiku aus D. Krusche: Haiku. Bedingungen einer lyrischen Gattung, Tübingen 1970, 5. Auflage Stuttgart 1984, Taschenbuchausgabe bei dtv 1994.

Renga, einer Strophenfolge variabler Länge, in der die Einzelstrophen alternierend aus den Silbenfolgen fünf-sieben-fünf und sieben-sieben bestanden; es wurde von mehreren Personen gedichtet, war eine Art Gesellschaftsspiel oder Gesellschaftsfeier ohne besondere Bedeutungstiefe. Schon im Haikai-Renga dominierten die Naturmotive, aber die bedeutungshafte Zuspitzung der jeweiligen Konstellation war noch nicht ausgebildet, eine nur vage perspektivierte Naturszenerie dominierte.

Der eigentliche Schöpfer das klassischen Haiku war *Bashô* (1644-1694). Auch wenn es schon vor ihm Versuche gab, das Hokku, die Eingangsstrophe des Renga, selbständig zu machen: Bashô – und ihm folgend seine Schüler – formte die Strukturen und Themen, die den entscheidenden Entwicklungssprung brachten. Sicherlich sind im Haiku ganz verschiedene Strömungen zusammengeflossen, und ihre Bedeutung im einzelnen ist schwer zu fassen: chinesischer Buddhismus (in dem indisch-buddhistische Vorstellungen fortlebten), Konfuzianismus und Taoismus, Themen und die damit verbundenen Techniken chinesischer Lyriktradition. Aber vor allem ist Haiku geprägt von der japanischen Abwandlung des Buddhismus, dem Zen. Ohne Zen ist kein Haiku denkbar, ja es gibt kaum gültigere Zeugnisse für die Zen-Kultur Japans als das Haiku.

Auf den inneren Zusammenhang zwischen zwei Bedingungen des Haiku will ich eingehen: die Festgefügtheit der japanischen Gesellschaft zur Zeit der Haiku-Bildung und die Funktion des »Sprungs hinaus«, den das Haiku probiert.

Als diese Gattung durch Bashô und seine Schüler zur Blüte kam, war Japan eben in eine entscheidende Phase seiner nationalen Entwicklung und inneren Konsolidierung eingetreten. Im ganzen 16. Jahrhundert hatten als Folge der Rivalität führender Fürstenhäuser Bürgerkriege getobt (das Kaiserhaus war entmachtet und ohne jeden politischen Einfluß); mit dem Beginn des 17. Jahrhunderts setzte sich das Haus der Tokugawa endgültig durch, und bei seinen Nachkommen blieb die Herrschaft bis 1860, als unter Meiji die Bedeutung des Kaiserhauses wiederhergestellt und die Neuzeit Japans mit der Öffnung zur Welt eingeleitet wurde.

Unter den Tokugawa wurde die traditionelle japanische Gesellschaft, deren Umrisse noch heute da und dort sichtbar sind, am schärfsten ausgeprägt. Die Grenzen zwischen den Klassen der feudalistischen Gesellschaft wurden schroffer gezogen denn je. Um die Reglementierung des praktischen Lebens anzudeuten, ein paar beispielhafte Details: Jede Familie hatte an ihrem Türpfosten den ererbten Status anzugeben; die Kleidung, die man als Angehöriger einer Klasse tragen durfte, war ebenso festgelegt wie das Essen, das als angemessen galt, die Größe und Einrichtung des Hauses, das Spielzeug der Kinder, die Geschenke zu festlichen Anlässen. Es liegt auf der Hand, daß nicht nur die Menschen, sondern auch die Dinge in einer solchen Gesellschaft ihren »festen Platz« hatten.

Mit all dem hat Haiku zu tun. Es machte einerseits von der festen Bedeutung von Ding und Mensch in jedem denkbaren Kontext Gebrauch, indem es diese einfach »ansprach« und es dem einzelnen Hörer beziehungsweise Leser überließ, die Bedeutung der Dinge und Menschenrollen zu »wissen«. Andererseits bot es mit der überraschenden Zusammenfügung der im Wort aufgerufenen Dinge oder Menschengestalten gerade solche Erfahrungen an, die aus der Gefügtheit der feudalen Gesellschaft hinaussprangen. In seiner Spontaneität und Direktheit, seinem oft provokanten Realismus ist es in vielerlei Hinsicht eine Gegenreaktion auf die Künstlichkeit, das Kalkül konventioneller Sprachäußerung, wie sie in Japan damals typisch war und zum Teil wohl noch ist. Sprachlich gesehen, übertritt Haiku die Konvention, in seiner Nähe zum Zen ist es a-sozial. Daher wird es mit einem Schwerthieb verglichen, einem Bogenschuß, einem Zielwurf. Es geschieht »auf einmal«, in einem »Atemzug« (der natürlichen Sprech-Länge des Haiku!), es entsteht nicht unter Kontrolle des Bewußtseins, es ist »gleich ganz da«!

Die Gleichzeitigkeit ist es denn auch, was das szenische Ensemble, die – um einen Begriff von Paul Ricoeur aufzugreifen – »Konfiguration« im Haiku prägt; und der Erfahrung von »Einheit der Welt« als einer Zeit-Erfahrung, nämlich der Gleichzeitigkeit, tritt dann auch – das sei vorgreifend gesagt – die europäische Adaptation in einem deutlichen Kontrast gegenüber.

2. Methodische Begrenzung

Was ich zur *gattungshaften* Struktur des Haiku ausgeführt habe, könnte als »objektiv« gesagt erscheinen, als eine Formbeschreibung, die überall gilt, japanisch ebenso wie europäisch, als über den Zeiten und über den Kulturräumen schwebend. Das wäre ein Mißverständnis. In meiner Beschreibung, auch wenn ich versucht habe, sie unfachlich zu halten, ist auch das Stück Wirkungsgeschichte eingegangen, das sich in Europa vollzogen hat. Ich habe das als gattungstypisch formuliert, was mir als Europäer daran auffällt. Das so Formulierte schließt nicht kontinuierlich an japanisches Haiku-Verständnis, die Geschichte des Haiku-Begriffs in Japan an. Die Zeit als Deutbarkeit stiftende Dimension der Geschichte trägt hier nicht durch. Allerdings ist festzuhalten:

Auch für die Differenz zwischen Kulturräumen gilt, was Hans Georg Gadamer in *Wahrheit und Methode*[3] zur Leistungsfähigkeit des »wirkungsgeschichtlichen Bewußtseins« sagt – und dieses bewährt sich hier darin, daß die *Diskontinuität* im Transfer des Haiku nach Europa einsehbar wird.

Die Aufnahme des Haiku in Europa geschah von Anfang an unter europäischen Interessen der Selektion und Selbstlegitimation; sein Begriff wurde in europäische Begriffe der Poetologie umgeprägt. Das führte nicht nur zur Bevorzugung einer bestimmten Haiku-Epoche (nämlich der Texte der Haiku-Klassiker von Bashô über Buson, Issa bis Shiki), sondern auch zu einer Einfügung bestimmter Haiku-Elemente in europäische Gattungstraditionen.

Diesem Vorbehalt unterliegt auch meine Präsentation einer Beispielserie: Ich will eine Besonderheit des japanischen Haiku herausarbeiten, die in Europa besonders beachtet wurde – aber eben diese Besonderheit ist es, die in ihrer binnen-europäischen Entfaltung zu einem markanten Kontrast zwischen europäischem Nachbild und japanischem Vorbild geführt hat. Paradox formuliert: Wo die Genau-

---

3 Hans-Georg Gadamer: Wahrheit und Methode, Tübingen 1964, darin besonders Teil II (zum »wirkungsgeschichtlichen Bewußtsein“).

igkeit der Übernahme am größten war, ist der größte Schub an Diskontinuität eingetreten. Ich beschreibe also mit den folgenden Beispielen japanischer Haiku-Texte zugleich ein Stück seiner europäischen Wirkungsgeschichte. Ich scheue mich dabei nicht, Begriffe der modernen Linguistik zu verwenden.

Was den Europäern am Haiku von Anfang an auffiel, ist die Genauigkeit, mit der die Position und damit der Blickwinkel des Subjekts der Wahrnehmung eingerichtet wird. Dies geschieht mit den Mitteln des – von Karl Bühler zuerst so genannten[4] – Zeigfelds der Sprache, also mit deiktischen Mitteln. Ins Wirkungsästhetische gewendet, heißt das:

Der Punkt, von dem aus der Leser oder Hörer das Haiku nachzuvollziehen hat – ich nenne das, in Anlehnung an einen Begriff Bühlers, die Wahrnehmungs-Origo –, ist präzise vorgegeben. Wir sehen uns mitten zwischen die Dinge bzw. die Menschen versetzt, die in dem Text zu einer Szene, einer sinnfähigen Situation, gruppiert werden. Dabei spielt sehr oft das Moment der Plötzlichkeit eine Rolle: der Augenblick, in dem die Einheit des zufallshaft gegebenen Ensembles ruckartig zu Bewußtsein kommt, in dem die Gleichzeitigkeit des Ungleichzeitigen erlebt wird. (Ich kehre noch einmal zu dem Beispiel zurück, das oben für eine graphische Struktur stand:)

In Kyoto bin ich,
doch beim Schrei des Kuckucks
sehn ich mich nach Kyoto. (Bashô)

Wörtlich übersetzt hieße das: »Obwohl ich in Kyoto bin, nach Kyoto habe ich doch Sehnsucht – der Kuckuck!« Japanisch: »Kyoo nite mo / Kyoo natsukashi ya / hototoguisu.« Das »doch«, das die Emphase der Überraschung ausdrückende Element im japanischen Wortlaut, ist in der Interjektion – dem sogenannten »kireji«, dem »Schneidewort« – gegeben. An dieser »Schnittstelle« geschieht das – an sich unaussprechliche – Moment der Haiku-Erfahrung: Das in

---

4 Karl Bühler: Sprachtheorie, Leipzig 1934.

den zwei ersten Wortschüben Gesagte gerät ins Bewußtsein zugleich mit der Wahrnehmung des Vogelrufs, man könnte auch sagen: evoziert von dem Vogelruf. Das sinnliche Erfahrungselement läßt die Erinnerung an die früher empfundene Kyoto-Sehnsucht (Kyoto – die alte Kaiserstadt!) zusammenschießen mit dem Erstaunen darüber, daß die reale Anwesenheit an dem lange ersehnten Ort die Sehnsucht danach nicht gestillt hat. Das wird akzeptiert in der Erfahrung der Gleichzeitigkeit von Früher und Jetzt. (Eine Anmerkung zu einer eher trivialen Differenz, zum Problem des Vogelnamens in der Übersetzung: »hototoguisu« ist eine Art Singdrossel, deren Qualität eines Schicksalsvogels bei uns am ehesten der Kuckuck entspricht.)

In einem anderen Gedicht geschieht die Realisierung der Einheit als Gleichzeitigkeit durch die Wahrnehmung eines Dufts.

Nara – der Duft
von Chrysanthemen,
die alten Bilder des Buddha. (Bashô)

Nara war der Sitz des Kaiserhauses für etwa achtzig Jahre von 710 unserer Zeitrechnung an. Es ist ein Zentrum der buddhistischen Tradition, vielleicht genauer noch: einer Synthese zwischen Buddhismus und Shintoismus. Die Chrysantheme ist das Wappen und Symbol des Kaiserhauses. Im Haiku nun wird die Gewichtigkeit dieser Dinge der Tradition verflüchtigt in den Geruch der Chrysantheme als konkreter Sommerblume – und das zeitlich flüchtigste Element, der Geruch, ist es, dem die Funktion zufällt, den Haiku-Augenblick zu fixieren.

Ich spitze die Modellierung der Anschaulichkeit des Haiku noch etwas zu:

Die Kirschblüten sind gefallen –
zwischen den grünen Zweigen erscheint
der Tempel. (Buson)

Ein Gedicht von Buson (1715-1783), dem Maler unter den großen Haiku-Dichtern. Von der gleichen Blickposition aus sind zwei Ansichten überblendet, wobei die frühere erst in der späteren erinnerbar wird. Wörtlich übersetzt heißt das Gedicht: »Nach dem Fallen der Kirschblüten ist der Tempel jetzt als einer hinter grünen Zweigen gegeben / erstellt.« Erinnert wird plötzlich, daß die letzte Blickeinstellung von dieser Stelle aus den Tempel gar nicht gezeigt hatte, er war hinter der Blütenpracht versteckt, deren schaumig-duftige Fülle viel voller war als das eher bescheidene Grün, das jetzt den Durchblick auf den Tempel zuläßt. Überraschung, die in zwei Richtungen ausgreift: daß die Blütenschönheit den Tempel verdeckt hatte, und daß das Blattgrün jetzt ihm Sichtbarkeit gewährt. Die »Bedeutung« von Tempel und Blütenpracht wird semantisch nicht einmal angedeutet, aber wir finden sie so konfiguriert, daß sie sich in der Anschaulichkeit der Szene gegenseitig Bedeutung zuweisen.

Schließlich eins der Ur-Haiku, vielleicht das berühmteste von Bashô:

Diesen Weg
geht niemand
an diesem Herbstabend. (Bashô)

Auf japanisch: »Kuno michi ya / yuku hito nashi ni / aki no kure.« Ganz wörtlich übersetzt hieße das: »Diesen Weg – ah! / kein Mensch geht ihn / Herbstabend!« Für uns ist das nicht ohne weiteres realisierbar. Wir sehen einen Weg, und wir hören, daß niemand ihn geht. Also dann eben nicht, sind wir geneigt zu sagen. Was macht das für einen Sinn?! In Japan ist man anders eingespielt ins Haiku-Lesen und -Sehen. Derjenige, der diese Worte spricht, auch wenn er semantisch im Text nicht vorkommt, wird ohne weiteres mitgesehen: Der, der den Weg ausspricht, ist es auch, der ihn vor sich (!) liegen sieht und der ihn also als seinen Weg gehen wird! Er nimmt ihn an, es ist sein Schicksalsweg, er führt in den Herbst – und was dazu gehört an Gefahr für Leib und Lehen. (Bashô ist »auf der Reise« gestorben!) Was hier zusammenschießt, ist die umgebende Natur, zumal die Jahreszeit, als Lebensbedingung des Menschen und die Individualität, die sich der Materialität des eigenen Körpers unterwirft und sich auch qualitativ nicht von diesen Realbedingungen des Menschseins trennt.

Japanischem Erleben nach gibt es keinen Dualismus von Körper und Geist, Leib und Seele, Bewußtsein und Sein. Was im Haiku dieser Ausprägung von dem erlebenden Ich realisiert wird, ist nichts anderes als diese *Einheit.* Monismus als Welterfahrung ist vorausgesetzt. Nicht die Einheit der Seinsschichten also wird als Überraschung erlebt; das Überraschungsmoment ergibt sich daraus, was alles an zufallshaftem, an – scheinbar – kontingentem Detail geeignet ist zur Erfahrung des als sinnhaft begriffenen Einheitsmoments. Intuition unter Beteiligung von Bewußtsein. Das Unspekulative dieser Haltung macht es möglich, daß Haiku-Erfahrung unendlich wiederholbar, unendlich variierbar ist. Und die inhaltlichen Elemente werden in dem Augenblick der zustandekommenden Jetzt-Erfahrung auch gleich wieder gelöscht:

Keine Erkenntnis braucht festgehalten zu werden. *Haiku-Kunst zielt auf das Verlassen der inhaltlich bestimmten Welt.* Das macht seine Nähe zum Zen aus.

Aus dem Gesagten läßt sich folgende Beobachtung ablesen, die sich auf die Leseakt-Vorgaben bezieht: Das japanische Haiku modelliert eine Textstruktur im Gedicht exemplarisch scharf: die Position des erlebenden Ichs, seine Blickeinstellungen, seine Bewegung auf das Moment erlebter Sinnhaftigkeit inmitten der Ding-Mensch- Konstellation hin. Für einen europäischen Leser wird ein Fehlen – durchaus »attraktiv« – wirksam: Unbenannt bleibt die »Bedeutung« der Elemente für das Ich. Deren Innerlichkeitswert wird ausgespart. *Gespart werden damit alle Sprachprozeduren, durch die Äußerlich-Anschauliches in Innerliches transponiert wird: die Prozeduren der Proposition, vor allem die der Metaphorisierung.* Man könnte hier mit Gadamer auch sagen: »Wo alles Metapher ist, ist nichts Metapher.«[5] Diese

5 Hans Georg Gadamer: »Wer ist ich und wer ist du?«. Ein Kommentar zu Paul Celans Gedichtfolge »Atemkristall«, 1973, S. 114.

Komplettierung des poetisch Bedeuteten wird beim Haiku der Seite des Hörers beziehungsweise Lesers vorbehalten.

Die Konkretheit der Texte hat sich auch in der binnen-japanischen Wirkungsgeschichte der Haiku realisiert:

Sommergras
ist alles, was geblieben ist
vom Traum des Kriegers. (Bashô)

Als ich mich bei meinen japanischen Kollegen nach der überlieferten Bedeutung dieses Haiku erkundigte (ich war damals schon lange genug in Japan, um meinem Impuls einer metaphorischen Deutung zu mißtrauen), bekam ich – wieder einmal – erzählt, wann, wo stehend oder sitzend, Bashô dieses Haiku gemacht habe. Eben das bekommen die Kinder in der Schule zu diesem Haiku erzählt, und an den Ort seines Entstehens werden sie geführt. Bashô selbst hat diese Art von Traditionsbildung vorgeprägt, indem er den Haiku-Kontext, soweit er ihn in seinen Reisetagebüchern festhielt, überwiegend szenisch-konkret malte. Der Kontext zu diesem Gedicht in dem Oku *no hosomichi,* dem *Narrow Road to the Deep North*[6] (ich übersetze aus der englischen Ausgabe) lautet: »Ich erreichte Hiraizumi, nachdem ich in zwei Tagen ungefähr zwanzig Meilen gegangen war. Hier war es, wo der Ruhm von drei Generationen des Fujiwara-Hauses verging wie das Flackern eines leeren Traums. Die Ruinen des Haupttors fielen mir schon ins Auge, als ich noch eine Meile vom Sitz Lord Hideharas entfernt war, die Anlage selbst war wieder zum Reisfeld geworden. Nur der Berg Kinkei hatte seine ursprüngliche Gestalt behalten.« Dann kommt ein Stück des Bewußtseins, das im Haiku selbst strikt ausgespart bleibt: »Wenn ein Land besiegt ist, bleiben nur die Berge und Flüsse, und auf einer verfallenen Burg wächst im Frühsommer nur Gras.« Das wird wieder eingefangen in die beharr-

6 Bashō: The Narrow Road to the Deep North and Other Travel Sketches, Harmondsworth (Penguin) 1966, S. 118.

lich mittradierte Szene: »Ich setzte mich auf meinen Hut und weinte bitterlich, bis ich fast die Zeit vergaß.«

3. Das Haiku in Europa

Nach Europa kam das japanische Haiku über Paris.[7] Und was Paris vom Anfang der 60er Jahre des letzten Jahrhunderts an in die Bezauberung des Japonismus versetzte, war zuallererst die japanische Malerei. Gleichsam nur einen Schritt danach folgte die Erkenntnis der Nähe von Wortkunst und Malerei in der japanischen Kultur: Wandschirm-Malereien, Hängebilder und Holzschnitte zeigten diese Nähe, ja die eingespielte Interaktion von Bild und Wort gleichermaßen. (Die Bildlichkeit des Sprachzeichens, des Ideogramms, in der Schriftgeschichte, die vitale Macht des Zeichens im japanischen Alltagsleben, hat noch den späten Japanpilger Roland Barthes verzaubert und zu dem Deutungsversuch *L'Empire des signes* veranlaßt.) Und dieser Einfluß einer zeichenhaft-bildhaft bedeutenden Kunst kam, so muß man rückblickend sagen, nach Paris zur rechten Zeit. Impressionismus und Japonismus fanden sich. So gut wie alle bedeutenden Maler der zweiten Hälfte des letzten Jahrhunderts (Degas, Gauguin, Manet, Matisse, Monet, Toulouse-Lautrec, van Gogh) ließen sich von japanischen Themen und Stilelementen anregen; von den bedeutenden Autoren literarischer Werke jedenfalls diese: die Gebrüder Goncourt, Baudelaire, Flaubert, Daudet, Zola. Ein Konzept der Malkunst auch als Konzept der Poesie!

'Bildchenlyrik', unter dieser Charakterisierung kam das Haiku nach Deutschland. Sein wichtigster Wegbereiter war Arno Holz. Auch für den sogenannten Naturalismus in Deutschland war das Haiku willkommener Zeuge für das eigene Programm – eine europaexterne, ja universalistische Legitimation. Schaut, was man in der Welt draußen so macht! Auch wir machen es! (Auf die Anschließ-

---

7 Vgl. zu den folgenden Ausführungen: D. Krusche: »Das japanische Haiku in Deutschland«, in: ders.: Literatur und Fremde, München 1985, ^{2}1993, S. 104-117.

barkeit der Haiku-Form an Konzepte wie 'Impressionismus' oder 'Symbolismus' weise ich nur beiläufig hin.) Arno Holz meinte vom japanischen Haiku – und zwar in seinen Prosa-Experimenten wie in der Lyrik – mit der Bildhaftigkeit, Natur- und Wirklichkeitsnähe überhaupt noch folgende programmatische Elemente übernehmen zu können: Situativität, Auschnitthaftigkeit, Perspektiviertheit und – was die Stiltendenz angeht – Spontaneität, eine Neigung zur Grellheit, ja zur Groteske. Was *nicht* imitierbar war, soll folgendes Beispiel aus dem *Phantasus* von Arno Holz[8] belegen:

Hinter blühenden Apfelbaumzweigen steigt der Mond auf.

Zarte Ranken, blasse Schatten
zackt sein Schimmer in den Kies.

Lautlos fliegt ein Falter.
Ich strecke mich selig ins silberne Gras und liege da
das Herz im Himmel.

Wir haben eine bemerkenswert präzise Blickeinstellung nachzuvollziehen: Zwischen dem Auge und den Apfelbaumzweigen ergibt sich beim Blick auf den Mond so etwas wie eine Kimme-und-Korn-Linie. In einer neuen Blickeinrichtung, in die Nähe nun, wenn nicht gar in einer Drehung nach 'hinten', werden Schatten, die das Mondlicht zeichnet, wahrgenommen. Aber sehen Sie die Haiku-Ferne: Eine Bewegung des Ich (»ich strecke mich«) wird angesagt, das Gefühl dabei (»selig«) wird im Akt propositionaler Nennung zum Bewußtseinsinhalt, und die letzten Worte vollends heben ab ins Metaphorische: Das »Herz im Himmel« ist nicht zum Mond aufgestiegen, der zur Szenerie gehört, sondern in einen Zustand »himmlischer Seligkeit«. Die Fluchtlinie einer europäischen Welt-Metapher tut sich auf:

Ob der erste und einzige oder der siebente Himmel – ob orthodox christlich oder naturmystisch, ob lutherisch oder keplerisch, ob pto-

8 Arno Holz: Phantasus, 1. Heft 1898, Zitat nach: Phantasus, Stuttgart 1984, S. 20.

lemäisch oder pythagoreisch –, die traditionsgesättigte 'übertragene' Bedeutung vernetzt diesen Vers mit dem Infinitesimal der Kulturgeschichte, eben dem Netz, dem das Haiku, in seiner Herkunftswelt, sich allenfalls punktuell und randständig einknüpft, aus dem es sich meistens geradezu auszuknüpfen versucht.

Verse von Autoren wie Paul Ernst, Max Dauthendey, Alfred Mombert, Rainer Maria Rilke und Max Blei scheinen dem japanischen Stimulans zuweilen näher zu sein. Aber noch Rilkes haikunächster Text zeigt charakteristisch europäische Züge:

> Kleine Motten taumeln schauernd quer aus dem Buchs;
> sie sterben heute abend und werden nie wissen,
> daß es nicht Frühling war.[9]

Was den Motten als Nichtbewußtsein zugeschrieben wird, ist dem sprechenden Ich um so bestimmter gegeben: das Wissen um die Unzeitlichkeit dieses Mottenflugs! Und unübersehbar: die Polarität von wissendem und von unbewußtem Sein, eingeführt- als Mensch-Tier-Differenz.

Damit ist nicht getadelt, was nicht da sein sollte, noch etwas angemahnt, das besser fehlte. Es liegt mir fern, die Identität eines kulturellen Elements, das aus einer anderen Kultur kommt, einzuklagen bei dem, der sich anregen läßt. Kulturvermittlung vollzieht sich weder als Bedeutungstransport noch als Informationsübermittlung. Eine Instanz, die den Grenzverkehr regelt, gibt es nicht. Die Synthesebildungen infolge von Anregungen durch eine historisch distante Kultur gewinnen den gleichen Grad von Komplexität, wie Kulturen insgesamt sie haben. Aber daß das Haiku gewirkt hat und wie kräftig es gewirkt hat, das scheint mir eine andere Erwägung wert: Ein Bedürfnis muß dagewesen sein nach einer Anregung gerade dieser Art. Orientiert man sich nämlich in der Formengeschichte der Lyrik, wie sie an der Geschichte der deutschsprachigen Literatur abzulesen ist, dann fällt einem – nach der Zur-Kenntnisnahme des Haiku – eine

9 Rainer Maria Rilke: Sämtliche Werke, Bd. II, Wiesbaden 1956, S. 245.

Fehlstelle auf: Kleine lyrische Formen haben wir – von wenigen Ausnahmen z. B. im *Minnesangs Frühling* oder im 19. Jahrhundert, etwa bei Mörike oder Hebbel, abgesehen – nur in der Bindung an die Reflexion: den Spruch, die Sentenz, das Epigramm. Was fehlt: eine kleine Form, die ihre Bedeutung überwiegend vom szenisch-anschaulichen Pol der Bedeutungsbildung her baut.

Nach dem Zweiten Weltkrieg geschieht in der Rezeption des Haiku zweierlei: Die Bedingungen des japanischen Vorbildes werden – auch in ihrer historischen Dimension – besser durchschaubar, und was die produktive Reaktion auf diese Gattung angeht, lösen sich die Autoren, die damit experimentieren, von den Versuchen einer Nachahmung immer weiter ab; sie machen unbefangener Gebrauch von den Elementen des Haiku, die europäisch integrierbar sind. Die Frage, ob das Haiku auf seinem Weg von Japan nach Europa dasselbe bleibt, wird aufgegeben.

Bertolt Brecht hat in seinen »Buckower Elegien« mit der Haiku-Form experimentiert. Ich zeige das Gedicht, in dem der Reflexionsdrang am weitesten zurückgenommen ist:

Bertolt Brecht: Rudern, Gespräche (1953)[10]

Es ist Abend. Vorbei gleiten
Zwei Faltboote, darinnen
Zwei nackte junge Männer: Nebeneinander rudernd
Sprechen sie. Sprechend
Rudern sie nebeneinander.

Die Äußerung dieses lyrischen Ichs bleibt auf das Wahrnehmungshafte beschränkt – fast. Die Origo im Vorstellungsraum ist durch das »vorüber« markiert: geblickt wird vom Ufer aus. Die Schlüsselstelle, wo, dem japanischen 'kireji' gleich, Emphase erzeugt, Überraschung angedeutet wird, ist die chiastische Wiederholung

10 Bertolt Brecht: Gesammelte Werke in 20 Bänden, Bd. 10, Frankfurt/Main 1976, S. 1013.

von »rudernd sprechen sie« und »sprechend rudern sie« nebeneinander. Daß die körperlich-sportliche Tätigkeit, deren Vitalität durch das »nackt« betont wird, von Sprechen begleitet ist, daß Dialog stattfindet mitten im Rudern. Worüber wird gesprochen? Wahrscheinlich ist das Wissensfaktum vorausgesetzt, daß Rudern eine proletarische Sportart war! Also ein proletarischer Diskurs? Der weitere Lauf der Welt, die Revolution als Globalziel der Gesellschaft hier als Gesprächsinhalt?

Was auch immer wir uns dazu-denken, ein Problem des Haiku in Europa heute taucht hier auf: Unsere Welt ist komplex, die Komplexität fällt uns ein. Über uns kompliziert sie das Haiku. Paßt sie in ein Gedicht dieser Knappheit noch hinein? Auch ich zweifle. Ich kann mir daher vorstellen, daß mein Deutungsvorschlag zu diesem Text überzogen scheint. Eins ist klar: Die Einbringung von Welt in ein so kleines Gebilde bedeutet eine extreme Reduktion. Die klassische Haiku-Welt, die der Tokugawa-Zeit, war in ihrer strikten Regulierung der sozialen Ordnung so starr wie übersichtlich. Wir, die wir später und anderswo Welt erleben, müssen zu einem größeren Opfer von Komplexität bereit sein, ich möchte fast sagen, zu mehr Regression fähig sein, um heute, hier noch Sinnerfahrung in dieser Prägnanz zu formulieren. Ins Wirkungsästhetische gewendet: Der Versuch, zeitgenössische Komplexität des Erlebens unter diesen Gattungsbedingungen zu formulieren, birgt die Gefahr, daß das Gedicht für den Leser nicht mehr lesbar ist, daß der Eindruck einer nur vage nachvollziehbaren Subjektivismus entsteht. Aber sehen wir, was immerhin möglich ist:

Imma von Bodmershof (1970)[11]

Taunacht – die Quellen.
Selbst das Meer hör ich rauschen
im Bach vor dem Haus.

11 Imma von Bodmershof: Sonnenuhr, Salzburg/Bad Goisern 1970, S. 11.

Die Österreicherin Imma von Bodmershof ist die bekannteste Haiku-Dichterin im Grenzbereich zwischen klassisch-europäischer Motivik und der Haiku-Form. Ich habe ein Beispiel gewählt, in dem das Nahe an das Ferne, das Kleine an das Große angeschlossen wird. Darin vollzieht sich eine Öffnung zur Einheit der Welt. Auslöser ist das »Quellen« des Wassers. Der Gedanke an den vertraut-nahen Bach evoziert die Ganzheit des Wassers, auf die der Bach zuläuft, das Ich nimmt teil am Aufgehen das Bachs im Meer. Ich möchte aber auf den europäischen Anteil an dieser Synthese hinweisen: In der Sequenz 'Quelle, Bach, Meer' liegt ein begrifflicher Nexus der Steigerung, der mir im klassischen Haiku so nicht begegnet ist:

Imma von Bodmershof (1970)[12]

Ich schloß alles zu
wollte schlafen. Doch der Traum
rief mich beim Namen.

Was eben das Große gegenüber dem Kleinen war, ist hier die Polarität zwischen Innen und Außen: das Bild des Zuschließens. Aber das, was draußen ist, läßt sich nicht draußenhalten. Draußen ist das Unbewußte, der Traum. Er dringt durch die Schutzwehr, die im Wachsein errichtet wurde – er läßt sich auch durch eine verschlossene Tür nicht 'aussperren'. Das »doch« entspricht dem japanischen 'kireji', hier liegt das Plötzlichkeits-, das Überraschungssignal. Eindrucksvoll der Antagonismus zweier Seins-Räume und ihre gegenseitige Durchdringung:

Georg Jappe (1980)[13]

Morgens beim Umrührn
löst sich das Mark und doch wie
hat dieser Traum mich gestärkt.

Auch hier wie bei dem zweiten Beispiel aus dem Werk der Imma von Bodmershof die Spannung zwischen Außen und Innen, Wach-

12 Ebd., S.51
13 Georg Jappe: Haikubuch, Köln 1981, S. 62.

sein und Traum, der psychoanalytische Dualismus von Bewußtem und Unbewußtem.

»Umrührn« ist wohl szenisch als Umrühren der Milch im Kaffee zu imaginieren, dem beobachteten Sichauflösen des einen im anderen entspricht das Sich-Lösen von irgendeiner Spannung tief innen, im Mark der Seele. Dieses Sich-Lösen – und hier liegt der Effekt der Plötzlichkeit und Überraschung, der haikutypisch ist – wird nicht als Entspannung erlebt, geschweige denn als Abschlaffung, sondern als Zuwachs an Stärke:

Georg Jappe (1980)[14]

Schnee soweit
das Auge reicht ich höre
meine Lider

Eine Szenerie wie auf einem Gletscher im Berner Oberland. Die Weiße des Schnees, das Blendende, die Übermacht des Nur-Weißen, die Blendungsgefahr. Das Sinnesorgan, das diese Gefahr erlebt, das Seh-Organ zieht die Aufmerksamkeit, man möchte sagen, die Kooperation des ganzen Organismus auf sich – sogar das Hör-Organ hat sich auf das Sehen konzentriert! Der Lidschlag des Auges – hier geschieht der Haiku-Blitz – wird *hörbar.* Dem totalen Schnee gegenüber bin ich ganz Auge. Das Assonanzspiel zwischen den hörbaren Liedern und dem sonst nicht hörbaren Lidschlag scheint mir auch als Wortspiel mit Homophonen haikuüblich zu sein. (Ähnlich spannungsvolle Mischungen von europäischer Subjekthaftigkeit und japanischen Techniken der Veranschaulichung finden sich z. B. auch bei Dieter Holz in seinem Band *Glaswege*[15] der übrigens in einer Reihe erschienen ist, die sich »Lyrik zwischen den Kulturen« nennt.)

In solchen Gebilden wie denen von Jappe kommt das europäische Haiku freilich an die Grenzen auch seiner Vermittelbarkeit in Euro-

---

14 Ebd., S. 66.
15 Dieter Holz: Glaswege, Freiburg 1993.

pa. Es wird zum – fast solipsistischen – 'Existogramm'. Das Ur-Europäisehe daran ist unübersehbar – im Kontrast zur motivischen Grundstruktur des japanischen Haiku: Wo im monozentrischen Welt-Vor-Verständnis der japanischen Haikudichter zufallshafte Elemente der Alltagserfahrung zusammenschießen können in einem einheitsstiftenden Moment der *Gleichzeitigkeit,* liegt in Europa eine andere motivische Grundstruktur nahe: In einer dualistisch vorerfahrenen Welt geschieht das Einheitserleben in einer Verschmelzung zweier Teilräume, seien es Schichten des Innen-Erlebens oder spekulativ erzeugte Seinsbereiche – *räumliche* Bilder von ›Fusion‹ drängen sich auf.

Schließlich will ich noch auf eine sehr besondere Form der Reaktion auf das japanische Haiku in Europa hinweisen, sein programmatisches Zitat. Dieses Zitat kann vielerlei Funktion haben, in vielerlei Form Bezug und zugleich Abstand nehmen auf das Haiku. Als Beispiele hierzu sollen drei Texte von Günter Eich dienen. Der erste formuliert das, was das Haiku vom Leser verlangt, in exemplarischer Weise:

Japanischer Holzschnitt[16]

Ein rosa Pferd,
gezäumt und gesattelt, –
für wen?

Wie nah der Reiter auch sei,
Er bleibt verborgen.

Komm du für ihn,
tritt in das Bild ein
und ergreif die Zügel.

16 Günter Eich: Gesammelte Werke, Bd. 1, Frankfurt/Main 1973, S.99.

Das Bewußtsein dieser Programmatik, die Formulierung eines ästhetischen Konzepts als eine Art Lehrsatz ist sicher ganz unjapanisch. Die Lehre selbst freilich in ihrem Inhalt knüpft an die ästhetische Erfahrung der Zen-Kultur allgemein an. Das Gedicht soll wirken analog zu der blitzartigen paradoxen Einsicht, wie sie von den japanischen Steingärten, zum Beispiel dem des Ryoanji in Kyoto, den Eich mehrfach 'zitiert' hat, nahegelegt wird: Die Zahl der Steine des Ensembles kannst du wissen; es sind, sagen wir, dreizehn; aber du siehst sie nie alle auf einmal, denn: der letzte, der entscheidende Stein in diesem Ensemble, der eine, der immer unsichtbar bleibt, welche Beobachterposition du auch einnimmst, – der bist du selbst!

Der zweite Text steht in einer Reihe, die mit »Lange Gedichte« überschrieben ist. Er bezeichnet in unüberhörbarer Ironie die letzte Konsequenz des 'spontanen' poetischen Sprechens, wie das Haiku es vorsieht, und damit die Unmöglichkeit, das Haiku unter den europäischen Modalitäten zugespitzten Bewußtseins immerfort weiterzudichten:

Vorsicht[17]

Die Kastanien blühn.
Ich nehme es zur Kenntnis,
äußere mich aber nicht dazu.

Resignation scheint in der Ironie mitzuschwingen, ja Trauer darüber, die als Gattungsumriß zitierte Dichtungsform durch Bewußtseinszwang 'verbraucht' zu haben. Bleibt nur noch das Schweigen, das nicht einmal mehr den eigenen Anlaß nennt.

Das letzte Beispiel äußert Skepsis gegenüber Europa – und diese Skepsis bezieht sich auf all das, was Europa ausgegrenzt hat – den großen Rest der weiten Welt:

17 Ebd., S. 166.

Fußnote zu Rom[18]

Ich werfe keine Münzen in den Brunnen,
ich will nicht wiederkommen.

Zuviel Abendland,
verdächtig.
Zuviel Welt ausgespart. Keine Möglichkeit
für Steingärten.

Man kann diese reflexive Skepsis eines Abendländers auch so lesen, daß hier einer nicht zurückkehren will, der zugleich weiß, daß er in einer zu Europa alternativen Welt nicht ankommen wird. Abschied von etwas, vor dem es kein Entrinnen gibt, weil es das Eigene ist? Bezieht sich »Keine Möglichkeit für Steingärten« auch auf das eigene Verstummen in dem Versuch der Aneignung des Fremden? Also:

Keine Zukunft für Haiku?

Ich ziehe Bilanz: Ein japanisches Kulturelement, das Haiku, in Europa – ist es angekommen? Insofern es gewirkt hat und wirkt: ohne Zweifel, ja! Daß die Wirkung kräftig war und ist, scheint mir unübersehbar. (Die *Anthologie der deutschen Haiku* von 1978, herausgegeben H. Sakanishi[19] bietet Verse von 68 Autoren.) Aber dieser Transfer verläuft nicht als Prozeß, in dem eine Identität sich durchhält. Auf dem Weg von Japan hierher ist das Haiku etwas anderes geworden. Eine Folge, die sich ihrem Grund entfremdet hat. Dazwischengetreten ist – Geschichte, das Infinitesimal der Wirkungsbedingungen kultureller Differenz. Nein, kein Experiment unter Laborbedingungen ist es, was da abläuft, beschreibbar mit den Begriffen eines Laborherrn. Das Haiku *wirkt* – wir sehen das wirkende Element

18 Ebd., S. 130
19 H. Sakanishi (Hrsg.): Die Anthologie der deutschen Haiku, Tokyo 1978.

in seiner Herkunftswelt und können es – in unseren Begriffen – beschreiben, und wir sehen seine Folgen bei uns.[20]

Aber da wir, Europäer und Japaner, jeweils auf unserer Seite, in Welten distanter Genese und über lange Zeit getrennter Entwicklung leben, Welten, die sprachlich nicht aufeinander eingespielt sind, gibt es keinen Beobachtungspunkt über den beiden Kulturräumen, von dem aus betrachtet und beschrieben, das japanische Haiku dort und seine europäischen Folgen hier aneinander anschließbar wären in einfacher Kontinuität.

Das japanische Haiku, hier in Europa gelesen – ist es uns nah? Ist es uns fern? Sind die Versuche seiner Nachahmung hier erfolgreich? Sind sie dem japanischen Vorbild ähnlich oder auch nur vergleichbar? Sie sind anders. Und die europäischen Lektüren japanischer Haiku sind anders als japanische Lektüren derselben Gedichte. Nähe – Ferne, Vergleichbarkeit – Unvergleichbarkeit sind Erfahrungen, die in je verschiedener Mischung charakteristisch sind für Erfahrungen – auch mit Literatur.

---

20 Wichtiger als die Wirkungen, die sich unter formalem Rückbezug auf das Haiku als Gedicht eines festgelegten Silbenumfangs und als Syndrom von »Regeln« den referentiellen Bezug auf Welt betreffend, scheint mir ein ganz anderer Wirkungsstrang zu sein. Dieser hat mit der Stelle im System lyrischer Tradition bei uns zu tun, die – kommt man von der Kenntnis des Haiku her – so überraschend schwach ausgeprägt ist. Ich meine den Typus des 'szenischen' Gedichts, in dem Raum-Zeit-Verhältnisse kräftig modelliert sind und die 'Bedeutung' sich aus den Valenzen der Ding-Person-Konstellation erst nur sinnlich-anschaulich, jedenfalls vorbegrifflich ergibt. Vgl. dazu: D. Krusche: Haiku. Japanische Gedichte, darin das 'Nachwort', München (dtv-klassik) 1994.

Johannes W. Raum

ASYL IM RAHMEN DES TRADITIONELLEN RECHTS DER TSWANA, ZULU UND ROTSE IM SÜDLICHEN AFRIKA

1. Asyl und Zufluchtsstätten in Afrika

Der nigerianische Jurist *Taslim Elias*[1] stellt fest, daß es in dem Gewohnheitsrecht der meisten Gesellschaften in Afrika Zufluchtsorte für diejenigen Personen gegeben hat, die eine ungerechtfertigte gerichtliche Verfolgung befürchteten, und daß diese ganz allgemein respektiert wurden. Der britische Ethnosoziologe *Edward Evans-Pritchard*[2] schildert, wie bei den akephalen Nuer am oberen Nil ein Mann, der jemanden erschlagen hatte, Zuflucht beim "Leopardenfellhäuptling" suchte, um der Rache der Verwandten des Erschlagenen zu entgehen. Der deutsche Afrikanist *Diedrich Westermann*[3] veröffentlichte einen Text der Glidyi-Ewe, in dem ein Asyl beschrieben wird, zu dem eine Person fliehen konnte, die einen anderen erschlagen hatte, aber auch ein Sklave, der ein unparteiisches Verhör erreichen und seine Rechte einklagen wollte. Auch bei den Chaga am Kilimanjaro konnte nicht nur von einem Stammesfürsten, sondern auch von angesehenen Gehöftoberhäuptern sogar Mördern, aber ebenso Gästen oder Flüchtlingen aus fremden Stämmen Asyl gewährt werden.[4] Dieser Sachverhalt steht in einem gewissen Gegen-

1 1956: 90, 215-216.
2 1941: 152-155.
3 1935: 317-310, vgl. auch 44, 261.
4 Vgl. Gutmann 1926: 401, der im Hinblick auf die Behandlung von Gästen aus fremden Stammesfürstentümern von einem allgemeinen Vorrecht der Chaga-Stammesfürsten berichtet, Asyl zu gewähren. Vgl. Dundas 1924: 297-8 der berichtet, daß bei den Chaga einem Mörder vom Stammesfürsten oder sogar von einem

satz zur Rechtstradition in Europa, wo selbst kirchliche Würdenträger kein Asyl gewähren durften und Kirchen nicht als Zufluchtsstätten vor dem Zugriff der weltlichen Gerichtsorgane galten.[5]

In seiner vergleichenden Untersuchung der einheimischen politischen Systeme der Gesellschaften des südlichen Afrika hat einer der kenntnisreichsten Ethnographen, der sich mit diesem Teil Afrikas beschäftigt hat, nämlich *Isaac Schapera*, unmißverständlich erklärt, daß es vor der Unterwerfung unter die politische Herrschaft der Europäer in allen Stammesfürstentümern und Königreichen der Südostafrikaner mit Bantusprachen Asyl- oder Zufluchtsstätten für zum Tode verurteilte Rechtsbrecher sowie andere Personen gegeben hat. Auf diese Zufluchtsorte hatte der Scharfrichter keinen Zugriff, auch wenn die Verurteilten auf eine andere Art und Weise bestraft werden konnten.[6] Als ein Beispiel für derartige Zufluchtsstätten kann der Bericht des Militärarztes *Andrew Smith* über die Aussagen eines Stammesfürsten oder Königs der **Xhosa**, *Hintza*, aus der ersten Hälfte des 19. Jahrhunderts angeführt werden:

> There is a spot near to where Henza (sic!) resides which was the site of one of, if not the first chief's kraal, and this spot is regarded as sacred. Thus a person who may have been guilty of a crime succeeding in reaching it becomes exonerated, and may consider himself as in the same state as before the commission of the act.[7]

Aber auch der Berliner Missionar *A. Kropf* berichtet, daß das Gehöft des ranghöchsten Ratsherren eines Xhosa Stammesfürsten als "eine Freistatt für jeden Verbrecher" galt.[8]

---

angesehenen Gehöftoberhaupt sowie auch von dem Stammesfürsten eines Nachbarstammes Asyl gewährt werden konnte.

5 Man vergleiche die schon längere Diskussion über die Gewährung von Zuflucht für Asylbewerber in Kirchen oder Gemeinden in der Bundesrepublik Deutschland und insbesondere in der Evangelischen Kirche (siehe dazu den Beitrag von Peter Landau in diesem Band).

6 "In all groups there are also recognized places of sanctuary, such as the hut of the chief's mother or the graves of his ancestors, to which men fearing death may flee if they can; their lives are then inviolate, though they may be expelled or punished in some other way, unless they succeed in escaping to another tribe." Schapera 1967: 81. Vgl. Myburgh 1974: 300.

7 Smith 1955: 118.

8 Kropf 1889: 173-4.

Es ist bedeutsam, daß Isaac Schapera seine Feststellung über Asyl- und Zufluchtsorte im Rahmen seiner bahnbrechenden vergleichenden Untersuchung der traditionellen Herrschaftssysteme der Südafrikaner getroffen hat. Denn Zufluchtsorte und Asylrecht weisen immer auch wesentliche politische, verfassungsrechtliche und juristische Aspekte auf, ohne die sie nicht ausreichend erklärt werden können, auch wenn religiös-magische oder weltanschauliche Aspekte in der jeweiligen Kultur im Zusammenhang mit diesen, in allen oder doch fast allen menschlichen Gesellschaften vorhandenen, Institutionen durchaus eine wichtige Rolle spielen.

Es ist dieser Gedanke, daß die Institutionen des Asyls und der Zufluchtsorte ohne die Berücksichtigung des politischen, verfassungsrechtlichen und juristischen Kontextes, in denen sie zu finden sind, nicht ausreichend verstanden werden können, der hier in den Mittelpunkt der Überlegungen gestellt werden soll. Um dies zu erreichen, soll versucht werden - vor dem Hintergrund der Wirtschaftsformen und der Gesellschaftsordnung - das traditionelle Rechts- und Gerichtswesen in drei Gesellschaften im südlichen Afrika (Abb. 1) in groben Zügen zu umreißen, um dann, soweit das möglich ist, an einigen konkreten ethnographischen Beispielen aufzuzeigen, wie sich die dort vorhandenen Institutionen des Asyls und der Zufluchtsstätten in den politischen, verfassungsrechtlichen und juristischen Gesamtzusammenhang einfügen.

Es handelt sich um drei Gesellschaften im südlichen Afrika, über deren Kultur und Geschichte während des 19. und frühen 20. Jahrhunderts wir relativ gut unterrichtet sind, so daß man ein wohl einigermaßen zutreffendes Bild sowohl über die Herrschaftssysteme als auch über die Rechts- und Gerichtssysteme unmittelbar vor der Unterwerfung unter die Kolonialherrschaft gewinnen kann. Es handelt sich jedoch keineswegs um Gesellschaften oder Kulturen, die als in irgendeinem Sinne ursprünglich oder originär betrachtet werden können. Diese Tatsache sollte deswegen betont werden, um von vornherein dem nur allzuweit verbreiteten Mißverständnis entgegenzutreten, daß man gleich hinter der Grenze der europäischen

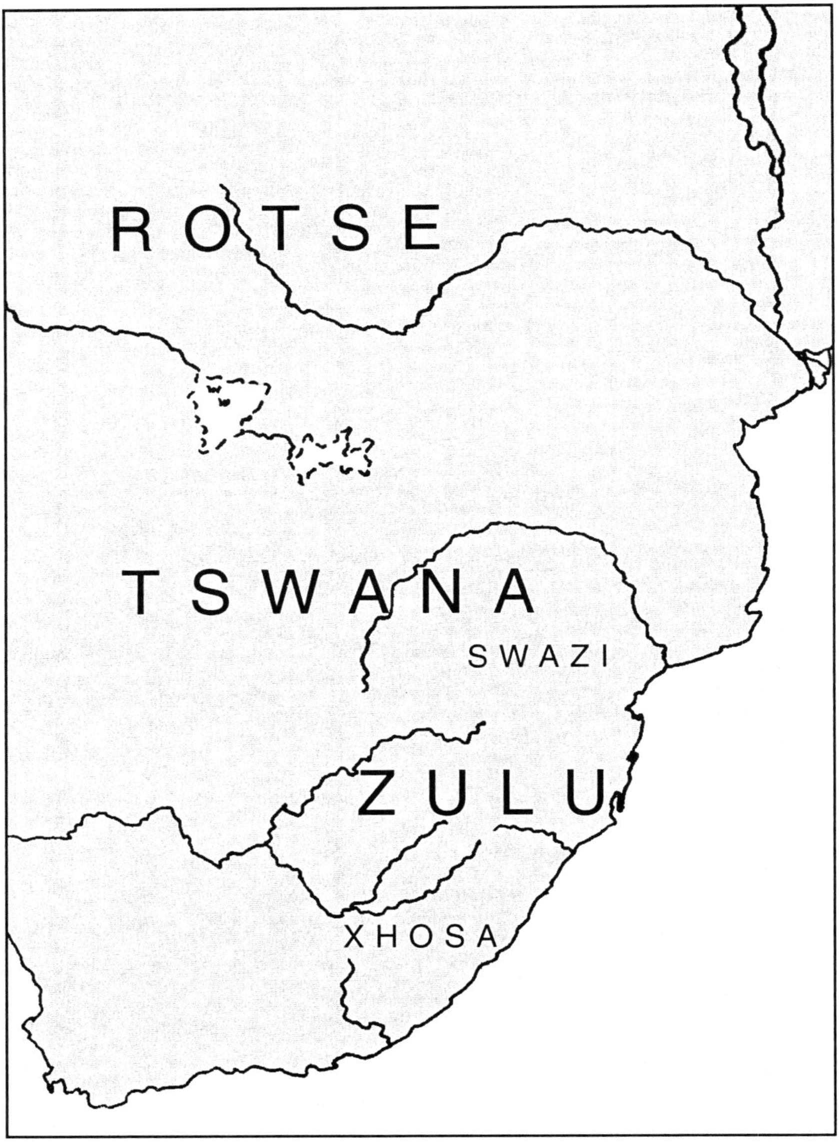

Abbildung 1: Das südliche Afrika mit den Siedlungsgebieten der Tswana, Zulu und Rotse.

Ausbreitung über die Erde auf "Urgesellschaften" stößt, in denen man Verhältnisse antrifft, wie sie gleichsam in der "Traumzeit" der Ureinwohner Australiens möglicherweise irgendwann einmal vorgeherrscht haben mögen.

Bei den drei Gesellschaften, um die es gehen soll, handelt es sich vielmehr um Völker, die bereits seit Jahrhunderten, wenn nicht sogar seit Jahrtausenden, nicht nur aus Europa, sondern viel früher bereits aus Asien vor allem in wirtschaftlicher, aber auch in vielen anderen Hinsichten immer stärker beeinflußt worden sind. Seit Beginn des 19. Jahrhunderts sind sie von revolutionären Erschütterungen erfaßt worden, die zu einem großen Teil auf die koloniale Ausbreitung und die beginnende Industrialisierung Europas zurückzuführen sind, auch wenn heute noch umstritten ist, bis zu welchem Grad diese tiefgreifenden Veränderungen im südlichen Afrika unmittelbar und im einzelnen von den umwälzenden Einflüssen herrühren, die damals bereits von unserem Kontinent ausgingen.[9] Immerhin wissen wir heute, daß die Entstehung des, bis in die ersten Jahre des 20. Jahrhunderts hinein von den europäischen Siedlern gefürchteten Königreichs der **Zulu**[10], das zu Beginn des 19. Jahrhunderts entstanden ist, unmittelbar mit dem internationalen Elfenbein-, aber wahrscheinlich auch mit dem Sklavenhandel über die Delagoabucht zusammenhing, deren Fäden letzten Endes in den Metropolen Europas zusammenliefen.[11] Bei den **Tswana** am Rande der Kalahari sowie bei den **Rotse** am mittleren und oberen Sambesi haben die geschichtlichen Ereignisse aufgrund der europäischen Expansion keine ganz so dramatischen Wendungen genommen wie nördlich des Tugela, wo die Zulu ihre Wohnsitze haben; aber tiefgreifend genug waren sie. Denn die Tswana sind zunächst von Kriegervölkern über-

---

9 Für die bewegte Geschichte Südafrikas vgl. Jörg Fisch 1990, Leonard Thompson 1990, T. R. H. Davenport 1991 sowie Nigel Worden 1995, und für diejenige Mittelafrikas vgl. Birmingham & Martin 1983.

10 Vgl. hierzu die Untersuchung von Shula Marks 1970 über den sogenannten Bambatha-Aufstand der Zulu im ersten Jahrzehnt des 20. Jahrhunderts.

11 Für die Entstehung des Königreichs der Zulu in den ersten Jahrzehnten des 19. Jahrhunderts vgl. Raum J. W.1989 und die dort angeführte Literatur sowie E. Eldredge 1992 und Carolyn Hamilton 1992.

fallen worden, die aus der Umgebung von Zululand stammten; und später wurden sie in den dreißiger Jahren des vorigen Jahrhunderts von den sogenannten burischen "Voortrekker" aus großen Teilen ihrer angestammten Wohnsitze vertrieben.[12] Die Rotse sind um 1840 von den vom südafrikanischen Hochveld vertriebenen Kololo unterworfen worden, deren Herrschaft sie erst nach zwei Jahrzehnten abzuwerfen vermochten.[13] Es handelt sich also bei den Tswana, Zulu und Rotse um Völker, in denen bis zum endgültigen Verlust ihrer Unabhängigkeit in den letzten Jahrzehnten des 19. Jahrhunderts um die Bewältigung der Herausforderungen gerungen wurde, die die unaufhaltsam vordringende europäische Welt an sie stellte. Damit hing ein gewisses Maß an Rechtsunsicherheit zusammen, weil Menschen unterschiedlicher ethnischer Herkunft mit verschiedenen Rechtstraditionen in neu sich bildende politische Einheiten eingegliedert werden mußten. Diese Rechtsunsicherheit hatte auch Auswirkungen auf die in diesen Gesellschaften vorhandenen Institutionen des Asyls und der Zufluchtsstätten.

Bei der Bewältigung dieser, durch die Ausbreitung der Europäer verursachten Probleme waren diese Gesellschaften indessen weitgehend auf diejenigen Mittel angewiesen, die bereits in ihrer eigenen einheimischen afrikanischen Kultur vorhanden waren. Dies galt vor allem in militärtechnischer Hinsicht, aber auch im Bereich der Kommunikation; denn allen drei Gesellschaften fehlte ein brauchbares Schriftsystem, eine Tatsache, die auch für die bei ihnen vorherrschenden politischen und rechtlichen Verhältnisse von nicht unerheblicher Bedeutung war. Aber es galt auch weitgehend für ihre Wirtschaftsformen ebenso wie für ihre gesellschaftlichen und politischen Institutionen. Deshalb sollen die gesellschaftlichen und kulturellen Verhältnisse bei diesen drei Völkern der Tswana, der Zulu und der Rotse während des 19. Jahrhunderts dargestellt werden,

---

12 Isaac Schapera 1970 schildert eindringlich, wie die Stammesfürsten der verschiedenen Tswana-Stämme mit den Herausforderungen fertig zu werden suchten, vor die sie durch das Eindringen der Europäer während des 19. und frühen 20. Jahrhunderts gestellt wurden.

13 Für die bewegte Geschichte der Rotse oder Lozi während des 19. und frühen 20. Jahrhunderts vgl. Mainga 1973.

weil es sich hier um den Versuch einer historischen Rekonstruktion der Beschaffenheit der Institutionen des Asyls oder der Zufluchtsstätten bei diesen drei Völkern unmittelbar vor der Unterwerfung unter die koloniale Vorherrschaft der Europäer handeln soll, keineswegs jedoch um eine Darstellung der gegenwärtigen Verhältnisse in den heute vorhandenen Staaten Südafrika, Botswana und Sambia im südlichen Afrika, in die diese drei Gesellschaften während der letzten Jahrzehnte des 19. Jahrhunderts eingemeindet worden sind.

Da die natürlichen Gegebenheiten in den Siedlungsgebieten dieser drei Völker die materiellen Voraussetzungen für die gesamte Kultur abgegeben und damit auch auf die gesellschaftlichen und politischen Verhältnisse einen tiefgreifenden Einfluß ausgeübt haben, ist es erforderlich, zunächst die jeweiligen geographischen Verhältnisse kurz zu umreißen.

2. Die geographischen Verhältnisse bei den Völkern der Tswana, der Zulu und der Rotse

Die Tswana siedeln in der Trockensavanne am Rande der Kalahari-Halbwüste, wo nur wenige verläßliche Wasserstellen zu finden sind. Deshalb lebten sie in den für die Tswana kennzeichnenden stadtähnlichen Siedlungen, denen im Gebiet des jeweiligen Stammesfürstentums im weiten Umkreis kleinere Dörfer angeschlossen waren, in denen häufig ethnische Fremdgruppen wohnten. Die landwirtschaftlich genutzten Felder und Viehweiden befanden sich häufig in großer Entfernung von den Siedlungen. Diese weiträumige Verteilung der nutzbaren Bodenressourcen über das gesamte Gebiet des jeweiligen Stammesfürstentums führte zu einer jahreszeitlichen Wanderung der arbeitsfähigen Bevölkerung zu den Feldern zum Zwecke des Hackbaus und zu einer weiträumigen Wechselweidewirtschaft bei der Viehzucht. Sie wirkte aber auch einer Abspaltung von Teilen des Stammesfürstentums entgegen, zumal die stadtähnlichen Siedlungen eine Art natürlichen Mittelpunkt für die Stammesfürstentümer darstellten.[14]

Die Zulu (Abb. 2) siedeln in einem für südafrikanische Verhältnisse regenreichen Gebiet zwischen dem Indischen Ozean und den Maluti- oder Drakensbergen. Die meisten Flüsse führen in der Regel das ganze Jahr über Wasser, so daß die Zulu in kleineren Streusiedlungen lebten. Jede solche Siedlung verfügte in unmittelbarer Nähe der Gehöfte über alle für eine relativ autarke Wirtschaftseinheit erforderlichen Ressourcen wie Felder für den Hackbau, aber auch über unterschiedliche Weiden, die eine kleinräumige Wechselweidewirtschaft erlaubten. Für die Errichtung eines zentralisierten politischen Herrschaftssystems waren diese Verhältnisse ungünstig.[15] Deshalb sahen sich die Könige der Zulu dazu gezwungen, einen künstlichen Mittelpunkt des Reiches zu schaffen. Hierzu ließen sie in einem zentral gelegenen Bezirk in gebührendem Abstand voneinander ausgedehnte gehöftähnliche Anlagen mit hunderten von Hütten als Barakkenlager für ihre schlagkräftigsten Altersklassenregimenter anlegen, mit deren Hilfe sie nicht nur auf Kriegszüge gegen Nachbarvölker ausgingen, sondern auch das Reich kontrollierten. An strategisch wichtigen Orten am Rande des Reichsgebietes wurden ähnliche Anlagen als militärische Stützpunkte errichtet.[16]

Der König der Rotse (Abb. 3) herrschte über die Überschwemmungsebene im breiten oberen Tal des Sambesi und über die angrenzenden unterschiedlichen Savannenbereiche. Jedes Jahr fand eine zyklische Wanderbewegung des "Staatsvolkes" der Lozi von ihren Hügelsiedlungen in der Überschwemmungsebene zu den höher gelegenen zeitweiligen Wohnstätten auf den Randstufen des Tales statt. Zur Nutzung der unterschiedlichen Bodenverhältnisse

14 Isaac Schapera 1940 & 1953.

15 Über den Zusammenhang zwischen der unterschiedlichen Beschaffenheit der Landschaften und den dadurch bedingten gegensätzlichen Wirtschaftsformen sowie den darauf aufbauenden verschiedenartigen Formen der politischen Herrschaft bei den Tswana auf dem Hochveld einerseits und den Zulu zwischen Randgebirge und der südostafrikanischen Küste andererseits hat Basil Sansom 1974a & 1975b interessante Hypothesen entwickelt.

16 Krige 1950; Gluckman 1940; Guy 1981.

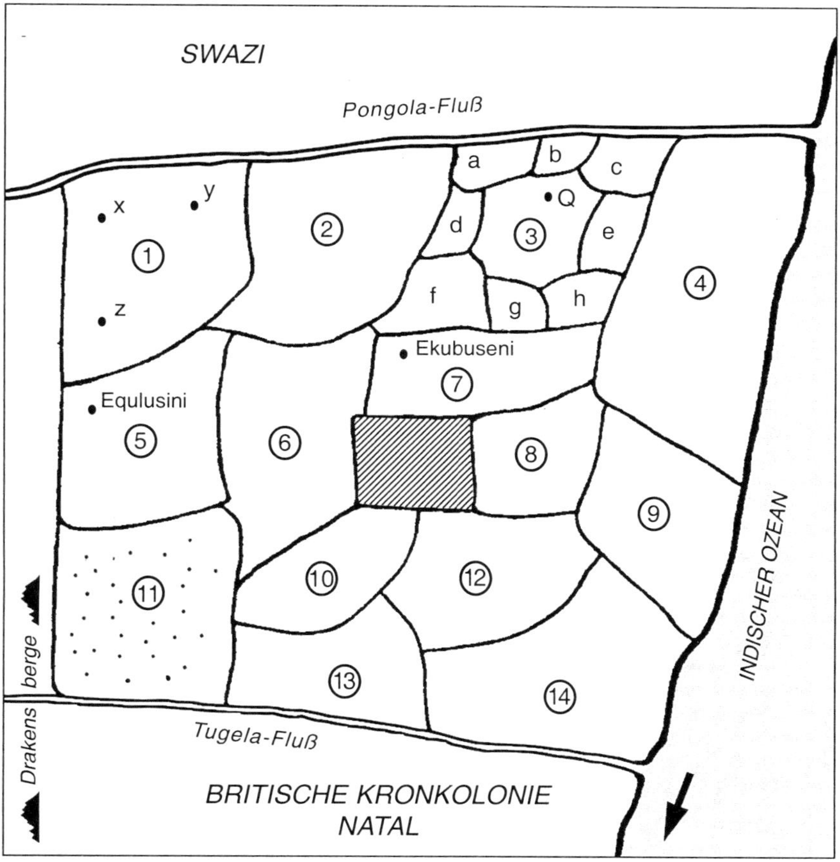

Abbildung 2: Das Königreich der Zulu (nach Max Gluckmann 1940). Der schraffierte Bereich ist das unmittelbare Herrschaftsgebiet des Königs, in dem sich die Residenz, andere königliche Gehöfte sowie Gehöfte von Altersklassenregimentern befanden. Die Gebiete der verschiedenen Stämme sind mit Ziffern numeriert, Im Stammesgebiet 3 mit dem Residenzgehöft des Stammes- oder Gaufürsten (Q) sind die Distrikte (wards) der einzelnen Indunas mit Kleinbuchstaben (a, b, c) bezeichnet. Im Stammesgebiet (1) bezeichnen X,Y und Z die Residenzgehöfte des Stammes- oder Gaufürsten und diejenigen seiner wichtigen Brüder. Im Stammesgebiet 11 deuten die Punkte die über das ganze Land verstreuten Gehöfte der einzelnen patrilinear und polygyn erweiterten Großfamilien an. Ekubuseni und Equlusini sind Residenzgehöfte des Königs außerhalb seines unmittelbaren Herrschaftsgebietes.

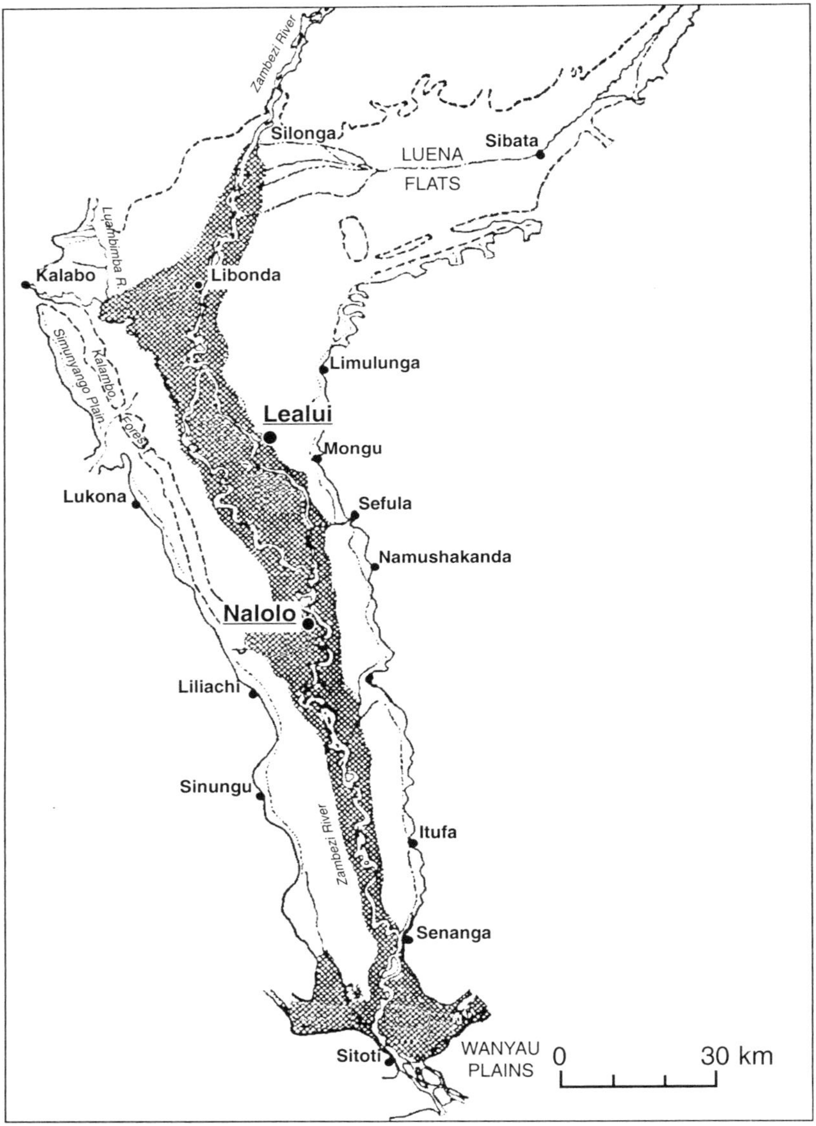

Abbildung 3: Das Königreich der Rotse (nach Mutumba Mainga 1973)

im Umkreis sowohl der Trockenzeit- als auch der Regenzeitsiedlungen hatten die Rotse ausgeklügelte Formen eines mit der Eisenhacke betriebenen Gartenbaus entwickelt. Sie hielten verhältnismäßig wenig Rinder, die je nach Jahreszeit auf die verschiedenen Weideplätze in der Überschwemmungsebene und auf den Randstufen des Tals getrieben wurden.[17] In den angrenzenden Savannenbereichen befanden sich indessen auch andersgeartete ökologische Nischen, die anderen Bevölkerungsgruppen als Siedlungsgebiete dienten, über die der König der Rotse jedoch die Oberherrschaft ausübte. Wichtig war, daß die Erzeugnisse der Überschwemmungsebene gegen diejenigen der Ethnien auf den bewaldeten Randstufen ausgetauscht werden konnten, so daß diese Handelsbeziehungen zwischen den verschiedenen Randbereichen und dem Kerngebiet wesentlich zum Zusammenhalt des Rotse-Reiches beitrugen.[18]

3. Wirtschaft und Gesellschaft

Trotz der durch die Umweltgegebenheiten bedingten Unterschiede in der Siedlungs- und Wirtschaftsweise und der sich daraus ergebenden Unterschiede in der gesellschaftlichen und politischen Ordnung wiesen diese drei Gesellschaften in ihren wesentlichen kulturellen und gesellschaftlichen Verhältnissen gewisse grundlegende Übereinstimmungen auf.[19] Diese sind in erster Linie darauf zurückzuführen, daß sich ihre vorindustriellen Wirtschaftstechniken auf einer vergleichbaren Stufe der Entwicklung befanden. Bei allen drei Gesellschaften beruhte die Wirtschaft auf dem Hackbau, auf der Viehzucht sowie auf dem Jagen und Sammeln. Nur bei den Rotse spielte auch Fischen als eine Art Sonderform des Sammelns für die

17 Gluckman 1941.
18 Gluckman 1951; Richter 1908.
19 Für die Tswana sind Schapera 1940 und 1953, für die Zulu sind Gluckman 1940, Guy 1981 sowie Krige 1950 und für die Rotse ist in erster Linie Gluckman 1951 herangezogen worden, wobei einzelne Aussagen nicht immer belegt worden sind. Wesentlich ist auch Schaperas 1967 vergleichender Text zur Herrschaft und Politik in den südostafrikanischen Stammesgesellschaften.

wirtschaftliche Produktion eine grundlegende Rolle. Als Handwerker waren vor allem die Schmiede, aber auch die Kürschner und Holzbearbeiter zur Herstellung von Geräten wichtig, obwohl diese in den seltensten Fällen ausschließlich vom Tauschandel mit ihren handwerklichen Erzeugnissen gelebt haben dürften.

In allen drei Gesellschaften bildeten die Einwohner der jeweiligen Gehöfte zusammen die Wirtschaftseinheiten. Diese Gehöfte wiesen alle eine gleichartige Grundstruktur auf. Bei diesen Wirtschaftseinheiten handelte es sich um polygyn und – bei den Zulu – agnatisch, bei den Tswana und Rotse aber um bilateral erweiterte "Großfamilien", die man in stammesrechtlicher Hinsicht als Korporationen im Sinne *Henry Sumner Maines*[20] bezeichnen kann. Daß heißt, sie können als so etwas Ähnliches wie alle Familienmitglieder umfassende, "juristische Personen" aufgefaßt werden, die nach dem Stammesrecht als "rechtsfähige Einheiten" galten. Aus verfassungsrechtlicher Sicht bedeutete das, daß sie "the right to sue and be sued in the corporate name" besaßen, wie es *Frederic William Maitland*[21] so treffend ausgedrückt hat. Das Gehöftoberhaupt war im Sinne des Stammesrechts für alle Mitglieder einer solchen korporativen "Großfamilie" sowohl einzeln als auch gemeinschaftlich verantwortlich.

Jede Ehefrau, und zwar insbesondere jede Ehefrau in einer polygynen Ehe, bildete zusammen mit ihren Kindern eine Einheit mit einem gewissen Maß an wirtschaftlicher und rechtlicher Unabhängigkeit, also ein "Haus" mit einem eigenen Vermögen. Sie konnte eine Hütte und Felder für den Hackbau beanspruchen; Rinder, die ihrem "Haus" vom Ehemann und Familienoberhaupt zugesprochen worden waren, durften nur für die Zwecke ihres "Hauses" verwendet werden. Ihr ältester Sohn war der Haupterbe aller Güter ihres Hauses. Der älteste Sohn der Hauptfrau war darüberhinaus der Haupterbe des Gehöftoberhauptes und trat nach dessen Tod in der Regel auch dessen Amt als Familienoberhaupt an.

---

20 "Corporations never die, and accordingly primitive law considers the entities with which it deals, i.e., the patriarchal or family groups, as perpetual and inextinguishable." Maine 1876: 126.

21 1926: 54.

Eine allgemein vorhandene Tendenz zur Spaltung von Familieneinheiten und zur Bildung ranghöherer Geschlechter gegenüber rangniederen Abstammungslinien, die auf die strenge Primogenitur zurückzuführen war, wurde durch die polygyne Ehe- und Familienform wesentlich verstärkt. Daß diese Spaltungsvorgänge insbesondere auf den höchsten Ebenen zu gesellschaftlichen Spannungen führten, dürfte einleuchten. Das galt insbesondere für das jeweilige Fürsten- oder Königsgeschlecht, und zwar vor allem dann, wenn die ranghöchste Ehefrau entweder erst sehr spät geehelicht wurde oder gar nicht genau festgelegt worden war, wer die ranghöchste Ehefrau sei, wie es im Königshaus der Zulu während des 19. Jahrhunderts wiederholt vorkam.

Mehrere Gehöfte waren in den stadtähnlichen Siedlungen der Tswana zu Bezirken und diese wiederum zu Stadtvierteln oder "wards" unter einem sogenannten "headman", also unter einem Häuptling oder Unterhäuptling zusammengefaßt, der je nach Geburt entweder ein Adeliger (**kgosana**) oder ein Gemeiner (**mothlanka**) sein konnte. Bei den Zulu waren eine Reihe benachbarter, im Gelände verteilter Gehöfte, deren Oberhäupter häufig agnatisch miteinander verwandt waren, zu Bezirken unter **indunas** zusammengefaßt, die je nach Zugehörigkeit zu einem ranghöheren oder rangniederen agnatischen Geschlecht als adelige oder gemeinfreie Bezirksoberhäupter galten. Die Bezirke wiederum waren auf der nächsthöheren Ebene nach den gleichen Prinzipien zu Distrikten zusammengefaßt. Bei den Rotse waren weder die Großfamilien noch die Gruppierungen der Großfamilien zu Verwaltungseinheiten der ersten Verwaltungsebene so festgefügte Einheiten wie bei den Tswana oder Zulu. Wegen ihrer ständigen zyklischen Wanderbewegungen schlossen sich Einzelpersonen, aber auch Teilfamilien häufig einer anderen Großfamilie an, die jedoch stets ihren rechtlichen Status als Korporation beibehielt. Aber auch bei den Rotse unterschied man zwischen ranghöheren, dem Staatsvolk der Lozi angehörenden Gehöftoberhäuptern oder auch Sektorenoberhäuptern, und denjenigen, die als nichtadelig galten. Auf allen Ebenen der Verwaltungseinheiten bis hinunter zu den einzelnen Gehöften galt in allen drei Gesellschaften aufgrund der strengen Primogenitur und des polygynen Eherechts immer nur ein Geschlecht als das ranghöchste, und der ranghöchste Mann aus diesem Geschlecht beanspruchte das jeweilige Führungsamt. Auf allen Ebenen schlossen sich nichtverwandte Personen als Gefolgsleute den Inhabern von Führungsämtern an und wurden häufig in deren Familiengehöfte mit aufgenommen.

Es handelte sich also um Statusgesellschaften, in der eine ausgeprägte Hierarchie der in vielen Hinsichten als "Korporationen" aufzufassenden Geschlechter- oder Abstammungsgruppen vorherrschte. Der Rang einer jeden Einzelperson hing unmittelbar vom Rang der "Korporation" ab, in die sie hineingeboren wurde, aber auch von ihrem eigenen Rang innerhalb der "Korporation" selbst. Diese Rangordnung bot Ansätze zur Schichtung wie zu derjenigen zwischen adeligen und gemeinfreien Geschlechtern. Im allgemeinen verfügten ranghöhere Führungspersonen und Amtsinhaber über größere Familien und zahlreichere Gefolgsleute als rangniedere. Da es keine ausgeprägte Arbeitsteilung gab, spielten wirtschaftliche Unterschiede jedoch insbesondere im Hinblick auf den Zugang zu Ressourcen und der Verfügung über Luxusartikel als Ansätze zur Schichtung eine weitaus geringere Rolle als in Industriegesellschaften, auch wenn es sowohl bei den Tswana als auch bei den Rotse durchaus an Personen gebundene Hörige gegeben hat. Aber selbst zwischen einem König oder Stammesfürsten und seinen Untertanen gab es kaum gravierende, rein materielle wirtschaftliche Unterschiede. Im Wettkampf um Ämter und um die Verfügungsgewalt über Personen als Gefolgsleute und Arbeitskräfte hingegen konnte es durchaus zu scharfen Gegensätzen und zu heftigen Rechtsstreiten kommen.

Als ranghöchster Vertreter des ranghöchsten Geschlechts galt ein Stammesfürst als Verkörperung der Einheit seines Stammes und als Quelle des Rechts. Da es sich bei den Königreichen der Zulu und Rotse, ja sogar bis zu einem gewissen Grad auch bei den Tswana um die Zusammenfassung einer Reihe von ehemals unabhängigen Stammesfürstentümern handelte, setzten die politischen Oberhäupter dieser föderativen Gebilde bestimmte politische Einrichtungen ein, die die gesamte Gesellschaft umfaßten und auf allen Ebenen gleichsam quer zu den korporativen Geschlechtereinheiten verliefen. Bei den Tswana und Zulu dienten die Altersklassenregimenter diesem Zweck. Sie unterstanden dem Oberbefehl des Stammesfürsten oder Königs. In solche Altersklassenregimenter wurden nicht nur alle jungen Männer, sondern auch alle jungen Frauen eines bestimmten Alters eingereiht. Sie wurden keineswegs nur für militärische Zwecke eingesetzt, sondern erfüllten außerdem Polizeiaufgaben. Aber sie verrichteten auch öffentliche Arbeiten für den König und dienten damit auch wirtschaftlichen Zwecken. Bei den Rotse stützte sich der König auf eine, aus zahlreichen Würdenträgern bestehende, Patrimonialbürokratie, deren Amtsinhaber ähnlich wie bei einer "corporation sole" nach dem englischen Recht aufeinander folgten und auf diese Weise die tragenden Angelpunkte der gesamten Sozialstruktur darstellten.[22]

4. Politische Systeme und Rechtswesen

Auch die politischen Verhältnisse im engeren Sinne sowie das Rechtswesen und die Gerichtsbarkeit waren weitgehend dadurch bedingt, daß es sich um Statusgesellschaften im Sinne *Henry Sumner Maines* handelte.[23] Beim politischen System mußte es sich unter dem Stammesfürsten oder König notgedrungen um ein System der Gewichte und Gegengewichte, also um "a system of checks and balances" handeln, weil ohne Ausgleich zwischen den Interessen der verschiedenen korporativen Geschlechtereinheiten und der auf ihnen beruhenden ehemals unabhängigen Stammesfürstentümer oder Ethnien auf der einen Seite sowie der Gegensätze zwischen unterschiedlichen Schichten wie Adeligen und Gemeinfreien oder auch ranghohen Gehöftoberhäuptern und Hörigen auf der anderen Seite die übergreifenden politischen Gebilde der Tswana, Zulu und Rotse wieder in ihre Bestandteile zerfallen wären. Deshalb erstaunt es

22 Gluckman 1972: 127f.
23 Vgl. hierzu Gluckman 1971: 17-18, der die Bedeutung des Status-Gedankens bei Maine hervorhebt.

nicht, wenn zu den Ratgebern des Königs nicht nur Mitglieder des Königsgeschlechts gehörten, sondern immer auch in der Politik und im Stammesrecht erfahrene Männer aus dem gemeinen Volk, aber auch solche aus den Reihen der angeheirateten Verwandten des Stammesfürsten oder Königs.

Zu den einflußreichsten Ratgebern des Königs der Zulu gehörten die zwei ranghöchsten **indunas**, ohne deren Zustimmung der Monarch überhaupt keine Entscheidungen fällen konnte. Beide durften jedoch nach dem verfassungsrechtlichen Brauch keine Mitglieder des Königsgeschlechts sein, sondern sie wurden aus den Reihen der erfahrensten Männer anderer Geschlechter unter den Zulu ernannt und behielten ihre Ämter auch über den Tod des Königs hinaus bei.[24] Insbesondere bei den Rotse galt der Grundsatz, daß die höchsten Ratgeber aus den Reihen der Gemeinfreien den König, dieser aber umgekehrt diese mächtigsten Männer des Volkes kontrollieren sollte, um auf diese Weise einfache Untertanen des Königs vor der Willkür der einen oder der anderen verfassungsrechtlichen Instanz zu schützen.[25]

Gleichsam parallel zu den hierarchisch angeordneten korporativen Geschlechtereinheiten auf allen Ebenen gab es einen Instanzenzug der Stammesgerichte bis hinauf zum Gericht des Stammesfürsten und bei den Zulu und Rotse bis hinauf zum höchsten Gericht des Königs.[26] Auf der untersten Ebene schlichtete das Gehöftoberhaupt Streitfälle innerhalb der eigenen Großfamilie. Konfliktfälle zwischen Mitgliedern verschiedener Großfamilien kamen vor das Gericht eines Unterhäuptlings. Von diesem niederen Gericht aus konnte in jedem Fall Berufung bei einem Gericht der nächsthöheren Ebene eingelegt werden und so weiter, also von jeder niederen Ebe-

24 Gluckman 1940: 33.

25 Gluckman 1972: 31-47; 1973: 9-13.

26 Für die Darstellung der Gerichte und des Rechts wurden die klassischen Texte von Schapera 1955 über die Tswana und Gluckman 1973 und 1972 über die Rotse herangezogen sowie Krige 1950: 217-32 über die Zulu. Gluckman hat auch Feldforschung bei den Zulu durchgeführt und in seinen Texten über das Recht der Rotse stellt er immer wieder aufschlußreiche Vergleiche sowohl mit dem Recht der Zulu als im übrigen auch mit demjenigen des mittelalterlichen englischen Königreichs an. Vgl. Myburgh 1974.

ne bei einem Gericht der nächsthöheren Ebene bis hinauf zum höchsten Gericht des Stammesfürsten oder Königs, der als Quelle des Rechts aufgefaßt wurde.[27]

Für alle Gerichte galt die gleiche klare Prozeßordnung, die jedermann bekannt war, weil alle Gerichtshöfe grundsätzlich öffentlich tagten und jeder anwesende Untertan des Stammesfürsten oder Königs das Wort ergreifen durfte, ganz gleich ob er am laufenden Gerichtsverfahren unmittelbar beteiligt war oder nicht.[28] Es gab durchaus die Vorstellung eines **corpus juris**, das heißt, eines folgerichtig zusammenhängenden Ganzen von Rechtsgrundsätzen, die auf die einzelnen Streitfälle angewandt wurden.[29] Einer dieser im Hinblick auf die Asylvorstellungen wichtigen juristischen Prinzipien besagte, daß der Stammesfürst oder König dem Recht unterlag, deshalb vor dem höchsten Stammesgericht angeklagt und auch zu einer Bußzahlung verurteilt werden konnte. *Max Gluckman* [30] berichtet, daß die Ratsherren und Richter der Rotse erstaunt waren, daß der englische König "can do no wrong". Die juristischen Maßnahmen aber, die zur Einhaltung dieses Grundsatzes angewandt wurden, können durchaus mit den einschlägigen Verfassungsbräuchen in England verglichen werden. Die Könige der Zulu und Rotse wurden gleichsam der Ebene des normalen Rechts entrückt. Sie sprachen nicht selbst Recht und fällten gleichsam "nach außen hin" keine Entscheidungen, sondern das taten ihre Ratgeber oder Ratsherren, die dann bei "Fehlentscheidungen" zur Verantwortung gezogen werden konnten - ganz ähnlich wie die Minister ihrer Majestät der Königin von England. Auf diese Weise vermochten Stammesfürsten und Könige in den Augen des Volkes ihre Würde als Quellen des Rechts zu wahren; deshalb konnten sie aber auch gegen Willkürentscheidungen, die Ratsherren in den Gerichtshöfen gefällt hatten, Asyl gewähren.[31]

---

27 Gluckman 1973: 328-9.
28 Zum Gerichtsverfahren bei den Tswana vgl. Schapera 1955: 279-300.
29 Gluckman 1973: 226-7, 352.
30 1973: 6.
31 Gluckman 1972: 32-4.

Vor diesem Hintergrund können nun einige konkrete Fälle der Gewährung von Asyl analysiert werden.

5. Die Praxis der Asylgewährung

Bei den Tswana galten bei einem Gerichtsverfahren die folgenden Grundsätze, die entweder zu einer Strafmilderung oder sogar zu einer Strafaufhebung führen konnten. Bei der sofort nach der Verurteilung öffentlich vollzogenen Prügelstrafe hatte jedermann das Recht der Fürbitte, mit der eine Milderung des Strafvollzugs erreicht werden konnte. Dieses allgemeine Recht der öffentlichen Fürsprache zugunsten eines Verurteilten dürfte zum Schutz der Angehörigen von Minderheiten vor einer ungerechtfertigt scharfen Prügelstrafe beansprucht worden sein, aber auch von nahen Verwandten des Straffälligen. Grundlegender war indessen das Recht auf Asyl, wenn ein Verurteilter sich unmittelbar nach der Urteilsverkündung losreißen und in die Hütte der Mutter oder der Ehefrau des Stammesfürsten flüchten konnte. Wenn dieser dann von der betreffenden Frau wieder auf den Beratungsplatz gebracht wurde, mußte nicht nur eine verhängte Prügelstrafe, sondern auch jede andere Strafe erlassen werden, außer derjenigen für Mord oder Totschlag. Für die zutreffende Einschätzung der Bedeutung dieses Asylrechts sollte zweierlei bedacht werden. In der Regel befanden sich die Hütten der Mutter oder Ehefrau des Fürsten in unmittelbarer Nähe des zentralen Beratungsplatzes, auf dem der höchste Gerichtshof des Stammesfürstentums stets tagte. Wesentlicher ist jedoch die Tatsache, daß die Mutter des Stammesfürsten und nach deren Tod auch dessen Hauptfrau eine Art verfassungsrechtliches Gegengewicht zum Herrscher, vor allem aber gegenüber seinem Fürstengeschlecht darstellte. Er beriet sich nicht nur über wesentliche Fragen der Stammespolitik mit seiner Mutter, sondern seine Verwandten mütterlicherseits boten ihm eine wesentliche Stütze in seinen Auseinandersetzungen mit seinen Verwandten väterlicherseits, unter denen sich häufig seine gefährlichsten Rivalen befanden, die ihn aufgrund ihres hohen Ranges im Fürstengeschlecht am ehesten aus seinem Herrscheramt verdrängen konnten.[32] Erst wenn man sich über die verfassungsrechtliche Rolle der Fürstenmutter oder Hauptfrau des Stammesfürsten ausreichend Klarheit verschafft hat, kann man die Bedeutung dieses Asylrechts bei den Tswana zutreffend einschätzen.

Bei den Zulu könnte man eine ganze Reihe von Asylorten und Zufluchtsstätten aufzählen wie etwa die Hütten bestimmter weiblicher affiner und konsanguiner Verwandten des Königs,[33] wie das bei den benachbarten und ethnisch verwandten Königreichen und Fürstentümern der Swazi[34] und Pondo[35] der Fall war. Interessanter scheinen jedoch einzelne Beispiele zu sein, die soweit möglich, in den Gesamtzusammenhang des traditionellen Rechts der Zulu gestellt werden sollen.

Ganz allgemein galten Königsgräber oder Gräber der Stammesfürsten als heilige und zu meidende Orte, aber auch als Zufluchtsstätten.[36] Bezeichnend erscheint in diesem Zusammenhang das folgende Beispiel zu sein. Als vor etwa hundert Jahren ein Berliner Missionar in der Nähe seiner neugegründeten Missionsstation das Gras abbrannte, geriet das Feuer außer Kontrolle und der Pflanzenwuchs über dem Grab des ehemaligen Stammesfürsten der Ngwane, der dem Zulukönig untertan war, verbrannte. Der Missionar wurde deswegen von einem Krieger mit dem Speer bedroht. Später verhandelten jedoch die Witwe, der Bruder und der Erbe des verstorbenen Fürsten mit dem Sendling, und es wurde ein Freundschaftsvertrag geschlossen, der mit einer Gabe der Witwe an den Missionar besiegelt wurde.[37] In diesem Zusammenhang muß die Frage gestellt werden, ob in diesem Fall die verfassungsrechtliche Bedeutung des Fürstengrabes als Symbol der Herrschaft der Stammesfürsten der Ngwane nicht wichtiger gewesen ist als dessen religiöse, so daß eine

32 Schapera 1955: 74 & 294-5.
33 Raum, O. F. 1973: 163.
34 Kuper 1961: 55; 1952: 38.
35 Hunter 1961: 419.
36 Krige 1950: 227f.
37 Raum, O. F. 1973: 160.

Entweihung durch eine Art Staatsvertrag aufgehoben werden konnte?

Ein weiterer Fall weist ebenfalls verfassungsrechtliche Implikationen auf. In den Überlieferungen der Zulu heißt es, der mächtige Königssohn und mutmaßliche Thronerbe *Cetshwayo* habe 1861 einen seiner jüngeren Halbbrüder und Sohn einer jungen Lieblingsfrau seines Vaters Mpande in dessen Hütte und vor dessen Augen durch seine Häscher erstechen lassen. Wie dem auch sei, so steht fest, daß die linearen Nachkommen Cetshwayos zumindest bis in die allerjüngste Vergangenheit hinein wegen dieses Bruchs des Asylrechts Sühneopfer dargebracht haben. Denn Hütte und Person des Zulukönigs galten als Zufluchtsort.[38] Dieser Fall läßt sich erst in seiner vollen Tragweite erfassen, wenn man ihn vor dem Hintergrund der Rangordnung der Deszendenzlinien im Königsgeschlecht und derjenigen der Ehefrauen des Königs zu verstehen sucht. Sonst erkennt man die verfassungsrechtliche Bedeutung dieser Bestimmung des Asylrechts im Zulu-Königreich nicht. Denn ein solcher Zufluchtsort konnte einem jüngeren, gegebenenfalls ranghöheren Sohn des Königs vor den Nachstellungen älterer Brüder Schutz bieten. Diesen Sachverhalt kann man als so etwas wie eine verfassungsrechtliche Schutzklausel auslegen.

Als *Cetshwayo* 1872 selbst nach dem Tod seines Vaters endgültig König der Zulu geworden war, sollen die Anschuldigungen wegen Hexerei und die Zahl der Tötungen von bösen Zauberern oder Hexern in den untergeordneten Stammesfürstentümern im Reich zugenommen haben. Der König, der durch zahlreiche Spione im ganzen Land stets gut unterrichtet war, ließ daraufhin ein Gebiet unter einem Unterhäuptling als Zufluchtsstätte ausweisen, in das Personen fliehen konnten, denen eine Anschuldigung wegen Hexerei drohte. Seine Spione wies Cetshwayo an, den bedrohten Personen insgeheim

---

38 Raum, O. F. 1973: 163. Auf den Mord an Mpoyiyane gibt es weitere Hinweise bei Morris 1966: 199, in Webb & Wright 1979: 189-190, 207-8 und Krige 1950: 19. In diesen Quellen wird indessen nicht erwähnt, daß es sich um die Übertretung eines Asylrechts in der Hütte des Königs handelte. Allerdings galten Person und Umgebung des Königs eindeutig als Zufluchtsort, Krige 1950: 227.

nahezulegen, diese Gelegenheit wahrzunehmen. Es ist zwar nicht ganz auszuschließen, daß der König in diesem Fall zum Teil unter dem Druck der Behörden in der nahen britischen Kronkolonie Natal handelte, die von ihm die Abschaffung der Hexenausriecherei erwarteten. Es darf aber auch nicht übersehen werden, daß die Tötung von Hexern als eine Art Lynchjustiz gedeutet werden kann, in der die Spannungen zwischen korporativen Geschlechtereinheiten mit gegensätzlichen Interessen zum Ausdruck kam. Durch die Einrichtung eines Zufluchtsbereichs wollte Cetshwayo aller Wahrscheinlichkeit nach erreichen, daß dort überprüft werden konnte, ob die Anschuldigungen gerechtfertigt waren oder nicht, und daß die Verfahren durch diese Maßnahme ihm als höchstem Gerichtsherrn des Königreichs unterstellt wurden, so daß sie nicht in die Gerichtsbarkeit der untergeordneten Stammesfürsten oder gar der Clans oder Geschlechtereinheiten zurückfielen.[39]

Bei den Rotse[40] könnten ebenfalls eine Fülle an Asyl- oder Zufluchtsorten wie Königsgräber, Königstrommeln, ja zuletzt sogar die Stationen der Missionare aus Europa aufgezählt werden.[41] Aufschlußreicher dürfte es indessen sein, zwei Beispiele etwas eingehender zu beleuchten, um den Gesamtzusammenhang zu verdeutlichen, in dem die durch das Asylrecht gesicherten Zufluchtsstätten zu sehen sind.

Im Zuge der Wiedereinführung des traditionellen Rechts des Staatsvolkes der Lozi durch den König *Lewanika* nach der Vertreibung der Kololo und der Ablösung der anschließenden Gewaltherrschaft Sipopas bildeten sich im Rahmen des traditionellen Systems

---

39 Krige, E. J. 1950: 227; Samuelson, R. C. 1929: 33-8, 229, 393-4

40 Bei der Darstellung der Rechtsverhältnisse und des Asylrechts bei den Rotse beziehe ich mich auf Gluckman 1951, 1972 und 1973, ohne jede Aussage im einzelnen zu belegen.

41 "Through large areas of Africa drums are symbols of authority, as among Anuak and Shilluk. An accused Lozi who was threatened with severe punishment was succoured if he could get to the royal drums or drummers, and this sanctuary extended to defeated enemies in battle. These beliefs were spread over much of Central Africa. Lozi royal graves, and other objects and officials related to the kingship, are also sanctuaries from the threats of commoner councillors." Gluckman 1971: 216.

der verfassungsrechtlichen Gewichte und Gegengewichte eine nördliche Residenzstadt des Königs **Lealui** und eine südliche **Nalolo** (Abb. 3) heraus, in der stets eine Prinzessin mit einem eigenen Gerichtshof residierte. Für unsere Zwecke ist es wichtig, daß das Erreichen der südlichen Residenz vor einem Urteilsspruch des Gerichtshofs in der nördlichen Residenz Asyl gewährte und umgekehrt. Betrachten wir nun in diesem Zusammenhang den folgenden Fall. Im Hinblick auf einen versehentlichen Totschlag bedeutete der König im Norden dem Vater und Familienoberhaupt des Erschlagenen, also dessem rechtlichen Vertreter, die von der korporativen Einheit des Totschlägers angebotene Entschädigung zu akzeptieren. Der Vater lehnte jedoch dieses Ansinnen ab und flüchtete, nachdem ein Rachemordanschlag fehlgeschlagen war, in die Residenzstadt im Süden, wo Asyl gewährt wurde. Nach Jahren durfte der Vater wieder in den Norden, also in seine angestammte Heimat, zurückkehren. Aber es wurde ihm dort nicht gestattet, wieder eine korporative Familieneinheit zu gründen.[42] An diesem Beispiel wird deutlich wie der König einerseits das Asylrecht respektierte, andererseits aber danach trachtete, das Wiederaufleben der Fehde zwischen korporativen Familien- oder Geschlechtereinheiten zu verhindern, um der Rechtsunsicherheit entgegenzuwirken.

Zum letzten Beispiel begeben wir uns zu einer Sitzung des königlichen Gerichts der Rotse in der nördlichen Residenzstadt des Königs Lealui. Dabei soll das besondere Augenmerk auf die Sitzanordnung der Ratsherren (Abb. 4) gelenkt werden, die gleichzeitig auch die Richter waren. Wir stellen uns neben die Königlichen Musikanten und schauen über den Platz vor dem Thronsessel des Königs, wo Kläger wie Angeklagter ihre Aussagen machten und von den Richtern verhört wurden. Vom Thronsessel aus gesehen rechts saßen die Ratsherren aus dem Volk, die **indunas**, wie *Max Gluckman* sie in Anlehnung an den Sprachgebrauch der Zulu nannte. Vom Thronsessel aus gesehen links hatten die Haushofmeister oder "Stewards" ihre Sitzplätze und weiter links hinter ihnen erst die Ratsherren aus dem

42 Gluckman 1972: 212

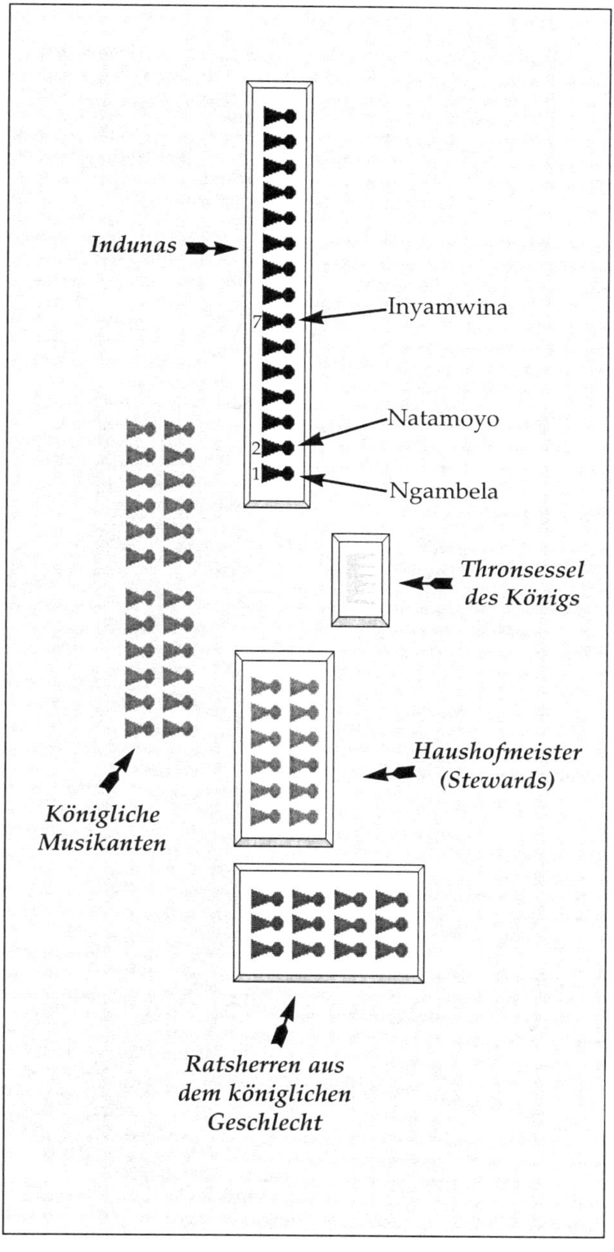

Abbildung 4: Schematisches Diagramm der Sitzanordnung der Ratgeber des Königs der Rotse im großen Thronrat (Nach Max Gluckman 1951)

Königsgeschlecht. Durch diese Sitzanordnung kommt zum Ausdruck, daß die Mitglieder des Königsgeschlechts keinen allzu großen Einfluß auf das Verfahren nehmen durften. Aber es kam noch hinzu, daß bestimmte Mitglieder der königlichen Ratsversammlung Asyl gewährten, wenn ein Verurteilter sie erreichen konnte.

An erster Stelle gleich neben dem Thronsessel an der Position R 1 saß der NGAMBELA, der Kanzler des Reichs, der zusammen mit dem König die Herrschaft im Königreich der Rotse verkörperte und kein Blutsverwandter des Königs sein durfte, sondern aus den Reihen der gemeinfreien Geschlechter stammen mußte. Als ranghöchster Richter faßte er am Ende eines Prozesses die Meinungen aller anderen Ratsherren zusammen und verkündete im Namen des abwesenden Königs das Urteil. Der König wurde mit dem Land, der NGAMBELA mit dem Volk gleichgesetzt. Verfassungsrechtlich schützte der NGAMBELA das Volk vor dem König; der König dagegen schützte das Volk vor dem NGAMBELA und den Ratsherren aus dem Volk. Da der König in der Regel an den Sitzungen des Kronrats nicht teilnahm, wenn dieser als Gerichtshof tagte, waren eine ganze Reihe der Asyl- oder Zufluchtsstätten dort mit dem König verbunden. Wenn ein Verurteilter die königlichen Musikanten und deren Musikinstrumente erreichen konnte oder den Prinzen NATAMOYO, der an zweiter Stelle an der Position R 2 unter den Ratsherren aus dem Volk saß, wurde die Strafe erlassen, und ebenso wenn er den Assistenten des NATAMOYO, den INYAMWINA an der Position R 7 erreichen konnte, der eine Zwischenstellung zwischen den Ratsherren aus dem Volk und denjenigen aus dem Königsgeschlecht einnahm. Da der Kronrat und nicht der König in aller Regel die Staatsgeschäfte erledigte, bestand die Gefahr, daß die Ratsherren die Rechte des Volkes mißachteten. Deshalb gab es in der Hauptstadt auch noch zahlreiche andere, unter dem Schutz des Königs stehende Zufluchtsstätten vor dem Zugriff der Gerichte wie der Palast des Königs, die Gehöfte der Königinmutter oder der Königin, der Vorratsspeicher des Königs sowie alle Grabstätten von Königen. Zufluchtsorte, in denen man Schutz vor dem Zugriff des Königs suchen konnte, waren dagegen das Gehöft des NGAMBELA und der

Vorratsspeicher des Kronrats. In der Anordnung und verfassungsrechtlichen Verankerung dieser Asylorte oder Zufluchtsstätten, die zum Teil von dem letzten unabhängigen König der Rotse *Lewanika* neu eingerichtet worden waren, kommt ganz klar das vom Verfassungsrecht des Königreichs vorgegebene Spiel der Kräfte, der Gewichte und Gegengewichte zum Ausdruck,[43] das den berühmten Verfassungsrechtler und Verfasser des Lehrbuchs 'Introduction to the Study of the Law of the Constitution' *Albert Venn Dicey* erfreut hätte,[44] wie Max Gluckman[45] einmal feststellte.

Darf oder kann man sogar angesichts dieser Beispiele den Schluß ziehen, daß die vorausblickenden Stammesfürsten und Könige zusammen mit ihren in der einheimischen afrikanischen Jurisprudenz versierten Ratsherren bei den Tswana, den Zulu und den Rotse versucht haben, den Asylgedanken im Rahmen der Rechtsvorstellungen und des Gerichtswesens ihres Volkes dazu zu verwenden, um für alle ihre Untertanen mehr Gerechtigkeit und vor allem eine größere Rechtssicherheit durchzusetzen, und zwar in einer Zeit, in der das über ihre Völker hereinbrechende Kolonialzeitalter seine langen und in vielen Hinsichten verderblichen Schatten vorauswarf? Diese Krisenzeit war vor allem dadurch gekennzeichnet, daß Angehörige der unterschiedlichsten Ethnien mit häufig ganz verschiedenen Rechtstraditionenen gleichsam durcheinander gewirbelt wurden, so daß die Herrscher der Tswana, Zulu und Rotse darum bemüht sein mußten, Menschen mit gegensätzlichen Rechtsvorstellungen Gerechtigkeit widerfahren zu lassen.

In ihren Vorstellungen über Asyl und Zufluchtsorte vor dem Zugriff gerichtlicher Instanzen dürfte sich ihr Bemühen in dieser Hinsicht niedergeschlagen haben.[46]

---

43 Gluckman 1972: 38-45.

44 Für die Bedeutung Diceys 1939 als Verfassungsrechtler vgl. Wade & Phillips 1947: 46-56

45 1973: 6.

46 Für die Rotse äußert Gluckman 1972: 71 eine solche Vermutung. Für die Zulu vgl. Cope 1995.

LITERATUR

Birmingham, David & Martin, Phyllis M., editors (1983): History of Central Africa. 2 Bände. London & New York: Longman.

Cope, R. L. (1995): Written in characters of blood? The reign of King Cetshwayo ka Mpande, 1872-9. In: *Journal of African History* 36: 247-69.

Davenport, T. R. H. (1991): South Africa: A modern history. London: Macmillan.

Dicey, Albert Venn (1939/1885): Introduction to the Study of the Law of the Constitution. 9. Aufl. London: Macmillan.

Dundas, Charles (1924): Kilimanjaro and its People. London: Witherby.

Eldredge, E. (1992): Sources of conflict in Southern Africa, ca. 1800-30: the 'Mfecane' reconsidered. In: *Journal of African History* 33: 1-35.

Elias, Taslim Olawale (1956): The Nature of African Customary Law. Manchester: Manchester Univ. Pr.

Evans-Pritchard, Edward E. (1941): The Nuer: A description of the modes of livelihood and political institutions of a Nilotic people. Oxford: Clarendon.

Fisch, Jörg (1990): Geschichte Südafrikas. München: dtv.

Gluckman, Max (1940): The kingdom of the Zulu of South Africa. In: *Fortes, M. & Evans-Pritchard, E. E.* (ed.): African Political Systems. London: Oxford Univ. Pr.: 25-55.

Gluckman, Max (1941): Economy of the Central Barotse Plain. (=Rhodes-Livingstone Paper No. 7). Livingstone.

Gluckman, Max (1951): The Lozi of Barotseland in North-Western Rhodesia. In: *Colson, Elizabeth; & Gluckman, Max* (ed.): Seven Tribes of British Central Africa. London: Oxford Univ. Pr.: 1-93.

Gluckman, Max (1971/1965): Politics, Law and Ritual in Tribal Society. Oxford: Blackwell.

Gluckman, Max (1972/1965): The Ideas in Barotse Jurisprudence. New Haven & Manchester: Manchester Univ. Pr.

Gluckman, Max (1973/1955): The Judicial Process among the Barotse of Northern Rhodesia. 2nd ed. Manchester: Manchester Univ. Pr..

Gutmann, Bruno (1926): Das Recht der Dschagga. München: Beck.

Guy, Jeff (1981): The political structure of the Zulu Kingdom during the reign of Cetshwayo kaMpande. In: *Peires, J. B.* (ed.): Before and after Shaka: Papers in Nguni history. Grahamstown: Rhodes University: 49-73.

Hamilton, Carolyn (1992): The character and objectives of Shaka: a reconsideration of the making of Shaka as 'Mfecane' motor. In: *Journal of African History* 33: 37-63.

Hunter, Monica (1961/1936): Reaction to Conquest: Effects of contact with Europeans on the Pondo of South Africa. 2nd ed. London, New York, Toronto: Oxford Univ. Pr.

Krige, Eileen Jensen (1950/1936): The Social System of the Zulus. Pietermaritzburg: Shuter & Shooter.

Iliffe, John (1997): Geschichte Afrikas. (Becks historische Bibliothek) München: Beck.

Kropf, A. (1889): Das Volk der Xosa-Kaffern im östlichen Südafrika nach seiner Geschichte, Eigenart, Verfassung und Religion. Berlin: Buchhandlung der Berliner evangelischen Missions-Gesellschaft.

Kuper, Hilda (1952): The Swazi. (=International African Institute: Ethnographic Survey of Africa: Southern Africa Part I). London.

Kuper, Hilda (1961/1947): An African Aristocracy: Rank among the Swazi. London, New York, Toronto: Oxford Univ. Pr.

Maine, Henry Sumner (1876/1861): Ancient Law: its connection with the early history of society, and its relation to modern ideas. 6th edition. London: Murray.

Mainga, Mutumba (1973): Bulozi under the Luyana Kings: Political evolution and state formation in pre-colonial Zambia. London: Longman.

Maitland, Frederic William (1926/1908): The Constitutional History of England. Cambridge: Cambridge Univ. Pr.

Marks, Shula (1970): Reluctant Rebellion: The 1906-8 disturbance in Natal. Oxford: Clarendon.

Morris, Donald R. (1966): The Washing of the Spears: A history of the rise Zulu nation under Shaka and its fall in the Zulu War of 1879. London: Jonathan Cape.

Myburgh, A. C. (1974): Law and justice. In: *Hammond-Tooke, W. D. (ed.)*: The Bantu-speaking Peoples of Southern Africa. London & Boston: Routledge & Kegan Paul: 284-317.

Raum, Johannes W. (1989): Historical concepts and the evolutionary interpretation of the emergence of states: The case of the Zulu reconsidered yet again. In: *Zeitschrift für Ethnologie* 114: 125-38.

Raum, Otto F. (1973): The Social Functions of Avoidances and Taboos among the Zulu. (=Monographien zur Völkerkunde, hrsg. vom Hamburgischen Museum für Völkerkunde, Band 6). Hamburg & New York: De Gruyter.

Richter, Martin (1908): Kultur und Reich der Marotse: Eine historische Studie. Leipzig.

Samuelson, R. C. A. (1929): Long, Long Ago. Durban.

Sansom, Basil (1974a): Traditional economic systems. In: *Hammond-Tooke, W. D. (ed.)*: The Bantu-speaking Peoples of Southern Africa. London & Boston: Routledge & Kegan Paul: 135-76.

Sansom, Basil (1974b): Traditional rulers and their realms. In: *Hammond-Tooke, W. D.* (ed.): The Bantu-speaking Peoples of Southern Africa. London & Boston: Routledge & Kegan Paul: 246-83.

Schapera, Isaac (1940): The political organization of the Ngwato of Bechuanaland Protectorate. In: *Fortes, M.; & Evans-Pritchard, E. E.* (ed.) :African Political Systems. London: Oxford Univ. Pr.: 56-82.

Schapera, Isaac (1953): The Tswana. (=International African Institute: Ethnographic Survey, Southern Africa Part III). London.

Schapera, Isaac (1955/1938): A Handbook of Tswana Law and Custom. London: Oxford Univ. Pr.

Schapera, Isaac, (1967/1956): Government and Politics in Tribal Societies. New York: Schocken.

Schapera, Isaac (1970): Tribal Innovators: Tswana Chiefs and social change 1795-1940. (=London School of Economics Monographs on Social Anthropology No. 43). London: Athlone Press.

Smith, Andrew (1955): Andrew Smith and Natal: Documents relating to the early history of that province, 1832-1841. Selected, edited and annotated by *Percival R. Kirby* (=Van Riebeeck Society 36). Cape Town.

Thompson, Leonard (1990): A History of South Africa. New Haven & London: Yale Univ. Pr.

Turner, Bertram (1999): Asyl und Konflikt. Ethnologische Untersuchungen zur institutionalisierten Schutzgewährung. München: Akademischer Verlag. (Erscheint 1999).

Wade, E. C. S. & Phillips, G. Godfrey (1947/1931): Constitutional Law: An outline of the law and practice of the constitution, including administrative law, English local government, the constitutional relations of the British Commonwelath and Empire and the Church of England. 3rd edition. London, New York, Toronto: Longmans, Green.

Webb, C. de B. & Wright, J. B. (ed. & tr.) (1979): The James Stuart Archive of Recorded Oral Evidence Relating to the History of the Zulu and Neighbouring Peoples. Volume 2. Pietermaritzburg & Durban: Univ. of Natal Pr.

Westermann, Diedrich (1935): Die Glidyi-Ewe in Togo: Züge aus ihrem Gesellschaftsleben (=Mitteilungen des Seminars für Orientalische Sprachen an der Universität Berlin. Beiband zum Jahrgang 38). Berlin: Walter de Gruyter.

Worden, Nigel (1995): The Making of Modern South Africa. Second Edition. Oxford UK & Cambridge USA: Blackwell.

Dritter Teil

Ethische und rechtliche Perspektiven

Valentin Doering

HUMANITÄT UND INTEGRATION

Die jüngsten Auseinandersetzungen um die von der Bundesregierung großzügig geplante Ausstellung eines deutschen Passes an jene Ausländer in Deutschland, die ohne politische oder soziale Notwendigkeit die eigene Staatsangehörigkeit behalten dürfen, sind geprägt von der Frage nach der Integration von Ausländern in unserer Gesellschaft und in unserem Staat. Die teils heftig geführten Diskussionen haben erneut die Grundprobleme, um die es im Zusammenhang der Ausländer- und Integrationspolitik geht, ins Bewußtsein gerufen:

> „In den vergangenen Jahren ist es in Deutschland zu anhaltenden und tiefgreifenden Auseinandersetzungen um die politische und gesellschaftliche Gestaltung der Zuwanderung gekommen. Meist konzentrierte sich die Debatte auf die Bewältigung der zeitweise dramatisch steigenden Zahlen von Flüchtlingen und Asylsuchenden, die in unserem Land Schutz suchten. Die vielfältigen politischen und wirtschaftlichen Krisen, die Menschenrechtsverletzungen und Kriege in zahlreichen Regionen der Welt, vor allem aber die grundlegend gewandelten politischen Verhältnisse in Ost- und Südosteuropa mit dem Zusammenbruch ganzer politischer Systeme führten zu einem erheblich gewachsenen Zuwanderungsdruck."[1]

Mit diesen einführenden Worten des Gemeinsamen Wortes der Kirchen zu den Herausforderungen durch Migration und Flucht von

---

1 „und der Fremdling, der in deinen Toren ist." Gemeinsames Wort der Kirchen zu den Herausforderungen durch Migration und Flucht (hrsg. von: Kirchenamt der Evangelischen Kirche in Deutschland und dem Sekretariat der Deutschen Bischofskonferenz in Zusammenarbeit mit der Arbeitsgemeinschaft christlicher Kirchen in Deutschland), 1997, Nr. 1 (=GW).

1997 sind wichtige Fragestellungen der Problematik von Ausländern in Deutschland angesprochen, die im folgenden verständlicherweise nicht alle angegangen werden können, so etwa die weltweiten Ursachen von Flucht, Zuwanderungen und Migrationsbewegungen oder die geschichtlichen Erinnerungen und Erfahrungen, beginnend von Vertreibung und Umsiedlerpolitik bis hin zur Anwerbung von Gastarbeitern und der Zuwanderung von Aussiedlern und Spätaussiedlern in ihre vor Generationen verlassene alte Heimat.

Die folgenden Überlegungen greifen Fragestellungen auf, die um das Ziel einer angemessenen Integration von Ausländern in Deutschland kreisen, wie etwa: Welche Tatsachen und Vorgänge bestimmen unsere Vorstellungen vom Ausländer in Deutschland? Welches Bild vertritt die Kirche, wenn sie von „Ausländern" spricht? Welche Forderungen verbinden sich im Blick auf die als notwendig erachtete Integration an die Ausländer wie auch an die Deutschen in unserem Land?

1. Der Ausländer – Angst und Akzeptanz

Die Vorstellungen, die der Deutsche vom Ausländer hat, sind weithin geprägt von Umfrageergebnissen, politischen Aussagen und Stellungnahmen gesellschaftlicher Gruppierungen zum „Ausländerproblem", die nicht selten unterschiedliche, ja bisweilen widersprüchliche Auffassungen und Standorte ausdrücken. Die verwirrende Vielfalt von Fragestellungen und Antwortversuchen führt nur allzuleicht zu Ratlosigkeit und Orientierungslosigkeit, die schnell zu innerer und äußerer Distanz, wenn nicht gar zur Ablehnung von Ausländern in Deutschland verleiten. Besonders sind hier große Gruppierungen von Ausländern aus jenen Staaten zu nennen, die nicht der Europäischen Union angehören und die – besonders ist hier an die große Zahl der Türken zu denken – das Bild unserer Gesellschaft unübersehbar mitbestimmen. Dieser Sachverhalt fordert uns heraus, durch das Bemühen um sachliche Information zu einem Bild der Ausländer zu finden, das den tatsächlichen Gegebenheiten und Entwicklungen entspricht. Es stellt in der Tat kein geringes geistliches Bemühen dar, sich mit Sachverhalten zu konfrontieren und möglicherweise entstandene Vorurteile oder gar Verurteilungen abzubauen.

Derzeit leben in Deutschland etwa 7,1 Mio. ausländische Staatsbürger, von denen über 2 Mio. schon länger als zwanzig Jahre in unserem Land leben und arbeiten. Jeder fünfte der bei uns lebenden ausländischen Mitbürger ist bereits in Deutschland geboren. Durch den Nachzug von Kindern in Deutschland geborener ausländischer Eltern kommen jährlich etwa hunderttausend Personen hinzu.[2] Während 1984 von vier Mio. Ausländern in Deutschland zwei Mio. sozialversicherungspflichtig Beschäftigte waren, blieb diese Zahl bis in die Gegenwart in etwa stabil, obwohl sich die Zahl ausländischer Mitbürger fast verdoppelt hat. In diesem Zusammenhang ist zu sehen, daß 9 % der Ausländer Sozialhilfeempfänger sind gegenüber 3 % in der deutschen Wohnbevölkerung. Die Zahl der Einbürgerungen mit jährlich 180.000 Personen ist verhältnismäßig gering. Dies liegt u.a. an einem Übereinkommen des Europarates von 1963, das um die zahlenmäßige Verringerung der Mehrstaatigkeit von Personen in der Europäischen Union bemüht ist.

Nicht zuletzt wird das Bild vom Ausländer in Deutschland von Ängsten bestimmt, die sich aus vermeintlichen oder tatsächlichen Gefährdungen unserer Lebensabläufe durch Ausländer ergeben. So wird schlagwortartig formuliert, daß uns Ausländer die Arbeitsplätze wegnehmen und somit die Arbeitslosigkeit erhöhen würden, daß Ausländer ganze Stadtviertel „besetzen" und somit Ghettobildungen erzeugen, daß mit Ausländern die Kriminalität wächst, besonders des Drogenkonsums, daß Ausländer unmerklich unsere Kultur unterwandern und uns somit das gewachsene Selbstverständnis nehmen. Diese und ähnliche Befürchtungen müssen daraufhin geprüft werden, in welchem Maß sie objektiven Gegebenheiten entsprechen oder in subjektiven Befindlichkeiten ihre Begrün-

2 Kommissariat der deutschen Bischöfe/Katholisches Büro Bonn: Bericht für die Bischöfe 1994-1998 (13. Legislaturperiode), 1998, S. 126 (masch.).

dung haben. Der mühsame Klärungsvorgang wird dann zutage treten lassen, welche Ängste hinreichend begründet sind und somit verständlich werden und nicht einfach beiseite geschoben werden dürfen und welche sachlich nicht gerechtfertigt sind. Wenn es auch schwer ist, objektiv nicht begründbare irrationale Ängste zu verstehen und abzubauen, so darf doch ein nicht zu leugnendes Angstpotential nicht schlichtweg übergangen werden. Im Sinne politischer Verantwortung müssen und dürfen einige Fakten in Erinnerung gerufen werden, die eine außerordentliche Herausforderung für Ausländer und Deutsche in unserem Land darstellen. Auf diese hinzuweisen, wird allerdings schnell mit der Haltung der Ausländerfeindlichkeit in Verbindung gebracht und von bestimmten Gruppierungen im Sinne einer politisch-ideologischen „Korrektheit" totgeschwiegen.

Wenn auch in jüngster Zeit sogar durch den sozialdemokratischen Innenminister gesagt wird, die Belastbarkeit Deutschlands hinsichtlich der Aufnahme von Ausländern sei an eine gewisse Grenze gekommen, so mag man sich zunächst über eine solche Einschätzung aus diesem politischen Spektrum wundern, tatsächlich sind aber einige Fakten zur Kenntnis zu nehmen. Während in Deutschland 223 Menschen auf einem Quadratkilometer leben, sind dies in den USA dagegen nur 24. Unter Berücksichtigung dieses Umstandes hatte bereits Bundeskanzler Willy Brandt 1973 gesagt: „Es ist notwendig geworden, daß wir uns sorgsam überlegen, wo die Aufnahmefähigkeit unserer Gesellschaft erschöpft ist und wo soziale Vernunft und Verantwortung Halt gebieten."[3] Auch Außenminister Hans-Dietrich Genscher erklärte 1984. „Wir sind kein Einwanderungsland. Wir können es nach unserer Größe und wegen unserer dichten Besiedlung nicht sein."[4]

Diese Tatsachen nötigen dazu, um der Aufnahmemöglichkeit von politisch verfolgten Menschen willen sowie von Bürger-

---

3 Stolz, Rolf: Probleme der Zuwanderung, Zuwanderung als Problem, in: Aus Politik und Zeitgeschichte. Beilage zur Wochezeitung 'Das Parlament', 1998 (B49/98), S: 17.

4 A.a.O., S. 17.

kriegsflüchtlingen, die zeitweise in Deutschland Schutz und Hilfe finden müssen, verantwortlich darüber nachzudenken, was Deutschland politisch, sozial, arbeitsmarktorientiert und nicht zuletzt im Sinne des inneren Friedens und gelingender Integration an Aufnahme von Ausländern zu leisten in der Lage ist. Wer diese Fragen nicht zuläßt und der Meinung ist, „das überkommene deutsche Staatsangehörigkeitsrecht" gehöre „schon lange auf den Müllhaufen der Geschichte, Abteilung Völkisches"[5], muß sich der Frage stellen, wie verantwortlich er mit gesellschaftlichen Fakten und den dahinterstehenden Menschen umgeht. In diesem Zusammenhang bringt es die zurecht asylsuchenden Menschen und Bürgerkriegsflüchtlinge wie auch alle rechtmäßig nach Deutschland einwandernden Frauen und Männer in keiner Weise in Mißkredit, wenn auf den teils erschreckenden Mißbrauch des deutschen Ausländergesetzes hingewiesen wird. Die Zahl der illegal in Deutschland Lebenden ist nicht einzuschätzen, sie wird mindestens mit 1 Mio. Bürgern angegeben. Für Berlin rechnet die Ausländerbeauftragte Barbara John mit 100.000 illegalen Bewohnern.[6] Allerdings ist darauf hinzuweisen, daß in manchen Fällen der Begriff der „Illegalität" nicht eindeutig zu bestimmen ist. Darüber hinaus ist es in unserer Bevölkerung noch in keiner Weise hinreichend deutlich geworden, daß sich die weltweit organisierte Kriminalität schon derzeit und in Zukunft verstärkt auf das große Mafia-Geschäft des beginnenden Jahrhunderts hin orientiert, nämlich den Menschenhandel.

Somit verbietet sich jegliches romantisierende Schwärmertum und jegliche blauäugige ideologisch verbrämte Mitmenschlichkeit, wenn es um die Problematik geht, wie Humanität und Menschlichkeit angesichts weltweiter Fluchtbewegungen, die Millionen Menschen an Leib und Leben gefährden, aber auch ebenso weltweiter krimineller Strukturen, die Millionen Menschen ausbeuten, zu handhaben sind.

---

5 A.a.O., S. 21.
6 A.a.O., S. 16.

Nicht wenige deutsche Bürger haben durch persönliche Erfahrungen ein Bild von Ausländern gewonnen, das sich im allgemeinen weit positiver darstellt als es die öffentliche oder veröffentlichte Meinung über Ausländer vermuten läßt. Nur selten haßt ein deutscher Bürger seinen ausländischen Nachbarn, den er täglich trifft oder mit dem er sich über den Zaun hinweg unterhält. Es ist bemerkenswert, daß angesichts der erwähnten Ängste und unleugbaren politischen und internationalen Herausforderungen viele Petitionen von deutschen Bürgern an Parlamente und Ministerien gestellt werden, man möge dem ausländischen Nachbarn oder Freund der Familie oder deren Kindern ein Bleiberecht gewähren. Die persönlich entstandenen Bindungen lassen den größeren politischen Zusammenhang kaum mehr erkennen und vergessen mitunter, daß das Bleiberecht für Ausländer von gesetzlich formulierten Bedingungen abhängig ist und daß Humanität – es darf in diesem Zusammenhang erwähnt werden – nicht nur auf Willensbekundungen und Demonstrationen angewiesen ist, sondern auch Geld kostet. Zugleich wird aber auch für viele Menschen beglückend erfahrbar, daß „Nachbarschaft Frieden schafft", wie es das Motto des Tages des ausländischen Mitbürgers vor wenigen Jahren ausdrückte. Einen nicht geringen Teil Überzeugungsarbeit in der eigenen ausländischen Wohnbevölkerung sowie unter deutschen Mitbürgern leisten die Ausländerbeiräte, die in Bayern in einer Arbeitsgemeinschaft organisiert sind. Die in der Arbeitsgemeinschaft zusammengeschlossenen neunzehn Ausländerbeiräte vertreten mehr als 90 % der ausländischen Bevölkerung Bayerns, die weithin in größeren Städten und Gemeinden lebt.[7] Nicht zuletzt im Zusammenhang der Problematik mit der doppelten Staatsbürgerschaft haben sich die Ausländerbeiräte in Bayern zu Wort gemeldet und – wenn auch im einzelnen Fall deutlich parteipolitisch orientiert – einen informativen und der Versachlichung dienenden Beitrag geleistet.[8]

---

7 Faltblatt der Arbeitsgemeinschaft der Ausländerbeiräte Bayerns (AGABY), o. J.
8 Faltblatt des Ausländerbeirates der Landeshauptstadt München, o. J.

2. Der Ausländer im kirchlichen Verständnis

Es ist nicht zufällig, sondern als wesentlicher Ausdruck des Selbstverständnisses der Kirche zu werten, daß das umfangreiche Stichwortregister der deutschsprachigen Veröffentlichung der Texte des II. Vatikanischen Konzils das Stichwort „Ausländer" nicht kennt.[9] Aus der Sicht des Glaubens gibt es für die Kirche keine Ausländer, sondern Menschen mit verschiedener Sprache und Kultur, die ein – oder auswandern. Die klassische Stelle für die alle Grenzen überwindende Kraft der Gemeinschaft in Christus findet sich im Galaterbrief: Es gibt nicht mehr Juden und Griechen, nicht Sklaven und Freie, nicht Mann und Frau; denn ihr alle seid Einer in Christus Jesus.[10] Besonders wird im Pfingstbericht der Apostelgeschichte die Vision vom Reich Gottes sichtbar, das keine nationalen Grenzen kennt. Menschen unterschiedlicher Völker wird die Botschaft vom Anbruch einer neuen Zeit in jeweils ihrer eigenen Sprache vernehmbar und so die Einheit in Vielfalt geschaffen.[11] „Es gibt Grenzen aufgrund von Geschlecht, Nation, Volk und Klasse, aber diese Grenzen werden in der Gemeinde Christi relativiert durch die Gemeinschaft in Jesus Christus."[12]

Dieses theologische, auf die gesamte Menschheit hin orientierte Verständnis, darf die Kirche aber nicht davon abhalten, die staatliche Verantwortung für Ausländer ernst zu nehmen. Das Verständnis theologisch-supranationaler Art von der Menschheit als Menschheitsfamilie stellt eine andere Ebene dar als die konkret politische Verantwortung, die aus dem staatlichen Recht und den damit verbundenen staatlichen Pflichten erwächst.

Die Heiligen Schriften der Kirche kennen aber den „Fremden". Unter dem Fremden wird jener Mensch verstanden, der weder der Glaubensgemeinschaft Israels angehört (Altes Testament) noch in

9 Lexikon für Theologie und Kirche, 1968, Ergänzungsband III (Das Zweite Vatikanische Konzil).
10 Gal 3,28.
11 Apg 2,1-14.
12 GW, Nr. 105 (siehe Anm. 1).

der Nachfolge Jesu Christi steht (Neues Testament). So spricht etwa der Epheserbrief von Menschen, die sich zu Christus bekehrt haben, daß sie „also jetzt nicht mehr Fremde ohne Bürgerrecht seien", sondern „Mitbürger der Heiligen und Hausgenossen Gottes".[13] Es ist bemerkenswert, festzustellen, daß in diesem Text die analoge Verwendung der Begriffe von „Bürgerrecht" und „Mitbürger" Verwendung findet. Die Heilige Schrift läßt dadurch erkennen, daß sie sehr wohl die staatlich, bürgerrechtliche Verankerung des Menschen kennt und anerkennt. Sie ist offensichtlich für die Heilige Schrift von so grundsätzlicher Bedeutung, daß sie sich nicht scheut, die im staatlichen und bürgerlichen Bereich verwendete Begrifflichkeit auf die theologische Wertung menschlicher Existenz im Rahmen der Kirche analog zu übertragen. Neben diesem im eigentlichen Verständnis „Fremden", also dem der Kirche und dem Glauben „ferne Stehenden", wird der Fremde auch als der Mensch verstanden, der einem anderen Volk angehört oder der in der Begegnung mit Menschen seines Volkes diesem fremd, also unbekannt ist. Dieser „Fremde" wird zu jenem Menschen, dem in Gastfreundschaft und Hilfsbereitschaft zu begegnen ist. Die Verpflichtung dem Fremden gegenüber, der in existentieller Bedrängnis ist, vermag so weit zu gehen, daß in der Mahnrede vom Weltgericht[14] vom Fremden gesprochen wird, der anderen Menschen zum „Gericht" wird, weil er abgelehnt wurde. Eine erschreckend ernste Rede, die nicht nur den einzelnen Menschen, sondern auch die Völker betrifft, von denen Papst Paul VI. sagt, daß „kein Volk heutzutage frei von Verfehlungen gegen die Menschenrechte (ist)".[15]

Nach Auffassung der Heiligen Schrift ist jeder Mensch, somit auch der Fremde, zu der ihm zugedachten Vollendung bei Gott berufen. Die umfassende „Verwirklichung des Reiches Gottes" kennt „keine nationalen Grenzen", betont die Gemeinsame Synode der Bi-

13 Eph 2,19.
14 Mt 25,31-46.
15 „In der Respektierung der Menschenrechte liegt das Geheimnis des wahren Friedens". Welttag des Friedens 1999, Arbeitshilfen 145 (hrsg. vom Sekretariat der Deutschen Bischofskonferenz), 1999, S. 47 (=Arbeitshilfe 145).

stümer in der Bundesrepublik Deutschland.[16] Damit ist in besonderer Weise das Recht auf Religionsfreiheit angesprochen, das die Personenwürde aufleuchten läßt, „so wie sie aus dem Wort Gottes und auch aus der Vernunft wahrnehmbar wird."[17] Mit dem Recht auf Religionsfreiheit verbindet sich im Rahmen der Katholischen Soziallehre das Verständnis vom Ausländer, dem als solchem Rechte zustehen, die ihm von seiten des Staates oder der Gesellschaft nicht genommen werden können, seien dies soziale und wirtschaftliche Rechte, politische und kulturelle Rechte oder so fundamentale Rechte wie das auf Nahrung und Leben bzw. Unversehrtheit leiblicher und psychischer Existenz. „Dieses Recht ist grundlegend und unabdingbar. Heutzutage wird es aufs schwerste bedroht, durch Empfängnisverhütung, Sterilisierung, Abtreibung, Euthanasie, weltweite Anwendung der Folter, Gewalt gegen Unschuldige, Geisel des Krieges, Völkermord, Massenbewegungen gegen das Recht auf Leben ...", beklagt Papst Paul VI.[18] Wie ernst die Katholische Soziallehre den Menschen nimmt, zeigt, daß sie ihm nicht nur Rechte, sondern auch diesen entsprechende Pflichten zuweist. „Die bisher von uns erwähnten Rechte, die aus der Natur hervorgehen, sind in dem Menschen, dem sie zustehen, mit ebenso vielen Pflichten verbunden", betont Papst Johannes XXIII. in seinem Weltrundschreiben 'Pacem in terris', das grundsätzlich auf alle Menschen abzielt und somit auch für Ausländer in unserem Staat gültig ist.[19]

3. Integration als politische und menschliche Herausforderung

Es läßt sich nicht bestreiten, daß die wissenschaftlich-technische Entwicklung weltweit expandiert. Damit nimmt innerhalb der Kulturen ein rationales und berechnendes Denken zu, das auf Effizienz-

---

16 Gemeinsame Synode der Bistümer in der BRD: Beschluß der „Die ausländischen Arbeitnehmer – eine Frage an die Kirchen und Gesellschaft", B. I.
17 Arbeitshilfe 145, S. 47 (1. Anm. 17).
18 A.a.O., S. 46.
19 Papst Johannes XXIII: „Pacem in terris", Nr. 28.

steigerung menschlichen Handelns durch Kooperation, Koordination und Information ausgerichtet ist. Die viele Lebensbereiche durchdringenden Wissenschaften und technischen Umsetzungen lassen ökonomische und rechtliche Veränderungen entstehen und kulturell-traditionell geprägte Lebensformen in Frage stellen. „Wenn eine sozial-kulturell vertraute Lebenswelt für viele Menschen Bedingung ihrer Identität ist, dann ist die damit verbundene Abgrenzung gegenüber dem Fremden zunächst einmal ein natürlicher Reflex, mit dem Politik rechnen muß."[20] Diese Verunsicherungen gelten sowohl für Ausländer in Deutschland wie auch für die Deutschen in ihrer Begegnung mit den Ausländern.

Somit erstaunt es nicht, daß hinsichtlich einer weltweit intensiveren Austauschmöglichkeit, zunehmender persönlicher Begegnungen und der Tendenz immer dichter sich gestaltender Vereinheitlichungs- und Einheitsvorgänge die Frage deutlicher formuliert wird, wer denn der Mensch wirklich sei, welche Ausdrucksweisen des Menschlichen es überhaupt gebe und unter welcher Rücksicht sie als „richtig", als „gültig" anzusehen seien und somit toleriert werden müßten. Eng damit verbindet sich in der unüberschaubaren Vielfalt kultureller Gestaltungen menschlichen Lebens, die als solche jeweils anderen Menschen fremd sind und eigenartig erscheinen mögen, immer nachdrücklicher die Frage nach der ethischen Dimension: Welches menschliche Verhalten ist nicht nur erfolgversprechend, sondern auch „gut"?

Die Frage nach dem sittlich Guten ist in unserem Kulturkreis wesentlich in ihrer Antwort von der Freiheits- und Ordnungsidee der Antike sowie dem Gedanken der Selbsttranszendenz und Befreiung bzw. Erlösung des Christentums geprägt. Es wird ein doppelgesichtiges Bild vom Menschen einsichtig, das ihn als „Zoon Politikon" (Gemeinschaftswesen) kennzeichnet: Einerseits ist er bedürftig und somit angewiesen auf die Gemeinschaft, ohne die er nicht ins Leben treten und das Leben nicht bewältigen kann. Andererseits ist er mit

20 Sutor, Bernhard: Politische Ethik. Gesamtdarstellung auf der Basis der Christlichen Gesellschaftslehre, Paderborn ²1992, S. 140.

Fähigkeiten begabt, die für andere Menschen unverzichtbar sind und das Leben in Gemeinschaft erst möglich werden lassen und in unauslotbar tiefer Weise bereichern können. Einerseits erscheint der Mensch als der, „der den Menschen freut", andererseits kann er ihm „zum Wolf" werden. Einerseits lebt er mit allen anderen Menschen in der tiefen Gemeinsamkeit der menschlichen Natur, andererseits vermag er sich in Egoismus und Absonderung zu verhärten und in selbstherrlicher Autonomie über den Menschen zu erheben.

Wenn also das Ziel der Integration darin besteht, „daß der anfangs Fremde mit Selbstverständlichkeit in der Gemeinschaft lebt, sei es die des Stadtviertels, des Dorfes, in dem er wohnt", und ihm „Sprache und die Gewohnheiten des Landes vertraut sind"[21], die ihm zum Zeichen selbstverständlicher Zugehörigkeit werden, dann sind vor allen Dingen Freiheit und Sittlichkeit der Ausländer wie auch der einheimischen Bürger angefragt. Die im Menschen liegende Freiheit, mag sie auch in unserem Kulturbereich in der Antike und bis in unsere Tag hinauf nicht allen Menschen in gleicher Weise zugesprochen worden sein, läßt als wesentliche Bestimmung des Menschseins auch „ungeahnte Möglichkeiten menschlichen Gutseins"[22] und somit gelingender Integration erwarten. Allerdings wird man angesichts der Gebrochenheit der menschlichen Natur ebenso „ungeahnte Möglichkeiten menschlichen Schlechtseins" befürchten müssen, wie dies gegenwärtig – um nur ein Beispiel zu nennen – die den Menschen grauenhaft entwürdigenden und vernichtenden Verhältnisse im Kosovo zeigen; die dort betriebene „ethnische Säuberung" – das teuflische Unwort des Jahrhundert – kennt nur eine „Integration": Die Identität des eigenen und einen Volkes, der einen Rasse im einen Territorium, der einen Geschichte in der Vergangenheit und der einen und eigenen Größe in der Zukunft.

---

21 Zur Einbürgerung von in Deutschland lebenden Ausländern (Erklärung des Zentralkomitees der deutschen Katholiken), 1994, S. 3.

22 M. Kluxen, Zit.: W. Korff: Sozialethische Überlegungen zur Ausländerpolitik als Menschenrechtspolitik (Zeitansagen Nr. 1, hrsg. vom Landeskomitee der Katholiken in Bayern), o. J., S. 6.

Da das, was gut, richtig oder gültig ist, in unterschiedlichen Kulturen und Lebensbereichen verschieden definiert wird, entsteht für die Integrationsproblematik die Frage, wie sich denn verbindliche Auffassungen herstellen und begründen lassen, die einheimische Bürger wie auch zugezogene Ausländer verpflichtend binden. Wieviel Konsens in Grundfragen braucht eine Gesellschaft, damit ihre Mitglieder, seien es Einheimische oder zugezogene Ausländer, sich zugehörig, also integriert empfinden können? Die Antwort wird wohl in zwei Fragerichtungen zu suchen sein: Welche neuen Wertvorstellungen, Weltsichten und Lebenspraktiken bringen zuziehende Ausländer mit und beeinflussen damit die Gesellschaft des Zuzuglandes? Und: Auf welche Werthaltungen, Lebensformen und Äußerungsweisen treffen die Ausländer, deren Wirkung sie sich nicht ganz entziehen können? Nicht zu übersehen ist zudem, daß weltweit viele Veränderungsprozesse kultureller, weltanschaulicher und religiöser Hinsicht im Gang sind, die Integration erleichtern oder erschweren, je nachdem wie nahe oder wie fern sie den eigenen Weltansichten stehen. Es sei als Beispiel darauf verwiesen, welche grundlegenden Änderungen innerhalb des christlich geprägten Europa das Bild von Ehe und Familie in den letzten Jahren ausgesetzt war; wie umstritten die Stellung der Frau unter der Rücksicht der Gleichberechtigung in der Gesellschaft sich darstellt; welche Anfragen sich aus einer veränderten Sicht menschlicher Sexualität unter dem Blickwinkel der Selbstbestimmung des Menschen ergeben; wie deutlich Institutionen, wie Staat und Schule, an Autoritätsverlust leiden; wie spürbar sich die Zuständigkeit religiöser Instanzen für individuell sittliches Verhalten eingeschränkt hat; wie alt geschätzte Traditionen gleichsam verdunsten; welch hohe Erwartungen an die Wissenschaft als Ordnungsfaktor gestellt werden; wie neue Technologien Weltbilder von Menschen verändern und sie in ihren alltäglichen Tagesabläufen programmieren u.v.m.

Aus diesen Vorgängen, die sich in anderen Ländern und Kulturbereichen teils gegenläufig darstellen, ergibt sich für viele Menschen die Gefahr der Orientierungslosigkeit und Des-integration: Unter der Rücksicht dessen, was Jahrhunderte – wenn auch nicht unumstritten

– so doch allgemein als gültig, richtig und gut angesehen wurde, läßt sich ein Wandel feststellen, der im ursprünglichen Sinn des Wortes als ein „Verfall der Sitten", also eine Verungültigung bisheriger Traditionen bezeichnet wird. Dies ist zunächst keine Bewertung, sondern lediglich ein Tatsachenbefund. Ob und in welchem Maß mit dem „Verfall der Sitten" auch ein „Verfall der Sittlichkeit" einhergeht, stellt eine eigene Frage dar. Sie ist wohl nur zu beantworten, wenn von einem normativen Standpunkt als Vergleichsmaßstab ausgegangen wird. Alle Lebensformen und Wertungen in einer Gesellschaft, in der sich viele Kulturen treffen, als gleich gültig nebeneinander stehen zu lassen, führt zur Gleichgültigkeit jeder Lebensform und somit zur multikulturellen Deformation der Gesellschaft. Die Vision einer multikulturellen Gesellschaft, in der keine verbindlichen Normen und Werte formuliert wurden, sind als gescheiterte Gesellschaften anzusehen.[23]

Unter Rücksicht der sich schnell wandelnden gesellschaftlichen Verhältnisse und der damit verbundenen Schwierigkeiten, sich im Rahmen des Nötigen anzupassen und zugleich einen eigenen Standort einzunehmen, finden sich auch deutsche Bürger in ihrem eigenen Heimatland vor nicht geringen Integrationsschwierigkeiten. In Deutschland geboren und aufgewachsen zu sein, von Geburt an die deutsche Staatsbürgerschaft zu besitzen und die deutsche Sprache zu sprechen, bedeutet noch nicht, in diese Gesellschaft hinreichend integriert zu sein. Integrationsprobleme ergeben sich aus anhaltend hoher Arbeitslosigkeit, erschreckend verbreitetem Analphabetentum, einer ängstigenden Kriminalitätsrate und des Verlustes familiärer Verbindungen und Beziehungen. Die Integrationsfrage ist somit nicht nur ein Problem von Ausländern in Deutschland, sondern ebenso auch eine Herausforderung für nicht wenige Deutsche in ihrem eigenen Land. Dies kommt allerdings in der Öffentlichkeit kaum ins Bewußtsein, weil ungenügende oder gar mißlungene Integration von Deutschen in Deutschland in der politischen Sprache und in öf-

---

23 Vgl. 'Spiegel' v. 21.11.1994 und 'Focus' Nr.22/1996 sowie 'Die Tageszeitung' (taz) v. 16.2.1998.

fentlichen Auseinandersetzungen nicht vorkommt. Diesen Sachverhalt zu benennen ist bislang der Sozialwesenarbeit und der Sozialpsychologie vorbehalten geblieben.

4. Integrationsfaktoren und Pastoral

Welche Faktoren lassen nun von einer hinreichend gelungenen Integration von Ausländern in Deutschland sprechen? Integration wird hierbei als ein Prozeß verstanden, der sich zwischen den beiden Polen der eigenen kulturellen Identität einerseits und der Beheimatung im Zuwanderungsland andererseits bewegt. Hierbei kann die Spannbreite der Integrationsfähigkeit und -willigkeit von einer formalen wirtschaftlichen, sozialen und rechtlichen Angepaßtheit über Wege eines gegenseitigen Austausches unter jeweiliger Beibehaltung der kulturellen Eigenart bis hin zur vollständigen Angleichung reichen. Integration erweist sich „als die immer neu zu bestehende Bewährungsprobe, als Testfall einer sich pluralistisch auslegenden freiheitlichen Gesellschaft. Dabei sind vielfach beiderseits erhebliche Berührungsängste zu überwinden. Gefordert bleiben Empathie und Ambiguitätstoleranz"[24].

Grundlegend müssen Ausländer erfahren können, daß ihre fundamentalen Menschenrechte in Deutschland anerkannt werden und die deutsche Gesellschaft hierfür nicht geringe Anstrengungen unternimmt. Andererseits haben Ausländer in Deutschland die Menschenrechte der hier Lebenden zu respektieren. Menschenrechte sind unteilbar und Integrationsvorgänge bedürfen beiderseitiger Bemühungen. Bewegen sich Ausländer in Deutschland nicht im Rahmen der Anerkennung von Menschenrechten, wie dies etwa in der Beteiligung bei terroristischen Akten und schwerer Kriminalität gegeben ist, lassen sie damit ihre Integrationsunwilligkeit und vielleicht sogar -unfähigkeit erkennen. Es entsteht hierbei die schwerwiegende Frage, ob sie des Landes verwiesen werden können. Dies scheidet nach

24 W. Korff, a.a.O., S. 7 (S. Anm. 23).

bisherigem Rechtsverständnis aus, wenn sie in jenem Land, in das sie abgeschoben werden, selbst ihrer fundamentalen Menschenrechte beraubt zu werden drohen. Die Duldung von ausländischen Straftätern in Deutschland, die nicht in ihr Heimatland abgeschoben werden können, weil ihnen dort für Leib und Leben Gefahr droht, stellt eine kaum zu überschätzende ethische Herausforderung an den demokratischen Rechtsstaat und die Achtung der Menschenwürde – auch des Straftäters – dar.

In diesem Zusammenhang gehört zur Integration die Anerkennung jener Bestimmungen des Grundgesetzes der Bundesrepublik Deutschland, die die Würde der Person betreffen und das menschliche Zusammenleben in einem Rechts-, Sozial- und Kulturstaat gewährleistet. Staat und Gesellschaft ihrerseits müssen bemüht sein, Partizipationsmöglichkeiten zu eröffnen, die dem Integrationswillen entgegenkommen. Allerdings sollte auch das Augenmaß bewahrt werden. Integrationswilligkeit und -fähigkeit von Ausländern in Deutschland ist nicht dann erst anzunehmen, wenn sie das Grundgesetz der Bundesrepublik Deutschland studiert und sich in seine feinen Verästelungen eingearbeitet haben. Wie viele deutsche Bürger wären unter dieser Voraussetzung tatsächlich nicht integriert!

In enger Verbindung hierzu ist als ein bedeutsamer Integrationsfaktor zu verstehen, wenn Ausländer die Rechtsordnung unseres Staates hinreichend kennen, sie anerkennen und mit ihr zurechtkommen. Hierbei geht es nicht um die Überbewertung kleiner Ordnungswidrigkeiten, sondern um die Bewertung jener Haltung, die in Übereinstimmung mit den Forderungen eines Rechtsstaates zu leben bemüht ist. Im „Justizfrieden" mit dem Staat und der Gesellschaft zu leben, stellt ein hohes Gut der Integration dar.

Wenn auch der Maßstab schwer zu formulieren ist, so ist für gelungene Integration ein bestimmtes Maß an wirtschaftlicher Absicherung nötig, die die Grundversorgung gewährleistet, am sozialen und kulturellen Leben angemessen teilnehmen läßt und hinreichend eigenen Freiheitsraum eröffnet. Gerade in diesem Bereich ist zu fragen, ob unsere Gesetzgebung nicht bisweilen Forderungen erhebt, die integrationshemmend wirken. So ist z.B. der deutsche Bürger berechtigt, seine Arbeitsleistung auch unter Tarif oder Sozialhilfesatz anzubieten, wenn er dies will und für seine Existenz als hinreichend ansieht; dem Ausländer ist dies verwehrt. Ihm wird in diesem Fall die Arbeitslosigkeit und somit ein eindeutiges Integrationsdefizit zugemutet.

Ein für viele Ausländer direkt erlebbares Moment gelungener Integration stellt die Kontaktnahme und Kommunikation mit den deutschen Bürgern aus der Nachbarschaft, am Arbeitsplatz, in den alltäglichen Lebensbereichen dar. Sich gegenseitig wahrnehmen und Interesse aneinander bekunden, deutet auf gegenseitige Rücksichtnahme und Achtsamkeit hin und stellt einen unabdingbaren Faktor für Integration dar.

Von besonderer Bedeutung für die Integration von Ausländern ist, ob sie hinreichend die deutsche Sprache verstehen und handhaben können. Die deutsche Sprache zu erlernen bedeutet eine Anforderung an beide Seiten: Die Ausländer müssen sich, sofern sie für längere Zeit ihren Lebensmittelpunkt in Deutschland haben wollen, soviel Sprachkenntnisse aneignen, daß sie sich im alltäglichen privaten wie gesellschaftlich-öffentlichen Leben zurechtfinden. Andererseits müssen die Ausländer hinreichend Möglichkeiten vorfinden, ihre Sprachkenntnisse zu erweitern und zu vertiefen. Wer um das komplizierte Geflecht von Sprache und Kommunikation weiß, wird die Barrieren nicht übersehen, die sich dem Bemühen des Erwerbs von aktiver Sprachkompetenz entgegenstellen und in besonderer Weise bemüht sein, diese zu überwinden.

Nicht zuletzt bedeutet das Verständnis der Ausländer und der deutschen Bürger für die jeweiligen religiösen Bekenntnisse und Praktiken ein wichtiges Merkmal für einen sich anbahnenden oder gereiften Integrationsprozeß. Es geht nicht darum, die Religion oder Weltanschauung des jeweils anderen in einem vorschnellen Akt unreflektierter Zuwendung zu bejahen oder gar ganz oder teilweise zu übernehmen, es geht aber wesentlich darum, die religiöse Mentalität und Ausdrucksformen zu verstehen und soweit möglich zu tolerieren.

Die hier vorgelegten Gedanken zur Integration stellen für die Seelsorge und Diakonie der Kirche große Aufgaben dar. Es liegt an den Gemeinden und verschiedenen kirchlichen Einrichtungen, Räten und Verbänden, die einzelnen Integrationsschritte gleichsam durchzubuchstabieren und umzusetzen. Wenn es dabei immer mehr gelingt, das gegenseitige Verständnis zu wecken und zu fördern, ist dies der entscheidende Beitrag zur Integration von Ausländern.

Peter Landau

RECHTSPHILOSOPHISCHE UND RECHTSHISTORISCHE ÜBERLEGUNGEN ZUM ASYLGEDANKEN

Das Bonner Grundgesetz hat in Art. 16a Abs 1 das Recht auf Asyl für politisch Verfolgte als Grundrecht verankert. Ein Asylrecht als Grundrecht einer staatlichen Verfassung ist ein historisch sehr junges Rechtsinstitut. Verfassungsrechtliche Garantien des Asylrechts finden wir erst in den Verfassungen des 20. Jahrhunderts, außer in der Bundesrepublik etwa in Frankreich seit 1946.[1] 1948 erging am 10. Dezember die Menschenrechtsdeklaration der UNO, in deren Art. 14 es heißt:

> "1. Everyone has the right to seek and to enjoy in other countries asylum from persecution.
> 2. This right may not be invoked in the case of persecution genuinely arising from acts contrary to the purposes of the United Nations."[2]

---

1 Vgl. zu Frankreich *Hans-Ingo von Pollern*: Das moderne Asylrecht (Schriften zum Völkerrecht 67, Berlin 1980) S. 54. Frankreich hatte bereits in der nie in Kraft getretenen Verfassung des Nationalkonvents von 1793 in Art. 120 folgende Bestimmung: "Il (sc. le peuple français) donne asile aux étrangers bannis de leur patrie pour la cause de la liberté. Il le refuse aux tyrans." Nach *v. Pollern*, S. 49 wird nur in vier europäischen Staaten dem politischen Flüchtling ein subjektives Recht auf Asyl durch die Verfassung gewährt (Deutschland, Frankreich, Italien, Portugal).

2 Vgl. hierzu *Ernst Reichel*: Das staatliche Asylrecht im Rahmen des Völkerrechts (Berlin 1987 = Schriften zum Öffentlichen Recht, 515) S. 34-44. Text der Erklärung bei *Sartorius*, Bd. II, Internationale Verträge – Europarecht, No.19. Zur Entwicklung des internationalen Rechts auf dem Gebiet des Asylrechts seit 1948 vgl. *Otto Kimminich*: The Present International Law of Asylum, Law and State 32 (1985) S. 25-46; außerdem *ders.*: Asylrecht (Berlin/Neuwied 1968); zusammenfassende Überblicke mit historischer Einleitung bei *Léopold Bolesta-Kodziebrodzki*, Le Droit d'Asile (Leyde 1962); *Atle Grahl-Madsen*: The Status of Refugees in Asylum, Entry and Sojourn (Leiden 1972). Die neueste Darstellung des deutschen Asylrechts bei *Albrecht Randelzhofer*, Art. 'Asylrecht', in: Handbuch des Staatsrechts der Bundesrepublik Deutschland (hrsg. v. *J. Isensee* und *P. Kirchhof*, Bd. VI, Heidelberg 1989) S. 185-210.

Diese UNO-Resolution begründete nicht etwa ein Recht auf Asyl, sondern bedeutete gegenüber den souveränen Staaten eine Empfehlung, ein Rechtsinstitut des Asyls einzuführen; dieser Empfehlung folgte man im Bonner Grundgesetz. Wichtig ist, daß die Resolution grundsätzlich das Asyl als Menschenrecht auffaßt. Ist das eine neue Idee des 20. Jahrhunderts, oder konnte man sich bei diesem Gedanken auf eine Tradition berufen?

Die Ausgestaltung in modernen Verfassungsstaaten ist neu; aber der Grundgedanke – asylum from persecution – ist uralt; er hat Wurzeln in der Antike, eine lange Tradition in der Geschichte des Kirchenasyls und schließlich eine wichtige neuzeitliche Wurzel in der Philosophie des säkularen Naturrechts im 17. Jahrhundert.[3]

Dabei ist das historische Rechtsinstitut Asyl über Jahrhunderte von der christlichen Kirche geprägt worden, während gedanklich die Probleme des Asylrechts zuerst in eindrucksvoller Weise von den bedeutenden Naturrechtlern des 17. Jahrhunderts durchdrungen wurden. Mit den antiken Ausgestaltungen des Asylrechts bei den Griechen und den Hebräern werde ich mich nicht befassen (vgl. hierzu den Beitrag von Manfred Görg in diesem Band). Meine Ausführungen sollen an das mittelalterliche Kirchenasyl und an das Naturrecht anknüpfen. Dabei wird es notwendig sein, den historischen Tatbestand im Mittelalter zu schildern, um daran einige Überlegungen anknüpfen zu können.

---

3 Vgl. als Einführung in die gesamte historische Entwicklung *Georg Flor*: Asylrecht. Von den Anfängen bis heute (Berlin 1988). Grundlegend zum Kirchenasyl *Pierre Timbal Duclaux de Martin*: Le Droit d'Asile (Paris 1939). Ferner jetzt auch Uwe Kai Jacobs: Kirchliches Asylrecht. Aspekte zu seiner geschichtlichen und gegenwärtigen Geltungskraft, Zeitschrift für evangelisches Kirchenrecht 35 (1990) S. 25-43. Zwei neuere Beiträge erschienen in dem Handbuch 'Das Recht der Kirche', Bd. III: Zur Praxis des Kirchenrechts, hrsg. von *G. Rau / H.-R. Reuter / K. Schlauch* (Gütersloh 1994): *Hans-Richard Reuter*, Kirchenasyl und städtisches Asylrecht. Ein rechtsethischer Beitrag, S. 574-600 und *Herbert Ehnes*: Asyl und kirchliches Handeln, S. 601-632. Hingewiesen sei ferner auf den Band: Asyl am Heiligen Ort, hrsg. von *Klaus Barwig / Dieter R. Bauer* (Ostfeldern 1994).

1. Das Kirchenasyl

Das kirchliche Asylrecht war im Codex Iuris Canonici, dem Gesetzbuch der katholischen Kirche, noch bis 1983 verankert. Die Bestimmung, die 1917 formuliert war und noch einmal eine Tradition von anderthalb Jahrtausenden festhielt, lautete folgendermaßen: "Die Kirchen genießen auch das Asylrecht. Das Asylrecht hat zur Folge, daß Straftäter, die in die Kirche geflüchtet sind, für gewöhnlich nicht herausgeholt werden dürfen, ohne daß der Bischof ... oder Pfarrer seine Zustimmung gegeben hat. Eine Ausnahme ist nur in einem dringenden Notfall zulässig."[4]

Das Asylrecht der christlichen Kirchen hat sich im 4. Jahrhundert in der Reichskirche des römischen Reichs entwickelt. Der Ansatzpunkt ist, soweit wir das erkennen können, jedenfalls anfangs weniger die Vorstellung eines heiligen Bezirks wie bei den Griechen, sondern der Gedanke, daß Christen in besonderer Weise darauf vertrauen dürfen, daß der Bischof ihnen in den Bedrängnissen des Lebens hilft, daß der Bischof seinerseits als die oberste Autorität der christlichen Kirche im Altertum dazu verpflichtet ist, für die Glieder der Gemeinde einzutreten, unter Umständen durchaus schlichtend und regulierend. Es wird etwa im vierten Jahrhundert eine Tendenz sichtbar, daß Christen in der Regel die staatliche Justiz gar nicht in Anspruch nehmen, sondern sich an den Bischof wenden sollen, der z. B. ihre Vermögensstreitigkeiten untereinander regeln wird. In einer Zeit, in der man den Bischöfen dies zutraute, hat sich nun auch die Vorstellung entwickelt, daß der Bischof für den Verfolgten durch sogenannte intercessio eintreten müsse.[5] Er tritt zwischen die staatliche Gewalt und das einzelne Gemeindemitglied, wobei es offensicht-

4 Der lateinische Originaltext in can. 1179 des CIC/1917: "Ecclesia iure asyli gaudet ita ut rei qui ad illam confugerint, inde non sint extrahendi, nisi necessitas urgeat, sine assensu Ordinarii, vel saltem rectoris Ecclesiae." Die zitierte deutsche Übersetzung bei *Heribert Jone*: Gesetzbuch der lateinischen Kirche, Bd.2: Sachenrecht (Paderborn ^{2}1952) S. 427.

5 Zur intercessio der Bischöfe und den folgenden Ausführungen über die Entstehung des Asylrechts in der Reichskirche vgl. *meinen* Art. 'Asylrecht III: Alte Kirche und Mittelalter', Theologische Realenzyklopädie (TRE) Bd.4 (1979) S. 319-327, besonders S. 320.

lich von vornherein – und darin zeigt sich wohl auch ein Weiterleben griechischer Vorstellungen – keine wesentliche Rolle spielte, ob derjenige, für den nun dieser Bischof mit seiner intercessio eintritt, ungerecht oder durchaus berechtigt verfolgt wird. Die Gruppe von Leuten, für die der Bischof einzutreten hat und von der wir hören, sind einmal Beschuldigte, aber auch solche, gegen die schon ein Strafurteil ausgesprochen worden ist, die sich dem nun entziehen wollen, außerdem auch z. B. säumige Steuerschuldner. Der spätantike Zwangsstaat versucht mit allen Mitteln, sich Einnahmen zu sichern, indem auch u. U. Personen haftbar gemacht werden, die gar nicht selbst die jeweilige Steuer zu entrichten haben. Und hier ist es nun die Aktivität der Bischöfe, die versucht, für den einzelnen vermittelnd einzugreifen. Bereits das Konzil von Sardika (343)[6] setzt offensichtlich voraus, daß die Bischöfe diese Pflicht zur intercessio haben, um für ihre Gemeindemitglieder, auch wenn diese in ein Strafverfahren verwickelt sind, einzutreten. Damit nun der Bischof auf eine solche Situation aufmerksam wird, flüchtet der verfolgte Christ in ein kirchliches Gebäude. Dann soll der Bischof eingreifen und ihm helfen. Die Hilfe des Bischofs und der Schutz des Gebäudes hängen von vornherein zusammen. Man flieht in die Kirche; daraufhin hat der Bischof die moralische Pflicht zur intercessio.

2. Anerkennung des Asyls

Die römische Rechtsordnung kannte keine Norm, die die Entfernung eines Asylsuchenden aus einem Tempel oder einer Kirche verbot. Aber vor der gesetzlichen Anerkennung eines Asylrechts der Kirche gab es ein faktisches Respektieren des Asyls. Im 5. Jh. hat man dann durchaus von Seiten der Kaiser der Kirche im Rahmen gesetzlicher Regelungen zugestanden, daß es einen Asylanspruch der Kirchen gäbe in dem Sinne, daß Menschen, die sich in die Kirchengebäude

6 Conc. Serdicense can. 5 bzw. 7 (ed. *C. H. Turner*: Ecclesiae Occidentalis Monumenta Iuris Antiquissima, vol. I/2/3, Oxonii 1930), S. 463: "Honestum est autem ut episcopus intercessionem suam his praestet qui aliqua iniqua vi opprimuntur."

geflüchtet hatten, vor einer staatlichen Verfolgung im Regelfall zunächst einmal sicher waren; daß zwar nicht jede staatliche Sanktion auf Dauer entfallen sollte, daß aber der Bischof herbeigezogen wurde; eine Art Zwischenstadium des Unbehelligtseins.

Man erkennt also das Asylrecht staatlicherseits an. In dem großen Gesetzbuch, das Kaiser Theodosius II. im Jahre 438 verkündet, gibt es bereits einen eigenen Abschnitt über Personen, die sich in eine Kirche flüchten.[7] Hier sind insgesamt fünf Gesetze aufgeführt. Das zeigt, daß der Staat sich in der Zeit zwischen Konstantin und Theodosius II. mit der Asylfrage sehr intensiv auseinandersetzt. Es gibt bereits in dieser Frühphase Regelungen, die besagen, daß der Asylschutz auch in einer Entfernung von 50 Schritten von der Kirche in Anspruch genommen werden kann. Man hat also schon frühzeitig nicht nur das heilige Gebäude selbst, sondern auch die Umgebung einbezogen, wodurch das Asylrecht überhaupt einen effektiven Schutz bedeutete. Während der Verfolgte sich in diesem kirchlichen Bereich aufhält, kann der Bischof sich für ihn verwenden. Diejeni-

7 Vgl. hierzu *Johannes Herrmann*, Cod. Theod. 9, 45: De his, qui ad ecclesias confugiunt, in: Beiträge zur Rechtsgeschichte. Gedächtnisschrift für Hermann Conrad, hrsg. v. *G. Kleinheyer / P. Mikat* (München/Paderborn/Wien/Zürich 1979 = Veröffentlichungen der Görres-Gesellschaft, Rechts- und staatswissenschaftliche Abteilung, N. F. H. 34) S. 271-282; außerdem *Hans Langenfeld*: Christianisierungspolitik und Sklavengesetzgebung der römischen Kaiser von Konstantin bis Theodosius II. (Bonn 1977 = Antiquitas I.26). Nach Langenfeld (S. 138) und Herrmann (S. 274 *f.*) erfolgte erst durch die Konstitution Theodosius' II. von 431 (Cod. Theod. 9.45.4 = Cod. Iust. 1.12.3) eine Anerkennung des kirchlichen Asyls im staatlichen Recht. Meiner Ansicht nach ist schon vor 431 in dem Gesetz des Kaisers Honorius vom 21. 12. 419 eine Anerkennung des Asylschutzes der Kirchen enhalten (Const. Sirmondiana 13, ed. *Theodor Mommsen*: Theodosiani Libri XVI cum constitutionibus Sirmondianis I/2, Berlin 1905, S. 917), das allerdings nicht in den Codex Theodosianus aufgenommen wurde. Bei *Langenfeld* (S. 124-127) wird dieses Gesetz behandelt, aber nicht als Anerkennung des Asylrechts gewertet, da es dem Kaiser nicht um ein Privileg für die Kirchen gegangen sei, sondern um die Gewährung von Schutz vor korrupten Beamten, indem Verfolgte im Umkreis von Kirchen nicht behelligt werden sollten. Unabhängig von dem ohnehin nur indirekt zu erschließenden gesetzgeberischen Motiv erfolgt hier aber objektiv gesehen die Anerkennung der Ausweitung des kirchlichen Aufgabenbereichs. Vgl. hierzu auch *Harald Siems*: Zur Entwicklung des Kirchenasyls zwischen Spätantike und Mittelalter, in: Libertas. Grundrechtliche und rechtsstaatliche Gewährungen in Antike und Gegenwart. Symposion aus Anlaß des 80. Geburtstages von Franz Wieacker, hrsg. von *V. Behrends / M. Diesselhorst* (Ebelsbach 1991) S. 139-186, hier S. 143.

gen, die hier offensichtlich den kirchlichen Asylschutz in Anspruch nehmen, sind Straftäter, Sklaven – das scheint eine große Zahl gewesen zu sein – und dann die Steuerflüchtlinge. Bei den letzteren etwa wird vorausgesetzt und offenbar auch häufiger erfolgreich geschehen, daß der Bischof einen Steuererlaß des Staats bewirken kann. Das Endergebnis dieser Vermittlungstätigkeit ist es, daß man nicht die exzessiv hohen Steuern bezahlen mußte.[8] Wenn das Asyl die Sklaven betrifft, dann kann der Bischof u. U. erreichen, daß der Herr seinen Sklaven verkauft oder daß er sich zumindest eidlich verpflichtet, ihn nicht später erneut zu mißhandeln.[9] Die Eidesverpflichtung gerade im Falle des Sklaven durch denjenigen, der ihn bisher mißhandelte, spielt schon in der Zeit des 5. Jahrhunderts eine große Rolle. Bei den Straftätern ist davon auszugehen, daß es in der ganzen Geschichte des römischen Strafrechts eigentlich nie eine völlige Fixierung der Strafe etwa im Sinne eines Satzes "Nulla poena sine lege" gab, sondern daß der Staat einen Spielraum hatte.[10] Also ist es auch hier möglich, zumindest eine Art Strafmilderung zu erreichen.

---

8 Cod. Theod. 9.45.1 von 392 (Gesetz Theodosius'I.). Hier wird festgelegt, daß Kleriker, die sich für Steuerschuldner einsetzen, dann selbst für die Steuerschuld aufzukommen hätten. Die Haftung der Bischöfe für die Schulden eines Kirchenasylanten wurde durch ein Gesetz Kaiser Leos I. aus dem Jahr 466 aufgehoben (Cod. Iust. 1.12.6). Siehe hierzu auch *Siems* (wie Anm. 7) S. 144. Allerdings hielten sich die Steuerschuldner wohl nicht nur in Kirchen, sondern auch in sonstigen Verstecken auf, wenn sie den Beistand des Bischofs anriefen, vgl. *Langenfeld*, Christianisierungspolitik (wie Anm. 7), S. 138.

9 Cod. Theod. 9.45.5 von 432. Hierzu *Langenfeld*, Christianisierungspolitik (wie Anm. 7), S. 140*f*.

10 Zur begrenzten Bedeutung des Strafgesetzes in der römischen Rechtsordnung eindrucksvoll *Theodor Mommsen*: Römisches Strafrecht (Leipzig 1899, ND 1955) S. 1038-1041: 'richterliche Strafbemessung hat die Rechtsordnung geradezu untergraben'. Vgl. auch *Fritz Schulz*: Prinzipien des römischen Rechts (München/Leipzig 1934) S. 118; differenzierende Darstellung bei *Ernst Levy*: Gesetz und Richter im kaiserlichen Strafrecht, Bulletino dell'Istituto di Diritto Romano, N. S. 4 (1938) S. 57-166, besonders S. 93; ferner *Heinrich Siber*: Analogie, Amtsrecht und Rückwirkung im Strafrecht des römischen Freistaates (Abhh. Sächs. Ak. d. Wiss., phil.-hist. Kl. 43/3, 1936), hier S. 24 und 36.

3. Die Entwicklung im Westen

Die spätere Entwicklung im Westen des römischen Reiches und in seinen Nachfolgestaaten hängt mit der zweifellos sehr starken Stellung zusammen, die die Kirche dort schon in der Zeit des zerbrechenden weströmischen Reiches hatte und die dann im Mittelalter dazu führt, daß anders als im Osten zunächst einmal die weltlichen Gewalten als Ordnungsmacht allenfalls auf einer gleichberechtigten Ebene, keinesfalls aber übergeordnet der Kirche gegenüber stehen. Die Entwicklung im Westen lief darauf hinaus, daß zunächst einmal die Kirche so etwas wie die primäre Ordnungsmacht wurde. Das ist eine Tatsache, die die mittelalterliche Kultur des Westens natürlich tief bestimmt hat und die sich gerade auf unserem Gebiet ganz entscheidend auswirkte. Denn im Westen ist es die christliche Kirche gewesen, die die Maßstäbe und Grenzen des Asylrechts über viele Jahrhunderte festgelegt hat. Erst ganz allmählich kommt dann die weltliche Gewalt und erklärt, daß eigentlich sie bestimmen müsse, inwieweit die Kirche noch ein Asylrecht in Anspruch nehmen dürfe.

Die westliche Entwicklung beginnt, soweit sich das in den schriftlichen Quellen feststellen läßt, zumindest schon im 5. Jahrhundert, also in einer Zeit, in der es in Ravenna noch einen weströmischen Kaiser gibt. Es versammelt sich damals in Orange in Gallien ein Konzil und erklärt, daß derjenige, der sich in eine Kirche flüchtet, nicht ausgeliefert werden solle, wegen der Ehrwürdigkeit des Ortes und der Beistandspflicht des Bischofs: loci reverentia et intercessione episcopi.[11] Beide Begründungen werden für das Asylrecht im Westen von vornherein genannt, die Beistandspflicht des Bischofs, die ursprünglich eigentlich gar nichts mit dem Gedanken einer heiligen Stätte zu tun hat, sondern die Obhut des Bischofs als Vater der Gläubigen meint, und die reverentia, die man dem locus religiosus schul-

11 Conc. Arausicanum (Orange) 441 can. 5 (ed. *Charles Munier*: Concilia Galliae, Turnholt 1963 = Corpus Christianorum, Ser. lat., Bd. 148) S. 79: "Eos qui ad ecclesiam confugerint tradi non oportere, sed loci reverentia et intercessione defendi". Zur frühmittelalterlichen Entwicklung des Asylrechts im Okzident vgl. *Gabriel Le Bras*, Art. 'Asile', in: Dictionnaire d'histoire et de géographie ecclésiastique 4 (1930) S. 1035-1047. Hierzu auch *Siems* (wie Anm. 7) S. 158.

det. Und hier ist schon bei der ersten Äußerung, die in den Quellen des Westens zum Asylrecht existiert, eine so unbestimmte Wendung gebraucht, daß man sagen kann, das Asylrecht brauchte sich nicht auf einen heiligen kirchlichen Raum zu beschränken, sondern konnte durchaus auch die Umgebung der Kirche umfassen, eventuell auch Wohngebäude des Bischofs und anderer Kleriker.

Die Kirche hat dann bereits im 5. Jahrhundert das Asylrecht in konziliaren Beschlüssen des Westens abgesichert, indem sie bei Verletzungen des Asyls Exkommunikation über den Täter verhängt, also die schwerste Kirchenstrafe, den Ausschluß aus der vollen kirchlichen Gemeinschaft.[12] Am Ende des 5. Jahrhunderts betont bereits Papst Gelasius I., daß Schutz durch Asyl ein Recht der Kirche sei: Wenn Asyle verletzt werden, müsse der Täter mit Exkommunikation bestraft werden.[13]

Die westliche Kirche dehnt nunmehr den Asylschutz sehr weit aus. Eine der Voraussetzungen, die im Westen bestanden, war es, daß die westliche Kirche überhaupt nicht mit irgendeinem einigermaßen respektablen Justizsystem konfrontiert war. Nachdem die germanischen Stämme im Westen das Reich erobert hatten, herrschten relativ anarchische Zustände, so daß die Kirche durch Exkommunikation versucht, viele Verstöße zu sanktionieren und im übrigen davon ausgeht, wenn sich jemand in eine Kirche flüchte, könne man es nicht etwa nach einem außerkirchlichen Maßstab entscheiden, ob der Schutzsuchende nun ein Schuldiger sei. Prinzipiell ist man verpflichtet, für jeden einzutreten. Die Maßstäbe für Vergehen, die z. B. für die Germanen maßgeblich waren, brauchten natürlich nicht für die christliche Kirche maßgebend zu sein.

---

12 Enthalten in einer Rechtssammlung des 5. Jahrhunderts, die unter dem Namen des zweiten Konzils von Arles überliefert wird. Vgl. Conc. Arelatense Secundum, can. 30 (ed. *Munier* [wie Anm. 11] S. 120): "Eos qui ad ecclesiam confugerint tradi non oportit, sed eos domini sui promissa intercessione exire persuadeant. Quod si ab ecclesia exeuntibus poenale aliquid intulerint, ut ecclesiae inimici habeantur excommunes." Hierzu auch *Siems* (wie Anm. 7) S. 158.

13 Epistola Gelasii I. (JK 737) ediert bei *Andreas Thiel*: Epistolae Romanorum Pontificum (Brunsbergae 1868) S. 504 (fragm. 40). Zum Asylrecht bei Gelasius I. vgl. auch *Walter Ullmann*: Gelasius I. (Stuttgart 1981 = Päpste und Papsttum, Bd. 18) S. 231*f.* Hierzu auch *Siems* (wie Anm. 7) S. 159

Es fliehen damals viele in die Kirchen; man verlangt, wenn sie die Kirchen verließen, eine Eidesverpflichtung der Verfolger, daß sie vor weiterer Verfolgung sicher seien.[14] Der Eid spielt hier eine sehr große Rolle, denn nur über die Heiligkeit des Eides kann man irgendwie versuchen zu erreichen, daß etwa ein Verfolger von geflohenen Unfreien sie nicht tötet, wenn sie die Kirche verlassen haben. Im frühmittelalterlichen Westeuropa hat so der Asylschutz der Kirchen große Bedeutung gehabt. Das läßt sich aus sehr vielen Zeugnissen erkennen. Die Schutzsuchenden haben sich oft lange Zeit im kirchlichen Bezirk aufgehalten, offenbar häufig auch in dem Palatium eines Bischofs. Sie werden dort prinzipiell in Ruhe gelassen. Der Sohn Karls des Großen, Ludwig der Fromme, der in vielerlei Hinsicht versuchte, in der karolingischen Zeit eine moralische und religiöse Reform zustandezubringen, ordnete z.B. 817 an,[15] daß man für die Asylsuchenden generell besondere Gebäude errrichten soll. Es wird also eine Art Baumaßnahmeprogramm in der Karolingerzeit entwikkelt für Asylsuchende, ein schon als Programm hochinteressanter Gedanke dieser Epoche.

Verläßt nun der Asylant den Asylbereich, so soll er nicht etwa der Strafe verfallen, die ihm sonst drohen würde, sondern er erreicht zumindest eine Milderung der Strafe. Das wird von den Karolingern aus der merowingischen Zeit übernommen. Es bedeutet etwa bei Leibesstrafen, daß alles mit Geldbuße abgetan werden kann und eventuell dem mittellosen Asylanten die Verbringung in die Knechtschaft droht, daß er aber niemals der Todestrafe ausgesetzt ist.[16]

---

14 Zur Rolle des Eides in diesem Zusammenhang: vgl. *meinen* Art. 'Asylrecht' (wie Anm. 5), S. 323 und jetzt *Lothar Kolmer*: Promissorische Eide im Mittelalter (Kallmünz 1989 = Regensburger historische Forschungen, Bd. 12) S. 126*ff*., der das eidliche Versprechen freien Geleits gegenüber Asylsuchenden in die Gruppe der 'Sicherheitseide' einordnet.

15 Cap. monasticum 817 c.40, ediert in: Capitularia Regum Francorum I, ed. *Afred Boretius* (Hannover 1883, ND 1960 = MGH Legum Sectio II/1) no. 170, S. 346: "Ut domus semota his qui fugere aut pugnis baculisve inter se voluerint confligere.... habeatur huiusmodi, qua in hieme ignis possit accendi, et atrium iuxta sit, quo possint quod eis iniungitur operari."

16 In der ältesten systematischen Kanonessammlung aus Gallien (wahrscheinlich Lyon), der sog. 'Collectio Vetus Gallica', findet man einen Titelabschnitt (LIV) "De his, qui ad ecclesiam confugiunt." Vgl. *Hubert Mordek*: Kirchenrecht und Reform

Asylrecht beruht nach mittelalterlicher Auffassung des Westens auch nicht auf der Anerkennung durch den weltlichen Herrscher, sondern ist ein genuines Recht der Kirche. In den westlichen Zusammenstellungen des kirchlichen Rechts findet man besondere Abschnitte über Asylrecht schon etwa in der Zeit um 600.[17] Und das bedeutet auch, daß man nicht einfach auf den Asylschutz selber verzichten kann, sondern daß der Geschützte, zumindest solange er sich im Asylbereich aufhält, auch nicht etwa mit Einwilligung weggeführt werden darf, sondern daß die weltliche Macht in den Bereich des Asylgebiets überhaupt nicht eindringen darf. In dieser Schutzzone ist man vor jeder Einwirkung einer weltlichen Instanz sicher.

Asylrecht und Friedensgedanke hängen eng zusammen. Gegenüber dem Asyl entfällt vor allem die Möglichkeit der Blutrache, die ansonsten aus der germanischen Tradition lange Zeit noch eine große Rolle spielt.[18] Wenn man einmal eine solche Asylstätte erreicht hat, dann kann man also prinzipiell damit rechnen, daß man zumindest sein Leben gerettet hat.

Der hohe Stellenwert des kirchlichen Asyls bleibt über viele Jahrhunderte erhalten. Dies zeigt sich z.B. bei der großen Zusammenfassung des kirchlichen Rechts im 12. Jahrhundert – dem Jahrhundert, in dem die europäische Rechtswissenschaft entsteht und sich ein großer kultureller Aufschwung in Europa abzeichnet – durch den

---

im Frankenreich. Die Collectio Vetus Gallica, die älteste systematische Kanonessammlung des fränkischen Gallien (Berlin/New York 1975 = Beiträge zur Geschichte und Quellenkunde des Mittelalters, Bd. 1), hier S. 574-577. Dieser Titel wird als Tit. LIX in die auf der Collectio Vetus Gallica beruhende *Collectio Herovalliana* übernommen, die in der zweiten Hälfte des 8. Jahrhunderts entstand und erhebliche Verbreitung fand; vgl. *Mordek*, S. 109-144, zur Übernahme des Titels a. a. O., S. 117.

17 Collectio Vetus Gallica, tit. 54.

18 Zur Blutrache vgl. etwa *Felix Genzmer*: Rache, Wergeld und Klage im altgermanischen Rechtsleben (Jahresbände der Ak. des NSD-Dozentenbundes Tübingen 1938/39); mit Recht zurückhaltend gegenüber traditionellen Lehren der germanischen Rechtsgeschichte *H. Böttcher*, Art. 'Blutrache', Reallexikon der germanischen Altertumskunde 3 (^{2}1978) S. 81-101. Nach ihm hat es neben der Rache bei den Germanen stets auch andere Sühnemöglichkeiten gegeben. Jedenfalls geht auch *Böttcher* davon aus, daß die Bestimmungen über das Kirchenasyl dazu beigetragen haben, der Rache Einhalt zu gebieten (S. 90).

Bologneser Mönch *Gratian*.[19] Gratian – zweifellos einer der erfolgreichsten Autoren des Mittelalters – hat viel zum Asylrecht zu sagen, u.a. folgendes: Eine Verletzung des Asylrechts ist ähnlich verwerflich wie eine Entfremdung von Kirchengütern, also nicht etwas Belangloses oder ein kleineres Vergehen. Die Entfremdung von Kirchengütern war etwas, das man damals in der Zeit des Investiturstreits als ziemlich das Schlimmste betrachtete, was man gegenüber der Kirche begehen konnte. Gratian zitiert auch einen Ausspruch, den er dem Kirchenvater Augustinus zuschreibt, obwohl letzterer sich mit diesen Fragen gar nicht explizit auseinandergesetzt hatte:[20] Wenn jemand aus einem Asyl gegen seinen Willen heimlich herausgebracht worden sei, dann müsse er erst einmal wieder zurückgeschafft werden, d.h., es darf nicht etwa ein Zustand eintreten, in dem man die Verletzung des Asylrechts zwar pönalisiert, sie aber duldet, und im Endergebnis den Exkommunizierten wieder in die Kirchengemeinschaft aufnimmt, nachdem er Reue gezeigt hat; sondern die Exkommunikation des Asylverletzers kann überhaupt erst aufgehoben werden, wenn der Asylant wirklich wieder im Kirchengebäude oder in dessen Bezirk erscheint.[21] Also wird deutlich darauf gesehen, daß die Verletzung des Asylrechts unbedingt unterbleibt.

Das mittelalterliche Kirchenrecht versetzt den Asylanten damit allerdings nicht in die Position eines Menschen, der überhaupt nicht mehr durch die weltliche Rechtsordnung verpflichtet sei; sondern es wird in höchst interessanten Überlegungen, auch Rechtsregeln, so etwas wie eine Art Kompromiß zwischen dem Asylschutz der Kirche und dem Sanktionsanspruch der weltlichen Gewalten, die man in einzelnen Teilen Europas vielleicht schon als Staat bezeichnen

19 Zu Gratian vgl. zusammenfassend *meinen* Art. 'Gratian von Bologna' in TRE Bd. 14 (1985) S. 124-130.

20 Das Asylrecht wird von Gratian in C.17, q.4 im Zusammenhang mit folgenden Problemen behandelt: "Sed possessiones et res ecclesiae traditas quolibet modo alienare nec abbati, nec alicui licet." Der Asylsuchende ist für Gratian folglich gleichsam eine 'res ecclesiae'.

21 Dieser Text wird von Gratian in C.17, q.4, c.8 mit der Überschrift (Inskription): "Item Augustinus ad Bonifatium" gebracht. Er taucht vor Gratian zuerst in den Kanonessammlungen des Ivo von Chartres am Ende des 11. Jahrhunderts auf – vgl. zu Ivo *meinen* Art. 'Ivo von Chartres', TRE Bd. 16 (1987) S. 422-427.

kann, angestrebt. Das sieht dann etwa so aus, daß man, wenn man einen Asylberechtigten ausliefert, ihm zumindest in Aussicht stellen kann, daß er keine Leibesstrafen erleidet – also nicht nur der Todesstrafe enthoben ist, sondern auch von sonstigen schweren Strafen, vor allem auch von längeren Haftstrafen, verschont bleibt.[22] Der Asylant muß prinzipiell nur noch mit einer Verurteilung zu Geldbußen rechnen.[23] Die Kirche durfte nach den Regeln des kirchlichen Rechts des hohen Mittelalters auch nicht etwa zur Auslieferung gezwungen werden, indem man das Asylrecht dadurch lahmlegte, daß man etwa den Zugang zum Kirchengebäude sperrte.[24] Die Kirche legt großen Wert darauf, daß jeder wirklich die Möglichkeit hat, ein kirchliches Gebäude zu erreichen. Eine Zernierung der Kirche, ein Aushungern, indem man Lebensmittelvorräte sperrt, wird ebenso mit Exkommunikation belegt wie das gewaltsame Herausholen.[25] Und zwar tritt diese Exkommunikation nach der Entwicklung, die das kanonische Recht nimmt, dann automatisch ein, "latae sententiae". Das alles führt dazu, daß das Asylinstitut als Schutzmittel sehr lebensfähig war.

Die Kirche ihrerseits ist natürlich erheblichen Belastungen ausgesetzt. Man akzeptiert im Mittelalter, daß der Asylant von den kirchlichen Autoritäten beherbergt und verpflegt werden muß, daß er unter Umständen jahrelang im kirchlich geschützten Bereich lebt und daß die Kirche ihn nur wieder loswerden kann, wenn er wirklich begnadigt ist, wenn er also nicht mehr einer Verfolgung ausgesetzt ist. Vorher darf und kann sie ihn eigentlich nicht abschieben. Nun hat man allerdings in bestimmten Sonderfällen auch im Mittelalter das Asylrecht nicht gewährt; aber sie waren sehr eng umschrieben. Es

---

22 Vor allem in Conc. Aurelianense (Orléans) I (anno 511) can. 1 (ed. *C. de Clercq*: Concilia Galliae S. 511-695, Turnholt 1963 = Corpus Christianorum Ser. Lat. 148a) S. 4*f*.: "... de morte, de debilitate et omni poenarum genere sint securi, ita ut ei, cui reus fuerit, criminosus de satisfactione conveniat." Dieser Text erscheint bei Gratian in C.17, q.4, c. 36 vor § 1. Zu diesem Kanon siehe auch *Siems* (wie Anm. 7) S. 168*f*.

23 Vgl. oben Anm. 22. Ebenso Innocenz III. in X 3.49.6. (Po. 1141).

24 Hierzu *mein* Art. 'Asylrecht' (wie Anm. 5) S. 325.

25 Hierzu *mein* Art. 'Asylrecht' (wie Anm. 5) S. 325. *Timbal Duclaux de Martin*: Droit d'Asile (wie Anm. 3) S. 245-247.

sind drei Fälle, die die Quellen des hohen Mittelalters, im wesentlichen des 12. und 14. Jahrhunderts, nennen, Straßenräuber und Piraten[26], also Leute, die sich schwerer Kriminalität schuldig machen, ferner solche, die Äcker verwüsten[27] und die einen Mord in der Kirche begehen, also etwa die Becket-Mörder[28]. Sie werden nicht als potentielle Asylanten zugelassen, aber bezeichnenderweise wird auch nicht gesagt, daß jeder Mörder vom Asylschutz ausgeschlossen sei. Man registriert sehr wohl, daß die Differenzierung zwischen Mord, fahrlässiger Tötung und Totschlag sehr schwierig ist; und man nimmt solche Delinquenten durchaus noch in den Asylschutz auf.

Der Asylschutz wird interessanterweise – und das ist etwas, was für die mittelalterliche Kirche nicht selbstverständlich ist – keineswegs nur Christen gewährt, sondern prinzipiell auch Juden und Heiden und sogar Häretikern, soweit sie nicht wegen Häresie verfolgt wurden.[29] Der Asylschutz knüpft also nicht an die volle Zugehörigkeit zur christlichen Gemeinde an.

Generell soll der Asylant während des Aufenthalts in der Kirche Kirchenbuße leisten. Das hat man natürlich auch im Hochmittelalter nicht immer durchgehalten. Die allmähliche Beseitigung des Asylrechts der Kirche beginnt dann bereits im 14. Jahrhundert und setzt sich bis in das 19. Jahrhundert fort.[30] Man versucht schon im Spätmittelalter, die Ausnahmetatbestände in Staaten, die die Kirche sehr stark kontrollierten – wie etwa das damalige Frankreich – durch die

26 So von Nikolaus II. in einem Kanon des römischen Konzils 1059 (C.17, q.4, c.6); wiederholt von Innozenz III. in X 3.49.6.

27 Von Innozenz III. in X 3.49.6.

28 Von Gregor IX. in X.3.49.10 (Po.9659). Zu den casus excepti im Asylrecht nach klassischem kanonischen Recht vgl. *Timbal Duclaux de Martin*: Droit d'Asile (wie Anm. 3) S. 210-225.

29 Vgl. *meinen* Art. 'Asylrecht' (wie Anm. 5) S. 326; ferner *L.R. Misserey*: Asile en Occident, Dictionnaire de Droit Canonique 1 (1935) col. 1089-1104, hier col. 1096*f.*

30 Die formelle Abschaffung des Asylrechts erfolgte in den europäischen Ländern in der Neuzeit, z.B. in Preußen durch das Allgemeine Landrecht 1794, in Württemberg 1804, in Sachsen 1827 und in Sardinien 1850. In vielen Ländern wurde es mittelbar durch Nichterwähnung in den Strafgesetzbüchern beseitigt. Andererseits haben einzelne Staaten noch im 19. Jahrhundert das kirchliche Asylrecht in Konkordaten anerkannt, so Österreich in Art. 15 des Konkordats von 1855. Einzelheiten hierzu bei *Paul Hinschius*: Kirchenrecht Bd. IV (Berlin 1888, ND 1959) S. 397*f.*

staatlichen Parlamente (Gerichtshöfe) festzulegen, also es nicht mehr der Kirche zu überlassen, wann es Asyl nicht geben dürfe.[31] Man versucht jetzt in Anknüpfung an das römische Recht festzulegen, daß Schwerverbrecher wie Mörder, Brandstifter und Hochverräter keinen Asylschutz genießen, und man nimmt immer stärker von staatlicher Seite in Anspruch, daß der Staat das Recht habe, zu prüfen, ob jemand überhaupt berechtigt sei, in einer Kirche als Asylant Aufnahme zu finden.[32] Schließlich wird das Asylrecht endgültig abgeschafft. Auch das ist in den europäischen Staaten zu sehr unterschiedlichen Zeitpunkten erfolgt. Im wesentlichen ist es im 18. oder frühen 19. Jahrhundert endgültig durch staatliches Recht beseitigt worden.[33]

Betrachtet man die Wirkung des kirchlichen Asylrechts in seiner Blütezeit im Mittelalter, so wird man wohl nicht umhin können – wenn man hier überhaupt werten will – insgesamt eine positive Bewertung dieser kirchlichen Tradition vorzunehmen. Die Kirche hat hier zunächst einmal bestimmte Personen geschützt, die sonst in der damaligen Welt außerordentlich benachteiligt waren und keinen echten Schutz genossen. Das gilt vor allem etwa für jede Art von Unfreien. Die Kirche konnte durch das Asylinstitut ein insgesamt höchst grausames Strafensystem in seiner Bedeutung reduzieren. Sie konnte die Geltung von Wertmaßstäben, die letztlich aus dem christlichen Gedanken der Barmherzigkeit abgeleitet waren, gegenüber einer am Vergeltungsgedanken orientierten Gerechtigkeitsvorstellung durchsetzen. Die Skepsis, die die Kirche etwa sehr lange Zeit – auch bei den Kirchenvätern – gegenüber der Todesstrafe vertrat,[34]

31 Vgl. *Timbal Duclaux de Martin*, Droit d'Asile (wie Anm. 3) S. 338-369.

32 So vor allem in Frankreich durch Art. 166 der Ordonnanz von Villers-Cotterets 1539; vgl. *Hinschius*: Kirchenrecht (wie Anm. 30) S. 395, Anm. 5 und *Timbal Duclaux de Martin*, Droit d'Asile (wie Anm. 3) S. 338-433, besonders S. 429, mit einer Darstellung der Geschichte des Verfahrens der 'extraction préalable' in Frankreich.

33 Vgl. hierzu oben Anm. 30 und *Timbal Duclaux de Martin*, Droit d'Asile (wie Anm. 3) S. 434-452.

34 Die ambivalente Haltung der Kirche zur Todesstrafe spiegelt sich vor allem in den Briefen Augustins, der bei den staatlichen Behörden u.a. gegen die Todesstrafe für Donatisten interveniert. Auf die zahlreichen Äußerungen Augustins zu diesem Problem verweist *Jean Gaudemet*: L'Eglise dans l'Empire Romain (Paris 1958 = Histoire du Droit et des Institutions de l'Eglise en Occident, Bd. III) S. 278*f.* Einige

hat sich positiv auf den Asylgedanken ausgewirkt. Natürlich zeigte die Kirche über das Asylinstitut auch ihre Macht als eine Autorität, die im Mittelalter ganz anders als in anderen Zeiten und in gewissem Sinne auch anders als im Osten Europas die Gesellschaft bestimmte, vielfach stärker bestimmte als die weltlichen Gewalten. Aber die Kirche nimmt auch im Mittelalter – und das ist etwas, das aus heutiger Sicht eher erstaunt – recht beachtliche Opfer auf sich, um ihre Maßstäbe des Asylrechts durchzusetzen. Der lästige Asylant wird nicht etwa aufgrund einer Ermessensentscheidung hinausgesetzt, sondern es gibt nicht nur das *Recht* der intercessio, sondern die *Verpflichtung* zu einer intercessio der Kirche für die Asylanten. So äußern sich bereits die afrikanischen Bischöfe im Jahre 399.[35] Und in gewissem Sinne kann man sagen, daß – soweit es heute Neubelebungen dieser Asylgedanken gibt – eine durchaus positive Tradition der christlichen Kirche wieder aufgenommen wird. Dabei unterscheidet sich die jetzige Situation von der mittelalterlichen wesentlich dadurch, daß wir als Partner der Kirche den modernen Staat mit seinem Gewaltmonopol haben und sich die grundsätzliche Frage stellt, ob es gegenüber einem modernen, am Staat orientierten Rechtsverständnis überhaupt Raum für so etwas wie ein kirchliches Asylrecht geben kann.[36]

Texte aus den Briefen Augustins in diesem Zusammenhang wurden von Gratian rezipiert. Gratian behandelt das Problem der Todesstrafe in C.23, q.5; er legt die Äußerungen Augustins gegen die Todesstrafe im Sinne von Bitten aus, mit denen der Kirchenvater die Geltung der staatlichen Gesetze nicht habe in Frage stellen wollen. Gratians eigener Standpunkt ergibt sich aus folgendem Satz: "Apparet ergo, quod aliquando per legitimam potestatem gerentes, aliquando per populos divino iussu excitatos, mali pro peccatis suis non solum flagellantur, sed etiam rite perduntur" (Dict. Grat. p. C.23, q.5, c.49; §8). Auch die Möglichkeit, daß jemand ohne legitimen Richterspruch durch eine Art Lynchjustiz des Volkes mit dem Tode bestraft wird, billigt Gratian ausdrücklich unter Berufung auf Ambrosius (C.23, q.5, c.49).

35 Nach einer im Register der Kirche von Karthago überlieferten Notiz entsandte das Konzil von Karthago 399 einige Bischöfe an beide Kaiser, um eine staatliche Anerkennung des Asylrechts zu erreichen; vgl. Concilia Africae a.345 – a. 525, ed. *Charles Munier* (Turnholt 1974 = Corpus Christianorum, Ser. Lat. 149) S. 194. Hierzu auch *Siems* (wie Anm. 7) S. 156.

36 Hierzu neuerdings *Ludwig Gramlich*: Asyl in den Kirchen? Recht und Rechtsbeugung, Gedächtnisschrift für Günther Küchenhoff (Göttingen 1987) S. 195-208; *Gerhard Robbers*: Kirchliches Asylrecht? In: AÖR 113 (1988) S. 30-51 mit dem Résumé

Die Kirchen nehmen heute ein eigenes kirchliches Asylrecht nicht mehr in Anspruch. Die evangelische Kirche hat schon im Kirchenrecht des 17. und 18. Jahrhunderts ein eigenes Asylrecht nicht mehr für sich gefordert und hätte dies auch gar nicht gekonnt,[37] da sie keine selbständige Organisation besaß. Soweit heute innerhalb der evangelischen Kirche von einer Verpflichtung der Kirche gesprochen wird, Verfolgten zu helfen, wird von einer Unterstützungspflicht gesprochen, einer Art intercessio.[38] Das wäre wohl ein Recht der Kirche, mit ihrem Wort beim Eintreten für Verfolgte gehört zu werden, nicht etwa eine Schiedsrichterrolle zu besitzen. Bisher gibt es aber kaum Anzeichen dafür, daß ein solches Recht des Eintretens für Verfolgte mit klaren Konturen entwickelt wurde. An besonders geschützte Örtlichkeiten – Kirchenbezirke – knüpfen solche Neuentwicklungen nicht mehr an, doch wurde immerhin vor allem in England und Amerika der Gedanke wiederbelebt, daß geweihte kirchliche Gebäude ein Sanctuary seien, aus dem man niemanden gewaltsam herausholen dürfe.[39] Der freiheitliche Verfassungsstaat wird allerdings seine Rechtsschutzaufgabe nicht ohne das Gewaltmonopol wahrnehmen können; und deshalb kann er bei einer Intervention der Kirche gegen seine Zwangsmaßnahmen dieser nur eine Atempause gewähren, eine Überlegungsfrist einräumen. Dies könnte aus der staatlichen Anerkennung der Aufgabe der Kirche zur caritas folgen. Eine solche Verständigung würde aber zunächst voraussetzen, daß

S. 51: "Das Recht des Kirchenasyls ist heute aufgegangen in den Gewährleistungen des grundrechtlich geprägten Verfassungsstaates."

37 Hierzu *Justus Henning Boehmer*: Ius Ecclesiasticum Protestantium, Bd.II (^{2}Halae 1727) lib.III, tit.49, § 34 (S.1048), der davon ausgeht, daß die evangelischen Fürsten das Asylrecht für den evangelischen Bereich beseitigt hätten und es aufgrund ihrer Territorialgewalt auch für katholische Kirchen abschaffen könnten.

38 Vgl. *Axel Frhr.von Campenhausen*, Münchner Gutachten (Tübingen 1983 = Ius Ecclesiasticum Bd.30) S. 154-157, hier S. 154: "Das evangelische Kirchenrecht statuiert für evangelische Gotteshäuser keinen entsprechenden Anspruch auf territoriale Immunität gegenüber der staatlichen Gewalt." Von einer modernen Variante der altkirchlichen intercessio spricht *Jacobs* (wie Anm. 3) S. 40.

39 Vgl. etwa zu einem neueren englischen Fall der Gewährung von Kirchenasyl für einen Flüchtling aus Sri Lanka durch einen anglikanischen Pfarrer in Manchester *Ulrich Grudinski*: Asyl in der Kirche. Konflikte im britischen Vielrassenstaat, FAZ vom 23.1.1989.

die Kirchen von sich aus klar und mit einer gewissen Verbindlichkeit auch für sich selbst definieren, was sie von den Traditionen des Kirchenasyls noch für sich beanspruchen.

4. Das Menschenrecht auf Asyl und das Naturrecht

Der moderne Asylgedanke bezweckt nicht den Schutz des vermeintlichen oder echten Straftäters, sondern nur den Schutz des *politisch* Verfolgten. Solchen Schutz haben die modernen souveränen Staaten vielfach gewährt, teils nur für Sympathisanten des politischen Systems des gastgebenden Staates, teils aber unterschiedslos für politisch Verfolgte jeder Couleur. So flüchteten 1848 sowohl Fürst Metternich als auch Karl Marx nach England; beide fanden Aufnahme, obwohl beide keineswegs Anhänger der englischen parlamentarischen Monarchie waren. Diese englische Tradition war 1848 bereits fest in der öffentlichen Meinung verankert, nachdem diese 1815 gegen eine Auslieferung politischer Flüchtlinge an das reaktionäre Spanien durch den Gouverneur von Gibraltar Stellung genommen hatte.[40] Der Gedanke, daß man verfolgte Flüchtlinge dort aufnehmen müsse, wohin sie geflohen waren, reicht aber weit in die Zeit vor der französischen Revolution zurück. Wir finden ihn bereits bei dem Begründer des neuzeitlichen Naturrechts, bei *Hugo Grotius* in seinem Hauptwerk "De iure belli ac pacis libri tres" von 1623. Grotius spricht hier davon, daß die Menschen einzelne Güter in Gemeinbesitz hätten, die noch nicht Privateigentum geworden seien, z.B. Teile von Grund und Boden.[41] Die Menschen sind aufgrund Naturrechts verpflichtet, ihren Mitmenschen zu helfen, sofern dies für sie unschäd-

---

40 Hierzu vgl. *v. Pollern*, Asylrecht (wie Anm. 1) S. 38 und *Grahl-Madsen*, Status of Refugees (wie Anm. 2) S. 9.

41 *Hugo Grotius*: De Iure Belli ac Pacis Libri Tres, lib.II, cap.II, § 2 (ed. *B. J. A. de Kanter-van Hettinga Tromp*, Leiden 1939) S. 186 *f.* Zu Grotius vgl. *Hasso Hofmann*: Hugo Grotius, in: Staatsdenker im 17. und 18. Jahrhundert, hrsg. v. *M. Stolleis* (Frankfurt/M. ^{2}1987) S. 52-77. Zum Asylgedanken bei Grotius vgl. auch *Reuter* (wie Anm. 3), 585 *f.*

lich, für die Hilfsbedürftigen aber nützlich sei.[42] Aus der vor Entstehung des Privateigentums und der Staaten bereits bestehenden ursprünglichen Rechtsgemeinschaft aller Menschen ergebe sich, daß man von ihren Wohnsitzen Vertriebene aufnehmen, ihnen ständige Wohnsitze gewähren und ihnen unbestellte Felder zum Ackerbau geben müsse.[43] Dabei folgt Grotius in Einzelheiten der Argumentation dem spanischen Scholastiker *Francisco de Vitoria*, der allerdings nicht über Rechtsansprüche von Flüchtlingen als Einwanderern, sondern über die in Amerika eingewanderten Spanier geschrieben hatte.[44] Ankommende Flüchtlinge müßten sich nach Grotius nur in die Ordnung der aufnehmenden Gemeinwesen einfügen[45]. Die Flüchtlinge sollten dann aufgrund Naturrechts auch das Recht haben, zu einem gerechten Preis Nahrungsmittel, Kleidung und Arzneimittel zu erwerben[46]. Vertreiben dürfe man Fremde nicht, auch wenn es Versorgungsschwierigkeiten gäbe, sondern man müsse dann die Not gemeinsam erdulden, wobei sich Grotius auf den Kirchenvater Ambrosius beruft.[47]

Grotius begründet seine Lehre vom Recht des Flüchtlings auf Aufnahme nicht mit abstrakten Spekulationen, sondern unter Hinweis auf ein Grundwerk der antiken Literatur, nämlich die Aeneis. In der Aeneis habe der "divinus poeta" Vergil vorgezeichnet, wie man sich als Mensch dem notleidenden fremden Flüchtling gegenüber zu verhalten habe.[48] Die Ankommenden können sogar etwas fordern, keinen Luxus, aber doch einen Anteil an schwer zu bestellendem Ackerland. Grotius, selbst politischer Flüchtling aus seinem Heimatland Holland, geht wie selbstverständlich von einem natürlichen Recht des Flüchtlings auf Aufnahme aus, ohne dies näher theoretisch zu begründen. Er trennt das Recht des Flüchtlings auf Auf-

---

42 *Grotius*, De Iure Belli ac Pacis (wie Anm. 41) lib.II, cap. II, § 11 (S.195).
43 *Grotius*, De Iure Belli ac Pacis (wie Anm. 41) lib. II, cap. II, § 16-17 (S.201 *f.*).
44 *Franciscus de Victoria*: De Indis recenter inventis III.2 (ed. *Walter Schätzel*: Die Klassiker des Völkerrechts, Bd.II, Tübingen 1952) S. 92-97.
45 *Grotius*, De Iure Belli ac Pacis (wie Anm. 41) lib.II, cap. II, § 16 (S.201).
46 *Grotius*, De Iure Belli ac Pacis (wie Anm. 41) lib. II, cap. II, § 18-19 (S.202 *f.*).
47 *Grotius*, De Iure Belli ac Pacis (wie Anm. 41) lib. II, cap. II, § 19 (S.202)
48 *Grotius*, De Iure Belli ac Pacis (wie Anm. 41) lib.II, cap. II, § 16 (S.201) mit Berufung auf Aeneis XII, v.190-194.

nahme von einem etwaigen Recht flüchtiger Verbrecher, aufgenommen zu werden. Das Asylrecht soll nämlich prinzipiell nur jenen zugute kommen, die zu Unrecht verfolgt werden, nicht aber denen, die sich gegen die menschliche Gesellschaft oder einzelne vergangen haben[49].

Die Frage, aus welchem Grunde der Schutzbedürftige vertrieben wurde, wird von ihm nicht gestellt. In der Zeit des Dreißigjährigen Krieges, als Flüchtlingsschicksale in Europa wie heute im 20. Jahrhundert alltäglich wurden, hat der erste große Autor der Naturrechtsepoche ein originäres Menschenrecht des Flüchtlings behauptet, wenn auch noch nicht im einzelnen begründet.

Die Begründung dieses Menschenrechts, und zwar eine philosophische Begründung, verdanken wir dem größten deutschen Naturrechtsautor des 17. Jahrhunderts, *Samuel Pufendorf* (1632-1694), der als erster in Deutschland Professor für das Fach Naturrecht war, und zwar seit 1661 in Heidelberg.[50] Pufendorfs Leistungen für die Staatstheorie, für das Strafrecht und generell für rechtswissenschaftliche Begriffsbildung wurden oft hervorgehoben. Nicht erkannt wurde bisher, daß wir in seinem Naturrecht von 1672 – De iure naturae et gentium libri octo – auch die erste philosophische Begründung eines Rechts auf Asyl als Menschenrecht finden. Er gründet das Recht auf Asyl auf die Pflicht aller Menschen zur Gastfreundschaft; letztere wird von ihm aus der sozialen, geselligen Natur des Menschen abgeleitet.[51]

---

49 *Grotius*, De Iure Belli ac Pacis (wie Anm. 41) lib.II, cap. XXI, § 5 (S.537*f.*) nach der Übersetzung von *Walter Schätzel*: Die Klassiker des Völkerrechts Bd.I, (Tübingen 1950) S. 370.

50 Zu Pufendorf vgl. *Horst Denzer*: Moralphilosophie und Naturrecht bei Samuel Pufendorf (München 1972); *Hans Welzel*: Die Naturrechtslehre Samuel Pufendorfs (Berlin 1958); *Notker Hammerstein*: Samuel Pufendorf, in: Staatsdenker im 17. und 18. Jahrhundert (wie Anm. 41) S. 172-196; *Gerd Kleinheyer/Jan Schröder*: Deutsche und Europäische Juristen aus neun Jahrhunderten (Heidelberg [4]1996) S. 335-340.

51 Der Gedankengang Samuel Pufendorfs ist ausgeführt in seinem Hauptwerk: *Samuel Pufendorf*: De iure naturae et gentium libri octo (zuerst 1672, benutzt in der Aufl. Frankfurt/Leipzig 1744), lib. III, cap. III: "De promiscuis officiis humanitatis". Hier wird schon in § 1 ausgeführt, daß es ein 'debitum socialitatis' des Menschen sei, den Fremden nicht nur nicht fortzujagen, sondern ihm Vorteile zuzuwenden und ihn im eigenen Land wohnen zu lassen. Zum Asylgedanken bei Pu-

Wir können hier natürlich nicht die Entwicklung des Gedankengangs Pufendorfs im einzelnen wiedergeben. Wichtig ist aber zunächst, daß die Aufnahme Fremder nicht als Recht oder Pflicht des *Staates* erscheint, sondern sich aus der moralischen Naturanlage jedes Menschen ergibt, die nämlich dazu führte, daß *jeder* Humanitätsverpflichtungen (officia humanitatis) als Rechtspflichten habe.[52] Zu diesen Rechtspflichten gehöre es, daß man den Fremdling, der aus Gründen der Notwendigkeit um Aufnahme bitte, nicht abweisen dürfe. Es bestehe vielmehr ein Rechtsverhältnis zwischen Bürger und Fremden, was bereits Aristoteles (in den 'Magna Moralia') gesehen habe.[53] Die Aufnahme des Fremden wird auf den Gedanken gegründet, daß Gastfreundschaft eine moralische Qualität des Menschen sei, aus der sich Rechtsfolgen ergeben. Der Mensch dürfe sich nicht wie ein Hund betragen, der die Fremden anbelle.[54] Das Beispiel der Spartaner, die Fremde nicht aufgenommen hätten, da durch sie die einheimischen Sitten verdorben würden, lehnt er ausdrücklich ab; man könne vielmehr häufig von Fremden Besseres überneh-

---

fendorf jetzt auch *Reuter* (wie Anm. 3) S. 586 *f.*, der gegen meine These, bei Pufendorf entspreche der Menschenpflicht auf Gastlichkeit ein *Menschenrecht* auf Asyl, den Einwand erhebt, bei Pufendorf sei das Asyl zu einer Frage des bloßen Nutzens für den Staat geworden. Bei dieser Auslegung wird verkannt, daß Pufendorf den Pflichten der Menschlichkeit (officia humanitatis) auch jeweils Rechte (iura humanitatis) entsprechen läßt, allerdings ist das Rechtsverhältnis unvollkommen, d. h. nicht erzwingbar. In diesem Sinne auch *Thomas Behme*: Samuel von Pufendorf: Naturrecht und Staat (Veröffentlichungen des Max-Planck-Instituts für Geschichte 112, Göttingen 1995) S. 82 und 94.

52 Die gesamte naturrechtliche Begründung der officia humanitatis wird ohne Bezugnahme auf staatliche Ordnungen auf der Grundlage des Naturzustandes des Menschen (status naturalis) entwickelt. Zur Bedeutung dieser Rechtsfigur im Rechtsdenken des 17. und 18. Jahrhunderts vgl. *Hasso Hofmann*: Zur Lehre vom Naturzustand in der Rechtsphilosophie der Aufklärung, in: Rechtstheorie 13 (1982) S. 226-252, hier S. 236 *f.* zu Pufendorf (auch in: *ders.*, Recht – Politik – Verfassung. Studien zur Geschichte der politischen Philosophie, Frankfurt/M. 1986, S. 93-121, hier S.104 *f.*). Zu den officia humanitatis bei Pufendorf auch *Denzer*, Pufendorf (wie Anm. 50) S. 149 – 151.

53 *Pufendorf*, De iure naturae et gentium (wie Anm. 51) Lib. III, cap. III, § 9 (S. 342) mit Bezugnahme auf Aristoteles, Magna Moralia II.11. Pufendorf nennt es 'aliquod necessitudinis et amicitiae ius ex hospitio".

54 *Pufendorf*, De iure naturae et gentium (wie Anm. 51) lib.III, cap.III, § 9 (S. 343): "Canum esse, etiam vilissimis vernarum adulari, alienos, utut praestantissimos viros, allatrare."

men.[55] Die Pflicht zur Aufnahme bestehe allerdings nur gegenüber demjenigen, der aus einem ehrenwerten und notwendigen Grunde seinen Wohnsitz verlassen habe, sei aber zweifelhaft im Fall von neugierigen Wanderlustigen.[56] Man könne zwar als Volk sich generell gegen Zuzug sperren, müsse aber immer noch einem Aufnahmebegehren aus gewichtigem Grund stattgeben. Dieser Grund wird von Pufendorf nicht näher ausgeführt – es sollen jedenfalls alle aufgenommen werden, die Mitleid verdienen, d.h. sicher vor allem religiöse oder politisch motivierte Flüchtlinge. Selbst im Fall einer Hungersnot dürfe man diejenigen nicht ausweisen, die in ihrem Heimatland in Lebensgefahr gerieten.[57]

Der Gesichtspunkt des Asyls für Straftäter, der beim Kirchenasyl zentral war, scheidet für Pufendorf völlig aus – den Verbrechern braucht man gerade *nicht* Gastfreundschaft zu gewähren.[58] Die Zahl der Aufzunehmenden kann nach Pufendorf allerdings beschränkt werden, wenn die Nahrungsmöglichkeiten begrenzt sind oder wenn die Wohnverhältnisse zu beengt würden. Man dürfe als Aufnehmender selbst nicht in eine bemitleidenswerte Situation geraten.[59] Pufendorf stellt jedoch vor allem in den Vordergrund, daß diejenigen Staaten an Wohlstand gewonnen hätten, die Fremde und Auswärtige bereitwillig aufgenommen hätten, während ausländerfeindliche Länder eine Minderung der Lebensqualität erfahren hätten.[60] 13 Jahre vor der Aufhebung des Edikts von Nantes wird von Pufendorf eine

55 *Pufendorf,* De iure naturae et gentium (wie Anm. 51) lib. III, cap. III, § 9 (S. 343).

56 *Pufendorf,* De iure naturae et gentium (wie Anm. 51) lib. III, cap. III, § 9 (S. 343): "Dubium tamen moveri potest circa illos potissimum, qui curiositatis dumtaxat causa alienas regiones adeunt, an istis ipso naturali iure admissio debeatur."

57 *Pufendorf,* De iure naturae et gentium (wie Anm. 51) lib. III, cap.III, § 9 (S. 345). Er beruft sich hierfür auf Grotius und zitiert wie dieser Ambrosius, De officiis III.7

58 *Pufendorf,* De iure naturae et gentium (wie Anm. 51) lib. III, cap. III, § 10 (S. 345): "enimvero humanitas quidem est, paucos quosdam sedibus suis non sceleris causa expulsos, recipere."

59 *Pufendorf,* De iure naturae et gentium (wie Anm. 51) lib.III, cap. III, § 10 (S. 346). Grundsätzlich müsse die 'misericordia' gegenüber den Fremden so bemessen sein, daß die Aufnehmenden selbst nicht zu 'miserabiles personae' würden.

60 *Pufendorf,* De iure naturae et gentium (wie Anm. 51) lib. III, cap. III, § 10 (S. 345): "Sicuti etiam multos civitates immensum crevisse cernimus, quod peregrinos, et exteros lubenter receperint, alias contra, quae hos aversati sunt, ad modicam conditionem redactas."

moralische Begründung für die Aufnahme der Hugenotten in Deutschland entwickelt.

Die entscheidende Leistung von Pufendorf ist es, die Verpflichtung zur Asylgewährung aus den allgemeinen Menschenpflichten abzuleiten. Da das Menschenrecht hier mit der moralischen, in der Menschennatur begründeten Rechtspflicht korrespondierte, war bei Pufendorf eine sehr feste überzeitliche Begründung des Asylrechts erreicht worden. Spätere Vertreter des Naturrechts in Deutschland haben diese Begründung einer Rechtspflicht auf Asylgewährung nicht mehr in dieser Stringenz festgehalten, vielmehr die Aufnahme von Fremden in das Belieben des jeweiligen Staates gestellt. So meinte bereits am Ende des 17. Jahrhunderts *Christian Thomasius,* daß es in das Belieben jeder Gesellschaft gestellt sei, ob sie den Zuzug von Vertriebenen zulassen wolle. Auch wenn ein Volk unbestellte Äcker habe, so dürften diese nicht von Flüchtlingen ohne Bewilligung der Eigentümer in Anspruch genommen werden – der Fall des Aeneas und seiner Trojaner war nicht mehr maßgeblich.[61] Thomasius trennte strikt Recht und Moral: Aufnahme von Flüchtlingen war für ihn moralisch lobenswert, aber keine Rechtspflicht.[62] Spätere Generationen haben das Trennungsdenken des Thomasius, das auch zur Verwerfung der Möglichkeit von Völkerrecht führte, als Fortschritt gefeiert.[63] Heute wird man vielleicht dazu neigen können, daß Pufendorf,

61 *Christian Thomasius*: Institutiones Jurisprudentiae divinae (Frankfurt 1730, ND 1963) lib. II, cap.VI, § 42 (S.133). Nach Thomasius ist die Aufnahme von Vertriebenen nicht 'vulgaris humanitas', sondern 'beneficium'. Deshalb dürfe man Fremden auch verweigern, einen Acker zu bestellen, den man selbst nicht in Anspruch nehme.

62 Zur Trennung von Recht und Moral bei Thomasius vgl. etwa *Hinrich Rüping*: Die Naturrechtslehre des Christian Thomasius und ihre Fortbildung in der Thomasius – Schule (Bonn 1968 = Bonner rechtswiss. Abh., Bd.81) S. 41-54; *Werner Schneiders*: Naturrecht und Liebesethik (Hildesheim/New York 1971) S. 239-289. Zu Thomasius insgesamt: *Klaus Luig*: Christian Thomasius, in: Staatsdenker des 17. und 18. Jahrhunderts (wie Anm. 41) S. 227-256.

63 So z.B. (*R. v. Stintzing -) Ernst Landsberg*: Geschichte der deutschen Rechtswissenschaft, Bd.III/1 (1898) S. 93: 'mächtiger Fortschritt, von unmittelbarer Bedeutung für die positive Rechtswissenschaft'. Nach *Ernst Bloch*: Naturrecht und menschliche Würde (Frankfurt/M. 1961) S. 335 drückt die Unterscheidung von Recht und Moral bei Thomasius das Selbstgefühl des bürgerlichen Individuums aus und gab auch der menschlichen Würde einen damals in der Gesellschaft überhaupt noch

der mit den "officia humanitatis" Elemente der Solidarität in den Rechtsbegriff aufnahm, uns mehr zu sagen hat. Auf ihn geht es ja auch zurück, daß zum erstenmal der Begriff der Menschenwürde in den Mittelpunkt eines Rechtssystems gerückt wurde.[64]

Hauptergebnis dieser historischen Betrachtung dürfte es sein, daß Solidarität und Recht gedanklich wie im klassischen Naturrecht zusammengebracht werden müssen, nicht nur über die Vermittlung des Staates wie im Sozialstaatsgedanken, sondern im Grund durchaus als "officia humanitatis", also vorstaatlich. Wenn moderne Gesellschaften dies in ihrem säkularen Recht verwirklichen, bedarf es keines kirchlichen Asylrechts. Gelingt dies nicht, so wird das totgeglaubte kirchliche Asyl über sanctuary movements wieder aufleben, wobei die Sanctuaries in einer nicht mehr vom Christentum geprägten Gesellschaft von vielen Gruppen in Anspruch genommen werden könnten und auch nicht immer friedliche Sanctuaries sein müssen, sondern eroberten Festungen gleichen könnten.

Mein Ergebnis ist also, daß es in einem rechtsstaatlich verfaßten Gemeinwesen wie der Bundesrepublik Deutschland wesentlich auf die Rechtsqualität des Menschenrechtsschutzes ankommen dürfte, wenn man das Gewaltmonopol des Staates im Konsens der Gesellschaft erhalten möchte. Man wird sagen müssen, daß staatliche Gewalt in einem Staat, der sich zur Menschenwürde bekennt, immer einer prinzipiellen Rechtfertigung bedarf – diese Rechtfertigung kann nur darin liegen, daß diese Gewalt sittliche Rechtsgrundsätze verwirklicht,[65] und zu solchen Grundsätzen dürfte zumindest in Deutschland auch das Asylrecht des Art. 16a gehören. Wenn wir erkennen, daß Art. 16a GG nicht auf einer zeitbedingten Entscheidung von 1949 beruhte, sondern vielmehr in einer dreihundertjährigen

---

nicht vorhandenen Ort. Zum Bedeutungsverlust des Völkerrechts bei Thomasius vgl. *Kleinheyer/Schröder*, Juristen (wie Anm. 50) S. 428.

64 Vgl. hierzu *Welzel*, Pufendorf(wie Anm. 50) S. 47.

65 Insofern unübertroffen eindrucksvoll die Ausführungen bei *Hermann Heller*: Staatslehre (Leiden 1934) S. 216-228, S. 217 (= *ders*.: Gesammelte Schriften III, Leiden 1971, S. 79-395, S. 325-339, S. 327) mit der klassischen Formulierung: "Nicht weil der Staat 'irgendeine' gebietsgesellschaftliche Ordnung sichert, sondern nur sofern er eine gerechte Ordnung erstrebt, sind seine ungeheuren Ansprüche gerechtfertigt."

philosophischen Tradition europäischen und deutschen Denkens verwurzelt ist, werden wir vielleicht auch eine bessere Grundlage für die Diskussion aktueller Probleme gewinnen.

Heinrich Scholler

DIE VERANKERUNG DES ASYLRECHTS IM MODERNEN STAAT

1. Allgemeine Einführung

Das Thema verlangt drei Schwerpunkte, nämlich die Befassung mit der Gegenwart, da der Staat als Produkt der Moderne verstanden werden muß, und so tritt die Gegenwart in Konkurrenz zur historischen Darstellung, ohne die aber die Gegenwart wiederum kaum begreiflich ist. Deswegen muß auch der historische Aspekt mit einfließen.

Der zweite Schwerpunkt ist das Recht im Gegensatz zur Kultur, also die Darstellung einer Zwangsordnung, doch auch hier gilt es, die rechtskulturellen Beziehungen, wie sie in Geschichte und Gegenwart bestanden und noch bestehen, aufzuzeigen. Schließlich verlangt das Thema eine Beschäftigung mit dem Staat als einer besonderen Gemeinschaftsform im Gegensatz zur Humanität, zur Menschheit und zur Menschlichkeit, doch hier ist zu betonen, daß der Aspekt des Humanitären und der Humanitas nicht aus den Augen verloren werden darf. So stehen auf jeden Fall die letzten beiden Elemente, Recht und Staat, bei der Behandlung des Asylrechts in einem gewissen Spannungsverhältnis zur Humanität. Solche fruchtbaren Spannungsverhältnisse sind der Rechtsordnung nicht unbekannt, waren doch gerade Toleranz und Gnade ein wesentliches Element der mittelalterlichen Rechtsordnung. Und muß nicht auch das Asyl aus diesem Spannungsverhältnis heraus verstanden werden? Die Institution der Gnade kann geradezu als ein vorauseilendes Asyl verstanden werden. In der Erzählung von *Wolfgang Geißler*: "Der liebe Augustin" kommt dies plastisch zum Ausdruck, wenn dort die Nonnen des Frauenklosters, angeführt von der Fürst-Äbtissin, dem Zug der Stadträte, die den Dieb zum Galgen führen, entgegentritt und dem Delinquenten im Büßerhemd den Strick vom Hals abnimmt, nachdem sie zuvor den strengen Zug des Rechts durch die Anwesenheit der Gnade zum Stehen gebracht hat.

Die Beschäftigung mit dem Asylrecht im modernen Staat muß dabei zwei methodische Wege gehen: Sie muß rechtsvergleichend sich mit dem modernen Staat und den Verankerungsmechanismen des Asylrechts beschäftigen, nachdem sie den modernen Staat als solchen definiert hat.

Unter modernem Staat verstehen wir die Herrschaftsformen, die sich unter dem Einfluß der Renaissance, insbesondere der Theorien von *Niccolò Machiavelli* im 16. Jahrhundert entwickelt haben. Sein "Il principe" mit der Betonung der Staatsraison, der Reduktion der Staatsformen auf Republik und Monarchie, war der Ausgangspunkt der modernen Staatstheorie und Staatspraxis.

So müssen wir gerade im Zusammenhang mit dem Asylrecht einen zweiten Eckpunkt erwähnen, nämlich *Hugo Grotius*, den Vater des Natur- und Völkerrechts, der Ende des 17. Jahrhunderts die Ergebnisse einer leidvollen Kriegszeit in einem neuen Gebäude des Völkerrechts zusammengetragen hatte. Er selbst, politisch verfolgt und Flüchtling, konnte in eigener Person am besten die Erfahrungen eines Jahrhunderts ausdrücken und juridifizieren.

Methodisch ist aber noch ein zweiter Aspekt von Bedeutung. Über die Verankerung des Asylrechts im Hinblick auf die Bundesrepublik Deutschland kann man schwerlich sprechen, wenn man nicht Rechtstatsachenforschung betreibt. Wichtig ist es also zu wissen, um welche Personenkreise es geht und wie sich die Asylantenströme bewegen, wie die Dauer der Verfahren ist usw. Diesem Aspekt soll hier Rechnung getragen werden, wenn auch der Platz kaum ein tieferes Eindringen zuläßt.

Daneben besteht für unser Thema eine Gefahr, die man die Gefahr der Aktualität nennen könnte. Mein Anliegen ist es, zum Thema historisches und dogmatisches Grundlagenwissen heranzutragen, mit welchem die moderne Problematik besser verstanden und aufgearbeitet werden kann. Verliert man sich zu sehr in der Gegenwart zur Problematik, dann fällt die Einordnung in die Systematik des Rechts und des Rechtsstoffs schwer. Unnötige Fronten werden aufgerissen, künstliche Unterschiede aufgebaut.

Erwähnt sei jedoch die Jahrestagung von amnesty international, Deutsche Sektion, über deren Beratung die Presse mit der Schlagzeile "amnesty international macht sich Sorgen um das deutsche Ausländerrecht" berichtet hatte. Auch die drei Kirchen, die katholische, die protestantische und die griechisch-orthodoxe, haben sich mit einem Mahnwort an die Öffentlichkeit gewandt, um die Aufmerksamkeit auf das Problem der Asylbewerber zu richten.[1]

Das Mahnwort, das von katholischer Seite von Bischof Lehmann, von protestantischer Seite von Bischof Kruse und von griechisch-orthodoxer Seite von Metropolit Augustinos aufgezeichnet wurde, verlangt, daß das Ausländer- und Asylrecht nicht als Abschreckungsinstrument abgeändert werde, daß Abschiebungen in Krisen- und Kriegsgebiete unzulässig sein sollen und daß christliche Humanität in das Ausländerrecht und das Asylverfahrensrecht hineingetragen werden müsse.

Die öffentliche Erregung erreichte einen ersten Höhepunkt im Mai 1989, als die Zeitungen in gehäufter Form erschütternde Nachrichten brachten: so die Ermordung eines türkischen Asylbewerbers, Ufuk Sahim[2] in Berlin, die zu einer Protestdemonstration gegen Ausländerhaß führte, Brandanschläge gegen Asylantenheime, und auch in der Schweiz gab es Ausschreitungen gegen Asylbewerber, bei welchen ein Tamile schwer verletzt ins Krankenhaus gebracht werden mußte.

Diese Behandlung des Themas in der Presse würde es rechtfertigen, sich allein mit dem Problem der Novellierung des Asyl- und Ausländerrechts zu beschäftigen. Doch glaube ich, daß es zunächst einmal notwendig ist, dem Gegenstand in seiner geschichtlichen

---

1 Kirchen: Flüchtlinge nicht abschieben, in: SZ v. 17. Mai 1989
2 Demonstration in Berlin gegen Ausländerhaß, in: SZ v. 22. Mai 1989

Entwicklung nachzugehen, um dann die rechtsdogmatischen Linien bis zur Gegenwart weiter zu ziehen.

2. Die Geschichte des Asylrechts

1. Wie *Henri Vallun* schon 1837 feststellte, ist das Asylrecht mythisch-religiösen Ursprungs. So treffen wir schon sehr früh bei den Hethiterkönigen auf die Anerkennung des Asylrechts, wenn dort aus einem Vertrag von 1325 vor unserer Zeitrechnung folgendes ausgeführt wird:[3]

> "Betreffs eines Flüchtlings aber habe ich folgendes unter Eid gelegt: wenn ein Flüchtling aus deinem Lande ins Land Hatti kommt, so gibt man ihn dir nicht zurück; aus dem Lande Hatti einen Flüchtling zurückzugeben ist nicht rechtens."

Fast zur gleichen Zeit (um 1270) hat aber ein anderer Hethiterkönig mit dem Pharao Ramses II. ein Auslieferungsabkommen abgeschlossen, also das Asylrecht nicht anerkannt. Wir sehen schon, daß in sehr früher Zeit sich die Staatsräson über religiöse mythische Asylrechtspostulate hinwegsetzte. Auch den germanischen Stämmen waren das Asylrecht und die Behandlung der Gäste eine Angelegenheit ihrer Religion. So schreibt *Cäsar* im Gallischen Krieg: "Hospites violare fas non putant sanctosque habent".[4]

Auch das Alte Testament dehnt den Schutz, den der Bundesgott Jahwe den Israeliten, seinem Bundesvolk, gewährt, auf alle Menschen, auch auf die Fremden, aus, wenn Psalm 146, 9, sagt, "Der Herr beschützt die fremden Bürger."

In der klassischen Antike treten uns zwei gegensätzliche Verhaltensweisen zum Asylrecht entgegen, die auch verschiedene Motive aufweisen. Während die griechische Polis sowohl in der Verbannung

3 O. Kimminich: Grundprobleme des Asylrechts, Darmstadt 1983. S. 10
4 Cäsar: De bello gallico, I,V, Kap. 5

von Politikern als auch in der Gewährung des Asylrechts an politisch Verfolgte eine ganz besondere Großzügigkeit an den Tag legte, war Rom doch sehr anders zu diesem Problem eingestellt. Athen konnte sich als die gastfreundlichste und asylfreudigste Stadt rühmen, während Rom Asyl nur den gemeinen Verbrechern gewährte oder eine solche Asylgewährung durch andere Staaten akzeptierte. Handelte es sich dagegen um politische Verbrecher, die in anderen Städten oder Staaten vor der römischen Macht Zuflucht suchten, so forderte Rom grundsätzlich Auslieferung solcher politischer Verbrecher. Schon hier sieht man eine Tendenz, die bis zur Gegenwart sich fortentwickelt hat: die Einschränkung des Asylrechts gegenüber dem politischen Verbrecher und die Entsakralisierung des Asylrechts.

2. Das christlich-mittelalterliche Asylrecht war in den 1000 Jahren vom 5. bis 15. Jahrhundert durch die Spannung Kirche und Staat gekennzeichnet. Gesetz und Evangelium, Recht und Gnade, Kirche und Staat waren zwei Pole, zwischen welchen sich das politische und auch das private Leben abspielte. Die civitas terrena stand in einem Spannungsverhältnis zur civitas Dei. Aus dem Spannungsverhältnis ergab sich das Recht von Klöstern und Kirchen, Verbrechern, vor allem aber auch politisch Verfolgten, Asyl und Zuflucht zu gewähren. Anders dagegen war es im Islam, der wegen der Identität von weltlicher und göttlicher Ordnung, von weltlichem und göttlichem Recht ursprünglich kein Asyl kannte. Auf der anderen Seite waren die christlichen Kaiser sehr früh schon bemüht, das ausufernde kirchliche und klösterliche Asylrecht einzudämmen oder gar aufzuheben.

Diese Tendenz beginnt mit Kaiser Theodosius II. im Jahr 392 und führt über verschiedene Versuche der Juridifizierung des Asylrechts schließlich zur Aufhebung des kirchlichen und klösterlichen Asyls durch den modernen, souveränen, erstarkten, weltlichen Staat. So hat Schweden 1528 das kirchliche Asylrecht aufgehoben. Die anderen Länder folgten: England zwischen 1696 und 1722, Österreich unter Joseph II. 1787, Preußen 1794, Schweiz 1798, Spanien 1835 und schließlich in verschiedenen Teilen Italiens 1850.

Während so der entstehende souveräne Staat das kirchliche und klösterliche Asylrecht beseitigt, entsteht eine neue Notwendigkeit, Asylrecht als zwischenstaatliche Einrichtung zu gewähren. Die Entwicklungen von Machiavelli zu Grotius zeigen nicht nur die Idee und die Realität des modernen souveränen Staats, sondern auch Zerstörung eines hierarchischen Reichs, des Römischen Reichs Deutscher Nation, das von *Pufendorf* nach dem 30jährigen Krieg als ein "irregulare aliquod et monstro simile" bezeichnet wurde. Das Treueband des Lehnherrn und des Lehnsystems wurde ersetzt durch die Territorialherrschaft, für die der Satz gilt: "Quid est in territorio etiam est de territorio."

Die großen Theoretiker des souveränen Staats waren auf dem Kontinent Jean Bodin und in England Thomas Hobbes. Es mußte aber nun, da die hierarchische Ordnung des Reichs weggefallen war, eine neue Ordnung zwischenstaatlicher Beziehungen, vor allem zwischen den fünf Großmächten der Pentarchie, geschaffen werden. Diese Ordnung stellt das Völkerrecht dar, deren erster großer Vertreter der Flüchtling und politisch Verfolgte, *Hugo Grotius*, war. Für ihn ist das Asylrecht eine Pflicht des Staats, die ihn zwingt, dem Fremden Aufenthalt zu gewähren und Gewerbe in seinem Lande aufnehmen zu lassen.

Noch ein weiterer Gesichtspunkt muß hier im Zusammenhang mit dem Westfälischen Frieden von 1648/49 erwähnt werden. Die Garantie der vollen Religionsfreiheit konnte nicht allen religiösen Gruppen eingeräumt werden, da selbst den Katholiken und den Lutheranern nur in bestimmtem Umfang öffentlicher und privater Gebrauch der Religion gewährt wird (publicum exercitium religionis vel etiam privatum).[5] Wer erst nach einem bestimmten Stichtag die private oder öffentliche Religionsausübung genossen hat, der wird auf die Hausandacht zurückversetzt, die später allgemein als Gewis-

---

5 Zur Bedeutung des Westfälischen Friedens (Art. 5 § 34 IPO) und für die Garantie als devotio domestica simplex s. H. Scholler: Die Freiheit des Gewissens. Schriften zum öffentlichen Recht, Bd. 2, Berlin 1958, S. 52f.; ders.: Das Gewissen als Gestalt der Freiheit – Das Gewissen als Sinngestalt und Strukturprinzip im Verfassungsrecht, Köln 1962, S. 24f.

sensfreiheit bezeichnet wurde. In seinen Kammern, so hatte Luther schon gesagt, könne man so viele und welche Götter man immer wolle, anbeten. Art. 5 § 23 des Westfälischen Friedens garantiert nun – zunächst wohl nur den drei Religionsparteien, später aber auch anderen – diese Hausandacht ohne inquisitio und ohne disturbatio (= ohne Befragung und ohne Störung) von seiten kirchlicher oder staatlicher Autorität. Die Idee des befriedeten Besitztums, das alte Haus mit seinem Recht, verbinden sich hier zu einer neuen Form des innerstaatlichen Asyls, das der Staat der Kirche gegenüber garantiert. So stehen auf der einen Seite das ius emigrandi,[6] auf der anderen Seite die Garantie eines befriedeten Innenbereichs an der Wiege einer neuen Vorstellung vom staatlichen, nichtkirchlichen Asyl. Die ersten wissenschaftlichen Arbeiten über das Asylrecht von *Ehrenbach*[7] und vor allem das Werk von *Paolo Sarpi*[8] betonen diesen Aspekt der neu gewonnenen Religionsfreiheit. Das Grundrecht der Gewissensfreiheit verbindet sich so ursprünglich mit der grundrechtlichen Gewährung von Asyl, wobei noch nicht grundsätzlich zwischen Ausländern und Bürgern unterschieden wird.

Im Gegensatz zu dem grundrechtlichen Asylrecht, das auch als inneres oder internes Asylrecht bezeichnet wird, steht das äußere oder externe Asylrecht, das zur gleichen Zeit dem Völkerrecht entspringt oder von ihm garantiert wird. Jedoch nur dort, wo es auch Auslieferungsrecht und Auslieferungsverträge gibt, kann man von

---

6 Das ius emigrandi setzt begriffsnotwendig als Auswanderungsrecht einen Rechtsanspruch auf Aufnahme oder Asylgewährung voraus. Die Bestimmung der IPO lautet:
"Schutz der Religionsausübung unter einem andersgläubigen Landesherrn § 34.5. Placuit porro, ut illi catholicorum subditi Augustanae confessionis addicti, ut et catholici Augustanae confessionis statuum subditi, qui a 1624 publicum vel etiam privatum religionis suae exercitium nulla anni parte habuerunt, nec non qui post pacem publicatam deinceps futuro tempore diversam a territorii domino religionem profitebuntur et amplectentur, patienter tolerentur et conscientia libera domi devotioni suae sine inquisitione aut turbatione privatim vacare, in vicinia vero ubi et quoties voluerint, publico religionis exercitio interesse vel liberos suos exteris suae religionis scholis aut privatis domi praeceptoribus instruendos committere non prohibeantur." Mirbt: Quellen zur Geschichte des Papsttums und des römischen Katholizismus, 1911, Art. V. § 34, S. 292

7 N. Myleri ab Ehrenbach: Tractatus de iure asylorum, Stuttgart 1663

8 P. Sarpi: De iure asylorum liber singularis, Venedig 1677

einem rechtlichen externen Asylrecht sprechen. Wo solche Auslieferungsverträge jedoch fehlen, handelt es sich nur um faktisches Asyl, wenn ein Staat einem politisch Verfolgten Aufenthalt oder Niederlassung gewährt. Eine neue Qualität hatte das völkerrechtliche Asyl zwei Jahrhunderte später erhalten. Die kann deutlich gezeigt werden mit dem Telegramm, das *Lord Palmerston* an die englische Botschaft in St. Petersburg richtete und mit welchem er 1849 gegen die Forderung Rußlands intervenierte, das von der Türkei die Auslieferung ungarischer Flüchtlinge verlangte. In diesem Telegramm führte der englische Premier aus, daß grundsätzlich kein Staat politische Flüchtlinge ausliefern dürfe, es sei denn, daß dies durch einen Auslieferungsvertrag abgesichert sei. Die folgenden Gründe werden in dieser Intervention für die Nichtauslieferung genannt: das Gastrecht und die natürlichen Gefühle, die sich gegen eine Auslieferung wenden, sowie die Grundsätze der Menschlichkeit. Damit haben wir das neue völkerrechtliche Asylrecht in seiner Breite und Motivation vor uns.

3. Das völkerrechtliche oder externe Asyl war somit nur ein Recht des Staats anderen Staaten gegenüber, ohne daß sich der Bürger oder der politisch verfolgte Ausländer darauf berufen konnte. Es verhinderte nur, daß die Asylgewährung durch den Zufluchtsstaat als unfreundlicher Akt vom Verfolgerstaat gewertet werden konnte. So definierte schon 1916 Borchard das völkerrechtliche Asyl treffend wie folgt:

> "Wenn der Staat Abhilfe verlangt, so vertritt er nicht den Einzelnen, dem Unrecht geschehen ist, und er setzt sich nicht für dessen Recht ein, sondern nur für sein eigenes Recht, nämlich für das Recht, daß seine Bürger von anderen Staaten in der vom Völkerrecht vorgeschriebenen Weise behandelt werden."[9]

9 E.M. Borchard: The diplomatic protection of citizens abroad, New York 1916, S. 18, zitiert bei O. Kimminich: a.a.O, S. 57

Diese völkerrechtliche Grundkonzeption hat sich auf der Grundlage der Patrimonialtheorie entwickelt, die gelegentlich auch als Objekttheorie bezeichnet wird. Nach der Patrimonialtheorie ist der "Untertan" quasi Eigentum des Inhabers der Territorialhoheit, und der Hoheitsträger verfügt über ihn wie über ein Objekt. Neben dieser archaischen Herrschaftstheorie hat auch der Gedanke des Sippenschutzes dazu beigetragen, das Asylrecht in einem primitivrechtlichen Zustand zu erhalten:

> "Die Institution des diplomatischen Schutzes ist die Folge einer primitiven Form der Sippenorganisation und einer primitiven Sozialordnung, die das Unrecht, das einem Sippenangehörigen angetan wird, als ein an der Sippe selbst verübtes Unrecht sieht, das zur Kollektivrache berechtigt."[10]

So haben die Elemente Gebiet und Volk im Asylrecht noch einen archaischen Zug behalten, soweit es um das völkerrechtliche Asyl geht. Gegen diese Objekttheorie haben völkerrechtliche Avantgardisten immer wieder postuliert, daß auch der einzelne Mensch Völkerrechtssubjekt werden, daß das Völkerrecht von dem Recht der souveränen Staaten zu einem Recht der gesamten Menschheit weiter entwickelt werden müsse. Einen ersten Schritt hat das Völkerrecht tatsächlich auch nach dem Ersten Weltkrieg getan, als der Völkerbund auf Veranlassung des Internationalen Roten Kreuzes den Hochkommissar für Flüchtlinge ins Leben rief, der als Organ des Völkerbundes sozusagen eine "juristische Ersatzheimat" für die Flüchtlinge wurde. In verschiedenen Konventionen und Arrange-

10 E.M. Borchard: Protection diplomatique des nationaux à l'étranger. Annuaire de l'Institut de Droit International, Bd. 36/I, 1931, 256, zitiert bei O. Kimminich, a.a.O, S. 58. Beim Asylrecht verbinden sich Elemente des Volkes mit den Elementen des Eigentums bzw. des befriedeten Besitztums, wenn das Unrecht gegenüber einem Sippenangehörigen als Unrecht gegenüber der gesamten Sippe verstanden wird. Mit der Ausdehnung des Asylrechts auf Nichtsippenangehörige verläßt jedoch dieses Rechtsinstitut die enge Anbindung an Volk und Gebiet und erlangt damit die ihm eigene humanitäre Dimension.

ments wurde der Status des Hochkommissars, der des Nansenamts und der der Flüchtlinge geordnet.

Während des Zweiten Weltkriegs wurden UNRRA und IRO ins Leben gerufen, beides internationale Flüchtlingsorganisationen, und später auch der neue UN-Hochkommissar für Flüchtlinge geschaffen. Die Allgemeine Erklärung der Menschenrechte vom 10. Dezember 1948 enthält in Art. 14 eine Garantie des Asyls. Doch stellt diese Garantie kein verbürgtes eigenständiges Menschenrecht dar, weil das Völkerrecht den einzelnen nicht als Rechtssubjekt ansieht und weil alle Rechtsinhalte der Allgemeinen Erklärung der Menschenrechte nur deklaratorischen und nicht zwingenden Charakter haben. Im Rahmen der UNO wurde an verschiedenen Expertenentwürfen gearbeitet, um den Status der Flüchtlinge zu sichern. Das gleiche gilt auch für den Europarat und außereuropäische Institutionen. Von besonderer Bedeutung ist die Flüchtlingskonvention, die durch das Ergänzungsprotokoll von 1967 zur Magna Charta der Flüchtlinge wurde. Ihr entnimmt die herrschende Lehre auch die Definition des politisch Verfolgten bzw. des Flüchtlings in Art. 1 A Nr.2 FK[11].

3. Verankerung des Asylrechts im Staatsrecht

1. Die Weimarer Verfassung kannte keine Garantie des Asylrechts. Erst nach dem Krieg haben auf der Ebene der Länderverfassung Bayern (Art. 105 BV), Hessen und Rheinland-Pfalz Asylrechtsgarantien als Grundrechte übernommen. Daß in einem Bundesstaat die Länderverfassungen das Asylrecht garantieren, ist im Grunde genommen nichts Außergewöhnliches, denn das Asylrecht kann sowohl in der Bundesverfassung als auch in den Landesverfassungen garantiert werden, wie z.B. auch die Schweiz nur Garantien des Asylrechts auf kantonaler Ebene kennt. Auch gibt es Staaten wie

11 BGBl. II, 1953, 559f.; Leibholz/Rinck/Hesselberger: Grundgesetz, Bd. 1, 7. Aufl., Köln 1975/1993, Art. 16, Anm. 12

Österreich, die das Asylrecht überhaupt nicht in ihre Verfassung aufgenommen haben, sondern ihre Garantie durch einfache Gesetzgebung realisieren.

Während in Europa 27 Staaten auf Verfassungsebene oder im Rahmen der einfachen Gesetzgebung das Asylrecht schützen, haben 23 afrikanische, 14 asiatische und 14 Staaten des Nahen Orients ähnliche Garantien aufzuweisen. In Nord-, Mittel- und Südamerika verfügen 18 Staaten über rechtliche oder verfassungsrechtliche Garantien. Hinzu treten noch die Verfassungen von Australien und Neuseeland, die ebenfalls das Asylrecht garantieren. In Europa sind unter den 27 Staaten nur fünf westeuropäische Staaten, die das Asylrecht in ihrer Verfassung selbst garantieren. Hierzu zählen Frankreich, welches das Asylrecht in der Präambel schützt, Griechenland (Art. 5 Abs. 2),[12] Italien (Art. 10 Abs. 3),[13] Portugal und die Bundesrepublik Deutschland (Art. 16 Abs. 2 S. 2). Die portugiesische und die griechische Verfassung gewähren das Asylrecht politisch Verfolgten nicht generell. Sie stellen auf die Motivation ab. Sie garantieren nur solchen Verfolgten politisches Asyl, die für nationale Befreiungsaktionen, für die Freiheit, für die Rechte der Bürger oder für den Frieden eingetreten sind.

2. Warum eine solche Einschränkung in Art. 16 Abs. 2 S. 2 GG nicht vorgenommen wurde, ergibt sich unmittelbar aus der Entstehungsgeschichte dieses Artikels. Schon der Herrenchiemseer Entwurf erkannte in Art. 4 eine Garantie des Asyls, welche dann in den Entwurf des Parlamentarischen Rats in Art. 17 übernommen wurde.[14]

12 Griechische Verfassung, Art. 5 Abs. 2: "Alle, die sich innerhalb der Grenzen des griechischen Staates aufhalten, genießen ohne Unterschied der Nationalität, der Rasse oder Sprache und religiösen oder politischen Anschauungen den unbedingten Schutz ihres Lebens, ihrer Ehre und ihrer Freiheit. Ausnahmen sind in den vom Völkerrecht vorgesehenen Fällen zulässig. Die Auslieferung von Ausländern, die wegen ihres Kampfes für die Freiheit verfolgt werden, ist verboten."

13 Italienische Verfassung, Art. 10 Abs. 2: "Ausländer, denen im eigenen Lande die tatsächliche Ausübung der in der italienischen Verfassung gewährleisteten demokratischen Freiheit verwehrt ist, haben im Gebiet der Republik Recht auf Asyl gemäß den gesetzlichen Bestimmungen."

14 JöR 1/1951, 159, 165f.; s.a. Henkel/Kimminich: Asylrecht und Asylverfahren, in: Rechtsstaat in der Bewährung, Bd. 12, Heidelberg 1982, S. 45 ff.

Hier war das Asylrecht nicht eingeschränkt, sondern im Rahmen der allgemeinen Grundsätze des Völkerrechts garantiert. Letzteres war keine Einschränkung, sondern nur ein Beweis für die Gültigkeit des Völkerrechts, eine Formulierung, die später in Art. 25 GG übernommen wurde und deshalb aus Art. 17, später Art. 17 Abs. 2 GG, wegfiel. Die ad hoc-Kommission, die sich mit der Redaktion auch des Asylrechts beschäftigte und aus den Professoren v. Mangoldt, Bergsträsser sowie dem hessischen SPD-Politiker Zinn bestand, vertrat die Auffassung, daß das Asylrecht uneingeschränkte Geltung haben müsse. Der Änderungsvorschlag von Richard Thoma wollte das Asylrecht nur gewähren, wenn die Verfolgung aufgrund des Eintretens für Frieden und Freiheit, soziale Gerechtigkeit usw. erfolgt sei. Ein ähnlicher Änderungsantrag ging auch von dem KPD-Abgeordneten Renner aus, der die Asylrechtsgewährung an den Tatbestand knüpfen wollte, daß der politisch Verfolgte wegen seines Eintretens gegen Faschismus und Militarismus verfolgt worden sei. Von Mangoldt hat gegen diese Änderungen treffend ins Feld geführt, daß solche Umschreibungen oder Einschränkungen den Polizeibeamten an der Grenze die Möglichkeit geben würde, souverän über das Vorliegen einer Asylgewährungspflicht des Staates zu entscheiden. Wenn auch heute nach Ausbau des gerichtlichen bzw. verwaltungsgerichtlichen Rechtsschutzes dieser Einwand in dieser allgemeinen Gültigkeit nicht mehr greift, so haben dennoch die Worte von v. Mangoldt nichts an ihrer Bedeutung verloren.

3. Grundlage der Asylgewährung in der Bundesrepublik ist Art. 16 a GG in Verbund mit dem Ausländergesetz, der Asylverordnung und vor allem mit dem Genfer UN-Abkommen über die Rechtsstellung der Flüchtlinge vom 28. Juli 1951, das in Art. 1 A Nr.2 die allgemein verbindliche Definition des politisch Verfolgten enthält. Danach findet der Ausdruck "Flüchtling" auf jede Person Anwendung:

> "2. Die infolge von Ereignissen, die vor dem 1. Januar 1951 eingetreten sind, und aus der begründeten Furcht vor Verfolgung wegen ihrer Rasse, Religion, Nationalität, Zugehörigkeit zu einer bestimmten sozia-

len Gruppe oder wegen ihrer politischen Überzeugung sich außerhalb des Landes befindet, dessen Staatsangehörigkeit sie besitzt, und die den Schutz dieses Landes nicht in Anspruch nehmen kann oder wegen dieser Befürchtungen nicht Ereignisse außerhalb des Landes befindet, in welchem sie ihren gewöhnlichen Aufenthalt hatte, und nicht dorthin zurückkehren kann oder wegen der erwähnten Befürchtungen nicht dorthin zurückkehren will.

Für den Fall, daß eine Person mehr als eine Staatsangehörigkeit hat, bezieht sich der Ausdruck 'das Land, dessen Staatsangehörigkeit sie besitzt' auf jedes der Länder, dessen Staatsangehörigkeit diese Person hat. Als des Schutzes des Landes, dessen Staatsangehörigkeit sie hat, beraubt gilt nicht eine Person, die ohne einen stichhaltigen, auf eine begründete Befürchtung gestützten Grund den Schutz eines der Länder nicht in Anspruch genommen hat, deren Staatsangehörigkeit sie besitzt."

Die Begriffe "politisch Verfolgte" und "Flüchtling" in Art. 16 a GG und § 28 AuslG decken sich nicht. Nach herrschender Meinung, die auch vor allem vom Bundesverfassungsgericht vertreten wird (BVerfGE 9, 180; 74, 750; 76, 157), ist die weitere Theorie anzuwenden, wonach jede Rechtsgutbeeinträchtigung einen Asyltatbestand auslöst. Es genügt also eine berechtigte Furcht vor Verfolgung und Beeinträchtigung von Leben, Gesundheit, Freiheit oder sonstigen Rechtsgütern. Das Bundesverfassungsgericht hat diesen Tatbestand wie folgt umschrieben:

"Politische Verfolgung liegt vor, wenn der Verfolgte nicht mehr leben kann, weil er durch das politische System seines Lebens, seiner Freiheit oder seiner Güter beraubt wird."[15]

An dieser Definition ist allerdings unrichtig, daß ein solcher Beraubungstatbestand nicht bereits eingetreten sein muß, sondern daß

15 BVerfGE 9, 180

es genügt, wenn der Verfolgte berechtigte Furcht vor dem Eintreten eines solchen Beraubungs- oder Verletzungstatbestands hat.

Die Frage der Abgrenzung von Fluchtgründen zu Nachfluchtgründen, zu weiteren Fragen zur verfolgungsbedingten Flucht, zur Notwendigkeit eines Individualeingriffs gegenüber einem Gruppeneingriff, können hier aus Platzgründen nicht behandelt werden.

4. In der rechtswissenschaftlichen Diskussion ist vor der Änderung einige Zeit die Frage diskutiert worden, ob das unbeschränkte Menschenrecht des Art. 16 Abs. 2 S. 2 GG nicht verfassungswidrig sei. Vorausgeschickt werden soll, ob es sich bei diesem Menschenrecht eigentlich um ein Ausländerrecht handelt, denn der Deutsche ist bereits durch Art. 16 Abs. 1 GG geschützt, da er nicht ausgeliefert werden darf und durch Art. 11 Abs. 1 GG jederzeit in die Bundesrepublik Deutschland einreisen kann.

Dieses Ausländergrundrecht wurde gelegentlich als verfassungswidrig angesehen, weil es gegenüber Art. 11 GG, der Deutschen die Einreise gestattet, weiter gefaßt sei. Wenn Art. 11 GG nämlich dem Gesetzgeber Schranken gewähre, sei Art. 16 Abs. 2 S. 2 GG schrankenlos und daher verfassungswidrig. Außerdem wurde es in einer völlig anderen Situation geschaffen und passe nicht auf die Situation der Wirtschaftsflüchtlinge, die ein Grundrecht hier mißbrauchen. Diese Stimmen sind aber vereinzelt geblieben.

Anders verhält es sich mit der Frage der Zulässigkeit von Schranken gegenüber dem schrankenlos gewährten Grundrecht. Die Problematik ist auch sonst nicht unbekannt, da auch Art. 4 Abs. 1 und 2 GG und Art. 12 Abs. 1 GG Grundrechte sind, die vorbehaltlos gewährt werden. In der Rechtsprechung und im Schrifttum wurde die Meinung vertreten, daß das Völkerrecht, insbesondere die Allgemeine Erklärung der Menschenrechte bzw. die Flüchtlingskonvention eine Schranke darstelle.[16] Tatsächlich enthält § 33 Abs. 2 FK eine Möglichkeit der Ausweisung von anerkannten Asylbewerbern,

16 BGHSt, Urt. v. 21. Januar 1953, BGHSt, 3, 392 ff.

wenn sie eine Gefahr für die Sicherheit darstellen (vgl. § 14 Abs. 1 S. 2 AuslG sowie § 5 FK).

Nun ist aber anerkannt, daß die Flüchtlingskonvention nur einen Minimumstandard an Rechtsschutz darstellt und daß die nationalen Rechtsordnungen selbstverständlich über diesen Mindeststandard hinausgehen können. Eine Einschränkung der nationalen Rechtsordnung durch den Mindeststandard ist dagegen nicht in der Verfassung vorgesehen.

Ein weiteres Argument, dem Asylrecht Schranken zu ziehen, ergab sich aus der Theorie der immanenten Schranken. Diese Theorie in Gestalt der allen Rechten innewohnenden Gemeinschaftsklausel[17] ist aber in dieser Allgemeinheit schließlich verworfen worden.[18]

Allerdings dort, wo Grundrechte miteinander kollidieren oder konkurrieren, muß im Wege der Kollisions- und Konfliktlösung ein Ausgleich gefunden werden, der wohl bald zu Lasten des einen, bald zu Lasten des anderen Grundrechts gehen kann. Auch in diesem Zusammenhang ist aber auf den Schutz des Wesensgehalts des Asylrechts durch Art. 19 Abs. 2 GG hinzuweisen.

Schließlich hat man auch versucht, mit Hilfe der Einheit der Verfassung dem Asylrecht ungeschriebene Schranken einzuziehen.[19] Das Argument der Einheit der Verfassung läuft im Grunde genommen auf eine ähnliche Problemverarbeitung hinaus, wie sie oben unter Berufung auf Kollisions- und Konfliktlösung behandelt wurde, wenn zwei gleichrangige rechtlich geschützte Werte oder Grundrechte miteinander in Konflikt stehen. Die Verfassung muß dann als einheitliche Rechts- und Wertordnung eine Lösung finden.

Schließlich muß in diesem Zusammenhang auf die Änderungsmöglichkeit des damaligen Art. 16 Abs. 2 S. 2 GG eingegangen werden. In der Diskussion wurde ja nicht nur eine Änderung des Asylverfahrens und des Ausländergesetzes angestrebt, sondern darüber hinaus eben auch eine Verfassungsänderung postuliert. Änderungen des Asylverfahrens und des Ausländerrechts sind durch den Ge-

17 BVerwGE 1, 52, 270
18 BVerfGE 7, 379, 404
19 BVerfGE 28, 26

setzgeber jederzeit möglich, wenn er die Schranken des Art. 19 Abs. 1 und 2 GG, also den Grundsatz der Allgemeinverbindlichkeit und Wesensgehaltssperre, beachtet. Auch das Asylverfahren genießt nämlich vom Asylrecht grundrechtlichen Schutz, und zwar dort, wo das Verfahren wesensmäßig Teil des Grundrechtsschutzes ist. Das Asylrecht wirkt sich als verwaltetes Grundrecht in besonderer Weise auf das Verfahren aus. Dennoch konnten Verfahrensänderungen, soweit sie sich in den oben genannten Schranken halten, ohne weiteres durchgeführt werden und verstoßen nicht gegen das Verbot der Verfassungsdurchbrechung oder des stillschweigenden Verfassungswandels.

Gelegentlich ist die Meinung auch vertreten, daß das Asylrecht an der Unverbrüchlichkeitsklausel des Art. 79 Abs. 3 GG teilnehme, weil das Asylrecht in ganz besonderer Weise den Gedanken der Würde des Menschen konkretisiere. Unverbrüchlich und damit der Verfassungsänderung entzogen sind aber nur die Grundsätze der Art. 1 und 20 GG, nicht dagegen andere Grundsätze oder Rechte, insbesondere auch nicht Grundrechte im allgemeinen oder das Asylrecht im besonderen. Nur dort, wo gerade die Einschränkung oder die Aufhebung eines Grundrechts die Menschenwürde in ganz spezieller und besonderer Weise tangiert, wäre Art. 1 Abs. 1 GG verletzt und eine Verfassungsänderung unmöglich. So wäre sicherlich eine Verletzung des Wesensgehalts nach Art. 19 Abs. 2 GG und der Menschenwürde gegeben, wollte man religiösen Flüchtlingen den Status des politisch Verfolgten versagen oder würde man rassisch Verfolgte von dem Asylrecht ausschließen. Hier wäre eine Verletzung des Willkürverbots und der Menschenwürde gegeben und eine solche Verfassungsänderung wäre durch Art. 79 Abs. 3 GG ausgeschlossen.

5. Während sich die Anträge auf politisches Asyl bis zum Jahre 1973 unter 5.000 bewegten (4.565), stiegen sie ab 1974 sprunghaft an, was aus folgender Übersicht zu entnehmen ist:[20]

20 Zahlen und Tabelle aus: Statistisches Bundesamt, Statistisches Jahrbuch 1997, S. 68

1973	4.565	*1990*	193.063
1974	10.196	*1991*	256.112
1977	16.626	*1992*	438.191
1978	20.175	*1993*	322.599
1979	41.953	*1994*	127.210
1980	107.818	*1995*	127.937
1985	73.832	*1996*	116.327[21]

Otto Kimminich begründet das plötzliche Ansteigen der Asylanträge im Jahre 1974 mit dem im gleichen Jahr verfügten Anwerbestop für fremde Gastarbeiter zur Arbeit in der Bundesrepublik Deutschland.[22]

---

21 Asylsuchende nach ausgewählten Nationalitäten:

Nationalität	*Früheres Bundesgebiet*			*Deutschland*					
	1980	*1985*	*1990*	*1991*	*1992*	*1993*	*1994*	*1995*	*1996*
Europa	**197 888**	**18 174**	**101 631**	**166 662**	**310 529**	**232 678**	**77 170**	**67 411**	**51 936**
Bulgarien	157	97	3 841	12 056	31 540	22 547	3 367	1 152	940
Jugoslawien			22 114	74 854	122 666	96 625	39 281	32 711	20 946
Polen	2 090	6 672	9 155	3 448	4 212	1 670	498	119	137
Rumänien	777	887	35 345	40 504	103 787	73 717	9 581	3 522	1 395
Türkei	57 913	7 528	22 082	23 877	28 327	19 104	19 118	25 514	23 814
Ungarn	1 466	736	439	396	1 028	209	70	12	54
Afrika	**8 339**	**8 093**	**24 210**	**36 094**	**67 408**	**37 570**	**17 341**	**14 374**	**15 520**
Äthiopien	3 614	2 625	2 068	3 096	1 592	688	946	1 168	1 292
Algerien	23	21	1 035	1 388	7 669	11 262	2 784	1 447	1 417
Ghana	2 768	3 994	3 786	4 541	6 994	1 973	300	275	277
Nigeria		158	5 399	8 358	10 486	1 083	838	1 164	1 687
Zaire	26	48	1 389	2 134	8 305	2 896	1 579	2 546	2 971
Amerika und Australien	**217**	**97**	**402**	**293**	**356**	**287**	**214**	**234**	**380**
Asien	**31 998**	**44 298**	**60 900**	**50 612**	**56 480**	**50 209**	**31 249**	**43 920**	**45 634**
Afghanistan	5 466	2 632	7 348	7 337	6 351	5 506	5 642	7 515	5 663
Indien	6 693	4 471	5 612	5 523	5 798	3 807	1 788	2 691	3 772
Iran	749	8 840	7 271	8 643	3 834	2 664	3 445	3 908	4 809
Libanon	1 457	4 576	16 229	4 887	5 622	2 449	1 456	1 126	1 132
Pakistan	6 824	3 240	3 983	4 364	5 215	2 753	2 010	3 116	2 596
Sri Lanka	2 673	17 380	4 361	5 623	5 303	3 280	4 813	6 048	4 982
Staatenlose u.a.	**1 455**	**3 170**	**5 920**	**2 451**	**3 418**	**1 855**	**1 236**	**1 998**	**2 897**
Insgesamt	***107 818***	***73 832***	***193 063***	***256 112***	***438 191***	***322 599***	***127 210***	***127 937***	***116 367***

(Quelle: Bundesamt für die Anerkennung ausländischer Flüchtlinge, Nürnberg)

22 s. O. Kimminich, a.a.O., S. 49 ff.

Die dargestellte Entwicklung setzte sich im Verlauf der Jahre 1990 bis 1992 geradezu dramatisch fort. So wurden im Jahre 1990 124.476 Asylanträge gestellt. Bereits im ersten Halbjahr 1992 haben 187.455 Ausländer in Deutschland um politisches Asyl nachgesucht. An der Spitze der Herkunftsländer standen 1991 Jugoslawien mit 74.854 Asylsuchenden (29,23 %), gefolgt von Rumänien mit 40.504 (15,81 %) und der Türkei mit 23.877 (9,32 %).[23]

Dabei sanken die Anerkennungsraten von ursprünglich 44 % auf nur 10 % 1980.

Die Anerkennungsquote ist seither weiter rückläufig. 1990 hatten vor dem Bundesamt für die Anerkennung ausländischer Flüchtlinge nur noch 6.518 (4,38 %) Antragsteller Erfolg gehabt.

Der Grund für den starken Rückgang (im Vergleich 1985: 29,15 %) lag vor allem in der verstärkten Einreise von Wirtschaftsflüchtlingen aus der Dritten Welt und aus Krisengebieten und Bürgerkriegsregionen mit großer wirtschaftlicher Not. Diese Flüchtlinge werden allgemein nicht als Asylberechtigte anerkannt. Dies zeigt sich auch an den unterschiedlichen nach einzelnen Ländern aufgeschlüsselten Anerkennungsquoten von 1993: Rumänien 0,08 % Bosnien-Herzegowina 1,27 %, Indien 0,05 %, China 9,09 %, Türkei 14,3 %, 39,8 %.[24] Nur im Jahre 1991 ist die Anerkennungsquote kurzfristig gestiegen (6,9 %), weil Asylbewerber aus dem Iran und Afghanistan in größerem Maße anerkannt wurden.

4. Die Reform

Am 6. Dezember 1992 einigten sich die Parteien CDU, CSU, FDP und SPD auf einen Kompromiß zur Änderung des Art. 16 Abs. 2 S. 2

23 H.-I. v. Pollern: Die Entwicklung der Asylbewerberzahlen im Jahre 1990, ZAR 1991, 78ff.; ders.: Die Entwicklung der Asylbewerberzahlen im Jahre 1991, ZAR 1992, 24 ff.; ZAR-Nachrichten, ZAR 1992, 98

24 Zu den Zahlen vgl. H.-I. v. Pollern: Die Entwicklung der Asylbewerberzahlen im Jahre 1993, ZAR 1994, 29

GG.[25] Danach wurde der Asylrechtsartikel des Grundgesetzes durch einen neuen Artikel 16 a GG ergänzt, in dem der bisherige Wortlaut "Politisch Verfolgte genießen Asylrecht" beibehalten bleibt. Daneben wurde ein neues Asylverfahrensgesetz verabschiedet, das eine entscheidende Verkürzung der Verfahren erlauben sollte[26] und auch besondere Vorschriften für die auf dem Luftwege einreisenden Asylbewerber[27] enthält.

Hinzugefügt wurde aber, daß das Asylrecht den Personen nicht mehr gewährleistet wird, die aus EG-Staaten eingereist oder nach Deutschland über Drittstaaten gekommen sind, in denen die Anwendung der Genfer Flüchtlingskonvention und der Europäischen Menschenrechtskonvention sichergestellt sind. Zu diesen Ländern zählen Polen, CSFR bzw. Tschechei und Slowakei nach dem 1. Januar 1993, Österreich und die Schweiz. Asylbewerber aus sogenannten verfolgungsfreien Herkunftsländern sind grundsätzlich nicht asylberechtigt, es sei denn, sie können Gegenteiliges vorbringen und beweisen. Welche Länder danach als verfolgungsfrei gelten, soll der Bundestag durch Gesetz mit Zustimmung des Bundesrates bestimmen.[28]

Die Rechtsweggarantie des Art. 19 Abs. 4 GG, die ebenfalls zunehmend Änderungswünschen ausgesetzt war, soll nunmehr gewährt bleiben, d.h. abgelehnten Asylbewerbern wird auch weiterhin der Weg zu den Verwaltungsgerichten offenstehen. Durch eine Reihe von verfahrensrechtlichen Maßnahmen soll aber eine Beschleunigung der Verfahren auf sechs Wochen bis zur endgültigen Entscheidung erreicht werden.

---

25 In Kraft getreten am 1. Juli 1993, zur aktuellen Rechtslage: Berthold Huber (Hrsg.): Handbuch des Ausländer- und Asylrechts, München, Loseblatt, Stand August 1997; Peter Jülke: Asylrecht und Asylverfahrensrecht, Wiesbaden 1996.

26 So insbesondere auf dem Gebiet des einsweiligen Rechtschutzes, der nur noch durch den Einzelrichter geschehen soll (§ 76 IV 1 AsylVfG), bei dem das mündliche Verfahren die Ausnahme darstellen soll (§ 36 II 4 AsylVfG) und der Amtsermittlungsgrundsatz nur noch eingeschränkt zum Tragen kommt (§ 77 II AsylVfG)

27 insbesondere § 18a AsylVfG

28 Durch Gesetz vom 30. Juni 1993 (BGBl. I, 1962) wurden folgende Länder zu verfolgungsfreien Staaten gem. Art. 16 a Abs. 3 GG bestimmt, deren Anerkennungsquoten bei durchschnittlich 0,07 % liegen: Bulgarien, Gambia, Ghana, Polen, Rumänien, Senegal, Tschechische und Slowakische Republik, Ungarn

Durch den Asylkompromiß, der vielfältigen Bedenken und Kritik ausgesetzt war (und bleibt[29]), ist die Zahl der Asylbewerber tatsächlich drastisch gesunken.[30]

Schließlich ist nicht unwichtig, auf die Bestimmung des Art. 16 a Abs. 4 hinzuweisen, der eine Änderung der §§ 80 und 80 a VwGO mit sich bringt.[31] Die Aussetzung des Vollzuges aufenthaltsbeendigender Maßnahmen (Abschiebung) soll vom Gericht nur ausgesprochen werden, wenn "ernstliche Zweifel an der Rechtmäßigkeit der Maßnahme" bestehen. Diese Regelung stellt sich als eine Einschränkung des Art. 19 Abs. 4 GG dar, zu dem die aufschiebende Wirkung und die Anordnung derselben durch ein Gericht gehören. Nach bisheriger verwaltungsgerichtlicher Rechtsprechung genügte für die Anordnung der aufschiebenden Wirkung, daß "ernstliche Zweifel an der Rechtmäßigkeit des geltend gemachten Rechts" bestehen.[32]

5. Schlußbemerkung

Das volle Ausmaß der Problematik, die sich hinter Art. 16 a GG und der Asylrechtsänderungsdebatte verbirgt, wurde viel zu spät er-

29 Unabhängig von den rechtlichen Bedenken und der geäußerten Kritik hat die Verfassungsänderung schon folgende tatsächliche Auswirkungen: Die Zahl der Anträge sank im Vergleich zum 1. Halbjahr 1993 im 2. Halbjahr um 56 % von 224.099 Anträgen auf 98.500. Die Wirksamkeit zeigt sich auch am Rückgang von Asylbewerbern aus folgenden verfolgungsfreien Staaten: Anträge aus Rumänien im April 12.586, Dezember 784; Bulgarien im April 3.157, Dezember 254; Zahlen aus H.-I. v. Pollern: Die Entwicklung der Asylbewerberzahlen im Jahre 1993, ZAR 1/1993, 4, 29

30 Zur geäußerten Kritik und zur Auseinandersetzung mit den genannten Änderungen vgl. folgende Beiträge: C. Classen: Sichere Drittstaaten - ein Beitrag zur Bewältigung des Asylproblems, DVBl. 1993, 700; B. Huber: Das Asylrecht nach der Grundgesetzänderung, NVwZ 1993, 736; H. Fliegauf: Anmerkung zum Asylkompromiß, DÖV 1993, 984; K. Hailbronner: Die Asylrechtsreform im Grundgesetz, ZAR 1993, 107; G. Reuner: Asyl- und Ausländerrechtsreform 1993, ZAR 1993, 118; J. Henkel: Das neue Asylrecht, NJW 1993, 2705; E. Haberland: Der Asylkompromiß vom 6. Dezember 1992 – im Jahr danach, ZAR 1994, 3 und 2/1994, 51; R. Marx: Das Flughafenverfahren nach § 18a AsylVgG, ZAR 1993, 160

31 Jetzt Art. l6 a Abs. 4 GG

32 Zu diesem Begriff s. L. Renck: NVwZ 1992, 338, unter Hinw. auf OVG Münster, NVwZ 1990, 74; BVerfG, DVBl. 1992, 82

kannt und zu lange rein parteipolitisch und wahlorientiert behandelt. Die Komplexität des Problems zeigte sich erneut nach dem gelungenen Kompromiß zwischen den Regierungsparteien und der Oppositionspartei in den Umsetzungs- und Konkretisierungsfragen, insbesondere wie weit dem Asylsuchenden, der über Nichtverfolgerstaaten oder über EG-Länder nach Deutschland kam, oder inwieweit durch entsprechende Verträge mit den östlichen Staaten – Polen, der Tschechei und der Slowakei – durch Verträge Folgelasten der deutschen Regelung abgenommen werden sollen oder müssen.

Gleichzeitig wurde relativ spät erkannt, daß trotz einer Neuregelung des Art. 16 a GG an dem Rechtswegstaat, der durch Art. 19 Abs. 4 GG auch dem Asylsuchenden gewährleistet war, eigentlich eine Korrektur hätte vorgenommen werden müssen, da der Schwerpunkt des Problems in den überlangen Verfahren lag und weniger im Problem der politischen Verfolgung.

So mußte 1992 zur Kenntnis genommen werden, daß annähernd 440.000 Ausländer Asyl beantragten und sich damit die Rate der Asylsuchenden um 70 % gegenüber dem Vorjahr erhöht hatte. Österreich wies im gleichen Zeitraum eine Reduktion um ein Drittel der Antragsteller auf.

Die Frage der Zulässigkeit der Abschirmung der deutschen Ostgrenze durch Infrarot- und Radarkontrollen warf zu Beginn des Jahres 1993 neue Probleme auf. Die Xenophobie in den Jahren 1991/92, die sich in Gewalttaten ausdrückte, hat zu dem schon wieder gefährdeten Kompromiß geführt.

Die Regierung muß sich vorwerfen lassen, Ausmaß und Gewicht der Entwicklung verkannt zu haben und die Instrumente des Polizei- und Strafrechts nicht rechtzeitig in vollem gesetzlichen Umfang zur Anwendung gebracht zu haben. So eskalierten die Probleme, welchen nunmehr verspätet durch eine Vielzahl von Maßnahmen begegnet werden muß. Auch hier muß man sagen: multum non multa!

DIE AUTOREN

Ulrich Beck

Geboren 1944 in Stolp/Pommern, Studium der Soziologie, Politikwissenschaft, Psychologie und Philosophie in München. 1972 Promotion. 1979 Habilitation. 1979-1981 Professor für Soziologie an der Universität Münster, 1981-1992 Professor für Soziologie an der Universität Bamberg, seit SS 1992 Professor für Soziologie an der Universität München. Seit 1982 Herausgeber der Fachzeitschrift "Soziale Welt".

Forschungsschwerpunkte: Theorie der Moderne und der modernen Gesellschaft, Soziale Ungleichheit, Arbeit und Ökologie.

Letzte Buchveröffentlichungen: Risikogesellschaft. Auf dem Weg in eine andere Moderne, Frankfurt 1986. — Gegengifte. Die organisierte Unverantwortlichkeit, Frankfurt 1988. — Die Erfindung des Politischen. Zu einer Theorie reflexiver Modernisierung, Frankfurt 1993.

Valentin Doering

Mag. theol., Dr. theol., geboren am 4. Mai 1941 in München, Universitätsassistent und Lektor Wien 5. Mai 1973, Wissenschaftlicher Rat i. K. am Erzbischöflichen Seelsorgeamt Bamberg 1. August 1976, Familiare des Deutschen Ordens St. Mariens in Jerusalem 1978, zum Domkapitular ernannt 1. November 1983, Leiter der Hauptabteilung Seelsorge und Geistlicher Beauftragter des Erzbischofs für den Diözesanrat 1983, Canonicus Theologus, Mitglied der Finanzkommission der Freisinger Bischofskonferenz 1989, Geistlicher Beirat der Deutschordens-Familiarenkomturei Franken 1989, von Johannes Paul II. zum Päpstlichen Ehrenprälat ernannt 1990, Leiter des Katholischen Büros Bayern 1994, Ehrendomkapitular in München seit 1996.

Irenäus Eibl-Eibesfeldt

Professor emeritus, geboren 1928 in Wien, studierte dort Biologie, war viele Jahre Mitarbeiter von Konrad Lorenz am Max-Planck-Institut für Verhaltensphysiologie. In den fünfziger Jahren Expeditionen mit Hans Hass, unter anderem zu den Galápagos-Inseln. Seit 1966 widmete er sich verstärkt der Erforschung menschlichen Verhaltens. Von 1975 bis 1996 war er Leiter der Forschungsstelle für Humanethologie in der Max-Planck-Gesellschaft. Er ist Professor an der Universität München, Leiter des Humanethologischen Filmarchivs der Max-Planck-Gesellschaft in Andechs sowie Leiter des Ludwig-Boltzmann-Instituts für Stadtethologie in Wien.

Veröffentlichungen: Galápagos, die Arche Noah im Pazifik. München: Piper 1960, ^{7}1984, 8. überarbeitete Auflage 1991; Augsburg: Weltbildverlag 1994. — Im Reich der tausend Atolle. München: Piper 1964; München: dtv ^{2}1972. — Haie. Frankfurt: Neptun Bücherei Kosmos 1965.— Grundriß der vergleichenden Verhaltensforschung. München: Piper 1967, ^{7}1987, 8. Auflage in Bearbeitung. — Liebe und Haß. Zur Naturgeschichte elementarer Verhaltensweisen. München: Piper 1970; als Paperback ebd. ^{12}1998. — Die !Ko-Buschmanngesellschaft. München: Piper 1972. — Der vorprogrammierte Mensch. Das Ererbte als bestimmender Faktor im menschlichen Verhalten. Wien: Molden 1973; München: dtv ^{5}1984; Kiel: Orion Heimreiter 1986. — Krieg und Frieden. Aus der Sicht der Verhaltensforschung. München: Piper ^{4}1997. — Menschenforschung auf neuen Wegen. Wien: Molden 1976; München: Goldmann 1984. — Die Malediven, Paradies im Indischen Ozean. München: Piper ^{2}1985. — Die Biologie des menschlichen Verhaltens. Grundriß der Humanethologie. München: Piper ^{3}1995; Weyarn: Seehamer Verlag 1997. — Der Mensch – das riskierte Wesen. Zur Naturgeschichte menschlicher Unvernunft. München: Piper ^{3}1997. — Human Ethology. New York: Aldine de Gruyter 1989. — Das verbindende Erbe. Köln: Kiepenheuer und Witsch 1991; München: Heyne 1993. — Und grün des Lebens goldner Baum. Köln: Kiepenheuer und Witsch 1992; München: Heyne 1994. — Wider die Mißtrauensgesellschaft. Streitschrift für eine bessere Zukunft. München: Piper ^{3}1997. — In der Falle des Kurzzeitdenkens. München: Piper ^{2}1999.

Manfred Görg

Geboren 1938 in Blankenfelde bei Berlin, nach dem Abitur 1957 Studium der Katholischen Theologie in Bonn, Würzburg und Paderborn, 1963 Priesterweihe in Paderborn, 1963-1968 Gemeindedienst , 1967 Promotion zum Dr. theol. an der Universität Bonn, 1968-1972 Wissenschaftlicher Assistent an der Universität Bochum und Studium der Ägyptologie in Bonn, 1972 Habilitation für Alttestamentliche Exegese in Bochum und Ernennung zum Universitätsdozenten, 1974 Promotion zum Dr. phil. an der Universität Bonn und Ernennung zum apl. Prof. in Bochum, 1975 - 1985 Universitäts-Professor für Alttestamentliche Wissenschaften an der Universität Bamberg, 1984 Gastprofessor an der Freien Universität Berlin, seit 1985 Universitäts-Professor für Alttestamentliche Theologie an der Universität München und Vorstand des Instituts für Biblische Exegese. Stellvertretender Vorsitzender des Deutschen Palästina-Vereins.

Buchveröffentlichungen: Das Zelt der Begegnung. Untersuchungen zur Gestalt der sakralen Zelttraditionen Altisraels, Bonner Biblische Beiträge 27, Bonn 1967. — Untersuchungen zur hieroglyphischen Wiedergabe palästinischer Ortsnamen, Bonner Orientalistische Studien 29, Bonn 1974. — Gott-König-Reden in Israel und Ägypten, Beiträge zur Wissenschaft vom Alten und Neuen Testament 105, Stuttgart 1975. — Beiträge zur Zeitgeschichte der Anfänge Israels. Dokumente - Materialien - Notizen, Ägypten und Altes Testament 2, Wiesbaden 1989. — Aegyptiaca-Biblica. Notizen und Beiträge zu den Beziehungen zwischen Israel und Ägypten, Ägypten und Altes Testament 11, Wiesbaden 1990. — Josua, Die Neue Echter Bibel. Kommentar zum Alten Testament mit der Einheitsübersetzung, Würzburg 1991. — Mythos, Glaube und Geschichte. Die Bilder des christlichen Credo und ihre Wurzeln im alten Ägypten, Düsseldorf 1992,

2. Auflage 1993. — Studien zur biblisch-ägyptischen Religionsgeschichte, Stuttgarter Biblische Aufsatzbände 14, Stuttgart 1992. — Richter, Die Neue Echter Bibel. Kommentar zum Alten Testament mit der Einheitsübersetzung, Würzburg 1993. — In Abrahams Schoß. Christsein ohne Neues Testament, Düsseldorf 1993. — Der un-heile Gott. Die Bibel im Bann der Gewalt, Düsseldorf 1995. — Die Beziehungen zwischen dem alten Israel und Ägypten. Von den Anfängen bis zum Exil, Erträge der Forschung, Band 290, Darmstadt 1997. — Nilgans und Heiliger Geist. Bilder der Schöpfung in Israel und Ägypten, Düsseldorf 1997. — Ein Haus im Totenreich. Jenseitserwartungen in Israel und Ägypten, Düsseldorf 1998.

Herausgeber u.a. von: Biblische Notizen. Beiträge zur exegetischen Diskussion, Bamberg-München, seit 1976 Biblische Notizen, Beihefte, München, seit 1985. — Ägypten und Altes Testament. Studien zu Geschichte, Kultur und Religion Ägyptens und des Alten Testaments, Wiesbaden, seit 1979, bisher ca. 40 Bände. — (mit B. Lang): Neues Bibel-Lexikon, Zürich, seit 1988. — (mit M. Langer): Als Gott weinte. Theologie nach Auschwitz, Regensburg 1997.

Günter Häntzschel

Professor für Neuere Deutsche Literaturwissenschaft an der Universität München.

1985 Gastprofessor an der University of Minnesota, Minneapolis, USA; 1988 am Central Institute of English and Foreign Languages in Hydrabad, Indien; 1990 Max Kade Visiting Professor an der Pennsylvania State University, University Park, Pennsylvania, USA; Präsident der Hebbel-Gesellschaft, Wesselburen.

Buchveröffentlichungen: Tradition und Originalität. Allegorische Darstellung im Werk von Annette von Droste-Hülshoff. Stuttgart 1969; Johann Heinrich Voß. Seine Homer-Übersetzung als sprachschöpferische Leistung. München 1977; Bildung und Kultur bürgerlicher Frauen 1850-1918. Tübingen 1986; Gottfried August Bürger. München 1988; Bibliographie der deutschsprachigen Lyrik-Anthologien 1840-1914. München 1991. Herausgeber des Hebbel-Jahrbuchs, Mitherausgeber der Reihe "Cursus. Texte und Studien zur deutschen Literatur. München 1991 ff. Editionen von Werken Heinrich Heines, Rudolph Zacharias Bechers, Christian Gotthilf Salzmanns.

Zahlreiche Aufsätze zur Literatur und Sozialgeschichte der Literatur vom 17. Jahrhundert bis zur Gegenwart.

Heiner Keupp

Geboren 1943 in Kulmbach, aufgewachsen in Thierstein bei Selb. Er hat Psychologie und Soziologie studiert und sich zwischen den beiden Disziplinen als Sozialpsychologe angesiedelt. In seinem fachlichen Selbstverständnis ist er einerseits von seinen Frankfurter Lehrern Adorno, Horkheimer und Mitscherlich und andererseits von der Studentenbewegung geprägt. Seit 1978 ist er Hochschullehrer für Sozial- und Gemeindepsychologie an der Universität München.

Seine *Arbeitsschwerpunkte* richteten sich zunächst auf eine Strukturreform der psychosozialen Versorgung. Hierin verdichteten sich fachliche und politische Aktivitäten. Fachlich ging es zunächst um die Kritik an einem biologistischen Krankheitsmodell psychischen Leids und die Formulierung einer alternativen Perspektive, die psychosoziale Probleme als Verarbeitungsversuche belastender und widersprüchlicher Lebensbedingungen sichtbar macht. Im Rahmen der Deutschen Gesellschaft für Soziale Psychiatrie ging es aber auch um die Schaffung institutioneller Alternativen zu den psychiatrischen Großkrankenhäusern. Beim Aufbau Soziapsychiatrischer Dienste in München war er im Vorstand eines Trägervereins aktiv beteiligt. In einem Forschungsschwerpunkt ging es parallel dazu darum, die sozialpolitische Entwicklung hin zu einer gemeindenahen Versorgung wissenschaftlich zu begleiten. In dieser Zeit war der Ideenaustausch mit Kolleginnen und Kollegen von der italienischen Reformpsychiatrie sehr befruchtend. Die Nähe Münchens zu Italien hat diesen Austausch sicherlich erleichtert. Im Bereich der Psychiatriereform ist auch ein aktuelles Projekt angesiedelt. Er begleitet mit einem ForscherInnenteam einen ambulanten geronto-psychiatrischen Dienst, der ins Modellprogramm Psychiatrie der Bundesregierung aufgenommen wurde. Seine Bilanz der Psychiatriereform in der BRD fällt eher skeptisch aus. Vor allem die zunehmende Reformunfähigkeit der staatlichen Instanzen hat sein Interesse an Intitiativgruppen aus dem Bereich der neuen sozialen Bewegungen wachsen lassen. Er wurde Mitglied des ersten Selbsthilfebeirats der Stadt München. Das Vertrautwerden mit selbstorganisierten Projekten hat auch die Aufmerksamkeit zunehmend auf das "Empowerment"-Konzept gerichtet. Dieses Konzept steht auch im Zentrum eines neuen Projektes zur Gesundheitsförderung benachteiligter Jugendlicher, das Teil des Bayerischen Forschungsverbundes Public Health ist, in dessen Geschäftsführendem Vorstand Heiner Keupp sitzt.

Als Sozialpsychologe mit wachem Interesse an gesellschaftlichen Veränderungen hat er sich mit Fragen wie der subjektiven Verarbeitung atomarer Gefahren ebenso beschäftigt wie mit der Stigmatisierung von Minderheiten, dem Umgang mit der NS-Vergangenheit und seit dem Ende der DDR mit den psychosozialen Folgen der deutschen Vereinigung, insbesondere dem wachsenden Rechtsradikalismus und der zunehmenden Gewaltbereitschaft. Im Zentrum seines theoretischen Interesses steht gegenwärtig die Frage, wie sich in der "Risikogesellschaft" Identitäten ausbilden, und mit seinem Konzept der "Patchwork-Identität" versucht er neue Wege zu gehen. Damit im Zusammenhang steht eine kritische Aneignung des postmodernen Diskurses.

Wichtige *Buchpublikationen* aus den letzten Jahren: "Psychosoziale Praxis im gesellschaftlichen Umbruch" (1987); "Soziale Netzwerke" (mit Bernd Röhrle) (1978); "Riskante Chancen" (1988); "Verunsicherungen" (mit Helga Bilden) (1989); "Handbuch Qualitative Sozialforschung" (mit Uwe Flick et al.) (1991); "Zugänge zum Subjekt – Perspektiven einer reflexiven Sozialpsychologie" (1993); "Psychologische Praxis in der Risikogesellschaft" (1994); "Der Mensch als soziales Wesen" (1995); "Identitätsarbeit heute" (1996).

Ursula E. Koch

Gebürtige Berlinerin (1934); Übersetzerin in der Industrie; 1963 Übersiedlung nach Paris. Berufstätigkeit. Daneben Studium (deutsche und französische Literatur, Geschichte, Sozialgeschichte, Kommunikationswissenschaft) (Sorbonne, Universität Paris X-Nanterre).

Dr. phil. 1973; Habilitation 1981. Lehre und Forschung im Fachbereich Germanistik (Schwerpunkt "Civilisation": politische, Sozial- und Mediengeschichte) an der Universität Paris X.
Seit 1986 Inhaberin eines Lehrstuhls für Kommuniktionswissenschaften (Zeitungswissenschaft) an der Ludwigs-Maximilians-Universität (Nachfolge Otto B. Roegele) mit den Schwerpunkten Kommunikationsgeschichte und Frankreich. Mitglied der Historischen Kommission zu Berlin, des Deutsch-Französischen Komitees für die Erforschung der deutschen und französischen Geschichte des 19. und 20. Jahrhunderts sowie der Deutschen Gesellschaft für Publizistik und Kommunikation (Auswahl). Redaktionsmitglied der *Zeitschriften Allemagne d'aujourd'hui* (Paris) und *Ridiculosa* (Brest).

Buchveröffentlichungen (neben ca. 60 Aufsätzen in deutscher und französischer Sprache): *Berliner Presse und europäisches Geschehen 1871*, (1978; Prix Strasbourg). — *Angriff auf ein Monopol* (1981). — *Le Charivari. Die Geschichte einer Pariser Tageszeitung im Kampf um die Republik (1832-1882)*, Köln 1984 (mit Pierre-Paul Sagave). — *Voisins et Ennemis. La guerre des caricatures entre Paris et Berlin (1848-1890)* (1990). — *Der Teufel in Berlin. Illustrierte politische Witzblätter einer Metropole (1848-1890)* (1991). — *Marianne et Germania dans la caricature (1550-1997)* (1997). — Mitherausgeberin mehrerer zweisprachiger Tagungsbände (Deutsch-Französische Mediencolloquien; 1991, 1994, 1996) sowie des Ausstellungskatalogs *Grobe Wahrheiten – Wahre Grobheiten. Feine Striche – Scharfe Striche. Jugend, Simpilicissimus und andere Karikaturen-Journale der Münchner 'Belle Epoque' als Spiegel und Zerrspiegel der kleinen wie der großen Welt* (1997).

Dietrich Krusche

Geboren 1935 in Polen, ist Professor für Literaturvermittlung und Interkulturelle Hermeneutik an der Universität München. Neben Schriften zur deutschen Literatur und zur Hermeneutik der kulturellen Differenz hat er zahlreiche belletristische Arbeiten veröffentlicht, zuletzt "Stimmen im Rücken. Roman" (1994) und "Besuch bei Galilei. Die Eroberung Japans von den Bergen aus. Zwei Stücke" (1995).

Die wichtigsten wissenschaftlichen *Publikationen*: "Haiku. Japanische Gedichte" (1970/Neuauflage, dtv-Klassik 1994, ^{3}1995), "Japan – Konkrete Fremde" (1973/1983), "Kafka und Kafka-Deutung" (1974), "Kommunikation im Erzähltext" (1978), "Literatur und Fremde" (1985), "Leseerfahrung und Lesergespräch" (1995).

Peter Landau

Jahrgang 1935, Studium der Rechtswissenschaften, Geschichte und Philosophie in Berlin, Freiburg und Bonn 1953 bis 1958; Promotion in Bonn 1964, Habilitation in Bonn 1968; o. Professor für Deutsche Rechtsgeschichte, Kirchenrecht, Bürgerliches Recht, Rechts- und Staatsphilosophie an der Universität München, Mitglied der Bayerischen Akademie der Wissenschaften, Präsident des Institute of Medieval Canon Law.

Veröffentlichungen (Auswahl): Hegels Begründung des Vertragsrechts. ARSP 69 (1973) S. 117-138. — Rechtsgeschichte und Soziologie. VSWG 61 (1974) S. 145-169. — Artikel 'Asylrecht III: Alte Kirche und Mittelalter.' TRE 4 (1979) S. 319-327. — Neuere Forschungen zu Quellen und Institutionen des klassischen kanonischen Rechts bis zum Liber Sextus. Ergebnisse und Zukunftsperspektiven. In: Proceedings of the Seventh International Congress of Medieval Canon Law, Cambridge 1984. MIC, C, Subs. 8, 1988, S. 27-47. — Römisches Recht und deutsches Gemeinrecht. Zur rechtspolitischen Zielsetzung im nationalsozialistischen Parteiprogramm. In: Rechtsgeschichte im

Nationalsozialismus. Beiträge zur Geschichte einer Disziplin, Hrsg. M. Stolleis u. D. Simon, Tübingen 1989, S. 11-24. — Artikel 'Kirchenverfassungen'. TRE Bd.19 1989, S. 110-165. — Juristen jüdischer Herkunft im Kaiserreich und in der Weimarer Republik. In: Deutsche Juristen Jüdischer Herkunft, hrsg. von Helmut Heinrichs, Harald Franzki, Klaus Schmalz, Michael Stolleis, München 1993, S. 133-213. — Officium und Libertas Christiana (Bayerische Akademie der Wissenschaften, Phil.-hist. Kl. Sitzungsberichte Jg. 1991, H. 3). — Stufen der Gerechtigkeit. Zur Rechtsphilosophie von Gottfried Wilhelm Leibniz und Karl Christian Friedrich Krause (Bayerische Akademie der Wissenschaften, Phil.-hist. Kl. Sitzungsberichte Jg. 1995, H. 7).

Rainer Münz

Prof. Dr. phil., geb. 1954 in Basel, Promotion 1978, Habilitation 1986 an der Universität Wien, bis 1992 Direktor des Instituts für Demographie der Österreichischen Akademie der Wissenschaften, seit 1992 Professor für Bevölkerungswissenschaft an der Humboldt-Universität Berlin (mit Arbeitsschwerpunkt Migration). Lehrtätigkeit an den Universitäten Wien und Klagenfurt sowie an der TU Wien, Gastprofessuren an den Universitäten Bamberg, Frankfurt, Berkeley und Zürich. Einschlägige Forschungen und Publikationen zu Fragen von Migration und Bevölkerungsentwicklung, Familien- und Sozialpolitik sowie zu Sprachgruppen- und Minderheitenfragen.

Adresse: Humboldt Universität, Lehrstuhl Bevölkerungswissenschaft, Philosophische Fakultät III, Unter den Linden 6, D-10099 Berlin, Tel.: 030-2093-1918, -1919; Fax: 030-2093-1918. E-Mail: rainer.muenz@sowi.hu-berlin.de, Internet: www.demographie.de.

Bücher (Auswahl):

Familienpolitik gestern – heute – morgen. Salzburg 1984 (Salzburger Landesregierung). — (Hrsg.) *Leben mit Kindern – Wunsch und Wirklichkeit.* Wien 1985 (Verlag Franz Deuticke). — *Bevölkerung und Sozialstaat. Szenarien bis 2050,* Wien 1987 (Manz Verlag; gem. mit Peter

Findl und Robert Holzmann). — *Risiko "Säuglingstod". Plädoyer für eine gesundheitspolitische Reform.* Wien 1988 (Verlag Franz Deuticke; gem. mit Christian Köck und Josef Kytir). — (Hrsg.) *Migration und Arbeitsmarkt.* Eisenstadt 1988 (Prugg Verlag; gem. mit Traude Horvath). — (Hrsg.) *Identität und Lebenswelt.* Eisenstadt 1989 (Prugg Verlag; gem. mit Gerhard Baumgartner und Eva Müllner). — *Alter und Pflege in Salzburg. Bestandsaufnahme und Prognose.* Salzburg 1989 (Salzburger Landesregierung; gem. mit Johannes Barbisch und Josef Kytir). — *Die Auswirkungen der internationalen Wanderungen auf Österreich. Szenarien zur regionalen Bevölkerungsentwicklung 1991-2031,* Wien 1991 (ÖROK gem. mit. Heinz Faßmann und Peter Findl). — (Hrsg.) *Alter und Pflege.* Berlin 1992 Blackwell (gem. mit. Josef Kytir). — *Einwanderungsland Österreich? Gastarbeiter – Flüchtlinge – Immigranten.* Wien 1992 (J&V-Dachs Verlag; gem. mit Heinz Faßmann). — *Haushaltsentwicklung, Wohnbau und Wohnungsbedarf in Österreich 1961-2031.* Wien 1992 (ÖROK; gem. mit Heinz Faßmann und Peter Findl). — *Trendwende? Sprache und Ethnizität im Burgenland.* Wien 1993. (Passagen Verlag; gem. mit Werner Holzer). — (Hrsg.) *European Migration in the Late 20th Century.* Aldershot 1994 (Edward Elgar; gem. mit Heinz Faßmann). — *Jugend in Österreich, Fakten – Trends – Prognosen.* In: Berichte des Instituts für Demographie, Bd. 3 Wien 1994 (Österreichische Akademie der Wissenschaft; gem. mit Josef Kytir). — *Einwanderungsland Österreich? Historische Muster, aktuelle Trends und politische Maßnahmen.* Wien 1995 (Jugend&Volk; gem. mit Heinz Fassmann). — *Regionalisierte Bevölkerungsprognose für Österreich, 1991-2021.* Wien 1996 (Österreichische Raumordnungskonferenz; gem. mit Heinz Fassmann, Josef Kytir). — (Hrsg.) *Migration in Europa. Historische Entwicklung, aktuelle Trends, politische Reaktionen.* Frankfurt/New York: Campus Verlag 1997 (gem. mit Heinz Fassmann). — (Hrsg.) *Migrants, Refugees, and Foreign Policy. U.S. and German Polities towards Countries of Origin.* Providence/RI-Oxford: Berghahn Books 1997 (gem. mit Myron Weiner). — *Zuwanderung nach Deutschland. Strukturen, Wirkungen, Perspektiven.* Frankfurt/New York: Campus Verlag 1997 (gem. mit Wolfgang Seifert u. Ralf Ulrich). — (Hrsg.) *Paths to Inclusion: the Integration of Migrants in the*

United States and Germany. Providence/RI-Oxford: Berghahn Books 1998 (gem. mit Peter Schuck). — *Haushaltsentwicklung und Wohnungsbedarf in Österreich 1996-2021* (Österreichische Raumordnungskonferenz; gem. mit Heinz Fassmann).

Johannes W. Raum

In Bumbili Tanzania geboren; die ersten Lebensjahre in London verbracht. Schulbesuch in Hermannsburg KwaZulu/Natal Südafrika. Studium an der Universität Kapstadt (Neuere Geschichte mit Verfassungsrecht, Germanistik und Anglistik, M.A. 1953) und der Universität München (Pädagogik, Neuere Geschichte und Psychologie, Dr. phil. 1962). Habilitation im Fach Völkerkunde 1974.

Zunächst wissenschaftlicher Assistent, dann Ernennung (1980) zum Universitätsprofessor am Institut für Völkerkunde und Afrikanistik der Universität München. Lehre mit Schwerpunkten Sozioethnologie, Rechtsethnologie, Geschichte der Ethnologie in den Vereinigten Staaten von Nordamerika und Großbritannien sowie Ethnographie und Geschichte des südlichen Afrika. Mitglied der Forschungsgruppe "Recht und Sozialwissenschaften" am Zentrum für Interdisziplinäre Forschung der Universität Bielefeld 1974/75. Seit April 1997 im Ruhestand.

Neuere Veröffentlichungen: Julian Haynes Steward 1902-1971, in: Marschall, Wolfgang (Hrsg.): Klassiker der Kulturethnographie. Von Montaigne bis Margaret Mead, S. 248 - 276, München 1990. — The relevance of recent German historical writing for theories of cultural evolution, in: Cultural Dynamics 4, 1991, S. 212 - 228. — Betrachtungen über den Einfluß der Tradition der englischen Rechts- und Verfassungsgeschichte auf die Begriffsbildung in der Deszendenz- und Lineage-Theorie der "social anthropology", in: Kohl, Karl-Heinz; Muszinski, Heinzarnold; Strecker, Ivo (Hrsg.): Die Vielfalt der Kultur. Ethnologische Aspekte von Verwandtschaft, Kunst und Weltauffassung. Ernst Wilhelm Müller zum 65. Geburtstag, Mainzer Ethnologica, vol. 4, S. 114 - 128, Berlin 1990. — Rechtsethnologie, in: Schweizer, Thomas u. Margarete; Kokot, Waltraud (Hrsg.): Handbuch der Ethnologie. Festschrift für Ulla Johansen. S. 285 - 304. Berlin 1993. — Reflections on Max Weber's thoughts concerning ethnic groups, in: Zeitschrift für Ethnologie 120, 1995, S. 73 - 87. — Zur Bedeutung von Max Gluckman für die Rechtsethnologie, in: Elwert, Georg; Jensen, Jürgen; Kortt, Ivan R. (Hrsg.): Kulturen und Innovationen. Festschrift für Wolfgang Rudolph, S. 227 - 243, Berlin 1996. — Reflections on rereading Peter Kolb with regard to the cultural heritage of the Khoisan, in: Kronos, Journal of Cape History, No. 24, 11/97, S. 30 - 40, mit einem Kommentar des Kapstädter Historikers Nigel Penn, Notes towards a rereading of Peter Kolb, ebd. S. 41 - 45, 1997. — Evolutionismus, in: Fischer, Hans (Hrsg.): Ethnologie. Einführung und Überblick, 4. überarbeitete Auflage, S. 247 - 272, Berlin 1998.

Jens Georg Reich

Geboren am 26. März 1939 in Göttingen. Kindheit und Jugend verbrachte er in Halberstadt. Obwohl er Neigung zu den Geisteswissenschaften verspürte, entschied er sich für ein Studium der Medizin. Eine Naturwissenschaft machte es leichter, dem ideologischen Druck der Einheitspartei zu entkommen. 1964 erwarb er an der Medizinischen Fakultät der Humboldt-Universität zu Berlin den Doktorgrad. In den folgenden Jahren arbeitete er, unterbrochen von Forschungsaufenthalten in der Sowjetunion, am Zentralinstitut für Molekularbiologie in Berlin-Buch. Weil er sich weigerte, wissenschaftliche und private Kontakte in den Westen abzubrechen, wurde ihm die Abteilungsleitung entzogen und die Erlaubnis zu Westreisen verweigert. 1982 gehörte er zu den Mitbegründern eines Kreises, der sich kritisch mit den Zuständen in der DDR beschäftigte. Beiträge aus dieser Zeit erschienen unter Pseudonym auch im Westen. Reich war eines der Gründungsmitglieder des 'Neuen Forums', der ersten großen Bürgerrechtsbewegung in der DDR, und Mitverfasser eines Aufrufs, mit dem er seinen Landsleuten zu öffentlichem Engagement Mut machte. Als Abgeordneter der ersten freigewählten Volkskammer war er ein Befürworter der Einheit, deren Auswirkungen ihn dann aber überrascht haben. Jens Reich ist Träger des Theodor-Heuss-Preises und des Anna-Krüger-Preises des Wissenschaftskollegs in Berlin. Er ist mit einer Ärztin verheiratet und hat drei Kinder.

Von ihm sind zwei Bücher erschienen: Abschied von den Lebenslügen. Reinbek: Rowohlt 1992. — Rückkehr nach Europa. München: Hanser 1993.

Heinrich Scholler

Geboren am 1.8.1929 in München, Studium der Rechtswissenschaft und der Politischen Wissenschaften in Paris 1948-54; I. und II. juristisches Staatsexamen in München, wissenschaftlicher Mitarbeiter am Verwaltungsgerichtshof in München, jur. Promotion 1957, dipl. sc. pol. München 1960, Habilitation München 1966, Lehrbefugnis für Staats- und Verwaltungsrecht und Rechtsphilosophie an der Universität München, Wiss. Rat und Prof. an der Jur. Fakultät der Universität München, 1972-75 Prof. an der ehemaligen Haile Selassie I-University in Addis Abeba, seit 1975 Prof. an der Universität München, 1978/79 und 1979/80 Gastprofessuren in Paris (Sorbonne-Panthéon) und Michigan State University/USA. WS 1981/82 Gastvorlesungen an der Universität Paris I, Gastprofessuren in Taiwan 1983 und Malaysia 1987/88.

Zahlreiche *Buchveröffentlichungen* und *Publikationen* in Fachzeitschriften.

Schwerpunkte: Grundrechtsgeschichte und -theorie, Verfassungsgerichtsbarkeit, vergleichendes Staatsrecht, Sicherheits- und Polizeirecht, außereuropäisches Recht, insbesondere vergleichendes afrikanisches Recht.

Venanz Schubert

Geboren 1936. Studium der Philosophie, Theologie, klassischen Philologie, Musikwissenschaft und Geschichte an den Universitäten Bamberg und München. Stipendiat der Studienstiftung des Deutschen Volkes. 1963/64 Staatsexamen, 1965-1968 Assistent am Philosophischen Institut I/2, 1967 Promotion, 1970 Zweites Staatsexamen für den höheren Bibliotheksdienst, 1970-1972 Bibliotheksrat, 1972 Interdisziplinäre Forschungsstelle, 1976 Akademischer Oberrat, 1990 Akademischer Direktor, 1998 Ltd. Akademischer Direktor. Seit 1991 Herausgeber (im Auftrag des Rektoratskollegiums) der Zeitschrift EINSICHTEN. Forschung an der Ludwig-Maximilians-Universität München.

Veröffentlichungen: Pronoia und Logos. Die Rechtfertigung der Weltordnung bei Plotin. München 1968. — Werner Beierwaltes: Plotin. Über Ewigkeit und Zeit. In: Philos. Rundschau 20, 1973, H. 1/2. — Plotin. Einführung in sein Philosophieren. Freiburg, München 1973. — Die Entscheidungsträger bei Lehrplan und Curriculum. Ein Beitrag zum Verhältnis von Wissenschaft, Politik und Schulpraxis. In: Stimmen der Zeit 102, 1977, H. 10. — Geistige Strömungen an der Universität. In: Stimmen der Zeit 108, 1983, H. 2. — Karl Marx: Vision und Wirklichkeit. In: Venanz Schubert (Hrsg.): Karl Marx (1818-1883). St. Ottilien: EOS Verlag 1984. — Emotion und Denken. In: V. Schubert (Hrsg.): Der Mensch und seine Gefühle. St. Ottilien: EOS 1985. — "Was uns alle bändigt". Interdisziplinäre Untersuchungen zur Arbeit des Menschen. In: V. Schubert (Hrsg.): Der Mensch und seine Arbeit. St. Ottilien: EOS 1986. — Erlebnis, Anschauung und Begriff des Raumes. In: V. Schubert (Hrsg.): Der Raum. St. Ottilien: EOS 1987. — Vom Geist des 18. Jahrhunderts. Rationalität und Empirie, Sentiment und Imagination. In: V. Schubert (Hrsg.): Rationalität und Sentiment. St. Ottilien: EOS 1987. — Enneades. In: Lexikon der Philosophischen Werke, hrsg. von Franco Volpi und Julian Nida-Rümelin, Stuttgart: Kröner 1988. — Die vielen Gesichter der Natur und der *eine* Mensch. In: V. Schubert (Hrsg.): Was lehrt uns die Natur? St. Ottilien: EOS 1989. — Wie man leben soll. Philosophische Überlegungen zur ars vivendi. In: Festschrift für Helmut Kuhn zum 90. Geburtstag. Weinheim: VCH Verlagsgesellschaft, Acta humaniora, 1989. — Französische Revolution: Die *zwei* Revolutionen oder die Dialektik der Revolution. In: V. Schubert (Hrsg.): Die Französische Revolution. Wurzeln und Wirkungen. St. Ottilien: EOS 1989. — Hrsg. mit Gerhard Grimm und Hermann Nehlsen: Der Zweite Weltkrieg und die Gesellschaft in Deutschland. 50 Jahre danach. St. Ottilien: EOS 1992. — Hrsg. mit Claus Hammer: Chronische Erkrankungen und ihre Bewältigung. Starnberg: Schulz 1993. — Der 12. Oktober 1492. In: V. Schubert (Hrsg.): Die beiden Amerika. Kolumbus und die Folgen. St. Ottilien: EOS 1993. — "Kamm hin, Kamm her". Frau und Mann im Spiegel der Wissenschaften. In: V. Schubert (Hrsg.): Frau und Mann. Geschlechterdifferenzierung in Natur und Menschenwelt. St. Ottilien: EOS 1994. — Hrsg.: Experimente mit der Natur. Wissenschaft und Verantwortung. St. Ottilien: EOS 1995. — Hrsg. mit Gerhard Seegmüller: Informatik heute. Informationelle Strukturen in den Wissenschaften ('Vom Verfügungs- zum Orientierungswissen?'). St. Ottilien: EOS 1995. — "Ein Europa des Geistes?" In: V. Schubert (Hrsg.): Deutschland in Europa. Wiedervereinigung und Integration. St. Ottilien: EOS 1996. — Hrsg. mit Heinrich Quenzel: Klima und Mensch. St. Ottilien: EOS 1997. — Auf der Suche nach dem 'guten Leben'. In: Venanz Schubert (Hrsg.): Aus dem Ursprung leben. Lebenskunst – neu bedacht. St. Ottilien: EOS 1997. — 'Die Kette läuft mit'. Was es bedeutet, sich erinnern und vergessen zu können. In: Venanz Schubert (Hrsg.): Gedächtnis und Phantasie. St. Ottilien: EOS 1997. — Hrsg.: 1968. Dreißig Jahre danach. St. Ottilien: EOS 1999. — Hrsg.: Religionen im Aufbruch? Identität – Konflikt – Toleranz. St. Ottilien: EOS 1999

Herausgeber der Schriftenreihe "Wissenschaft und Philosophie. Interdisziplinäre Studien" und der Forschungszeitschrift EINSICHTEN der Universität München.

Friedrich Wilhelm

Geboren am 12.4.1932 in Leipzig, Promotion an der Humboldt-Universität Berlin 1956. Aus politischen Gründen Weggang nach München 1958. Seit 1963 Privatdozent für Indologie und Tibetologie an der Universität München, seit 1969 Professor. Gastprofessor an der Columbia University, New York, 1965/66, am Collège de France, Paris, 1976, am Wolfson College, Oxford, 1980/81.

Zahlreiche *Veröffentlichungen* zur altindischen Geschichte und Staatslehre, darunter: "Politische Polemiken im Staatslehrbuch des Kauṭalya", Wiesbaden 1960. — "Indien", (Band 17 der Fischer Weltgeschichte), Frankfurt 1967 (auch ital. und span.). — "Geschichte" sowie "Staat und Gesellschaft" in H.G. Franz (Hrsg.): "Das alte Indien", Bertelsmann München 1990 (auch franz., niederl. und span.). — Mit J. L. Panglung Katalog tibetischer Handschriften, Wiesbaden 1979.

Zahlreiche Beiträge in westlichen und indischen Fachzeitschriften, auch über die deutsch-indischen Geistesbeziehungen: "Das Indienbild Heinrich Heines" (Saeculum 1959). — "Thomas Mann über seine indische Legende" (Euphorion 1970). — "Humor und Ironie im deutschen Indienbild" (Berliner Indologische Studien 1998) u.a. Zwölf Beiträge für die Neue Deutsche Biographie.

Wilhelm edierte indologische Werke der deutschen Emigranten Edward Conze, Otto Strauss und Heinrich Zimmer sowie die "Kleinen Schriften" (Wiesbaden 1985) des Prager Indologen Otto Stein, dessen Lebensspur sich 1942 im Ghetto Lódź verliert.